CASPAR VON SCHRENCK-NOTZING
Charakterwäsche

Caspar von Schrenck-Notzing

CHARAKTER-WÄSCHE

Die Re-education der Deutschen
und ihre bleibenden Auswirkungen

**Erweiterte
Neuausgabe**

Bibliografische Information Der Deutschen Bibliothek
Die Deutsche Bibliothek verzeichnet diese Publikation in der Deutschen Nationalbibliografie; detaillierte bibliografische Daten sind im Internet über http://dnb.ddb.de abrufbar.

Hinweis
Dieses Buch wurde auf chlorfrei gebleichtem Papier gedruckt. Die zum Schutz vor Verschmutzung verwendete Einschweißfolie ist aus Polyethylen chlor- und schwefelfrei hergestellt. Dieses umweltfreundliche Folie verhält sich grundwasserneutral, ist voll recyclingfähig und verbrennt in Müllverbrennungsanlagen völlig ungiftig.

ISBN 3-902475-01-3
Alle Rechte der Verbreitung, auch durch Film, Funk und Fernsehen, fotomechanische Wiedergabe, Tonträger jeder Art, auszugsweisen Nachdruck oder Einspeicherung und Rückgewinnung in Datenverarbeitungsanlagen aller Art, sind vorbehalten.
© Copyright by Ares Verlag, Graz 2004
Layout: Ecotext-Verlag, Mag. Günther Schneeweiß-Arnoldstein, Wien
Printed in Austria
Gesamtherstellung: Druckerei Theiss GmbH, A-9431 St. Stefan

Inhalt

Vorwort 7

Einleitung 15

Von der democracy zur Demokratie 23
Künder des neuen Menschen 23
Von New Deal zu New Deal 28
Roosevelts Hausmacht 33
Die Schlacht um Amerika 39
F. D. R. 45
Die Verschwörung der Deutschen 49
What to do with Germany? 60
Die Stunde Morgenthaus 70
Von Jalta nach Potsdam 78

Die Charakterwäsche 91
Im psychologischen Zeitalter 91
Die Psychoanalyse wird politisiert 96
Der autoritäre Charakter 101
Psychologische Kriegführung 107
Der Lizenzträger 111
Die Couch-Elite formiert sich 116
Pädagogen am Werk 121

Entscheidung nicht in Deutschland 127
Nach Appomattox und Reims 127
Die Schlacht von Aachen 131
Das Viermächtegespann zieht an 135
Das Viermächte-Gespann zieht auseinander 140
Clay schaltet gleich 145
Chaos – Strukturreform – Charakterreform 149
G.I. und Top Brass 153
Entnazifizierung mit Strick 156
Entnazifizierung ohne Strick 162
Der Schlußstrich 167

Die Wiederkehr Roosevelts 173
Bundesrepublik im Abstieg 173
Die starke Festung Singapur 180
Die freien 50er Jahre 185
Opposition – wogegen? 188
Die Camp-Elite 190
Die Traktätchenzeit 196
Das Fanal von Korea 201
Die Gegenwelle 208
Duell am Abgrund 213
Das Wendejahr 1959 218
Die zweite Entnazifizierung 229
Das Dilemma des Liberalismus 237

◆◆◆

Von New York nach Berlin, eine intellektuelle Luftbrücke 243
Im Alkoven 1 243
Die Wiege des Antitotalitarismus 245
Die New Yorker Intellectuals 246
Der politische Krieg 251
„Der Mann, der den Kalten Krieg begonnen hat" 254
Der subtile Antifaschismus 258
Shepard Stone 262

Vergangenheitsbewältigung 267

Der sogenannte Historikerstreit 279

Die Re-education – von der Propaganda zur Politischen Kultur 287
Umerziehung und Propaganda 291
Umerziehung und Politische Kultur 294

Anmerkungen 299
Personenregister 319

Vorwort

Die Szene, die sich Mitte der 60er Jahre in einer norddeutschen Buchhandlung abspielte, war bezeichnend. Eine ältere Dame kommt herein, verlangt hinter vorgehaltener Hand flüsternd „das verbotene Buch", die ratlose Verkäuferin ruft den Buchhändler, und nach einigem Hin und Her verläßt die Kundin wieder den Laden, in der Einkaufstasche das gewünschte Buch mit dem Titel „Charakterwäsche". Mitte der 60er Jahre waren die alles zudeckenden Werbekampagnen der Großverlage, die Verwertungsketten global operierender Medienkonzerne und der ganze Bestsellerrummel erst im Kommen. In Windeseile hatte sich herumgesprochen, daß erstmals ein Buch über die amerikanische Besatzung in Deutschland und ihre Folgen zu haben sei, einem Thema, von dem relativ viele Leser, wie konnte es auch anders sein, sich existentiell betroffen fühlten. Die „Charakterwäsche" hatte schon ihren Leserkreis, als nach einem Vierteljahr die „Frankfurter Allgemeine Zeitung" mit einer umfangreichen Rezension (in der Silvesternummer 1965) Aufsehen erregte. Die angesehene Journalistin Margret Boveri verriet, ihr sei dringend geraten worden, „die ‚Charakterwäsche' dürfe nicht einmal verrissen, sie müsse totgeschwiegen werden." Dieser Rat empörte Margret Boveri so sehr, daß sie schrieb: „Das wäre dieselbe totalitäre Methode, mit der im Dritten Reich eine Figur wie Thomas Mann aus dem Bewußtsein der Deutschen gelöscht werden sollte. Solche Methoden rächen sich früher oder später an denen, die sie anwandten."

Margret Boveris Rezension ließ in drei Sätzen ebenso viele Katzen aus dem Sack, die am schönen Bild der nach dem Ende der „restaurativen" Ära Adenauer sich rasch liberalisierenden Bundesrepublik ungebührlich kratzten. Ad 1: Das Totschweigen, amerikanisch „silent treatment" genannt, war eines unter mehreren Mitteln einer „neuen Zensur" (J. F. Revel), die sich dem „Strukturwandel der Öffentlichkeit" (J. Habermas) angepaßt hatte. Das Grundgesetz (Art. 5: „Eine Zensur findet nicht statt") ahnte noch nichts von der „neuen Zensur" und ihren technischen und politischen Voraussetzungen, tagte doch der Parlamentarische Rat in der schrecklichen, der fernsehlosen Zeit. Inzwischen haben immer neue Technologien nicht nur die Kommunikationsformen umgewälzt, sondern auch die Politik in ein neues medienbestimmtes Koordinatensystem gestellt. Gleichzeitig breitete sich die „neue Zensur" fast unbemerkt aus: „Wenn man sich unter Zensur nicht einen fleißigen Beamten vorstellt, der mit dem Rotstift dicke Bände durchgeht, sondern die Technik, mit der eine Seite verhindert, daß die andere zu Wort kommt, dann kann nur unterstrichen werden, daß in der modernen Demokratie die Zensur ihren Höhepunkt erreicht hat. Der größte Erfolg der ‚neuen Zensur' ist jedoch, das Publikum überzeugt zu haben, daß es keine Zensur mehr gibt" (Thomas Molnar).

Ein weiteres Zensurmittel machten die „neuen Zensoren" in der Zeitschrift „Neue politische Literatur" publik. Sie fragten sich, ob es dem Verfasser der „Charakterwäsche" gelungen sei, sich einen Namen zu machen, und befanden, er habe sich eine „kleine Nische in der politischen Publizistik ziseliert". Dort solle man ihn stehen lassen: „ganz allein und für Vorübergehende deutlich erkennbar." Die Nische sei mit abschreckenden Hinweisen auf den schlechten Umgang des Angeprangerten auszuschmücken. Das Zensurmittel der Isolation gegen Gruppen, Parteien und Einzelne, die aus dem „herrschaftsfreien Diskurs" ausgeschlossen werden sollen, erfreut sich noch heute regen Zuspruchs. Ad 2: Margret Boveri ordnete den Totalitarismus-Begriff nicht mehr ausschließlich dem Kommunismus und dem Faschismus bzw. Nationalsozialismus zu, sondern beging den Tabubruch, totalitäre Tendenzen auch bei liberal-demokratischen Institutionen für möglich zu halten. Ad 3: Margret Boveri warnte, daß ein rücksichtsloser Umgang mit vermeintlich Andersdenkenden auf denjenigen zurückschlägt, der seine Machtstellung mißbraucht. Sie warnte zu einem Zeitpunkt, als die Machtausübung von den Handelnden auf die Meinenden überging und Moralisten das Wort führten. Für diese bestand die Lösung aller Fragen darin, die Mitbürger in Gute und Böse zu unterteilen. Denn ist nicht, wo das Böse unterwegs ist, dem Guten alles erlaubt?

Die Besatzungszeit und ihre Folgen waren für die damaligen Zeitgeschichtler eine terra incognita. Zehn Jahre nach dem formalen Ende der Besatzung wirkte wohl noch nach, daß jede Kritik der Alliierten unter Strafe gestellt worden war. Man hoffte, daß Sachkenntnis eines nicht allzu fernen Tages nachgeliefert werden würde, und behalf sich mit ebenso naheliegenden wie weit hergeholten Argumenten. Die „Frankfurter Rundschau", die als einzige Lizenzzeitung sich nicht in Schweigen hüllte, nannte den Verfasser eine „zurückgestoßene Kokotte", eine „gedemütigte, abgewiesene Konkubine", die einer psychoanalytischen Behandlung bedürfe, denn der Psychoanalytiker würde mehr aus ihm herauskriegen als ihm lieb wäre. Statt des eigentlich zuständigen „Instituts für Zeitgeschichte", das abgewinkt hatte, da eine Überprüfung des Buches umfangreiche Forschungsarbeiten voraussetze, zu denen es nicht in der Lage sei, saß die „Gesellschaft für Vorurteilsforschung" in einer Tagung über den Verfasser zu Gericht.

Die „politisch Korrekten" hatten Mitte der 60er Jahre erst mit dem „langen Marsch" durch die Institutionen begonnen. So sollte das Presseecho des in der relevanten Öffentlichkeit boykottierten Buches nicht verwundern (100 positive, 13 neutrale, 15 negative Besprechungen). Manche Mitglieder der Kriegsgeneration, die ein neues berufliches Unterkommen gesucht hatten, waren in Fach-, Verbands- und Kulturzeitschriften oder den Lokalzeitungen untergekommen, um so den Gesinnungs-TÜV der Lizenzpresse zu vermeiden. So kam es zu zwei publizistischen Ligen, der ersten der meinungsbildenden Presse, die sich als Sprachrohr der gesamten Öffentlichkeit gerierte, und der zweiten, die zahlenmäßig gar nicht so klein war, aber zunehmend zur „schweigenden Mehrheit" gerechnet wurde. Diese zweite publizistische Liga ist mittlerweile fast vollständig wegkommerzialisiert worden.

Mitte der 60er Jahre griffen vor allem Angehörige der Kriegsgeneration zur „Charakterwäsche". Ihnen war es darum zu tun, die eigenen Erlebnisse in einen größeren historischen Zusammenhang einordnen zu können. Es ging ihnen weniger darum, daß die Siegermächte im Lande das Sagen hatten. Denn die Ereignisse hatten sie zu Realisten gemacht. Womit sie nicht fertig wurden, war das Gefühl, daß sie selbst mit ihren Erinnerungen und Erfahrungen im Interpretationsrahmen der fremden Besatzer und der einheimischen „Mit- und Spätsieger" (Roman Schnur) ungefragt zu beliebig manipulierbaren Objekten sozialwissenschaftlicher, vor allem sozialpsychologischer, Experimente wurden, zu Meerschweinchen im Dienst der Züchtung „demokratischer Charaktere". Dabei klaffte ein schwer verständlicher Widerspruch zwischen der auf Menschenrechten gegründeten individualistischen Anthropologie des amerikanischen Liberalismus und kollektiven, dem Einzelnen entzogenen Zuordnungen, die später in der Zugehörigkeit zum „Tätervolk" gipfelten. Die Briefmarke der Bundespost zu Ehren der „großen Rede" des Bundespräsidenten von Weizsäcker zum 40. Jahrestag der Kapitulation der deutschen Streitkräfte am 7./9. Mai 1945 hob sein Wort „Erinnerung ist das Geheimnis der Erlösung" hervor. Doch das Menschenrecht auf die eigene Erinnerung des Einzelnen war in den Menschenrechtskatalogen anscheinend vergessen worden. Wie persönlich das re-education-Thema genommen wurde, zeigte sich etwa, wenn sich Vater und Sohn die „Charakterwäsche" signieren ließen, da die gemeinsame Lektüre den auch in ihre engere Familie durch Vergangenheitsbewältigung hineingetragenen Generationenkonflikt beendet hatte.

Zur Wirkungsgeschichte der „Charakterwäsche" zählt, daß der Verfasser einer anderen Generation angehörte als seine ersten Leser. Die sog. Flakhelfergeneration, wenige Jahrgänge der zwischen 1926 und 1929 Geborenen, war die eigentliche „skeptische Generation" (Helmut Schelsky). Sie hatte persönlich den Niedergang und den Zusammenbruch des Dritten Reiches in dem ihr zugänglichen kleinen Ausschnitt erlebt, ohne an den kollektiven Hoffnungen und Erwartungen der Zeit vor Stalingrad teilgenommen zu haben, falls sie nicht gerade in einem nationalsozialistischen Elternhaus aufgewachsen waren. Wenn der Leser aus der Kriegsgeneration in der Besatzungszeit eine Kriegsfolge sah, so sah der Verf. in ihr den Vorboten eines Kulturwandels, dessen einschneidende Auswirkungen sich erst mit dem Fernerrücken des Krieges zeigen würden. Der Zufall wollte, daß der Verfasser den Paradigmenwechsel der Jahre von 1958 bis zum Bau der Berliner Mauer, als dieser Kulturwandel sozialverbindlich zu werden begann, intensiv erleben konnte. Zwischen 1957 und 1961 hatte er drei Winter in Indien zugebracht. Im Sommer hatte ihn das Schreiben eines Buches über die neuere indische Geschichte seit der Gründung des indischen Nationalkongresses beschäftigt. In deutsche Zeitungen hatte er kaum geblickt. Als er nach Erscheinen des Indien-Buches 1962 den Duisburger Historikertag besuchte, bemerkte er völlig überrascht, daß an die Stelle der Bonner Bundesrepublik, die er 1957 verlassen hatte, eine – nicht im Detail, aber in der Tendenz – neue Republik, die Frankfurter (aber auch Hamburger) Meinungs- und Medienrepublik, getreten war. Die Einzelheiten können in dem von Clemens Albrecht u. a. herausgegebenen Sammelband „Die intellektuelle Gründung der Bundesrepublik. Eine Wirkungsgeschichte der Frankfurter Schule" nachgelesen werden.

Der Paradigmenwechsel des Jahres 1960 griff als fortschreitender Wertewandel um sich. In den verschiedensten Lebensbereichen setzte sich die Auffassung fest, daß „nicht Konflikt und Wandel, sondern Stabilität und Ordnung der pathologische Sonderfall des sozialen Lebens" (Helmut Schelsky) sei. Einsprüche wurden auf einen latenten deutschen Kulturpessimismus zurückgeführt, der einem angelsächsischen Optimismus gegenüberzustellen und „als politische Gefahr" (Fritz Stern) auszubuhen sei. Paradigmawechsel und Wertewandel kamen unvorhergesehen und überraschend. Sie hatten jedoch ihre Vorgeschichte, zu der die amerikanische Besatzung zählt. Daß just dieser Zeitabschnitt (1945–1955) aus der Betrachtung ausgespart werden sollte, war merkwürdig und weckte die Neugier.

In der Mitte der 60er Jahre wurden Bücher noch von Verlegern herausgebracht, nicht von Wirtschaftsbetrieben, deren Manager sich von denen anderer Branchen kaum unterscheiden. Ein Buch war noch das Resultat der Zusammenarbeit von Autor und Verleger. Die „Charakterwäsche" schlug den Weg ein, den Heinrich Seewald, der Verleger des Seewald Verlages, vorgezeichnet hatte. Von seinem Wohnhaus an der Stuttgarter Weinsteige aus (er verlegte auch Weinbücher) lancierte Seewald Jahr für Jahr aktuelle Bücher, die auf das politische Bonn zugeschnitten waren. Seine Kontakte führten in diese Zielgruppe, seiner persönlichen Einstellung nach war er ein Konservativer. So mischte sich in den 60er Jahren in die aktuelle Publizistik des offiziellen Bonn eine konservative Unterströmung, die sich gerne eines besonderen Buchtyps an der Grenze von Sachbuch und Streitschrift bediente, während die Ende des Jahrzehnts auftauchenden wissenschaftlichen Grundschriften der gleichen Richtung – von Gehlen, Schelsky, Schoeck, Tenbruck etwa – in wissenschaftlichen Verlagen erschienen. Von deren Lektüre dispensierten sich allerdings die Politiker. Der Wirbel, den das Erscheinen der „Charakterwäsche" hervorrief, kam daher, daß gefürchtet wurde, das Buch käme in die falschen Hände, nämlich die der Ins statt der Outs.

Die aktuellen Schriften des Seewald Verlages gehörten in Bonn zur politischen Saison. Die „Charakterwäsche" hingegen entwickelte ihr Eigenleben. Auflage folgte auf Auflage. Als Seewalds Verlag endete, legte die Münchner Verlagsgruppe Langen Müller auf Initiative des Verlegers Herbert Fleißner das Buch unverändert wieder auf. Nur der Untertitel „Die amerikanische Besatzung in Deutschland und ihre Folgen" mußte weichen, denn die Besatzung hatte auch Folgen, an die der Verfasser nicht gedacht hatte, wie eine großzügige Sammelbestellung des Verbandes der Mütter unehelicher Besatzungskinder belegte. Eine nur durch ein Essay „Wiedersehen mit der Umerziehung" erweiterte Taschenbuchausgabe des Berliner Ullstein Verlages lief 2002 aus. Der Stocker Verlag in Graz legt nun den unveränderten Text vor. Mit gutem Grund, denn das

Buch ist neben dem Eingehen auf die Besatzungszeit, die in den letzten Jahrzehnten umfangreich erforscht wurde, vor allem ein Zeitdokument der 60er Jahre. Der damals entstehende Widerstand gegen die Weichenstellungen dieses zunehmend errötenden Jahrzehnts sind heute jener weiße Fleck auf der Landkarte der deutschen Zeitgeschichte, der bei Erscheinen der „Charakterwäsche" noch von der Besatzungszeit eingenommen wurde. Für die „neuen Kriege" (Herfried Münkler) ist die Asymmetrie der Kriegsparteien charakteristisch. Nicht minder für die „neue Öffentlichkeit", wenn die dominierende Richtung dafür sorgt, daß der Widerspruch nur als Zerrbild wahrgenommen werden kann.

In die Neuauflage wurden vier Kapitel zusätzlich aufgenommen. 1. „Die intellektuelle Luftbrücke New York – Berlin". Die re-orientation (Umorientierung) war noch zu Zeiten des Generals Clay auf die die Kriegszieldebatte und Militärregierung dominierende re-education (Umerziehung) gefolgt und endete formal am 5. Mai 1955 mit dem Ende der Besatzung und dem deutschen Beitritt zur NATO. Für die re-orientation gab es ein literarisch hochwertiges Leitorgan, den „Monat", der diesen Abschnitt geistig und nicht nur militärbürokratisch erschließt. Zudem bildet der „Kongreß für kulturelle Freiheit" eine Frühstufe des amerikanischen Neokonservatismus, der während des Irakkrieges für viele Spekulationen sorgte. 2. „Die Vergangenheitsbewältigung" ist eine dritte, den Deutschen überlassene Stufe nach der re-education, die allein in den Händen der Militärregierung lag, und der re-orientation, in der die Amerikaner unter der Hohen Kommission als „Berater und Helfer" tätig wurden. Doch haben die neuen Kommunikationsmittel bewirkt, daß die bewältigende Öffentlichkeit potentiell weltweit ist. 3. „Der sog. Historikerstreit" ist ein Beispiel für die Vergangenheitsbewältigung. 4. „Von der re-education zur politischen Kultur" zeigt an einem weiteren Beispiel das Fortwirken der Umerziehung.

Der Irakkrieg wurde 2003 und 2004 von einer weltweiten Flut kontroverser Publizistik begleitet – in Büchern, Zeitungen, dem Internet. Fragen über Fragen wurden aufgeworfen. Doch lassen sich Antworten nicht aus dem tagespolitischen Ärmel schütteln. Historisches Wissen, historische Vergleiche sind notwendig. Welcher Vergleich liegt näher als der mit der amerikanischen Besatzung in Deutschland – völkerrechtlich, kriegsrechtlich, propagandistisch, ideologisch? In Deutschland wurde ein solcher Vergleich nirgendwo angestellt. Amerikanische Neokonservative setzten ihre Hoffnung auf die Umerziehung respektive Demokratisierung der Iraker, so wie sie in Grenada, Panama, Japan – und Deutschland bestens gelungen sei. Ist es nicht ein Beleg für eine gelungene Umerziehung, wenn ein naheliegender historischer Vergleich bei uns undenkbar geworden ist?

Einleitung

Von den „Männern, die für uns begannen", ist mittlerweile genügend die Rede gewesen. Es mag eingeräumt werden, daß derlei Euphemismen bei Ordensverleihungen und Beisetzungsfeierlichkeiten einen willkommenen und dem Anlaß entsprechenden Beitrag zu liefern vermögen. Doch sollte darauf geachtet werden, daß Festesfreude und Abschiedsschmerz nicht das eindeutige Verhältnis von Ursache und Wirkung auf den Kopf stellen. Seitdem der psychoanalytische Jargon zu unserer Umgangssprache geworden ist, wird häufig von Tabus gesprochen. Das Zentraltabu des heutigen Deutschland in allen seinen Teilen ist das der besatzungsgeschichtlichen Ursprünge und Hintergründe unserer Gegenwart. Es zwingt uns, auf die – den Founding Fathers nachgebildeten – Väter der „jungen" Demokratie zu blicken, ohne nach eventuellen Zeugungshelfern zu fragen.

Daß die Besatzungsgeschichte[1] den weißen Fleck auf der Landkarte der deutschen Zeitgeschichte bildet, ist keinesfalls auf die Unzulänglichkeit der Quellen zurückzuführen. Mag das eine oder andere Schlüsseldokument, insbesondere aus dem Bereich der sowjetischen Besatzungspolitik, noch nicht zugänglich sein, so reicht das vorhandene Material doch für eine lebenslängliche Beschäftigung mit ihm vollständig aus. Die Akten der amerikanischen Militärregierung und die Akten der Civil Affairs Division des Department of War liegen im World War II Records Center in Alexandria (Va.), einem Vorort von Washington. Noch im Februar 1964 wurde dort dem Verfasser von den Archivaren versichert, daß sie bisher keinen Deutschen zu Gesicht bekommen hätten. Die bewiesene zeitgeschichtliche Abstinenz ist ein Akt der Vorsicht. Denn noch wird das Rezept gesucht, das die reibungslose Einordnung der Besatzungsgeschichte in das volkspädagogisch erwünschte Geschichtsbild ermöglichen soll. John Gimbel, der amerikanische Historiker der Besatzung in Marburg, schrieb im Mai 1965: „Wir wissen wohl, daß die Besatzung wichtig ist, aber mangels einer hinreichenden wissenschaftlichen Literatur über den Gegenstand wissen wir nicht genau, weshalb sie für das heutige Deutschland wichtig ist[2]."

In unseren Breiten hat man es sich angewöhnt, umgekehrt zu prozedieren. Läge eine Sprachregelung zur Frage des „weshalb?"

vor, so könnten wir sicher sein, daß die „hinreichende wissenschaftliche Literatur" innerhalb kürzester Frist entstehen würde.

Es ist nicht der Zufall, der die Schritte der deutschen Zeitgeschichtler an Washington vorüberlenkte. Es ist die Vorsicht. Diese ist geboten, da ein Mißverständnis den Lichtkegel der öffentlichen Aufmerksamkeit auf die historischen Studien lenkte. Das kam so: Bei der Jagd auf den Sündenbock in den ersten Nachkriegsjahren wäre es geradezu ein übermenschlicher Heroismus gewesen, hätte man darauf verzichtet, den Nationalsozialismus dem jeweiligen Hausfeind in die Schuhe zu schieben, um so durch kleine Retouchen alte Rechnungen zu begleichen. Da machten sich denn auch einige Geistesgeschichtler auf den Weg, um Historiker des 19. Jahrhunderts wie Treitschke, Sybel und Ranke posthum zu inkriminieren. Aus der privaten Fehde wurde ein öffentliches Glaubensbekenntnis. Man meint seither, daß die getätigte Politik irgendwie vom Geschichtsbild abhängen müsse, und zieht daraus den praktischen Schluß, daß es einen politischen Effekt habe, wenn man die Historiker einer Meinungskontrolle unterwirft[3].

Historische Wertungen werden heute mit dem gleichen dogmatischen Eifer umfochten wie theologische Lehrsätze im 16. Jahrhundert. Es breitet sich behende eine Geschichtsinquisition aus, die bereits daran gegangen ist, historische Forschungen in die beiden Kategorien „volkspädagogisch willkommen" und „volkspädagogisch unwillkommen" (Golo Mann) einzuteilen. Glaubte man einst, daß das Geschick der Völker auf den Schlachtfeldern oder in den Parlamenten entschieden werde, so sieht man es heute durch die Portale der Volkshochschulen schreiten.

Als „volkspädagogisch willkommen" gilt derzeit alles, was irgendwie (im negativen Sinne) mit dem „Dritten Reich" in Verbindung gebracht und somit der „Bewältigung der Vergangenheit" dienstbar gemacht werden kann. Die Wurzeln der Besatzungsgeschichte liegen jedoch in der amerikanischen Innen- und Außenpolitik, nicht aber in der Geschichte jener Gebiete, die unter dem (derzeit geographischen) Namen Deutschland geführt werden. Daß die Besatzungsgeschichte kaum wesentlich anders verlaufen wäre, wenn es in Deutschland nie eine NSDAP gegeben hätte, ergibt sich schon aus einem Vergleich der amerikanischen Besatzung in Deutschland und Japan[4]. Man tat gut daran, vor Studien zu warnen, durch die man Gefahr lief, die zeitgeschichtliche Erbauungsstunde unversehens in ein Pfeifkonzert zu verwandeln.

Der entschiedene Widerstand gegen die Erforschung der Besatzungsgeschichte bedient sich gerne des besatzungsapologetischen Arguments, daß Theorie und Praxis der Besatzung „nur" eine Reaktion auf Theorie und Praxis des „Dritten Reichs" gewesen sei[5]. Doch ist, wie so oft in der Weltgeschichte, die „Reaktion" ungleich wichtiger geworden als das, worauf sie reagierte. Ihr Anlaß ist ausgelöscht, aber die „Reaktion" ist geblieben. Sie ist mit dem Ende des Zweiten Weltkriegs zur alleinbestimmenden Kraft geworden und hat für Deutschland unter anderem die territoriale Verstümmelung, die Teilung des Rumpfgebietes und dessen Anschluß an verschiedene Besatzungskulturen mit sich gebracht. Führte der nationalsozialistische „Totalitarismus" zur Erfahrung, was es bedeutete, wenn das innerstaatliche politische Machtzentrum in alle Lebensbereiche einzugreifen vermochte, so sollte eigentlich die Nachkriegsgeschichte lehren, daß die zwischenstaatliche Hegemonie sich nicht auf das Gebiet der Außenpolitik beschränken läßt, sondern quer durch Politik, Wissenschaft, Wirtschaft und Kultur bis in den Bereich privater Lebensführung hineinwirkt. Der hegemoniale Effekt (Cuius regio, eius ordo socialis – Hans Rothfels) ist uns auch aus anderen Geschichtsepochen bekannt. Neu ist jedoch, daß er wissenschaftlich eingeplant wurde.

Die Lehre von den Chancen der „Stunde Null" gehört wohl zu den sakrosanktesten aller liberalen Dogmen. Deutschland sei 1945 eine Tabula rasa gewesen, auf der die unerhörtesten Dinge hätten eingetragen werden können. Nichts ist falscher. Deutschland war 1945 keine leere, sondern eine dicht beschriebene Tafel. Nur daß die Eintragungen nicht in deutscher, sondern in englischer, russischer und französischer Sprache gemacht worden waren. Die geschichtlichen Dominanten unserer Gegenwart liegen seither weniger in der deutschen als in der russischen und amerikanischen Geschichte. Washington und Lenin sind ungleich mehr Gestalten der Geschichte des heutigen Deutschlands als Bismarck und Friedrich der Große.

Die Entwicklungen der amerikanischen Innenpolitik spielen für das westliche Deutschland heute eine ähnlich entscheidende Rolle wie vor 60 Jahren die der englischen Innenpolitik für Indien. Der Unterschied ist, daß sich die Inder über diese Situation im klaren waren und die mit ihr gegebenen Chancen nutzten. Allerdings hat sich seither die Herrschaftstechnik erheblich verfeinert und ist von der Zensur der Antworten zur Suggestion der Fragen fortgeschritten.

Die besatzungsgeschichtlichen Ursprünge unserer Gegenwart sind tabu, und in den von Bonn und Ostberlin aus verwalteten Teilen Deutschlands wird mit gleichem Eifer an der Legende der autonomen Entstehung deutscher Nachkriegsstaaten gearbeitet. In Ostberlin hat man Stadt und Landkreis Schwarzenberg (Sachsen)[6] entdeckt, die im Mai und Juni 1945 in einem toten Winkel zwischen den von russischen und amerikanischen Truppen besetzten Gebieten lagen. Hier hätten ohne Hilfe der Besatzungsmacht „Antifaschisten aus allen Schichten der Bevölkerung unter Führung der Arbeiterklasse ihr Schicksal in die eigenen Hände genommen und eine antifaschistisch-demokratische Ordnung errichtet". Das Gift des Nationalsozialismus sei getilgt, Pessimismus und Ausweglosigkeit verdrängt und die Perspektive eines glücklichen Lebens ohne Faschismus und Krieg eröffnet worden. Bei näherer Betrachtung jedoch schrumpft die ordnungs-errichtende Tätigkeit des Schwarzenberger „Bezirksausschusses der Antifaschistischen Bewegung" auf den Versuch zusammen, die Russen zum Einmarsch in den Landkreis zu bewegen, während Landrat und Pfarrer sehnsüchtig nach den Amerikanern Ausschau hielten.

Diesseits der Elbe blieb man nicht zurück. Man malte in zahlreichen Schriften über die Entstehung der politischen Parteien nach 1945 das anheimelnde Bild politischer Biedermänner, die frei versammelt – wie weiland die Eidgenossen auf dem Rütli – schworen, die heimatlichen Fluren zu säubern und eine alt-junge Demokratie zu errichten. Theodor Heuss und Carlo Schmid gelang ohne Zweifel die meisterhafte Verkörperung der wiederbelebten 1848er-Demokratie[7] (oder besser: dessen, was übrigblieb, nachdem man den 48ern im Sinne des jünglingshaften Jugendstils den Volks- und Freiheitsmännervollbart abgeschnitten hatte). Mitten im Wilden Westen der ersten Nachkriegsjahre zauberten sie die Fata Morgana herauf, daß der Dürerbund zur Macht gegriffen habe, um (wenn schon nicht die Einheits-, so doch) die Freiheitsträume der Altvorderen zu verwirklichen. Bonn verwechselten sie mit dem Areopag, auf dem der „Ölzweig" wächst, „den Athene seit je rankt um die Stirne des Mannes, – der seinem Volke die Burg baut und heiligen Tafeln die Satzung – einschreibt, die ihm das Glück vieler Geschlechter verbürgt ..." (Carlo Schmid).

Die Adenauer-Ära hatte manche noch gar nicht recht erkannte Meriten. Geistige Klarheit zählte nicht zu ihnen. Die Tagesschau maßgebender Meiner, massive transatlantische Interventionen[8] und der arglose Eifer der Pädagogen sind in ihr zu einem Geschichtsbild geronnen, das bis heute so etwas wie den Grundstock der Staatsraison der Bundesrepublik bildet. Dieses Geschichtsbild (das sich etwa aus der von der Bundeszentrale für Politische Bildung herausgegebenen Reihe „Aus Politik und Zeitgeschichte" und den sechs vom Bundesverteidigungsministerium, Abteilung Innere Führung, veröffentlichten Bänden „Schicksalsfragen der Gegenwart" zusammenstellen läßt) ist ein wohlmeinender Versuch einer rationalen Rechtfertigung der nach dem Entstehen der Bundesrepublik und dem Koreakrieg vorübergehend eingetretenen politischen Situation. Dieses Geschichtsbild stand so wenig auf eigenen Füßen wie der Staat, den es deutete. Es muß erwartet werden, daß eine neue weltpolitische Kräfteverteilung nicht zuletzt im Bereiche der Geschichtsbetrachtung zu einer Krise führen wird. Die beinahe halkyonischen Tage der Adenauer-Regierung – Tage eines weitgehenden Burgfriedens – sind vorüber. Je näher die Parteien zusammenrücken, desto weiter wird der Abstand der Geister voneinander. Niemand wird verhindern können (und kaum jemand will es), daß das schrittweise Wiederzusammenfinden der alliierten Kriegskoalition und die weltweite apertura a sinistra die deutsche Meinungsbildung unter zunehmenden Außendruck stellt. Es ist zu bezweifeln, ob das am Besatzungsspalier hochgezogene Geschichtsbild mit seinen idyllischen Zügen dem stürmisch auffrischenden Ostwind standhalten kann, und der Tag scheint nicht fern, an dem wir aus der Brave New World der Proporz-, UNO- und Gewerkschaftsdemokratie auf die Jahre der Kanzlerdemokratie Konrad Adenauers als auf ein Paradies ungetrübter Geistesfreiheit zurückblicken werden.

Wenn wir in der vorliegenden Schrift des öfteren den Ausdruck „Liberalismus" verwenden, so folgen wir dem amerikanischen Sprachgebrauch – denn „ohne Amerika würden wir geistig verkümmern" (Marion Gräfin Dönhoff). Wir beziehen uns also nicht mehr auf die deutsche realpolitische (und horribile dictu: nationale) liberale Tradition von Bennigsen bis Stresemann. Der deutsche Liberalismus ist seither in den tiefen Brunnen der Gefühle gefallen. „Liberal" ist bei uns ein Sammelbegriff für alle Ressentiments und Idiosynkrasien geworden, die als psychische Endmoränen des Zweiten Weltkriegs in unsere Gegenwart hineinragen. Günter Grass (SPD) hat recht: „Die wirklichen Liberalen sitzen längst nicht mehr bei der FDP." Sie sitzen überall dort, wo ein stilistischer und moralischer Endsieg des Menschen, wie er (ihrer Meinung nach) sein sollte, über den Deutschen, wie er ist, angestrebt wird. Sie sind die ZEITgenossen jener Männer (und Gräfinnen), die so überaus anmutig ihre diesbezüglichen Gefühle pflegen und daraus das Recht ableiten, über das Menü zu bestimmen, das der politische und kulturelle Verbraucher herunterzuschlucken hat, wenn er à jour sein will.

In einem Briefe bemerkt der amerikanische Präsident Jefferson (1743–1826) einmal, daß die Menschen von Natur aus in zwei Parteien zerfielen, in 1. diejenige, die dem Volke mißtraue und es fürchte, die alle Gewalt aus seinen Händen nehmen und sie den höheren Klassen anvertrauen wolle; und in 2. diejenige, die sich mit dem Volke identifiziere, die in das Volk Vertrauen setze und es als den redlichsten und sichersten, wenn auch nicht gerade klügsten Verwalter des Gemeinwohls betrachte. Bis vor wenigen Jahren noch griff man im allgemeinen nicht fehl, wenn man die erstere Partei als die konservative, die letztere (je nach dem lokalen Sprachgebrauch) als die liberale, demokratische oder radikale bezeichnete. Hin und wieder kann man bei uns Meinungen begegnen, die davon ausgehen, daß das liberale Denken freiheitlich und volkstümlich, das konservative hingegen obrigkeitlich-reglementierend und elitär sei. Das Gegenteil trifft auf den heutigen Tatbestand zu, und das hat seine Gründe.

Das Ursprungserlebnis des neuen Liberalismus ist nämlich die Entdeckung der Volkstribunen, daß ihnen das Volk davongelaufen ist. Hatte in Frankreich bereits Proudhon (1809–1865) nach der Wahl des Prinzen Louis Napoleon zum Präsidenten der Republik ausgerufen, wenn Volkes Stimme Gottes Stimme sei, dann müsse Gott am Wahltag betrunken gewesen sein, so glaubten die amerikanischen (Alt-)Liberalen noch bis in die dreißiger Jahre unseres Jahrhunderts an das Volk. Erst während der Weltwirtschaftskrise begann ihnen zu dämmern, daß es Volksbewegungen waren, die von Father Coughlin und „Kingfish" Huey Long angeführt wurden, und daß sie als (Neu-)Liberale gut daran täten, die Mobilisierung der Massen durch Palastintrigen in den Vorzimmern von Macht und Meinung zu ersetzen. Der amerikanische Liberalismus begann sich für das Metternich'sche System zu interessieren[9]. Er stellt sich heute als Hüter von Ruhe und Ordnung, als Vertreter von Vernunft und Mäßigung, als Erben der politischen Erfahrung dar und glaubt seinen Gegnern als Schwärmern und Umstürzlern das Etikett der „Radical Right"[10] umhängen zu dürfen. Er ist, wenn man so will, erzkonservativ geworden.

Hat der Liberalismus die Rolle der Beharrungspartei übernommen, so ist der Konservativismus in einer völligen Umkehrung der

Fronten zur Bewegungspartei geworden. Daß das Wort „konservativ" noch Assoziationen mit der wilheminischen Epoche, den nationalen Verbänden der Weimarer Zeit oder den Ideen des 20. Juli hervorruft, sollte nicht darüber hinwegtäuschen, daß ein Prozeß der Umbildung in Gang gekommen ist[11]. Der Glaubensschwund in den Reihen der Volkstribune hat dazu geführt, daß der Liberale heute dem Volk gegenübersteht wie einstens der Deist Gott. Er bedankt sich für die Schöpfung und verbittet sich jede weitere Einmischung seines Schöpfers. Die Konservativen hingegen finden zunehmend ihre Freunde im Volke und ihre Feinde in den tonangebenden Kreisen. Sie beginnen die Defensivstellungen zu verlassen, die sie seit der Französischen Revolution von 1789 bezogen haben. Hatten sie einst auf der ganzen Linie die bestehenden Institutionen verteidigt, aus dem Geiste der Geschichte gerechtfertigt und in scheinbar zufälligen Erscheinungen einen Sinn gesucht, so kämpfen sie heute gegen den Zwangscharakter gelenkter Meinung, deren Institutionalisierung in einem globalen Establishment und den Versuch, beide durch wissenschaftliche Einkleidung (Psychologie, Soziologie, Politische Wissenschaften) permanent zu machen. Man wird die heutigen Konservativen in der Zahl der Ketzer suchen und bei der Verteidigung des Status quo auf sie verzichten müssen.

Der Liberalismus hat eine Diktatur über den Stil und den Charakter errichtet. Als Arbitri elegantiarum politicarum stellen die liberalen Meiner die Spielregeln für alle auf, wachen über ihre Einhaltung und bestrafen die falschen Zungenschläge. Ihre Idiosynkrasien erheben sie zu Konventionen, ihre privaten Unzulänglichkeiten zu öffentlichen Tugenden. Es wäre fruchtlos, den Männern, die für uns meinen, zu grollen. Sie lesen die Zeichen der Zeit und haben erkannt, daß wir in einer liberalen Epoche leben. Margret Boveri hat einmal festgestellt, daß sich in der amerikanischen Geschichte Perioden von etwa einem halben Menschenalter Dauer ablösen, in denen jeweils ein (übersteigerter) Liberalismus oder ein (übersteigerter) Konservativismus tonangebend sei. Auf die Epoche des Liberalismus unter Roosevelt (1933–1945) folgte die des Konservativismus vom republikanischen Wahlsieg im November 1946 bis zum demokratisch-liberalen Wahlsieg im November 1958. Seither ist Amerika in einen neuen Abschnitt des Liberalismus eingetreten, der, falls alles säuberlich nach der vorgesehenen Ordnung gehen sollte, bis etwa 1970 dauern müßte. Da es das höchste Glück der Deutschen geworden ist, aus zweiter Hand leben zu dürfen, ist mit einer Übernahme des amerikanischen Rhythmus bei uns zu rechnen. Die liberalen Meiner können sich auf eine geraume Frist weiterer Machtausübung freuen. Aber auch der Liberalismus ist kaum gegen das Schicksal gefeit, eines Tages langweilig zu werden und zur Ablösung anzustehen.

Von der democracy zur Demokratie

> *„Everybody and everything is democratic
> in Germany today."*
>
> Herbert Marcuse

Künder des neuen Menschen

Soldaten waren noch immer die besten Missionare. Die arabischen Reiter brachten den Koran, die spanischen Tercios das Christentum und die Rotarmisten den Sozialismus. Auch die amerikanischen G.I.'s mühten sich redlich mit einer Mission ab. Sie waren in der kaum beneidenswerten Lage einer Schauspielertruppe, die bereits auf den Brettern steht, während die Intendanz sich noch nicht über das aufzuführende Stück einig ist. Das Glück der Stunde war jedoch den G.I.'s hold. Was auch immer sie vorbrachten, wurde beifällig aufgenommen. Sie begannen zu spüren, daß es weniger der Inhalt einer Botschaft ist, der zählt, als die Machtstellung, die der Missionar einnimmt oder die man ihm zuschreibt. Und die Machtstellung der amerikanischen Besatzung war recht augenfällig. Der Berichterstatter des „Army Talk", Julian Bach, schrieb: „In Amerikas Deutschland geschieht, was uns paßt. Paßt es uns, daß die Deutschen verhungern, werden sie verhungern. Paßt es uns, daß sie Aluminiumfabriken in die Luft sprengen, werden sie Aluminiumfabriken in die Luft sprengen. Paßt es uns, daß sie Thomas Jefferson lesen und Mickey Mouse anschauen, werden sie Thomas Jefferson lesen und Mickey Mouse anschauen." Die G.I.'s ließen die Deutschen hungern, Aluminiumfabriken in die Luft sprengen, Jefferson lesen, Mickey Mouse anschauen und vergaßen nicht, sie zu demokratisieren (to democratize).

Wenn die amerikanischen Soldaten von „democracy" sprachen, beriefen sie sich weniger auf den interalliierten Demokratiebegriff des Potsdamer Abkommens als auf den amerikanischen „way of life", der auch der „democratic way of life" sei. Es gibt Situationen, in denen der Zuhörer wohlweislich vorlaute Fragen zurückhält. So taten die Deutschen, als ob es sie nichts anginge, daß es keine selbstevidente Formulierung der amerikanischen Lebensart gab, die nicht seit anderthalb Jahrzehnten angezweifelt wurde, und kaum eine, die nicht schon begraben worden war. Die eilige Exhumierung der Missionsidee des Amerikanismus bei Kriegsbeginn hatte wenig

Zusammenhängendes zutage gefördert und zudem, da sich bei ihr jene Amerikaner besonders hervortaten, auf deren Einbürgerungsurkunden die Tinte noch nicht getrocknet war, die verschiedensten Relikte der politischen Ideenkämpfe Europas als echt amerikanisch ausgegeben.

Die Amerikaner beklagten sich, daß die Europäer in der Demokratie eine Staatsform sähen und nicht begreifen wollten, daß sie vor allem eine Lebensform sei. In der Tat war die „democracy" die Lebensform, die sich an der „frontier" entwickelte. Das Vorrücken der Besiedlungsgrenze nach Westen schuf neue Gemeinwesen, die sich frei von Bindungen an Vergangenes auf die natürlichen Impulse des Menschen und deren freie Entfaltung gründeten. Wie der Engländer sich noch im Dschungel so gibt, als ob er gerade bei einer Tasse Tee vor dem heimatlichen Kaminfeuer fröstelt, so liebt es der Amerikaner, der längst in ein städtisches Büro eingezogen ist, sich immer noch etwas als Grenzer und Pionier zu fühlen. Die Filmindustrie füllt ihre Kassen, indem sie diese Gefühle mit Wildwest-Streifen füttert; selbst die Kriminalität kann sich durch das an der Grenze geübte Faustrecht rechtfertigen.

Doch die Siedlungsbewegung ist in den 90er Jahren des vorigen Jahrhunderts im wesentlichen abgeschlossen worden. Zu Beginn der Präsidentschaft Roosevelts wurde das letzte Stück freien Landes vergeben. Die stilbildende Realität des Lebens an der Grenze flüchtete sich in die Traumfabriken Hollywoods oder in die Philosophie der „new frontier", wie sie John F. Kennedy entwickelte. Der Ruf zur Freiheit wurde zum Protestruf gegen die „Sachzwänge" der industrialisierten, verbürokratisierten und verwissenschaftlichten Gesellschaft, der im Objektivismus einer Ayn Rand[1] seinen bisher radikalsten Ausdruck fand. Doch der artifiziellen Grenzer-Demokratie gelang es, noch ein letztes Mal durch missionarische Ausbreitung ihre Lebensfähigkeit unter Beweis zu stellen.

Wenige Kriegsjahre genügten, um die Amerikaner schnell und gründlich vergessen zu lassen, daß sie mitten in einer inneren Krise, einer Umwertung aller amerikanischen Werte gesteckt hatten, als sie zur Weltmacht griffen. Das Ende dieser Krise wurde durch eben jene militärische Expansion herbeigeführt, der die G.I.'s ihren Aufenthalt in Afrika, Asien und Europa verdankten. Die amerikanische Krise hatte eine Lösung gefunden, die das Verhältnis von Innen- und Außenpolitik, das die G.I.'s als „demokratisch" lehrten, genau auf den Kopf stellte. Denn wenn die Europäer der Lehre von der „democracy" einen Inhalt abzugewinnen versuchten, der über ein allgemeines Bekenntnis zum Guten, Wahren und Schönen hinausging und nicht nur für Amerika Gültigkeit haben sollte, so fanden sie ihn im Primat der Innenpolitik, einem Primat, der sich aus der (bis zum Ersten Weltkrieg) geringen außenpolitischen Belastung der Vereinigten Staaten von selbst ergeben hatte. Die Europäer rechneten sich aus, daß die Amerikaner mit ihrer Landung in der Normandie auch die außenpolitische Sorgenlast des alten Kontinents übernommen hatten und daß nunmehr sie diejenigen waren, die Ferien von der Außenpolitik machen durften. Der Tausch von Staatsform gegen Lebensform schien ihnen kein schlechter zu sein.

Das Wohlwollen, das der Verkündigung der „democracy" (wie andernorts natürlich auch dem „Kurzen Lehrgang der Geschichte der KPdSU (B)") entgegengebracht wurde, hatte weiter damit zu tun, daß die staatliche Ordnung in Europa schon lange unterhöhlt und schließlich in einem beinahe völligen Zusammenbruch aufgelöst worden war. Bei diesem Zusammenbruch hatten sich Missionsideen aufgebraucht, denen gegenüber die amerikanische bescheiden und der „Kurze Lehrgang" nüchtern wirkte. Es herrschte verbreitet das Gefühl, daß es vor allem weiterzuleben gelte – unter welchen Bedingungen auch immer. Das nackte Sein war ungleich wesentlicher als jedes moralische Sollen. Der aus Ruinen auferstehende praktische Sinn riet, die Formulierung der politischen Begriffe und Prinzipien denen zu überlassen, die über die Macht verfügten, sie auch durchzusetzen – und das waren allein die Besatzungsmächte in Ost und West. Man verwendete die neuen Begriffe (warum auch nicht?) und gab ihnen eine praktische Wendung. Die tragikomische Folge war, daß fünfzehn Jahre später eine Jugend heranwuchs, die die Ideen, mit denen man sich auf diese Weise arrangiert hatte, wortwörtlich zu nehmen und zu „bewältigen" begann.

Das deutlichste Zeichen des Untergangs der staatlichen Ordnung in Europa war gewesen, daß an die Stelle des Staatsmannes der Künder eines neuen Menschen[2] trat. Auf den Trümmern des Zarenreiches hatte Leo Trotzki (1879–1940) die Geburt des neuen Menschen verkündet. Der Körper des *neuen* Menschen werde harmonischer, seine Stimme musikalischer sein. Eine dynamische Theatralik werde alle seine Gesten durchdringen. Der sowjetische Durchschnittsmensch werde auf dem Niveau eines Aristoteles, Goethe, Marx stehen. Darüber würden sich neue Gipfel erheben, für die es aus der bisherigen Geschichte keine Vergleiche gebe. – Auf dem Balkon des Palazzo von Fiume hatte Gabriele d'Annunzio (1863–1938) den Arm zum römischen Gruß gereckt und seinen

Legionären die erste faschistische Losung zugerufen: „Eia, eia, alalà
– viva l'amore!" Am 8. September 1920 hatte der Commandante die neue Verfassung von Fiume verkündet, nach der die Berufe in neun Korporationen eingeteilt wurden. Die Zehnte Korporation hingegen werde durch eine immer brennende Lampe im staatlichen Heiligtum repräsentiert und dem unbekannten Genie, der Heraufkunft des neuesten Menschen, der idealen Transfiguration der Arbeit geweiht (Art. 19). Die Musik sei eine religiöse und soziale Institution. Aus ihren Pausen bilde sich das Schweigen der Zehnten Korporation (Art. 64).

Am Fuße der Alpen hatte der Dichter und Journalist Kurt Eisner (1867–1919) geprahlt, daß er keine acht Stunden gebraucht habe, um die 800jährige Dynastie der Wittelsbacher vom Throne zu stürzen. Der Revolutionsheld hatte unverzüglich vom Kgl. Nationaltheater Besitz ergriffen und („die Herzen wie rote Fackeln tragend und erleuchtend den dunklen Wolkenpfad der Götter") seinen Triumphgesang von den Brettern schallen lassen: „Da mußten die Bleichen den Schreitenden weichen. – Du Volk wurdest erweckt, – der Tod war besiegt." Die Erweckten stießen die Türen zum Ratsgemach auf und forderten lärmend eine *neue* Politik. Deutschland erwachte, und die *neue* Politik kam. Die amerikanischen Truppen ebneten bei ihrem Einmarsch wie eine Planierraupe die kläglichen Reste einer *neuen* Ära ein. Der freie Raum war geschaffen, in dem nunmehr Sauerkraut verzehrende Siedler in Bürgerversammlungen und Forumsdiskussionen eine democracy, in der sich ihre natürlichen Impulse frei entfalten würden, begründen sollten.

Doch auch die Vereinigten Staaten hatten eine Fahrt ins Ungewisse angetreten. Nicht im August 1914, als die Geschütze, sondern am 24. Oktober 1929, als die Banken zu krachen begannen. Die amerikanische Gesellschaft, deren way of life ohne Prosperität nicht denkbar war, wandte dem Kult des Erfolgs und der Anbetung des rauhen Individualismus den Rücken und setzte alles auf die eine Karte des Wechsels. Der August 1914 hatte einen inappellablen Richterspruch über Weisheit und Führungsqualitäten der europäischen Staatsmänner gefällt. Der Oktober 1929 hielt Gericht über die Wirtschaftskapitäne, die bis dahin das amerikanische Staatsschiff gesteuert hatten.

Die Wirtschaftskrise von 1929 setzte auch in den Vereinigten Staaten die politischen Sekten[3] in Marsch. Diese verkündeten nicht (wie in Europa) die Wiedergeburt dieser oder jener vergangenen Epoche, da ja gerade der Abschied von der bisherigen Geschichte der Eckstein des amerikanischen Mythos war. Dafür fanden volkswirtschaftliche Quacksalber für ihre Wunderkuren offene Ohren. Der Arzt Francis Townsend forderte für jeden Bürger (mit Ausnahme der Berufsverbrecher) eine monatliche Pension von 200 Dollar, mit der Maßgabe, daß diese innerhalb eines Monats im Lande aufzuzehren sei. Die älteren Arbeitnehmer würden so den jüngeren Platz machen, die Arbeitslosigkeit wäre auf einen Streich besiegt. 1.200 Townsend-Clubs sammelten 10 bis 25 Millionen Unterschriften für das Projekt des philanthropischen Doktors. Während in Italien der Faschismus die „Giovinezza" im Frühling ihrer Schönheit besang, bliesen in Amerika nach Eisschränken fiebernde Greise zum Sturm aufs Kapitol.

Die Townsend-Bewegung wurde von der „Schinken- und Eier"-Bewegung kopiert, die in ihrer Parteizeitung „National Ham and Eggs" eine monatliche Pension von 120 Dollar für alle über 50jährigen forderte. Die „Utopian Society" unter E. J. Reed gar verstieg sich zu dem kühnen Slogan „Wohlstand für Alle", der ihr eine Million Anhänger einbrachte. Father Coughlin, der Kämpfer gegen die vier apokalyptischen Reiter Morgan, Mellon, Mills und Meyer, schrieb in der Turmspitze der Little-Flower-Kirche seine politischen Radio-Predigten, während ein 150köpfiger Stab die eintreffende Post (bis zu einer Million Briefe in der Woche) sichtete. An der Spitze einer „National Union for Social Justice" predigte der Father die Beendigung der Arbeitslosigkeit durch Ausgabe beträchtlicher Mengen von Papiergeld und Befolgung der päpstlichen Sozialenzykliken. Der Gouverneur von Louisiana, „Kingfish" Huey Long, prägte für die 9 Millionen Anhänger seiner „Share-the-Wealth"-Bewegung die Schlagworte „Teilt den Reichtum!" und „Jedermann ein König". Durch eine konfiskatorische Vermögenssteuer sollte das Volksvermögen umverteilt werden, wobei für jede Familie bis 5.000 Dollar abfallen würden.

Die Intellektuellen wahrten solchen Massenbewegungen gegenüber den standesgemäßen Abstand. Wer sich zu den Eggheads zählte, studierte vielmehr die technokratische Lehre von Howard Scott[4]. Diese besagte, daß der Mensch in der Lage sei, „durch vollständige Anwendung seiner Kenntnisse das Eintreten eines vorausbestimmbaren Zustands für einen kontinentweiten sozialen Mechanismus gewährleisten zu können". Es sei nur nötig, das gesamte Denken konsequent auf der Physik und deren Anwendung in der Ingenieurswissenschaft aufzubauen, was um so leichter fallen werde, als alle übrigen Wissenszweige sowieso nur aus wertlosem europäischen

Plunder bestünden. Kaum war die neue volkswirtschaftliche Heilslehre formuliert, als sich schon die Professoren von Harvard an die kontinentweite Erfassung der amerikanischen Produktivkräfte nach Scott'schen Rezepturen machten.

Von New Deal zu New Deal

An Heilsrezepten für jeden Geschmack war kein Mangel, doch wurde das krisenschwangere Amerika 1933 weder von einer neuen Lehre entbunden, noch von einer neuen Partei, sondern von einem Führer. Franklin Delano Roosevelt[5] verkörperte keine Lösung, der man zustimmte, sondern eine Stimmung, der man sich hingab. Amerika war vom Wunsch besessen, daß alles anders werden sollte, und hatte von Hoovers Versicherungen, daß die Prosperität „gleich hinter der nächsten Ecke" warte, nachgerade genug. Mußte nicht die Wahl Roosevelts die Wendung zum Besseren bringen, wenn sein Gegenkandidat Hoover so eindeutig den Stillstand repräsentierte?

In dieser Stimmung geschah es, daß ein Karikaturist aus der Annahmerede Roosevelts für die demokratische Präsidentschaftskandidatur die beiläufige Formel „New Deal"[6] herausfischte. Ein New Deal, ein Neuverteilen der Karten, ließ in seiner Unbestimmtheit den Arbeitslosen Arbeit, den Farmer höhere Preise, den Arbeiter höheren Lohn, den Unternehmer Aufträge erhoffen. Das Verteilen der Karten weckt allenthalben Hoffnung – erst beim Ansehen kommt die Erkenntnis, daß das Spiel nicht nur aus Assen besteht. Es ist nicht weiter verwunderlich, daß mit dem Terminus New Deal die verschiedensten, einander ausschließenden Maßnahmen bezeichnet wurden. Der Braintruster Moley meinte später, daß, wer in diesen Maßnahmen einen einheitlichen Plan erkenne, demjenigen gleiche, der die Ansammlung von ausgestopften Schlangen, Turnschuhen und Chemiekästen im Zimmer eines Buben für das Werk eines Innenarchitekten halte. Gemeinsam war den verschiedenen New Deal-Maßnahmen die Abkehr von der durch Hoover symbolisierten alten Ordnung; gemeinsam war ihnen nicht minder, daß sie für Roosevelt die Stufen zum Erreichen persönlicher Macht, zur Errichtung eines persönlichen Regimes bildeten.

Unmittelbar nach dem 5. März 1933, an dem Roosevelt als 32. Präsident der Vereinigten Staaten eingeschworen wurde, begann eine Sondersitzung des Kongresses, der das Reformwerk der „hundert Tage" – den New Deal Nr. 1 – verabschiedete. Amerika kehrte der Welt den Rücken. Roosevelt sprengte im Juli 1933 die von Hoover angeregte Welthandelskonferenz in London und wandte sich dem ökonomischen Nationalismus, der Autarkie, zu. Der Goldstandard des Dollars wurde beseitigt. Die „Hundert Tage" stampften eine unübersehbare Zahl neuer Behörden aus dem Boden – „Roosevelts ABC" genannt. Eine AAA sorgte für die Einschränkung der landwirtschaftlichen Produktion, eine CCC für den freiwilligen Arbeitsdienst, eine PWA für die Arbeitsbeschaffung, eine NRA für die Zusammenfassung der Wirtschaftsunternehmen in faschistischen Korporationen nicht unähnlichen Zusammenschlüssen.

Aus der Partnerschaft von Armee, Regierung und privater Wirtschaft bei der Mobilisierung des amerikanischen Kriegs-Potentials im Ersten Weltkrieg stammten die Methoden einer zentralen Lenkung der Wirtschaft. Roosevelt rief in pseudomilitärischer Terminologie zum Kampf um die Gesundung der Wirtschaft auf. Leiter der wichtigsten Buchstabenbehörde, der NRA, wurde General Johnson, der im Ersten Weltkrieg Verbindungsmann zwischen der Armee und Bernard Baruchs War Industries Board gewesen war. Der New Deal Nr. 1 verachtete den freien Wettbewerb und die diesen rechtfertigenden naturrechtlichen Theorien. Er begrüßte die Konzentrationen in der Wirtschaft und suspendierte die Anti-Trust-Gesetzgebung. Der Markt als Zentrum der Wirtschaft und das Spiel von Angebot und Nachfrage galten als fromme Märchen. 2000 Männer hätten stets Produktion und Preise diktiert. Monopole und Oligopole seien nicht die Ausnahmen, sondern die Regel gewesen. Damit habe man sich eben abzufinden. Die staatlichen Behörden und die 2000 Männer der Privatwirtschaft hätten das gleiche Interesse an der Wiedergesundung der Wirtschaft. Ihre Zusammenarbeit sei das Gebot der Stunde. Auch die Gewerkschaften wurden in die Arme der großen Partnerschaft geschlossen. Der § 7 (a) der NIRA gestand ihnen kollektive Arbeitsverträge zu und berief sich dabei auf die Erfahrungen des War Labor Board. Streiks waren wie in Kriegszeiten streng verpönt.

Die NRA arbeitete für jeden Beruf bis hin zu dem des Hundefriseurs einen eigenen Code aus, der Preise, Qualitäten und Mengen der Produktion regelte. Wer sich zur Einhaltung des Codes verpflichtete, bekam einen Blauen Adler verliehen, den er auf seinen Briefkopf drucken oder in sein Schaufenster stellen konnte. Wer sich nicht verpflichtete, erhielt Drohbriefe. Die Produktion wurde besonders in der Landwirtschaft gedrosselt. Baumwollfelder wurden umgepflügt. Millionen Ferkel wurden abgestochen – einige entkamen dem Gemetzel und rannten quiekend durch die Straßen Chicagos, gefolgt von aufgescheuchten Tierfreunden. Die Zahl der Striptease-Nummern pro Nachtlokal wurde auf vier beschränkt. Das Symbol des Blauen Adlers war allgegenwärtig. Es schwebte über den Kolonnen des amerikanischen Volkes, das in gewaltigen Paraden durch die geschmückten Straßen zog und sich zur nationalen Erhebung bekannte.

Doch aus heiterem Himmel fiel der Blitz. Am Schwarzen Montag, dem 27. Mai 1935, erklärte der Oberste Gerichtshof der Vereinigten Staaten ein gegen die New Yorker Hühnerhändler Schechter auf Grund der Gesetzgebung des New Deal Nr. 1 ergangenes Urteil für verfassungswidrig. Das Gesetzgebungswerk der „Hundert Tage" verstieß gegen die Verfassung, und das Gebäude des New Deal Nr. 1 brach lautlos zusammen. Nach wenigen Tagen sprachen in Roosevelts Buchstabenbehörden die Gebrauchtmöbelhändler vor. Hatte im Obersten Gerichtshof der Justice Louis Brandeis den New Deal Nr. 1 mit zu Fall gebracht, so stand währenddessen sein Schüler und Freund Felix Frankfurter an Roosevelts Seite. Er erklärte dem in Wirtschaftsfragen nicht ganz sattelfesten Präsidenten, daß nunmehr die Partnerschaft zwischen Regierung und Privatwirtschaft gescheitert sei. Könne man nicht mit der Industrie regieren, müsse man eben gegen sie regieren. Die Stunde für strukturelle Veränderungen im wirtschaftlichen und sozialen System der Vereinigten Staaten sei gekommen. Soziale Gerechtigkeit gebiete, die Großen zu kürzen und die Kleinen zu verlängern.

New Deal Nr. 2 wurde zum glatten Gegenteil von New Deal Nr. 1. Seine gesetzliche Basis bestand aus einer Steuergesetzgebung, einer Sozialgesetzgebung und einer Bankgesetzgebung. Es wurde zum Sturm auf die Bastille der Wall Street geblasen. Roosevelt rief zum zweiten Unabhängigkeitskampf auf, wenn er von den „ökonomischen Royalisten" sprach, die Amerika beherrschten. Die Gegner Roosevelts wetterten jedoch zu Unrecht gegen eine sozialistische Wendung, eine „Rötung", des Präsidenten. New Deal Nr. 2 strebte vielmehr die Wiederherstellung des idealen Modells eines kapitalistischen Marktes an, der nicht so sehr durch die Verstaatlichung als durch die Konzentration in Trusten und Monopolen und durch die Manipulationen der Banken gefährdet sei. In neoliberalem Geiste bewegte sich Roosevelt auf die soziale Marktwirtschaft zu. Für den Liberalismus, der im New Deal Nr. 2 zum Zuge kam, war die staatliche Intervention kein Selbstzweck. Sie war ein Gegengewicht gegen die kumulierte Macht der privaten Wirtschaft. Die Diktatur der Behörden spielte bei den amerikanischen Liberalen eine ähnliche Rolle wie die Diktatur des Proletariats bei den russischen Kommunisten. Sie war ein vorläufiges Hilfsmittel, um den zukünftigen Zustand machtfreier Harmonie zu ermöglichen.

New Deal Nr. 2 gelang es zwar, ein liberales Programm zu formulieren, nicht jedoch die darniederliegende amerikanische Wirtschaft vom Boden zu heben. Noch zu Beginn seiner zweiten Amtsperiode Anfang 1937 hatte Roosevelt pathetisch auf das Drittel der Nation hingewiesen, das schlecht wohne, sich schlecht kleide und schlecht ernährt sei. Aber statt einer neuen Sozialgesetzgebung, die man erwartete, zog der Präsident eine Attacke auf den Obersten Gerichtshof, mit der niemand gerechnet hatte, aus dem Zylinder. Roosevelt, vor dessen Selbstbewußtsein nach seinem großen Wahlsieg von 1936 die verfassungsmäßigen Grenzen seiner Macht verblaßten, fiel das englische Paradigma der Ausschaltung einer Opposition im Oberhaus durch Neuernennung von Pairs – Pairsschub – ein. Er ging daran, die Zahl der Richter des Obersten Gerichtshofes durch einen Richterschub über neun hinaus zu erhöhen und sich so den Obersten Gerichtshof gefügig zu machen. Der plebiszitäre Rausch seines Wahlsiegs hatte den raffinierten Kenner der amerikanischen Parteitaktik in eine Falle gelockt. Die Führer der Demokratischen Partei versagten ihm einer nach dem anderen die Gefolgschaft. Nur noch von einer kleinen Gruppe von New-Deal-Liberalen unterstützt, mußte Roosevelt eine Niederlage quittieren, die ihm für die Zukunft den Geschmack an der amerikanische Innenpolitik verdarb. Aus dem Richterschub wurde nichts.

Roosevelts politisches Ansehen hatte mit dem Richterschubdebakel seinen tiefsten Punkt noch nicht erreicht. Der Herbst 1937 brachte für Amerika nach einer vorübergehenden wirtschaftlichen Erholung eine neue Depression. Die Arbeitslosenziffer kletterte auf 8–9 Millionen. Hatte man die Depression von 1929 die Hoover-Depression genannt, so begann man jetzt von der Roosevelt-Depression zu raunen. Der Präsident sah sich nach einem Ausweg um und beriet mit seinem Freunde Morgenthau, ob es nicht besser sei, den Republikanern die Regierung zu überlassen, damit diese sich an der scheinbar unüberwindlichen Depression die Zähne ausbissen, und die Demokraten dann 1944 aus der Opposition in die Regierung zurückzuführen. Doch es zeichnete sich eine andere Lösung ab, als aus der Schießerei an der Marco-Polo-Brücke im Juli 1937 ein unerklärter japanisch-chinesischer Krieg hervorging. War nicht die Außenpolitik das Feld, auf dem glücken mußte, was in der Innenpolitik so kläglich mißlungen war? Hier konnte der Präsident seine Talente entfalten, ohne daß die Greise des Obersten Gerichtshofes das Erreichte zunichte machten. War nicht die Außenpolitik das natürliche Sprungbrett eines ehrgeizigen Präsidenten? Und war Roosevelts Isolationismus nicht mehr ein Mittel der Parteitaktik gewesen, während die Weltpolitik eine Herzenssache des Amateurgeographen und leidenschaftlichen Briefmarkensammlers war? Allzuvieler äußerer Anstöße bedurfte es nicht, um aus dem Isolationisten Roosevelt von 1933 den Interventionisten Roosevelt von 1939 zu machen.

Am 5. Oktober 1937 ließ Roosevelt mit der Quarantäne-Rede in Chicago den ersten Versuchsballon einer neuen weltpolitischen Orientierung[7] aufsteigen. In vagen Andeutungen formulierte der Präsident, daß unschuldige Völker und Nationen der Gier nach Macht und Vorherrschaft grausam geopfert würden. Wenn die Landmarken und Traditionen, von denen der zivilisatorische Fortschritt bezeichnet werde, irgendwo hinweggefegt würden, dann könne Amerika nicht hoffen, verschont zu bleiben. Wie man einen Seuchenkranken unter Quarantäne stelle, damit er keinen weiteren Schaden stifte, so müßten die friedliebenden Völker sich zusammenschließen, um die Aggressoren zu isolieren. In kleinerem Kreise erläuterte Roosevelt wenig später, daß er seine Mission darin sehe, „die Leute merken zu lassen, daß der Krieg eine größere Gefahr bildet, wenn wir Fenster und Türen verschließen, als wenn wir auf die Straße gehen und unseren Einfluß benutzen, um den Krawall niederzuhalten". Wie immer die Quarantäne-Rede interpretiert wurde, niemand war im Zweifel, daß Roosevelt mit ihr das Band zerschnitt, das ihn mit den (alt-)liberalen Isolationisten, die ihn an die Präsidentschaft gebracht hatten, verknüpfte.

Roosevelt nahm Kurs auf die amerikanische Intervention in die Streitigkeiten Europas und Asiens. 15 Monate nach der Quarantäne-Rede war die Wandlung Roosevelts mit der Botschaft an den Kongreß vom Januar 1939 abgeschlossen. Roosevelt erklärte, den New Deal nicht fortführen, sondern fürderhin seine gesamte Aufmerksamkeit der Außenpolitik zuwenden zu wollen. Der Präsident sah sich im neuen Kongreß einer Majorität von New-Deal-feindlichen Republikanern und Südstaaten-Demokraten gegenüber. Die Kapitulation des New Dealers Roosevelt sollte dem Weltpolitiker Roosevelt im Kongreß jene Mehrheiten sichern, die er brauchte, um sich allmählich aus den ihn in seiner außenpolitischen Handlungsfreiheit beengenden Fesseln der Neutralitätsgesetze zu befreien. Roosevelt kannte jedoch die mannigfachen Hindernisse, die zu überwinden waren, bevor Amerika in überseeische Kriege eintreten konnte, besser als manche seiner ausländischen Freunde, die sich im Zahlungstermin Roosevelt'scher Verpflichtungen verschätzten und nicht begriffen, warum, wie Sir Samuel Hoare einmal formulierte, die amerikanische Politik am Vorabend des Zweiten Weltkriegs „zielsicher, aber wenig verbindlich" bleiben mußte.

Die weltpolitische Phase der Politik Roosevelts war durch ein Abstoppen des innenpolitischen Reformprogrammes, das gemeinhin als New Deal bezeichnet wurde, erkauft worden.

Doch hatte sie mit den ersten beiden New Deals manches gemeinsam. Wie sie war sie eine Abkehr von der alten Ordnung und eine Stufe zur Errichtung eines persönlichen Regiments durch Roosevelt. Wie sie stützte sie sich auf Ideen, die von den gewohnten abwichen, und gab Männern Einfluß, die mit hergebrachten Maßstäben nicht zu messen waren. Die Phase des Interventionismus und der Weltpolitik kann so als New Deal Nr. 3 bezeichnet werden.

Roosevelts Hausmacht

Die politischen Kräfte[8], die sich um Roosevelt wie um einen Magneten gruppierten, waren keinesfalls identisch mit der traditionellen Gefolgschaft der Demokratischen Partei. Die parteiinternen Gegner des Präsidenten waren überzeugt, für eine verfassungsmäßige repräsentative Regierung und gegen verfassungswidrige massendemokratische Tendenzen zu kämpfen. Ihre löbliche Vertrautheit mit der aus dem ausgehenden 18. Jahrhundert stammenden Verfassung war jedoch ihrem Verständnis der soziologischen Umschichtungen des 20. Jahrhunderts überlegen. Die WASP (White Anglo-Saxon Protestants), deren selbstverständliche Domäne das politische Leben bis dahin gewesen war, trafen auf die zunehmende Konkurrenz der ost- und südeuropäischen, katholischen, jüdischen und farbigen Gruppen. Es kam zu Tage, daß die Minoritäten wenn nicht die Majorität, so doch den wahlentscheidenden Faktor bildeten. Ihre Unterstützung Roosevelts gab den Minoritäten einen Platz an der politischen Sonne. Seine Förderung der Minoritäten ermöglichte Roosevelt sein persönliches Regime.

Neben den ethnischen und religiösen Minoritäten leistete auch die charakterliche Minorität der Intellektuellen Roosevelt willige Gefolgschaft. Die Ausdehnung der staatlichen Tätigkeit, die Schaffung neuer Behörden ließ die Intellektuellen Verdienst, die Diskreditierung des hemdsärmeligen Unternehmertums Prestige erhoffen. Auf den Universitäten meldeten sich Studenten, die nicht mehr Business Management, sondern Brain Trust studieren wollten. Die Intellektuellen verteilten nicht nur New-Deal-Gelder, sie strichen sie auch ein. Hopkins' NRA beschäftigte 3.000 Schriftsteller mit bisweilen recht absonderlichen Aufträgen. Die Intellektuellenhilfe verschaffte zwar Roosevelt den Rückhalt einer besonders artikulierten Gruppe, hinterließ als umstrittenster Punkt des Arbeitsbeschaffungsprogramms jedoch einen seither stets virulenten Antiintellektualismus[9].

Die unbestimmte Gärung in den Volksmassen und die bestimmteren Ambitionen einzelner Gruppen waren das Fundament, auf dem Roosevelt sein persönliches Regime errichtete. Als Exponent des Wunsches nach Wechsel bediente er sich gegenüber den in der Routine verharrenden Beamten und Politikern des Mittels der Verwirrung der Kompetenzen. Die Gründung neuer Behörden mit unklarem Tätigkeitsbereich und die Ausbalancierung von Vertretern bestimmter Auffassungen in Regierungsämtern durch Vertreter gegenteiliger Auffassungen erhoben ihn bei allen Kontroversen zum obersten Schiedsrichter, der die Streitigkeiten zu schlichten (oder zu schüren) wußte. Roosevelts ständiges Umrühren der Kompetenzen und Institutionen, seine ständige Vermengung persönlicher und sachlicher Argumente, seine blitzschnellen Wechselgüsse abgebrühtester Parteitaktik und erhabener Weltmoral hätten den cleveren Typ des „New Dealers" hervorbringen müssen, wenn es ihn nicht schon gegeben hätte.

Roosevelt wäre vielleicht ohne die New Dealer (oder radikalen Liberalen) ausgekommen, diese sicher nicht ohne ihn. Nur zögernd fanden sich die in mancherlei Richtungen aufgespalteten Liberalen[10] zu gemeinsamem Wirken zusammen. Der „Brain-Trust" des New Deal Nr. 1 war noch ein wissenschaftlicher Expertenstab, keine liberale Verbrüderung. Eher vertrat das spätere „Küchen-Kabinett" die liberale Gesinnung, insbesondere das Trio der Ghostwriter, das in den Kriegsjahren alle Rooseveltreden verfaßte. Harry Hopkins, der „Sozialarbeiter", Robert Sherwood, der psychoanalytisch angehauchte Dramatiker, und Samuel Rosenman, Roosevelts getreuer Eckart, waren als nächster Umgang eines Staatsmanns von Weltrang an Fragwürdigkeit kaum zu überbieten. Unersetzlich für den radikalen Liberalismus waren ferner die liberalen Minister Ikkes (Inneres), Wallace (Landwirtschaft) und Miß Perkins (Soziales). Alle anderen überflügelte jedoch bald als Protektor radikal-liberaler

Kräfte der keineswegs besonders liberale, aber Roosevelt persönlich treu ergebene Morgenthau (Finanzen).

Die liberalen Berater Roosevelts, zu denen als grande dame des Liberalismus auch Roosevelts Frau Eleanor gehörte, und die liberalen Minister hatten die breiten Schultern, mit denen sie den Jungtürken des Liberalismus den Weg bahnten. Ob die einflußreichen, aber in manchen Farben schillernden Chefs die einflußärmeren, aber politisch uniformierten jungen Beamten für ihre Zwecke benutzten oder umgekehrt, kann offen bleiben. Jedenfalls sind es die Jungtürken des New Deal – in der zeitgenössischen Terminologie „Termiten" oder „Kommissare" genannt –, denen der Liberalismus zwar keine neue Theorie, aber den ordensähnlichen Zusammenhalt verdankt, der einen guten Teil seiner politischen Stoßkraft ausmacht.

Die liberalen Jungtürken hielten sich nicht für Theoretiker, sondern für Praktiker. Mit Debatten über Pro und Contra in Grundsatzfragen brauchten sie sich nicht lange aufzuhalten, da ihnen die Vorurteile der fortschrittlichen Tradition selbstverständliches Gemeingut waren. Sie sahen ihre Aufgabe darin, Theoreme in organisatorische Wirksamkeit umzusetzen. Die bedeutenden Werke eines der sonst nicht sehr schreibfreudigen Jungtürken, Thurman Arnolds (des späteren Leiters der Anti-Trust-Abteilung des Justizministeriums) „The Symbols of Government" (1935) and „The Folklore of Capitalism" (1937) wenden sich nicht nur gegen den die amerikanische Gesellschaft (damals) beherrschenden Konservativismus, sondern auch gegen die Reformer, deren Kritik an den bestehenden Zuständen zwar nicht falsch, aber unwirksam gewesen sei. Die Reformer hätten die bestehenden Organisationen durch Theorien, nicht aber durch Gegenorganisationen bekämpft, und „es ist nicht die Logik, sondern es sind die Organisationen, die die Gesellschaft regieren". Die „Reformer" hätten immer versucht, die Wirklichkeit der Institutionen den diesen zugrunde liegenden Idealen anzunähern. Das sei ein Mißverständnis der Funktion von Institution und Ideal. Theorien und Ideale hätten nämlich die Funktion, die Institutionen gegen Kritik abzusichern und sie auf allgemeines Vertrauen gegründet funktionieren zu lassen, ohne dabei in ihre Wirksamkeit einzugreifen. Der Erfolg einer Institution verbiete dann jedem, die ihr zugrundeliegenden Ideale anzuzweifeln. Die Weltwirtschaftskrise habe die verschwiegene Institution der Regierung durch die Wirtschaftsführer unwirksam werden lassen. Die widersprechendsten Theorien würden seitdem angeboten. Die Regierung der Wirtschaftsführer sei zwar gestürzt, aber je stärker man soziale und liberale Ideen forciere, desto stärker würden die konservativen Gegenkräfte. Man müsse daher die staatliche Intervention innerhalb der kapitalistischen Symbolik zum Erfolg führen, indem man die Regierung als ein kaufendes und verkaufendes Individuum in einer Wettbewerbsgesellschaft tarne und dabei unter der Hand große öffentliche Unternehmungen aufziehe. Moralische Skrupel seien fehl am Platze. Das Staatswesen gleiche einer Irrenanstalt, und Irrenärzte würden die Patienten auch nicht über ihre Meinung zu den Heilmethoden befragen. Worauf es allein ankomme, sei der Erfolg der Behandlung. Arnolds Werke, deren Quintessenz auch dem Godesberger Programm der SPD zugrundeliegt, wirken wie eine verspätete Rezeption des Machiavellismus durch die Liberalen. Die Liberalen sollen sich der „verschwiegenen" Lehre aller Experten, Bürokraten und Manager bedienen, um ihren zeitweisen Sieg im New Deal Nr. 2 zu einem dauernden zu machen. Unter dem hochmütig umgeworfenen Mantel einer neuen Wissenschaftlichkeit, die an die Stelle von Theorien Realitäten setzt, sieht man jedoch auch bei Arnold die Empfindsamkeit des (neu-)liberalen Kämpen hervorschimmern, der letztlich die Symbolik des Eigennutzes durch die der Arbeit für andere ersetzen will.

1933 waren die liberalen Jungtürken mit der großen Wachablösung nach der demokratischen Machtübernahme in Washington eingezogen. Ihre Pflanzschule war das Seminar des Harvard-Professors Felix Frankfurter[11] gewesen, der das Infiltrieren seiner Studenten in Regierungspositionen und eine umfangreiche Korrespondenz mit den Mächtigen der Welt derart zu seiner Lebensaufgabe machte, daß Moley in ihm den mächtigsten Mann Amerikas sah. Vorsichtigere Beobachter nannten ihn „ein Drittel bis ein Viertel von Roosevelts Ohr" und schätzten die Zahl der von Frankfurter protegierten Beamten auf 100. Die „Frankfurter Würstchen" massierten sich zunächst in Wallaces Landwirtschaftsministerium, wo unter der Ägide von Jerome Frank die Jungtürken Alger Hiss, Lee Pressman, John Abt und Nathan Witt (alle aus Harvard und Mitglieder kommunistischer Geheimorganisationen), Adlai Stevenson (Chicago), Thurman Arnold und Abe Fortas (Yale) wirkten. Nach einem agrarischen Richtungskampf zwischen den Vertretern des (Strukturreform-) New Deals Nr. 2 und des (Produktionseinschränkungs-) New Deals Nr. 1 wurde Frank mit seinen Anhängern „gesäubert". Diese verteilten sich auf verschiedene andere Ministerien.

Der New Deal Nr. 2 katapultierte die Jungtürken ins Weiße Haus. Zwei Frankfurter-Schüler, Ben Cohen und Tom Corcoran, besetzten Roosevelts Vorzimmer. Sie wohnten mit anderen New Dealern in einem Haus der R-Street, das als Hauptquartier der „Scharlachjungens" die Zielscheibe für den Zorn der Konservativen bildete. Das scheinbare Abstoppen des New Deal, das in Wirklichkeit seine Verlagerung auf die Weltpolitik bedeutete, verbreitete unter den beamteten New Dealern eine panikartige Stimmung. Sie kamen von 1937 an in regelmäßigen Treffen zusammen, um vom Reformprogramm zu retten, was noch zu retten war. Vom New Deal war nicht mehr viel zu retten. Innerhalb der Bürokratie entstand jedoch ein liberaler Sonderbund, der die amerikanische Politik im Zweiten Weltkrieg nicht gerade günstig beeinflussen sollte.

Die Anklagen, die die Ära McCarthys gegen die New Dealer erhob, tauchte diese zu Unrecht in ein „rotes" Licht. Sie sollten des Kommunismus überführt werden, um ausgeschaltet zu werden. Ein Randaspekt ihres Wirkens wurde zum zentralen Motiv erklärt. In Wahrheit waren die liberalen Jungtürken meist weder Marxisten noch Kommunisten. Mit den letzteren teilten sie allerdings in Gestalt des „Monopolkapitals" den Hauptgegner – und gemeinsame Feinde kitten. Die Jungtürken waren kämpferische Liberale, deren Ideologie auf den Justice Brandeis (1856–1941)[12] zurückgeführt werden kann. Brandeis, der vom Industrieanwalt zum Campaigner gegen die Machtkonzentrationen in der Industrie übergewechselt war, wurde 1917 von Präsident Wilson gegen einen Sturm der Entrüstung in den Obersten Gerichtshof berufen. Kern der von ihm vertretenen Ideologie war der Kampf gegen die „bigness", die Konzentration der Macht in Politik und Wirtschaft. Nicht der geplante sozialistische Zukunftsstaat war sein Ideal, sondern die „freie" Versammlung unter der dörflichen Kastanie, bei der die Fragen des Gemeinwesens von gleichberechtigten Bürgern entschieden wurden. Brandeis äußerte einmal, daß man die Sowjetunion gar nicht brauche, da man ja Dänemark und Schweden habe. Sein Idealstaat lag nicht im Osten, sondern im Norden Europas, aber immerhin in Europa. Die amerikanische Gegenwart sah er bedroht von den finsteren Gewalten der industriellen Konzentration, gegen die die Anti-Trust-Bewegung einen Kampf auf Leben und Tod führte.

Dem Ausland kehrten die Liberalen den Rücken zu. Der Feind stand im eigenen Lande. In der amerikanischen Außenpolitik sahen sie den verlängerten Arm jener Öl- und Bankinteressen, denen der ganze Haß der Jungtürken galt. Der isolationistische Verzicht auf aktive Außenpolitik konnte den „ökonomischen Royalisten" nur Abbruch tun. Die liberalen Bestseller der Mitdreißiger, Engelbrechts

„Kaufleute des Todes", Walter Millis' „Die Straße zum Krieg" (Lest und errötet! Lest und seid auf der Hut!) und Grattans „Die tödliche Parallele" warnten eindringlich vor neuen Machenschaften der Wall Street. Wie die Wall Street Amerika in den Ersten Weltkrieg hineingeführt habe – so konnte man lesen – wolle sie die Vereinigten Staaten nunmehr auch in einen Zweiten Weltkrieg verwickeln.

Ein Kongreßausschuß unter Leitung des Senators Gerald P. Nye[13] untersuchte die Ursachen der amerikanischen Intervention in den I. Weltkrieg. Er kam zu dem Ergebnis, daß der amerikanische Kriegseintritt von 1917 von Munitionsfabrikanten und Finanzkreisen (vor allem dem Hause Morgan) veranlaßt worden sei. Die amerikanischen Soldaten holten die Kastanien der Wall-Street-Anleihen aus dem deutschen Feuer auf den französischen Schlachtfeldern. Aus den 1.400 Seiten des Berichts des Nye-Ausschusses zog der Kongreß den Schluß, daß durch eine Neutralitätsgesetzgebung, die Kredite an Kriegführende sperrte und die Beförderung von Kriegsmaterial auf amerikanischen Schiffen verbot, einer Wiederholung der betrüblichen Ereignisse von 1917/18 vorgebeugt werden könne. Von 1935 bis 1937 wurde jedes Jahr eines der Neutralitätsgesetze erlassen, die nach einer spöttischen Formel der „New York Herald Tribüne" die Vereinigten Staaten hindern sollten, in den Krieg von 1917/18 zu intervenieren.

New Deal Nr. 2, in dessen Laufzeit die Neutralitätsgesetzgebung erlassen wurde, hatte sich auf die liberalen Kräfte gestützt. New Deal Nr. 3 war auf die Unterstützung der Konservativen angewiesen, da eine Verlagerung des New Deal auf die Weltpolitik ohne Beteiligung der führenden Köpfe der Privatwirtschaft an den durch die gigantische Rüstung und die globale Expansion entstehenden organisatorischen Aufgaben kaum denkbar war. Der Eintritt von Forrestal (Dillon, Read & Co), McCloy (Cadwalader, Wickersham & Taft), Stettinius (United States Steel Corporation) und anderen in hohe Regierungsämter machte den New Dealern die Alleinherrschaft im Regierungsapparat strittig. Er zeigte ihnen auch, daß sie in der Innenpolitik nicht mehr sehr erwünscht waren. Mit gestutzten Flügeln machten sie sich zu einer Weltwanderung auf.

Als Ribbentrop und Molotow sich im August 1939 verbündeten, lösten die amerikanischen Liberalen ihr Verlöbnis mit den Kommunisten und verheirateten sich mit den traditionelle machtpolitische Erwägungen und Gruppeninteressen vertretenden Interventionisten. Dies war die Station, auf der sie ihr ideologisches Gepäck stehen ließen. Hatten sie einst einer demaskierenden Geschichtsschreibung Tribut gezollt, die in General Washington den Vertreter der ökonomischen Interessen der Gutsbesitzer, im amerikanischen Bürgerkrieg das von Fanatikern beider Seiten angezettelte sinnlose Gemetzel und in Wilson den Agenten der Bankinteressen sah, der Amenka aus kreditpolitischen Interessen in ein überseeisches Blutbad stürzte, so verschmolzen sie jetzt in Windeseile Patriotismus und liberale Ideologie. Washington bekam eine menschheitliche Mission auf den Leib geschrieben, der amerikanische Bürgerkrieg wurde zum Sieg der Freiheit über die Sklaverei und Wilson zum Führer in die demokratische Zukunft, der an den verknöcherten Reaktionären des Kongresses gescheitert sei.

Der unbedingte Pazifismus[14] wurde durch die amerikanische Verantwortlichkeit für eine demokratische Welt ersetzt, die, wie man nunmehr wieder entdeckte, ein Leitmotiv der amerikanischen Geschichte gewesen sei. Ein führender Vertreter des neuen Liberalismus, der Dichter Archibald McLeish (geb. 1892, in den 20er Jahren nach Paris emigrierter L'art pour l'art-Poet, in den 30er Jahren sozialkritischer Realist und kommunistischer Fellowtraveller, in den 40er Jahren Roosevelts – als Direktor der Kongreßbibliothek getarnter – Propagandaminister) taufte nun die desillusionierende Schule der amerikanischen Literatur „die Verantwortungslosen" und warf ihr vor, den kämpferischen Geist der Demokratien zu untergraben. Hemingway, Dos Passos und Aldington, die Weggefährten von gestern, wurden beschuldigt, in ihren Kriegsbüchern bittere Skepsis in den reinen Wein der patriotischen Begeisterung gegossen zu haben. McLeish forderte, daß eine „bestimmte Gruppe von Schriftstellern davon abgehalten werden muß, bestimmte Ideen zu äußern". Eine geistige Mobilmachung tue not, ihr seien alle anderen Werte unterzuordnen. Die Stunde, in der die Liberalen nach dem Zensor rufen, ist nicht ihre schwache, sondern ihre starke Stunde. Solange sie die Macht nicht in ihren Händen halten, rufen sie nach Freiheit. Wenn sie an der Macht partizipieren, fühlen sie sich stark genug, um auf die Freiheit zu verzichten.

Die Schlacht um Amerika

Nicht der Kriegseintritt brachte in Amerika einen politischen Klimawechsel, sondern seine von Interventionisten und Isolationisten heftig umstrittene Vorbereitung[15]. Die schlagwortartig vereinfachten Positionen des Für und Wider einer Beteiligung Amerikas am Zweiten Weltkrieg beschäftigten die gesamte Bevölkerung. Pearl

Harbor war der Schlußstrich unter einem Stimmungsumschwung, der den Beginn der politischen Gegenwart in Amerika markiert. War zuvor die republikanische Regierung das „Normale" und die demokratische ein gewagtes Experiment, das bestenfalls in Notzeiten vertreten werden konnte, so bemächtigte sich nunmehr der Bevölkerung die Vorstellung, daß die republikanische Politik „gefährliche", die demokratische Politik „sichere" Züge aufweise. Da das Kräftemessen zwischen den Isolationisten und den Interventionisten, wie von letzteren vorhergesagt, im Kriege endete, schien der Beweis erbracht, daß die interventionistischen Demokraten eine politische Theorie besaßen, die zukünftige Ereignisse vorauszusagen im Stande war, während die isolationistischen Konservativen sich nur von kurzsichtigen Interessen leiten ließen.

Die „Schlacht um Amerika" – die Umstimmung der amerikanischen Öffentlichkeit zugunsten eines Kriegseintritts – war Roosevelts größte Stunde. Der Präsident hatte gelernt, Abstimmungsniederlagen im Kongreß zu vermeiden. Er brachte jeweils nur jene interventionistischen Vorlagen im Kongreß ein, die nach dem augenblicklichen Stand der Debatte für und wider die Intervention Aussicht auf Annahme hatten. Wenn das Echo auf eine neue Vorlage unbestimmt war, ließ er einen Versuchsballon steigen, der ihm ermöglichte, bei auftretendem Widerstand die vorgesehene Maßnahme zurückzuziehen oder im Geheimen durchzuführen. Roosevelt bediente sich erstmalig der neuen Methoden der Massenbeeinflussung, die der Regierung ermöglichen, mit den Bürgern so umzugehen wie große Firmen mit ihren Kunden. 1935 hatten Elmo Roper und Dr. George Gallup die Techniken der Meinungsbefragung entwickelt, auf die Roosevelt jetzt sein Vorgehen ausrichtete. Das neuartige Medium des Rundfunks wurde von ihm durch „fireside chats" ebenso als Führungsmittel ausgebaut, wie die regelmäßigen Pressekonferenzen. Roosevelt, der noch 1936 die Mehrheit der Presse gegen sich gehabt hatte, hatte gelernt, daß er durch Liefern oder Vorenthalten von Informationen den beruflichen Werdegang des einzelnen Journalisten bestimmen konnte – ganz gleich, wie der Kurs seiner Zeitung war.

Das interventionistische Fußvolk griff in die „Schlacht um Amerika" ein, als Roosevelt wenige Wochen nach dem europäischen Kriegsbeginn den Kongreß um Aufhebung des Waffenembargos ersuchte. Nach der Cash-and-carry-Formel (Zahle und nimm mit) sollten alle kriegführenden Staaten (gedacht war natürlich nur an die Gegner Deutschlands) Rüstungsgüter abholen und bezahlen dürfen. Clark Eichelberger, der Vorsitzende der Völkerbundsgesellschaft, rief zur Unterstützung des Roosevelt'schen Projekts einen „überparteilichen Ausschuß für Frieden durch Revision der Neutralitätsgesetzgebung" ins Leben. Den Vorsitz übernahm William Allen White, ein altliberaler Republikaner aus dem Mittleren Westen und Herausgeber der „Emporia Gazette" in Emporia (Kansas), von dem Roosevelt sagte, daß er immer 3 1/2 von 4 Jahren auf seiner Seite stünde. White, dessen Ansehen auf seinem Kampf für die Demokratisierung des amerikanischen politischen Lebens durch Einführung der Volksinitiative (Möglichkeit, Gesetze außerhalb der repräsentativen Institutionen einzubringen), Volksentscheid (Abstimmung durch die Bevölkerung, nicht durch die Parlamente), recall (Abberufung von Abgeordneten während der Legislaturperiode bei Nichtübereinstimmung mit der Wählerschaft) und direkte Wahl der Senatoren beruhte, wurde jetzt von einem Professor der Columbia-Universität mit dem Argument zur Übernahme des Vorsitzes aufgefordert, „daß das amerikanische Regierungssystem davor bewahrt werden müsse, durch den demagogischen Gebrauch von massenhaften Telegrammen und Briefen an den Kongreß weggeschwemmt zu werden".

Dem lokalen Vertreter in Senat oder Repräsentantenhaus in Brief und Telegramm die Meinung über aktuelle Fragen zu bekunden, ist, sollte man denken, ein löbliches Zeichen staatsbürgerlicher Aktivität. Wenn jedoch der bekannteste Vertreter der Volksrechte zur Verhinderung des zwar nicht kodifizierten, aber wirksamsten Ausdrucks der Volksstimmung gewonnen werden kann, so wird die (außenpolitisch motivierte) Verlagerung des Schwergewichts des Liberalismus vom Volke auf die Organe der Meinungssteuerung und Gruppenpolitik deutlich. Die Diskrepanz zwischen der Bevölkerungsmehrheit und der von den Liberalen angestrebten Ordnung ist nicht mehr zu überbrücken. Nicht die Befreiung der Volksmassen, sondern ihre lückenlose Kontrolle muß notwendig zum neuen Ziel der Liberalen werden.

Nach Erreichung des Gründungszieles der „Revision der Neutralitätsgesetze" wurde der Ausschuß in „Ausschuß zur Verteidigung Amerikas durch Hilfe an die Alliierten" umgetauft. Roosevelts zielstrebig verfolgte Politik, immer neue Völker durch Worte, Hilfsversprechen und Waffenlieferungen dazu zu ermuntern, den Deutschen Widerstand zu leisten, wurde vom Ausschuß als Methode der Verteidigung Amerikas gebilligt. White versuchte den Ausschuß stets zur Propagierung der Maßnahmen anzuhalten, die Roosevelt als nächsten Schritt auf dem Wege zur vollen Intervention vorgesehen hatte. Doch die durch Whites temperierte Persönlichkeit gesetzten Grenzen im Stil der Polemik und das durch Roosevelts Eingehen auf die öffentliche Meinung verlangsamte Tempo der Schritte konnten nicht eingehalten werden. Die angelaufene Interventionspropaganda entwickelte zunehmend Eigengesetzlichkeit. Vertraten White und Roosevelt in der Öffentlichkeit immer nur Maßnahmen „short of war", ohne Kriegserklärung, so drängten die Mitglieder der unter Führung des Direktors des New Yorker „Council on Foreign Relations" Miller stehenden „Century Club"-Gruppe auf sofortige Kriegserklärung. Aus dieser Gruppe ging das „Fight for Freedom Committee" unter Senator Carter Glass und Bischof Hobson hervor, das die gemäßigte Gruppe in der Führung des Ausschusses zur Verteidigung Amerikas zurückdrängte, bis schließlich White Anfang 1941 seinen Rücktritt erklären mußte.

Den Interventionisten standen die Isolationisten gegenüber, die sich um das Komitee „America First" scharten. Ihre Führer waren die altliberalen Senatoren Gerald Nye (North Dakota) und Burton Wheeler (Montana). In ihnen verkörperte sich das Mißtrauen des Mittleren Westens gegen den Mißbrauch der wirtschaftlichen und militärischen Kraft der Vereinigten Staaten für Ziele, die mehr internationalen als national-amerikanischen Einstellungen entsprangen. Auch die Isolationisten wollten sich nicht auf die Vereinigten Staaten zurückziehen. Sie sahen Südamerika und die umliegenden Inseln durchaus als Teil des amerikanischen Verteidigungsbereiches an. Der Punkt, an dem sich Isolationisten und Interventionisten schieden, war die Frage, ob die Politik der Errichtung einer moralischen Weltordnung dienen oder nur nationale Interessen verteidigen sollte. Zwischen diesen beiden Positionen konnte es keine Verständigung und keine mittlere Linie geben. Eine einflußreiche Gruppe unter dem konservativen Senator Robert Taft und Expräsident Hoover trat zwar für eine begrenzte Hilfe an England und Frankreich ein, um so das aus den Fugen geratene Gleichgewicht in Europa wiederherzustellen und einen Ausgleichsfrieden zu ermöglichen. Aber gerade der Frieden war es ja, den Roosevelt unter allen Umständen zu verhindern suchte. Denn der Frieden stand der *einen* Welt und ihrer moralischen Ordnung im Wege.

In der „Schlacht um Amerika" stand anfangs die Regierung und eine zahlenmäßig begrenzte interventionistische Gruppe auf der einen Seite, die Mehrheit der Bevölkerung auf der anderen Seite. Das wichtigste Ziel der Interventionisten mußte es darum sein, zu verhindern, daß die Kriegsbeteiligung als Wahlkampfthema des Präsidentschaftswahlkampfes zum Gegenstand eines Votums der Bevölkerung wurde. Vor der Präsidentenwahl von 1940 gelang es den als liberale Republikaner auftretenden Wirtschaftsgruppen der Ostküste, mit denen Roosevelt nach 1937 seinen Frieden geschlossen hatte, die Kandidatur des Interventionisten Wendell Willkie durchzusetzen, der zwar als Anwalt von Industriegruppen das New-Deal-Projekt der Tennessee Valley Authority bekämpft hatte, aber außenpolitisch Roosevelt unterstützte. Willkie stand Roosevelt so wenig fern, daß dieser später die Gründung einer Roosevelt-Willkie-Partei gegen die Südstaatendemokraten und konservativen Republikaner erwägen konnte. Die Verhinderung eines Votums der Bevölkerung über die Frage der amerikanischen Kriegsbeteiligung war der größte Erfolg der Interventionisten und ein klassisches Beispiel für die Politik des *neuen* Liberalismus.

Nach einer Wahl sieht in der repräsentativen Demokratie alles anders aus als vor ihr, und dem Wahlsieg Roosevelts folgte nicht die Erfüllung des Wahlversprechens des Präsidenten, daß er Amerika aus dem Krieg heraushalten wolle, sondern jene Radikalisierung des Interventionismus, für die der Rücktritt Whites kennzeichnend ist. Die dramatische Darbietung der europäischen Kriegsereignisse lief auf hohen Touren. „Nazi-Germany" wurde allgemein durch einen alleszermalmenden Schaftstiefel repräsentiert. Selig Adler schreibt in seiner Geschichte des Isolationismus: „1940 war es für die Amerikaner schwierig geworden, Augen und Ohren gegen die Opfer Hitlers zu verschließen, die von den Anschlagsäulen und aus Zeitungsanzeigen blickten, die der Postbote in das Haus trug, die im Kino auf die Leinwand projiziert wurden und im Rundfunk an die Stelle der Reklamesendungen traten. Amerika sang: ‚There will be bluebirds over the white cliffs of Dover!'"

Doch nicht allein aus Europa dräuten Gefahren, auch Amerika sollte von einer Fünften Kolonne von Naziagenten durchsetzt sein. In der zunehmenden Radikalisierung der interventionistischen Bewegung wurden die Isolationisten als „Transmissionsriemen" des Nazismus und Agenten der Fünften Kolonne hingestellt. In dieser Rufmord-Kampagne traten Elemente in den Vordergrund, die den radikalen Interventionisten kaum große Freude machten, von den gemäßigten ganz zu schweigen. Ein Musterbeispiel des Fanatismus ist die vielgelesene Schrift von Michael Sayers und Albert E. Kahn „Sabotage! The Secret War Against America", die die Isolationisten der psychologischen Sabotage beschuldigte und eine Atmosphäre des Terrors hervorrief. Zu wessen Gunsten, stellte sich heraus, als das Autorenpaar 1946 prompt mit einer Schrift wider „Die große Verschwörung gegen Rußland" auf den Plan trat.

In die Interventionsbewegung flossen kräftige Ströme europäischer Ideologien[16] ein. Eine bezeichnende Rolle spielte hierbei das „Committee on Europe", aus dem 1940 der Ausschuß der 15 hervorging. Die 15, von denen ein jeder eine Art intellektueller Berühmtheit war, hielten vom 24. bis 26. Mai 1940 in Atlantic City einen Kongreß ab, dessen Manifest unter dem Titel „The City of Man" veröffentlicht wurde. Die Errichtung der Weltdemokratie, die die 15 planten, war ein offen chiliastisches Unternehmen. „In einer Epoche der Apokalypse fordern wir ein Millenium." Die 15 vertraten alle möglichen geistigen Traditionen, außer jenen, die in der „Hauptströmung" des amerikanischen Denkens standen. Unter ihnen befanden sich Ideologen, die den Faschismus schon vorweggenommen hatten und dann bei dessen massenhaftem Auftreten abgefallen waren, wie Thomas Mann („Betrachtungen eines Unpolitischen", „Friedrich und die große Koalition") und sein Schwiegersohn Giuseppe Borgese, ein abtrünniger Anhänger d'Annunzios und ehemaliger italienischer Propagandachef im Ersten Weltkrieg, Van Wyck Brooks, der führende amerikanische Literaturhistoriker und Sozialist, Gaetano Salvemini, die italienische „Schwiegermutter der Revolution", Reinhold Niebuhr, der Herausgeber des Organs der amerikanischen Sozialisten „The World To-morrow"und führende evangelische Theologe, der „nicht nur radikal, sondern auch tief religiös war" und Lewis Mumford, der Prophet des heraufdämmernden, von den Fesseln der neurotischen Stadt befreiten Übermenschen. Für diese Männer war Adolf Hitler ein heilsgeschichtliches Ereignis (wenn auch in säkularisierter Form). Wie der Antichrist am Vorabend der Wiederkehr Christi und der Aufrichtung der endgültigen Gottesherrschaft alle Übel der Welt noch einmal in sich zusammenfaßt, so war Adolf Hitler für sie eine Verkörperung alles Bösen, nach dessen Überwindung nicht die Rückkehr zur gestörten alten Ordnung stehen konnte, sondern nur die endgültige Errichtung des (säkularisierten) Reiches Gottes, der City of Man.

Die apokalyptische Deutung der Zeitgeschichte hätte geringe Resonanz gefunden, wenn sie sich auf die Einwandererquartiere von New York und den Kreis der 15 beschränkt hätte. Strebte sie das amerikanische Indigenat an, mußte sie aus dem biblischen „Fundamentalismus" des Maisgürtels aufsteigen. So wurde der amerikanische Vizepräsident (1940–44) Henry Agard Wallace (geb. 1888)[17] aus Iowa zum Propheten des „Jahrhunderts des Kleinen Mannes" gekürt. Wallace, dessen Vater 1924 als republikanischer Landwirtschaftsminister gestorben war, hatte sich bis 1933 mit Fragen der Saatzucht und der Agrarpreise befaßt. Als Roosevelt ihn zum Landwirtschaftsminister ernannte, begann er nach Art des Mais- und Bibelgürtels die Agrarpreise religiös zu untermauern („Statesmanship and Religion", 1934). Zunächst suchte er das Staatswesen zur Theokratie im Sinne des Alten Testamentes umzuformen. Aber als er auf diese Weise den „New Frontiers" (1934) – Kennedy war nie besonders erfindungsreich – nicht schnell genug näherkam, setzte er sich auf den okkulten Zauberteppich und flog – umgeben von dem Theosophen Milo Perkins, dem russischen mystischen Maler und Weltverbesserer Nicholas Roerich (den er an der Spitze einer Expedition zur Suche widerstandsfähiger Gräser und des wiedergekehrten Christus in die Mongolei entsandte) und der Seherin Zenda – in die geheimen Hintergründe der Welt. Am 8. Mai 1942 hielt Wallace vor dem Verein Freie Welt in New York eine Rede, die von „PM"[18] zur Gettysburg-Adresse des Liberalismus hochgelobt wurde. „Das Volk auf seinem chiliastischen und revolutionären Marsch zur Manifestation der Würde, die in der menschlichen Seele liegt, hält als an seinem Credo an den vier Freiheiten fest, die Präsident Roosevelt verkündete ... Kein Nazi-Konterrevolutionär kann es aufhalten ... Die Revolution des Volkes ist auf dem Marsch, und der Teufel und alle seine Engel können sie nicht überwinden, denn auf der Seite des Volkes steht der Herr." Als Wallace in der Rede Hitler siebenmal als den Satan bezeichnete, glaubten die PM-Liberalen, mitten in der Volkstradition des Bibelgürtels zu stehen, wenn sie den „globalen Hinterwäldler" (Macdonald), den Vegetarier und Champion im Bumerangwerfen auf den Prophetenstuhl setzten. Der mißglückte Anlauf jedoch, den Wallace auf die amerikanische Präsidentschaft nahm, erwies, daß die Anhängerschaft, die sich um ihn scharte, sich auf eben jene liberalen Kreise beschränkte, die mit seiner Hilfe ins Volk vorstoßen wollten.

F. D. R.

Der Konflikt, der auf Amerika zuzukommen schien, war Roosevelt[19] wie auf den Leib geschrieben. Er schwankte keinen Moment und war jederzeit fest überzeugt, für die Erhaltung der moralischen Weltordnung zu kämpfen. Seine Überzeugung war um so fester gegründet, als er keineswegs immer dieser moralischen Weltordnung angehangen hatte, wie auch Amerika zeitweise im Sozialdarwinismus seine nationale Philosophie gesehen hatte. Als stellvertretender Marineminister schrieb er 1914 die Erschütterung seines Vorgesetzten Josephus Daniels über den Ausbruch des Ersten Weltkriegs dessen „Glauben an die menschliche Natur, die Zivilisation und ähnlichen idealistischen Unsinn" zu. Er war für frischfröhliche Aggression in Mexiko, Japan und anderswo, empfahl wärmstens den vom Präsidenten Theodore Roosevelt in die Requisitenkammer der amerikanischen Außenpolitik aufgenommenen „großen Stock" und war der Mann der „big navy", eine Art amerikanischer Tirpitz. Die Einführung der allgemeinen Wehrpflicht empfahl er, da diese „gegen Anarchie und Bolschewismus, Klassenhaß und Snobismus" stehe und „Disziplin, gute Kameradschaft, Ordnung und einen verstärkten Amerikanismus" herbeiführe.

Die Nachkriegswelle des Wilsonianismus ließ ihn stutzen. Die langen Jahre auf dem Krankenlager schenkten ihm einen neuen Glauben, eben jenen Glauben, den er anderthalb Jahrzehnte zuvor verspottet hatte. Er glaubte nun, daß es eine einheitliche, allgemeingültige Moral gebe, nach der sich die Einzelmenschen ebenso wie die Staaten zu richten hätten. Gut sei, wer die Moralgesetze befolge, böse, wer sie in den Wind schlage. Das Verhältnis von Gut und Böse bestimmte sich für Roosevelt nach der Formel „90% : 10%". 90% der Völker waren für den Frieden, 10% für den Krieg. 90% der Journalisten hielten sich an die vom Präsidenten für seine Pressekonferenzen aufgestellten Spielregeln, 10% nicht. 90% der Geschäftsleute folgten dem im Spanischen Bürgerkrieg erlassenen moralischen Embargo, 10% ließen sich vom Gewinnstreben leiten. 90% der Menschen sind gut. Richtig angeleitet, handeln sie gut. Sie zum Fortschritt der Zivilisation zu führen, ist ein pädagogisches Problem, „denn die hervorragendste Aufgabe des Staatsmanns ist zu erziehen". 10% hingegen sind verstockt. Für sie ist der „große Stock" da.

Wenn Roosevelt Deutschland, Italien und Japan vorwarf, „vom brutalen Zynismus, von der gottlosen Verachtung des Menschengeschlechtes" beherrscht zu sein, so warf er ihnen die absichtliche Verletzung der allgemein gültigen Moralgesetze vor. Diese absichtliche Verletzung war böse. Und mit dem Bösen gibt es kein Paktieren. Das Kriegsziel stand für Roosevelt fest, noch ehe ein Krieg begonnen hatte. „Wir kämpfen, um die Welt von den alten Übeln, von den alten Krankheiten zu säubern." Die alten Übel liebten es, die verschiedensten Masken der Kabinettspolitik, des Imperialismus, des Kolonialismus, des Machiavellismus und des Nazismus anzulegen, hinter denen sich jedoch der alt-böse Feind unschwer erkennen ließ.

Die Bundesgenossen, die Schulter an Schulter mit den Vereinigten Staaten einer *neuen* Welt entgegenmarschierten, konnten nicht böse sein. Roosevelt hielt sie, auch wenn er an ihnen noch den einen oder anderen Makel erblickte, für erziehbar und beeinflußbar. Man konnte mit Geduld und Gottvertrauen dem Augenblick entgegensehen, in dem Churchill seine Kolonien und Stalin seine kämpferischen Gottlosen fahren lassen werde. Denn im Grunde ihrer Seelen waren die beiden gut und nicht verstockt. Roosevelt war der festen Überzeugung, daß Wandlung durch Annäherung erfolge. Sicher sah er anfangs die moralische Weltordnung in Volk und Regierung von Großbritannien und USA verkörpert. Die moralische Weltordnung war somit auch eine christliche und angelsächsische. Die Erweiterung der Kriegskoalition durch die Sowjetunion und China war für Roosevelt eine Herausforderung, aus den neuen und weniger christlichen Bundesgenossen Mitträger der moralischen Weltordnung zu machen. Roosevelt erkannte sehr wohl die Grenzen, die einer Bevormundung der Sowjetunion gesetzt waren. Als Realpolitiker, der an das Prinzip des *do ut des,* des Gebens und Nehmens, glaubte, entwickelte er Rußland gegenüber die Politik des „Noblesse oblige", die das ideale Ziel der Erstellung der *neuen* Weltordnung mit dem realen Prinzip des Interessenausgleichs verband. Roosevelt glaubte durch Konzessionen auf der Ebene der Interessen in Stalin jenes Vertrauen zu erwecken, das ihn auf der Ebene der moralischen Weltordnung zur Zusammenarbeit verpflichten mußte. Stalin ging auch auf diese Politik ein. Die Auflösung der Komintern, (Juni 1943) und die Erlaubnis zur Wahl eines Patriarchen der russisch-orthodoxen Kirche (September 1943) gab er, um territorialen Gewinn und Förderung sowjetischer Interessen zu nehmen. Stalin erkannte Roosevelts Großzügigkeit dankbar an, wenn er bemerkte, daß Roosevelt nur bei großen Summen lange Finger mache, während Churchill sich um jede Kopeke prügle.

Aus der *einen* Moral angelsächsisch-christlicher Wurzel ging die moralische Einheit der Welt hervor, deren organisatorisches Spiegelbild auf der zwischenstaatlichen Ebene den Namen der Kriegskoalition der Vereinten Nationen (United Nations) übernahm. Roosevelt war überzeugt, daß die Sonderrolle der Vereinigten Staaten darin bestünde, daß ihnen die moralische Führung der Welt zustehe, die durch die wirtschaftliche und militärische nur ergänzt werde. Seien die Vereinigten Staaten nicht die einzige Nation, die keine territorialen Ambitionen und keine alten Feindschaften habe? Würden sich ihnen – und nur ihnen – nicht die übrigen Staaten voller Vertrauen anschließen, (sofern sie nicht böswillig seien)? Amerika habe als moralischer Führer der *neuen* Welt die Aufgabe, als ehrlicher Makler oder Treuhänder darüber zu wachen, daß die widerstreitenden Interessen so ausgeglichen würden, daß sie im neuen Weltgebäude eine stützende und nicht eine niederreißende Wirkung entfalteten, so wie Roosevelt selbst durch Konzessionen hier, Ermahnungen dort die widerstreitenden Interessen der Konservativen und Liberalen in den Dienst der Kriegsanstrengungen der USA gestellt hatte. Wenn Amerika sich für die moralische Einheit der Welt verantwortlich fühle, so müsse es sich auch vor Augen führen, daß deren organisatorische Verwirklichung unter den gegebenen Machtverhältnissen nur durch die Zusammenarbeit der vier Großmächte zu erreichen sei. Die konkrete Vertretung der Moralgesetze forderte – im Gegensatz zur abstrakten – den Zusammenhalt der Großmächte, für den Opfer zu bringen und Konzessionen zu machen, durchaus moralisch war.

Den Böswilligen (10 %) gegenüber war jedoch, was den Großmächten gegenüber moralisch war, eindeutig unmoralisch. Ihnen gegenüber hätten die vier Großmächte die Rolle eines „Sheriff" zu übernehmen, der dafür zu sorgen habe, daß kein Staat das Recht in die eigene Faust nehme. Alle Staaten außer Großbritannien, den USA, der Sowjetunion und China seien zu entwaffnen. Würde einer der entwaffneten Staaten Ansätze der Böswilligkeit zeigen, so solle er vorerst blockiert werden. Helfe das nicht, so wäre die Bombardierung durch die Luftstreitkräfte der Großmächte einzuleiten. Über derlei Fragen der Sicherheit hätten die Staatsoberhäupter der vier Großmächte zu beraten. Fragen untergeordneten Ranges könnten in regionalen Organisationen behandelt werden. Roosevelt versuchte zu erreichen, daß Streitigkeiten niederen Ranges nicht die Weltsicherheit gefährdeten.

Daß die durch die „Treuhänderschaft" der „vier Polizisten" begründete Ordnung nicht eine Herrschaft der Großen über die Kleinen sei, ging nach Roosevelt daraus hervor, daß in den Vereinigten Staaten die Rechte des Bürgers auch nicht durch die Aufrechterhaltung der Ordnung gefährdet würden. Wer jedoch nicht vom amerikanischen Beispiel und dessen moralischen Prämissen ausging, wie etwa General de Gaulle, mußte den Eindruck erhalten, daß Roosevelt ein System der permanenten Intervention („un Systeme permanent d'intervention") errichten und völkerrechtlich verbindlich machen wolle.

Die Verschwörung der Deutschen

In der „Schlacht um Amerika" hatte sich eine neue politische Nomenklatur durchgesetzt. Waren die Liberalen der alten Tage die Progressiven der Agrarstaaten gewesen, die den Kampf des alten Amerika der Vorbürgerkriegszeit gegen Wall-Street, europäische Einflüsse und die industrielle Ostküste führten, so speisten sich die neuen Liberalen gerade aus diesen europäischen Einflüssen. Trotz seiner geographischen und ethnischen Wanderung hat der neue Liberalismus Elemente der fortschrittlichen Tradition in sich aufgenommen, und zwar vorwiegend solche, die in den Textbooks für Civil Government stets mit vornehmem Schweigen übergangen werden.

Der Kernmythos der Fortschrittlichen etwa, der der Verschwörung (conspiracy), wanderte über die Fronten. Die Populisten der 90er Jahre hatten an eine „Verschwörung" der Bankiers geglaubt. Diese hätten sich in den Besitz der Verfügungsgewalt über den Geldumlauf gesetzt, den sie so regelten, daß sie das Land je nach ihrem augenblicklichen Interesse in Inflation oder Deflation stürzten.

Das Netz der Geldmächte sei international und hätte sein Zentrum in London. Ihr Symbol sei das (ausländische) Gold, das gegen das (inländische) Silber bevorzugt werde. Die monetäre Verschwörungstheorie der Populisten bediente sich, wie jede Verschwörungstheorie, einer entschlüsselnden Geschichtsschreibung. Einzelne Ereignisse, Zitate oder Dokumente ergeben mit dem Schlüssel des Wissens um die Verschwörung gelesen einen neuen Sinn, aus dem dann die weitestgehenden Folgerungen gezogen werden können. So zeigte z. B. Emery in „Seven Financial Conspiracies Which Have Enslaved the American People", wie ein Agent der Bank von England namens Ernest Seyd anno 1872 mit einer halben Million Dollar nach Amerika reiste. Mit den Dollars bestach er den Kongreß, der daraufhin 1873 beschloß, von der Silberwährung abzugehen – alles im Interesse der englischen Inhaber von 4%igen amerikanischen Bürgerkriegsanleihen. Die Folge davon sei gewesen, daß „Mord, Wahnsinn, Trunkenheit, Selbstmord, Ehescheidungen und alle Arten der Sittenlosigkeit und Verbrechen von diesem Tage an sich in erschreckendem Maße steigerten"[20].

Immer wenn sich die politische Wirklichkeit nicht nach den moralischen Erwartungen richtet und Emotionen das Festhalten um jeden Preis an diesen Erwartungen gebieten, liefert die Verschwörungstheorie einen einleuchtenden Schlüssel für den enttäuschenden Lauf der Dinge. Die radikalen Liberalen der 30er Jahre waren in der amerikanischen Innenpolitik im Kampf gegen Kartelle und Trusts gescheitert. Als die Welle der militärischen Expansion Amerikas sie in sämtliche Erdteile spülte, trugen sie die Bitterkeit der erlittenen Niederlage und deren Erklärung aus Verschwörungen mit sich. Opfer der weltweiten Verschwörungen sei jedoch nicht mehr (wie für die Populisten) die amerikanische Bevölkerung, sondern die Weltzivilisation. Das nüchterne Vertreten amerikanischer Interessen galt geradezu als Zeichen für eine verkappte Zusammenarbeit mit den Verschwörern. Ziel einer weltweiten Verschwörung war nicht mehr der „Griff in die Tasche des Bürgers", der noch von der Antitrustbewegung gegeißelt wurde, sondern der „Griff zur Weltmacht", wie ihn die Deutschen ansetzten. Im Nürnberger Hauptkriegsverbrecherprozeß vertrat die amerikanische Anklage unter Justice Robert Jackson den Anklagepunkt 1 – Gemeinsamer Plan oder Verschwörung. Im Abschnitt IVB der Anklageschrift lesen wir, daß „die Angeklagten und verschiedene andere Persönlichkeiten, die zum einen oder anderen Zeitpunkt Führer, Mitglieder, Förderer oder Anhänger der Nazi-Partei waren...", fortan mit dem Sammelnamen „Nazi-Verschwörer" bezeichnet würden.

Es ist nicht weiter überraschend, daß die Lehre von der Naziverschwörung schnell in den Hintergrund trat. Das völlige Erlöschen des Nationalsozialismus und seiner Partei ließ diese auch als lohnende Gegner verschwinden. Um so üppiger wucherten dafür die Verschwörungstheorien, in denen die Nationalsozialisten nicht als Erzverschwörer agierten, sondern als braune Marionetten, die an Fäden tanzten, welche von hintergründigen Mächten gezogen wurden. Diese Mächte konnten auch nach 1945 aufgespürt und zum Ziel entlarvender und ausschaltender Maßnahmen gemacht werden.

Die wichtigsten Verschwörungslehren waren die über die Junker, die Industriellen, den Generalstab, die Geopolitiker und die deutschen Philosophen:

1. „The Junkers"[21] als Verschwörer waren beim Durchschnittsamerikaner besonders populär, da dieser sich unter ihnen durch die Assoziation mit junk – Müll etwas Konkretes vorstellen konnte. Die Junker hätten in Deutschland die Regierungen gestellt, die Verwaltungen kontrolliert, die Weimarer Republik sabotiert, Freikorps ge-

bildet und endlich Hitler in den Sattel gesetzt. In den Samurai, den „Junkern des Ostens", fanden sie ihr gleich kriegerisches Pendant. Wie sehr das Offizierskorps mit den Junkern identifiziert wurde, geht daraus hervor, daß allen deutschen Generälen grundsätzlich ein „von" verliehen wurde. Die „Süddeutsche Zeitung" sprach noch während des Nürnberger Prozesses von „von Paulus", obwohl Hitler Paulus zwar zum Feldmarschall befördert, aber nicht geadelt hatte. Preußen galt als der Junkerstaat, wobei es niemanden interessierte, daß es in der Weimarer Zeit die Hausmacht der Sozialdemokraten gewesen war. Die Verschwörung der Junker sollte durch die Auflösung Preußens (Kontrollratsgesetz Nr. 46: „Der Staat Preußen, der seit jeher Träger des Militarismus und der Reaktion in Deutschland gewesen ist...") und die von den Amerikanern geplante und den Russen durchgeführte Bodenreform beendet werden.

2. Auch die „Verschwörung des deutschen Generalstabs"[22] ist ein Evergreen aus der Kriegspropaganda des Ersten Weltkrieges. Nach dem stellvertretenden amerikanischen Außenminister und außenpolitischen Vertrauten Roosevelts Sumner Welles sei der Generalstab „ein nur halb sichtbarer Orden", der sich der langfristigen Vorausplanung von Kriegen weihe, während die angelsächsische Politik immer nur auf bereits eingetretene Ereignisse reagiert habe und somit dem Generalstab unterlegen gewesen sei. Der Generalstab habe zwar den „Hitlerismus als sein Werkzeug benützt", den Krieg jedoch frühzeitig verloren gegeben und alle Kraft auf die Vorbereitung des Dritten Weltkrieges konzentriert. Der Generalstab habe seine Mittelsmänner im Kriege ausländische Staatsangehörigkeiten annehmen lassen (mehrere hintereinander, um der Entdeckung zu entgehen). Diese würden nach Kriegsende als ausländische Wirtschafts- und Finanzgrößen auftreten und über die umfangreichen Gelder verfügen, die der Generalstab ins Ausland geschafft habe. Der deutsche Generalstab glaube, so nach und nach Gewerkschaften, Banken, Handelskammern und damit (indirekt) die Presse der alliierten Länder in die Hand zu bekommen, um beim nächsten deutschen Losschlagen die Alliierten wirtschaftlich entwaffnet und moralisch unterminiert sich zur sicheren Beute zu machen. Der Generalstab bediene sich des Mittels der „indirekten Komplizenschaft", indem er alliierte Staatsbürger ohne deren Wissen in seine Planung einspanne. Gegen eine direkte Fremdherrschaft, so habe der Generalstab erkannt, wehre sich jedes Volk, aber die indirekte Fremdherrschaft merke es gar nicht. Für Mitteleuropa habe der Generalstab kommunistische Regierungen „des trotzkistischen oder

weltrevolutionären Typs" vorgesehen. „Der neue deutsche Kommunismus, der die Idee der Weltrevolution fördert und durch die kalten und skrupellosen Hirne des deutschen Generalstabes gelenkt wird, wird in vielen Teilen der Welt eine Situation vorfinden, die reif für den Pangermanismus ist."

3. Eine besonders geheimnisvolle Rolle spielte die geographische Religion der Geopolitiker[23], deren Erfinder, Prof. Karl Haushofer, als eigentlicher Hintermann des Dritten Reiches galt. „Geopolitik ist ein anderer Name für die preußischen Wünsche, deren militärische Kulmination notwendig ein Weltkrieg ist." Aber die Geopolitiker bedienten sich besonderer Mittel, um dieses allgemeindeutsche Ziel zu fördern, sie hätten durch die „Magie des Kartenbildes" die Geister unterbewußt infiltriert. Aus den Schriften der Geopolitiker ließen sich Hinweise auf die langfristigen Planungen des Pangermanismus ans Tageslicht heben. Es ist nicht verwunderlich, daß noch in den 50er Jahren der „Nachweis" geführt wurde, daß ein geopolitisches Zentrum in Madrid ein Bündnis zwischen der Bundesrepublik und der Sowjetunion zwecks Errichtung einer gemeinsamen Welthegemonie vorbereite.

4. War die Junker-Verschwörung eine Marotte, die stark von den eifernden Doktrinen des katholisierenden Pazifisten Friedrich Wilhelm Foerster beeinflußt war, hatten die planenden Verschwörungen des Generalstabs und der Geopolitiker die Nebenwirkung, den Amerikanern politische Planung schmackhaft zu machen, so trug die weitverbreitete Lehre von der Verschwörung der Industriellen[24] eine sehr brisante innenpolitische Note.

Wurden die deutschen Kartelle „entlarvt", so stellte sich unmittelbar die Frage: „Was ist mit den amerikanischen Trusts?" Damit diese Frage auch richtig verstanden wurde, war das Zusammenspiel amerikanischer und deutscher Industrieller eines der Lieblingsthemen der Liberalen vor, während und nach dem Kriege. War in den 30er Jahren argumentiert worden, daß die Industrie um der Rüstungsgewinne willen Amerika in den ersten Weltkrieg verwickelt habe, so wurde in den 40er Jahren mit gleicher Überzeugung behauptet, daß die Industrie aufgrund ihrer Kartellabsprachen das Entstehen des für Kriegszwecke nötigen Produktionsvolumens verhindert habe. Überall dort, wo vor Kriegsbeginn ein Kartell gewesen sei, sei nach Kriegsbeginn eine Produktionslücke aufgetreten.

Die Lehre von der Verschwörung der Kartelle wurde nicht von vagabundierenden Schriftstellern verbreitet, sondern von den beamteten Vertretern der Anti-Trust-Abteilung des Justizministeriums, dem Board of Economic Warfare (das unter dem Vorsitz des amerikanischen Vizepräsidenten Henry A. Wallace stand und sich später über ein Office of Economic Warfare zur Foreign Economic Administration unter Leo T. Crowley mauserte), und anderen Behörden, in denen die Liberalen ihre Einflußtaschen besaßen.

Deutschland, meinten die Kartellfeinde, sei das klassische Land des Kartellismus, da seine Wirtschaft und Gesellschaft durch feudale, vorkapitalistische Züge geprägt seien[25]. Nazismus sei „nichts anderes als wildgewordener Kameralismus" (Borkin, Welsh) oder mit den Worten von Wendell Berge, dem Nachfolger von Thurman Arnold als Leiter der Anti-trust-Abteilung des Justizministeriums, „Totalitarismus ist einfach die letzte Erfüllung des Kartellismus, der endgültige, volle Ausdruck der reaktionären Kräfte, die aus besonderen Privilegien entstehen". Die Kartelle, die Balsam für die halbfeudale deutsche Wirtschaft seien, seien Gift für die kapitalistische amerikanische Wirtschaft. Darauf habe der „Meisterplan" der deutschen Industrie beruht, den zwei Beamte mit dem Segen von Thurman Arnold enthüllten.

Die internationalen Kartelle hätten nämlich stets zur Expansion der deutschen und der Einschränkung der amerikanischen Wirtschaft geführt. „Jedes Mal wenn die deutsche Industrie eine neue Entwicklung hervorbrachte, die die finanzielle Sicherheit der demokratischen (d. h. westlichen d. V.) Monopolisten gefährdete, folgte ein industrielles München". Die amerikanischen Monopole arrangierten sich mit den Deutschen, und immer größere Teile der Weltwirtschaft wurden von der deutschen Industrie abhängig. „Aber die Junker machten einen Fehler, als sie Hitler zum Führer machten." Dieser konnte nämlich der eisernen Logik ihres Meisterplanes nicht folgen und schlug zu früh los.

Im Glauben, daß das Dritte Reich ein Kind der industriellen Monopole sei, trafen sich Kommunisten und radikalliberale Trustbuster. In den Konsequenzen, die man aus dieser wichtigsten Verschwörungstheorie zog, spiegelt sich darum auch der jeweilige Stand des amerikanisch-sowjetischen Verhältnisses. Die Dekartellisierung, die Industriellenprozesse (Krupp, Flick, IG Farben) und die Wirtschaftspolitik der Direktive JCS 1067 waren Ölzweige, die der Sowjetunion entgegengehalten wurden. Der Kalte Krieg hatte für Ölzweige keine Verwendung und damit auch nicht für Dekartellisierung, Prozesse, Demontagen und Einschränkungen der deutschen Produktion.

5. Von geringerer aktueller Bedeutung, wenn auch von recht nachhaltiger Wirkung, war die Lehre von der Verschwörung der deutschen Philosophen[26]. Zur Bewältigung der Gegenwart gehört, daß man politisches Mißgeschick auf geistige Fehleinstellungen zurückführt. Schon für die französische Revolution waren die enzyklopädistischen Philosophen oder die bayerischen Illuminaten haftbar gemacht worden. Die Lehre von der Verschwörung des aufklärerischen Ordens der Illuminaten, der vom Ingolstädter Prof. Weishaupt und dem bekannten Herrn von Knigge gelenkt wurde, war bis nach Neu-England gewandert. Die Welle der Kommunistenfurcht in den USA nach dem Ersten Weltkrieg („The Red Scare") brachte die geistige Ahnenforschung in Mode. Damals wurden als Ahnen der Bolschewiken unter anderen die frühchristlichen Gnostiker ausgegraben, die mittlerweile auch durch die deutschen politologischen Seminare und die Schriften praktischer Politiker spuken. Da der Beitrag der Deutschen zur Philosophiegeschichte nicht gering ist, so war auch die Suche nach deutscher philosophischer Kriminalität besonders ergiebig. Schon im Ersten Weltkrieg hatte der Kriegsbeitrag der alliierten und assoziierten Philosophen in der systematischen Belastung beinahe sämtlicher deutschen Philosophen seit Kant bestanden. John Dewey, Amerikas nationaler Philosoph, war 1915 mit seinem Buch „German Philosophy and German Politics" vorangeschritten. Er brauchte 1942 die Schrift für die Neuauflage kaum mehr zu aktualisieren. Andere dehnten den Radius aus, indem sie Luther oder Leibniz auf die Anklagebank setzten. Neben diesen saß eine bunte Schar alldeutscher und völkischer Autoren der Jahrhundertwende, die in keinem Lexikon zu finden sind. Selbst dem Spezialkenner fällt es schwer, diese Gewährsleute der philosophischen Verschwörung ausfindig zu machen, zumal ihre Namen meist durch eifriges Tradieren verstümmelt aufgeführt wurden. Die philosophische Verschwörungslehre hatte auch einige Zeitzünder. Mehrere Autoren wurden nicht mehr rechtzeitig fertig und brachten ihre Beiträge mit zehnjähriger Verspätung. Das hatte den Vorteil, daß neue philosophische Kriminelle entlarvt werden konnten, die wie Plato[27] (entlarvt durch Karl Popper) während des Krieges aus Rücksicht auf das von den Deutschen besetzte und zu befreiende Griechenland nicht in ihrer wahren Gestalt dargestellt werden konnten.

Wenn so viele Verschwörungen zwischen den Grenzpfählen eines Landes ausgebrütet wurden, das kleiner war als Texas, mußte der Schluß gezogen werden, daß alle diese Verschwörungen nur Teilaspekte einer großen Verschwörung seien, die mit dem Volk gegeben war. Das deutsche Volk verschwöre sich seit Jahrhunderten gegen die Zivilisation. Bauer und Junker, Bürger und Fürst seien alle in diese Verschwörung verstrickt. Tief drang Paul Winkler (The Thousand Years Conspiracy, secret Germany behind the mask. New York 1943) in die Geschichte ein. Wo andere den Mann im Braunhemd in Bismarck, Fichte, Turnvater Jahn oder Luther wiedererkannten, entlarvte Winkler Kaiser Friedrich II. von Hohenstaufen als den ersten Nazi. In dem wohl meistgelesenen Buch über Deutschland, Louis Nizers „What to do with Germany?" (Harry S. Truman: „Jeder Amerikaner sollte es lesen") erfährt die deutsche Geschichte folgende bündige Darstellung: „Die Deutschen zerschlugen die lateinische Zivilisation in der Schlacht von Adrianopel 378 ... Sie machten Krieg zu ihrem Beruf. Wo sie hintraten, starb die Kultur ab. Sie plünderten Paris, Arras, Reims, Amiens, Tours, Bordeaux und Dutzende anderer Städte, die in späteren Generationen von ihren kriminellen Nachfahren wiederholt heimgesucht wurden ... Vier Jahrhunderte nach Adrianopel setzte Karl der Große die deutsche Tradition fort. ... Er versuchte, die Welt zu erobern, ein Refrain, der seitdem mit wahnsinniger und zerstörender Ausdauer durch die deutsche Existenz lief. Er führte jedes Jahr einen Krieg ... die Deutschen folgten ihm mit der fanatischen Ergebenheit für die gleichen Prinzipien, die sie anleiteten, in unserer Generation dem Kaiser oder Hitler zu folgen. ... Im 12. Jahrhundert war der Führer ein anderer, aber das monotone Programm das gleiche. Da war es Friedrich Barbarossa, der den Frieden erdolchte. Die einzige Frage war, ob Italiener oder Slawen unterjocht werden sollten. Er wählte die Slawen und führte gegen sie mit fürchterlicher Brutalität Krieg. Nach dem Sieg verbot er den Gebrauch der einheimischen slawischen Sprachen und erließ strenge Verordnungen gegen die Juden. Durch das 14. Jahrhundert läuft der rote Faden deutscher Infamie. ... Die Lehre von der Welteroberung begann organisatorische Formen anzunehmen. Der Hansebund organisierte alle Deutschen in allen anderen Ländern aufgrund der Lehre, daß ihre Loyalität weiter den deutschen Führern galt. Die auslandsdeutsche 5. Kolonne von Hitlers Regime ist nur die erweiterte Kopie eines alten deutschen Kunstgriffs. ... Während des dreißigjährigen Krieges war die Brutalität der Deutschen im Kriege unvermindert. Sie überrannten Böhmen und verfolgten das tschechische Volk mit einer Wildheit, die nur von den Legionen der Nazis übertroffen wurde. Tausende von Geiseln wurden erschossen. Folter und Terror, die allgegenwärtigen Begleiter des deutschen Programms, gingen Hand in Hand... Führer, die die deutsche Kriegslust verkörperten, fehlten nie: der Große Kurfürst, der Soldatenkönig, den man als einen der widerlichsten Rüpel, die je lebten, beschrieben hat, Friedrich der Große, der jede Freiheit, die unter seinen Gefolgsleuten existierte, zerstörte und Preußen in eine militärische Autokratie umformte, deren einziges Ziel Krieg und Eroberung war." „Treitschke erklärt in seiner ‚Politik', daß, da die Deutschen nie in der Lage sein werden, die Welt zu verstehen, sie die Welt erobern und nach ihrem Willen umformen müssen, damit sie dem deutschen Denken entspricht. Adam Müller, Novalis, Fichte, Johann Josef Görres spielen alle die gleiche Melodie. Das deutsche Volk horcht begierig auf diese kriegerische Musik. Sie entfacht seine Gefühle. Es ist durch den Wahnsinn hypnotisiert und folgt ihm mit brutalen Stiefeln ... ja, es gibt eine deutsche Verschwörung gegen den Weltfrieden und gegen jeden freien Menschen in jedem beliebigen Lande. Es ist eine Verschwörung, die nach einer Niederlage nie verlöschen wird. Sie ist in das Volk eingesenkt und hält es in allen dunklen Zeiten aufrecht, bis der Tag kommt." („Der Tag" ist der Tag deutscher Weltherrschaft, von dem nach der Meinung der amerikanischen Kriegspublizisten alle Deutschen träumen) – kurz und gut: „Der Nazismus ist keine neue Theorie, die aus den Ungerechtigkeiten des Versailler Vertrags oder aus wirtschaftlicher Not entstanden ist. Er ist ein Ausdruck der deutschen Aspirationen, die in allen Jahrhunderten ihren Ausdruck fanden." Nizers Buch machte die verworrene deutsche Frage mit einem Schlage klar und durchsichtig. Der Leser Präsident Roosevelt verteilte es an seine Kabinettsmitglieder; General Eisenhower versandte 100.000 Exemplare und ließ alle Offiziere seines Stabes Aufsätze über das Buch schreiben[28].

Des Kleinholzmachens war kein Ende. Doch sollte der allzu augenfällige Wuttanz mit der historischen Axt niemand dazu verleiten, Nizers historisches Gemälde der Kriegspsychose zuzuschreiben. Ihm liegt ein festumrissenes Deutschlandbild zugrunde, das ebenso zur Basis wilder Spekulationen wie feinsinniger Analysen werden kann. Ob es vor offenen Mäulern oder verkniffenen Lippen gepredigt wird, mag sich in Wortwahl und Beweisduktus niederschlagen, die Substanz berührt es nicht. Der Stock, aus dem die feurigen Blüten der amerikanischen Kriegspropaganda entsprossen sind, ist nie beseitigt worden. Seit einigen Jahren beginnt er wieder kräftig zu treiben, und der Tag ist abzusehen, an dem er wieder in voller Blüte stehen wird.

Der Grundton, auf den das Deutschlandbild der Kriegspropagandisten gestimmt war, war die Annahme, daß die Deutschen eine negative Sonderrolle in der Weltgeschichte spielten, die sich in ihrer Philosophie, ihrer Politik und ihrem Volkscharakter Ausdruck verschaffe. Wenn Deutschland der Träger einer Abirrung vom Hauptstrom der Weltzivilisation ist, dann muß es weltanschauungslogisch auch eine solche Weltzivilisation geben. Der Antigermanismus*[28], der da glaubt, daß der deutsche Charakter negative Besonderheiten besitzt, die ihn zum dauernden Brutbett von Verschwörungen gegen die Zivilisation machen, bedingt weltanschauungslogisch den Panhumanismus, der eine Formel für die ideologische und organisatorische Zusammenfassung aller Völker in einer Weltgesellschaft oder einem Weltstaat anbietet.

Auf die Diagnose folgte die Therapie. War der Nationalsozialismus nur der zeitgemäße Ausdruck dauernder Aspirationen des deutschen Volkes, so mußte dafür gesorgt werden, daß diesem Volk für alle Zeiten die Möglichkeit genommen wurde, den Gang der Weltgeschichte zu beeinflussen – es mußte ausgeschaltet werden. Diese Ausschaltung konnte auf verschiedene Weise vorgenommen werden. Unter anderem ist die biologische Ausschaltung des deutschen Volkes vorgeschlagen worden. In seinem noch vor dem amerikanischen Kriegseintritt verfaßten Buch „Germany must perish" fordert Theodore N. Kaufman[30] die Sterilisierung aller Deutschen in zeugungsfähigem Alter. Die sterilisierten Deutschen sollten dann auf die Nachbarvölker verteilt werden und bis zu ihrem Tode deren Sprachen sprechen. In einer ähnlichen kanadischen Schrift wird das Programm auf die Formel „No Germany, therefore no more German wars" gebracht. Ein anderer Weg der biologischen Ausschaltung wurde in Harvard ausgearbeitet. Die deutschen Männer sollten als Zwangsarbeiter auf die Nachbarvölker verteilt werden und in ihrer Freizeit diese Völker biologisch auffrischen und mit den martialischen Eigenschaften der Deutschen versehen.

Eine weitere Form der Ausschaltung war die militärische.

Durch eine vollkommene Entwaffnung, wie sie sämtliche Deutschland-Pläne vorsahen, sollten die Deutschen daran gehindert werden, eine Machtrolle in der Weltpolitik zu spielen. Während die

---

* „Antigermanismus" ist kein ganz befriedigender Ausdruck für die zur Weltanschauung gewordene Deutschfeindlichkeit. Aber Antideutschismus wäre eine Mißbildung, und auch der vergleichbare Antisemitismus richtet sich ja nicht gegen alle Semiten. Außerdem ist Pangermanismus ein Terminus für Alldeutschtum und nicht Allgermanentum.

militärische Entwaffnung keine Gegner fand, wurde die wirtschaftliche Entwaffnung heiß umstritten. Weil die militärische Kraft einer Nation auf ihren wirtschaftlichen Möglichkeiten beruhe, wie die Umwandlung der amerikanischen Friedenswirtschaft in eine außerordentlich leistungsfähige Kriegswirtschaft gerade bewiesen hatte, sollten alle industriellen Anlagen beseitigt werden, deren Umwandlung für Kriegszwecke möglich sei. Da der Erfindungsgeist jedoch aus Notlagen Vorteile zu ziehen vermag, sei vor allem die deutsche Forschung auszuschalten. Aneignung der deutschen Patente, Fortführung der Wissenschaftler, Verbot oder Kontrolle von Laboratorien und Instituten sowie die Kulturhoheit der Länder waren mögliche Wege zur Ausschaltung der Wissenschaft.

Neben der militärischen war vor allem auch die politische Ausschaltung Deutschlands durch seine Aufteilung in verschiedene Einzelstaaten im Gespräch[31]. In unbestimmter Form waren alle Alliierten für die Teilung Deutschlands eingetreten. Zu konkreten Beschlüssen kam es in der Teilungsfrage jedoch nicht, da über die Form der Teilung keine Einigkeit erzielt werden konnte. Churchill und der amerikanische Außenminister Hull dachten daran, im Süden des zu teilenden Reiches ein neues lebensfähiges Staatsgebilde entstehen zu lassen, etwa in Gestalt einer Donaukonföderation (Bayern + Österreich + Ungarn mit Südtirol und einem Zugang zur Adria). Stalin dagegen war mehr an einem Machtvakuum im russischen Vorfeld interessiert und hatte zudem für Ungarn ganz andere Pläne. Strittig unter den Befürwortern der Teilung war auch die Frage, wie man ein späteres Wiederzusammenwachsen der Teile verhindern könnte. Für Roosevelt waren Teilungsfragen nur Teilfragen. Er war der staatsmännische Exponent der Position, die sich aus der Verkoppelung von Antigermanismus und Panhumanismus ergab. Das sicherste Mittel zur Ausschaltung Deutschlands war die Errichtung der Weltgesellschaft, die die Machtmittel dieser Erde bei den verbündeten Großmächten monopolisierte. Die Niederhaltung Deutschlands war nach Roosevelt eine Funktion des guten Zusammenwirkens der „vier Polizisten."

Der die Öffentlichkeit in den letzten Kriegsjahren stark beschäftigende Streit, ob man Deutschland einen „harten" oder einen „weichen" Frieden verschreiben sollte, war im wesentlichen ein Streit der antigermanischen Richtung mit den Vertretern der Lehre von den „zwei Deutschland"[32]. Das Regime der Nazi sei, behaupteten die letzteren, die Diktatur des einen (schlechten) über das andere (gute) Deutschland. Ein Karthago aus Deutschland zu machen, würde dem anderen „guten" Deutschland jede Chance nehmen. Die Sprecher der „Zwei-Deutschland-Theorie", die sich unter der Leitung des Theologen Reinhold Niebuhr in der Organisation „American Friends of German Freedom" (später „Association for a Democratic Germany") vereinten, waren meist emigrierte Sozialisten (auch religiöse Sozialisten) und deren amerikanische Freunde. Sie sahen im alliierten Sieg die Gelegenheit, das andere Deutschland in den Sattel zu setzen, reiten werde es schon können.

Durch Strukturreformen sei das schlechte Deutschland zu entmachten – durch Bodenreform die Junker, durch Besitzreform die Industriellen, durch Universitätsreform die falschen Philosophen, durch Verwaltungsreform die reaktionäre Bürokratie und der deutschnationale Richterstand –, dann werde sich das andere Deutschland schon von selbst in der richtigen Richtung entwickeln. Die Sozialisten, die für das andere Deutschland fochten, hatten dem alten demokratischen Glauben an das Volk noch nicht abgeschworen. Das Volk – die überwältigende Mehrheit – sei gegen Hitler, die Emigranten die freien Sprecher der zeitweise am Sprechen verhinderten Deutschen. Ein Volksaufstand könne jeden Tag den Beweis erbringen, daß dem so sei. Als der 20. Juli einen größeren Umsturzversuch brachte, war es jedoch – leider – der falsche Aufstand, und man wartete weiter auf den richtigen. Das Vertrauen in die Majorität verblich immer mehr, aber der Glaube an die anderen Deutschen (wenn ihre Zahl auch nicht groß sei) blieb. Dorothy Thompson schrieb mit einem Unterton der Verzweiflung: „Nun, und wenn es nur noch zehn Deutsche mit einer einwandfreien Vergangenheit gibt, die mit uns in einem solchen Programm eins sind, dann wollen wir diese zehn Deutschen akzeptieren. Anzunehmen, daß es überhaupt keine Deutschen gibt, denen man trauen kann, hieße politisch die völlige Niederlage zugestehen." Das Vertrauen in das Volk war zum Vertrauen in einige geschrumpft. Der Amerikaner ist ein geselliger Mensch, der sich mit seinesgleichen bei den Rotariern, den Elks oder dem Ku-Klux-Klan vereint. Kein Wunder, daß auch die antigermanischen Eiferer ihre Gesellschaft gründeten. Die Gesellschaft nannte sich „Society for the Prevention of World War III"[38], weil sie meinte, Maßnahmen gegen Deutschland anraten zu sollen, die es hinderten, nach den ersten beiden auch noch einen Dritten Weltkrieg zu beginnen. Es sind die gleichen Worte, die auch über dem Morgenthau-Plan stehen. Zum Vorsitzenden wurde der Kriminalschriftsteller Rex Stout, ein „bekannter Epikuräer", gewählt. Stout, 1886 in Indiana in eine Quäker-Familie geboren, durchlief eine amerikanische Karriere in vielerlei Berufen und Beschäftigungen, bis er genügend Geld verdient hatte, um nach Paris überzusiedeln und sich dem psychologischen Roman widmen zu können. Doch die Wirtschaftskrise vernichtete seine Ersparnisse, und er ging mit großem Erfolg zur Kriminalschriftstellerei über, in der er mit seinem Bier und Orchideen liebenden Nero Wolfe Epoche machte. Das Abkommen von München veranlaßte ihn, der gelegentlich in der kommunistischen Zeitschrift „Masses" politisiert hatte, sich ganz der politischen Publizistik zuzuwenden. Er war in zahllosen Organisationen, wie dem „Writers War Board" (der Vereinigung der Kriegspropagandaschriftsteller), dem „Council of Democracy", dem „Freedom House" tätig und galt als einer der einflußreichsten Stimmungsmacher.

Seine Spezialität war die Haßpropaganda, wie etwa aus dem Titel seines bekannten Artikels in der „New York Times" „Wir werden hassen – oder wir werden verlieren" hervorging, der von Ilja Ehrenburgs Beitrag „Haß ist Rußlands Munition" sekundiert wurde. Um Rex Stout herum gruppierte sich eine stattliche Zahl von Brüdern und Schwestern im Hasse. Vom Rest der Propagandisten des I. Weltkrieges, wie dem ehemaligen Botschafter in Berlin Gerard, der seine Erlebnisse unter dem Titel „Face to face with Kaiserism" beschrieben hatte, über die antideutschen Journalisten wie Mowrer und William S. Shirer („They are all guilty – punish them") bis zu solchen Weltverbesserern wie Lewis Mumford war in den Reihen der Gesellschaft alles versammelt, was im Antigermanismus Rang und Namen hatte.

What to do with Germany?

Die Geschichte der amerikanischen Deutschlandplanung[34] im Zweiten Weltkrieg ist die traurige, wenn auch nicht überraschende Geschichte, wie Sachverstand und politische Verantwortung die Waffen strecken gegenüber dem ideologischen Fanatismus einer kleinen Gruppe, die sich gedeckt vom Sperrfeuer der „öffentlichen Meinung" frei zu entfalten vermag.

Nach einem kurzen Kräftemessen entglitt das politische Steuer den Händen des für die militärischen Aspekte der Deutschlandplanung zuständigen Kriegsministeriums und des für die zivilen Aspekte der Planung zuständigen Außenministeriums und geriet in den Griff jener Behörden, in denen sich die Liberalen verschanzt hatten, des Finanzministeriums unter Morgenthau, der Verwaltung für Außenwirtschaft (Foreign Economic Administration) unter Leo T. Crowley und des Amtes für Kriegsnachrichten (Office of War Information) unter Elmer Davis. Vom September 1944 ab war die Deutschlandplanung im Dreibehördenrahmen zwischen Kriegsministerium, Außenministerium und Finanzministerium abzusprechen. Das Finanzministerium, das für die Deutschlandplanung im Grunde so wenig zuständig war wie andere nicht beteiligte Ministerien, wurde von Roosevelt in seiner Eigenschaft als Sprecher des liberalen Antigermanismus eingeschaltet. Senat und Repräsentantenhaus waren durch Roosevelts System des persönlichen Regiments bei der amerikanischen Nachkriegsplanung ohne Einfluß. Das Kriegsministerium war in sich gespalten, da sich die Civil Affairs Division (Leiter: General Hilldring) dem liberalen Antigermanismus angeschlossen hatte, während der zuständige stellvertretende Kriegsminister John McCloy eine nicht ganz durchsichtige, vermittelnde Position einnahm. Das Außenministerium allein konnte dem Ansturm der Antigermanen nicht standhalten, deren durchschlagendstes Argument war, daß sie den neuen Geist der Vereinten Nationen repräsentierten, während das Außenministerium lediglich das veraltete amerikanische Nationalinteresse vertrete.

Roosevelt entzog die Außenpolitik dem Einflußbereich des Kongresses, indem er Erklärungen und Protokolle unterzeichnete, Verwaltungsabkommen schloß und so völkerrechtliche Verträge, die der Genehmigung des Kongresses bedurft hätten, vermied. Eine dieser Erklärungen ist die der Vereinten Nationen[35], die am Neujahrstag 1942 von Roosevelt, Churchill, Litwinow und Sung unterzeichnet wurde. Die Unterzeichner stellten fest, daß sie in gemeinsamem Kampf gegen einen wilden und brutalen Feind stünden, dessen vollständige Niederlage für die Bewahrung der Menschenrechte und der Gerechtigkeit grundlegend sei. Sie verpflichteten sich, ihre ganze Kraft in diesem Kampf einzusetzen und keinen Separatfrieden zu schließen. Im übrigen beriefen sie sich auf die vielstrapazierte Atlantic-Charta. Als Churchill im Weißen Haus gerade in der Badewanne saß, wurde er von Roosevelt gefragt, ob man die Kriegskoalition nicht die der Vereinten Nationen nennen könne. Churchill brummte seine Zustimmung, die Vereinten Nationen traten ins Leben.

Einen Tag nach der Unterzeichnung im Weißen Haus durch die vier Großmächte, durften die übrigen neugebackenen Vereinten Nationen ihre Unterschriften im Büro von Adolf Berle im Außenministerium abliefern. Es war ein wenig ansehnlicher Troß, der sich aus den britischen Dominien, acht Exilregierungen und der mittelamerikanischen Satelliten der Vereinigten Staaten zusammensetzte. Daß der Tag der Vereinten Nationen am 14. Juni, dem Tag der amerikanischen Flagge, begangen wurde, galt als gutes Omen dafür, daß die neue, etwas gemischte Koalition dem amerikanischen Geist entsprechen würde. Man war der Überzeugung, daß eine (entsprechend ausgewählte) amerikanische Tradition in die neue und eine Welt hinüberleiten werde. Für den ersten „Tag der Vereinten Nationen" sprach Roosevelt demnach über den Rundfunk das folgende Gebet: „Gott der Freien, wir geloben heute unser Herz und unser Leben der Sache der gesamten Freien Menschheit. Unsere Erde ist nur ein kleiner Stern im großen Universum. Aber wir können, so wir wollen, aus ihr einen Planeten machen, der unbelästigt ist vom Kriege, verschont ist von Hunger und Furcht, ungespalten ist durch die sinnlosen Unterscheidungen von Rasse, Hautfarbe und Theorie. Der Geist des Menschen ist erwacht, und die Seele des Menschen ist vorangeschritten. Gib uns das Geschick und den Mut, die Welt von der Unterdrückung und der alten gemeinen Lehre, daß die Starken die Schwachen aufessen müssen, weil sie stark sind, zu säubern. Schenke uns einen gemeinsamen Glauben, daß der Mensch Brot und Frieden, Gerechtigkeit und Rechtschaffenheit, Freiheit und Sicherheit, Gelegenheit und die gleiche Chance, sein Bestes zu tun, nicht nur in unserem Land, sondern in der ganzen Welt, kennenlernen wird. Und in diesem Glauben laßt uns marschieren, auf die saubere Welt zu, die unsere Hände schaffen können. Amen."

Die Architekten dieser neuen sauberen Welt waren nicht übermäßig besorgt, daß die Mitarbeit der Sowjetunion ihr geplantes Gebäude zum Einsturz bringen könnte. Näher und bedenklicher waren für sie die architektonischen Gefahren, die sich aus dem eigenen Lager erhoben. Eifersüchtig wurden Versuche beobachtet, an eine politische Planung, insbesondere eine Deutschlandplanung, heranzugehen, die nicht vom neuen Geist der Vereinten Nationen inspiriert waren. Man war gewappnet, daß von der Diplomatie und der militärischen Führung auf der einen, von der Industrie auf der anderen Seite Quertreibereien zu erwarten seien, und Wachsamkeit war das Gebot der Stunde.

Der Provost Marshall, dem die Militärpolizei unterstand, hatte 1942 in der Universität von Virginia in Charlottesville eine Schule für Militärregierung[36] errichtet. Später wurden einmonatige Kurse in Fort Custer (Michigan) und eine anschließende Ausbildung an CATS (Civil Affairs Training Schools) an verschiedenen amerikanischen Universitäten eingerichtet. Hier sollten die Spezialisten für die Verwaltung der von den amerikanischen Truppen zu besetzenden Gebiete ausgebildet werden. Die Presse widmete den neuerrichteten Schulen gebührende Aufmerksamkeit, zumal 1942 wenig Erfreuliches von den Kriegsschauplätzen zu berichten war. Eines Tages fragte der liberale Innenminister Ickes Roosevelt nebenbei, ob dieser die Errichtung einer „Gauleiter-Schule" in Charlottesville angeordnet habe. Roosevelt hatte nicht, aber er verstand den Wink. Er kümmerte sich höchstpersönlich um die Art und Weise, wie die Armee der Zivilbevölkerung der zu besetzenden Länder gegenübertreten werde. Im Frühjahr 1943 ließ er im Kriegsministerium eine Abteilung für Zivilangelegenheiten errichten, deren Leiter Generalmajor John Hilldring als Stadtkommandant im Rheinland nach dem Ersten Weltkrieg einige unliebsame Erfahrungen gesammelt hatte.

In dieser Zivilabteilung ging es sehr zivil zu. An den Schlüsselstellen saßen neben den die Kompetenzen der Abteilung löwenhaft verteidigenden Rechtsanwälten Männer, die die politischen Visionen des Liberalismus teilten. Unter ihnen war John Boettiger, Roosevelts Schwiegersohn, dessen Frau Anna ständigen Umgang mit ihrem Vater hatte. Die in deutschen Fragen treibende Kraft der Abteilung war der Oberst David Marcus. Marcus war bis Kriegsbeginn der Leiter der Gefängnisse der Stadt New York und der „starke Mann" der extrem liberalen und Roosevelt persönlich treu ergebenen Stadtverwaltung der „Fusionisten" von New York unter dem Bürgermeister Fiorello H. La Guardia gewesen. Marcus' Tätigkeit ist in Dunkel gehüllt. Die einzige Biographie über ihn ist ein Heldenbuch für Kinder im Alter von sechs bis zehn Jahren. In einem Nachruf in der „Saturday Evening Post" wurde Marcus' Karriere folgendermaßen skizziert: „Nach Dienst mit seiner Division im Pazifik wurde er nach Washington zur Dienstleistung im Stab von General Marshall zurückgesandt und dort mit einer Reihe von Sonderaufträgen betraut, die Präsident Roosevelt auf ihn aufmerksam machten. Er begleitete Roosevelt später nach Jalta und Teheran und war mit Truman in Potsdam... Er löste einige der wichtigsten Aufgaben hinter verschlossenen Türen, wobei er häufig direkt an das Weiße Haus berichtete. Er half mit, die Kapitulationsurkunden zu entwerfen, die Italiener und Deutsche unterzeichneten. Er arbeitete das Programm für die Militärregierung in den besetzten Gebieten aus und ging selbst an Ort und Stelle, um zu sehen, daß es auch ausgeführt wurde." Marcus, der bei Kriegsende die Planungsabteilung der Civil Affairs Division leitete, war in der Nachkriegszeit erst im Stab des Militärgouverneurs in Deutschland, dann im Stab von Mac Arthur in Japan, ab Juni 1946 wieder in Washington, diesmal als Leiter der Abteilung für Kriegsverbrechen. Im April 1947, als das Ende der liberalen Phase der amerikanischen Politik sich deutlich abzeichnete, trat er aus der Armee aus und eröffnete ein Anwaltsbüro in der Fifth Avenue. Aber auch hier hielt es den ruhelosen Geist nicht lange. Er trat unter einem falschen Namen in die israelische Armee ein und fiel am 11. Juni 1948 vor den Toren Jerusalems.

Die Planung des Vorgehens der Armee bei der Besatzung war Sache der Civil Affairs Division in Washington. Aber das zunehmende Gewicht der zur Invasion bereitgestellten Truppen in England zog einen Teil der Planung an Eisenhowers SHAEF (Supreme Headquarters Allied Expeditionary Forces). Die Civil Affairs Division war eine rein amerikanische Einrichtung, die Invasionsarmee und die mit ihr Hand in Hand gehende Planung jedoch aus Engländern und Amerikanern gemischt. Anfang 1944 waren die Absolventen der Schulen von Charlottesville und Fort Custer in England eingetroffen. 2.000 künftige Angehörige der Militärregierung wurden in der neuerbauten Kadettenanstalt von Shrivenham zusammengefaßt. Sie unterstanden dort militärischer Disziplin und waren bald zermürbt. Sie fanden statt einer auf Befehle wartenden Bevölkerung einen Lagerkommandanten vor, der selbst die Befehle gab und dessen Lebensinhalt Paraden waren. Während die künftigen Militärregierungsanwärter mit ihrem Schicksal haderten, wurde als Abteilung von Eisenhowers SHAEF in London eine mit 150 amerikanischen und britischen Offizieren besetzte German Country Unit gebildet, die Richtlinien für die einzelnen Besatzungsaufgaben ausarbeitete und diese in „Handbüchern" zusammenfaßte. Über die Grundsätze der Besatzungspolitik gab es kaum Vorschriften, und einige mehr naive Offiziere gingen sogar so weit, die Besatzungsaufgaben aus dem Text der Atlantic-Charta zu entwickeln. Das zusammenfassende „Handbook for Military Government" lag im August 1944 nach drei Umarbeitungen druckfertig vor, als Henry Morgenthau als liberaler Deus ex machina in London erschien, die geleistete Arbeit annullierte und dafür sorgte, daß die Besatzungsplanung an den Pulsschlag des amerikanischen Liberalismus und der antigermanischen Ideologie angeschlossen wurde.

Nicht nur von Seiten des Pentagon, auch von Seiten des State Department witterten die Liberalen Gefahr. Die „gestreiften Hosen" der Diplomaten wurden von ihnen im gleichen Maße als Fremdkörper in der amerikanischen Demokratie angesehen wie der „brass" (Messing der Rangabzeichen) der Generale. Militär und Diplomatie schienen Rudimente des europäischen Zeitalters der Machtpolitik, deren Aussterben im Zeitalter der friedlichen Harmonie und Gesinnungspolitik man entgegensehen konnte. Die Diplomaten des State Department und die privaten Spezialisten des halbamtlichen „Council on Foreign Relations" in New York hatten noch vor dem amerikanischen Kriegseintritt mit umfangreichen Vorarbeiten für die Nachkriegsplanung begonnen[37]. Die Problematik einer weiteren Ausdehnung der kommunistischen Machtsphäre wurde dabei nicht außer acht gelassen. Aus welchen politisch-ideologischen Wetterwinkeln sich der Gewittersturm gegen eine nüchterne außenpolitische Planung erheben würde, blieb dem Außenminister Cordell Hull nicht verborgen. Mit gutem Grund rief er ein Advisory Committee on Post-War Foreign Policy ins Leben, das als Vertretung der „Öffentlichkeit" im Februar 1942 die Nachkriegsplanung aus den Händen eines interministeriellen Ausschusses übernahm, der seit Januar 1940 mit den Nachkriegsregelungen befaßt gewesen war. Im 45köpfigen Ausschuß bildeten die 11 Diplomaten eine Minderheit. Neben ihnen waren andere Ministerien, einige Senatoren, aber auch Privatleute an der Nachkriegsplanung beteiligt. Obwohl sich unter den letzteren auch bekannte Interventionisten wie Hamilton Fish Armstrong („We or they?" „Hitler's Germany") und Anne O'Hare McCormick von der „New York Times" befanden, genügten die eingeschalteten gemäßigten Sachkenner nicht, um die Öffentlichkeit von der ebenso leidenschaftlichen wie unsachgemäßen Erörterung der Nachkriegsfragen abzuhalten. Als nach der Landung in Nordafrika, Sizilien und Unteritalien praktische Entscheidungen zu treffen waren, wurde der beratende Ausschuß aufgelöst.

Inzwischen hatte die liberale Öffentlichkeit den „Fall Darlan"[38] zu einem Testfall für die Behandlung außenpolitischer Fragen aufgebaut. Darlan, ein ehemaliger Minister der Vichy-Regierung, war in Nordafrika zu den Alliierten übergegangen. Diese bedienten sich seiner Dienste. Die Öffentlichkeit sah darin ein Paktieren mit dem Faschismus. Der „Fall Darlan" wurde zwar mit mäßiger Eleganz durch die Ermordung des Admirals (am 24. Dezember 1942) geregelt, die aufgeputschte Öffentlichkeit wollte aber ein für allemal festgelegt wissen, daß mit „Faschisten" nicht verhandelt werden dürfe und daß eine Diplomatie zwischen den Schützengräben unstatthaft sei. Eine traditionelle Außenpolitik, die sich an Mächten, Einflüssen und Situationen und nicht am Moralgefälle von Gut und

Böse orientiert, habe nicht stattzufinden. Der Lärm war laut, der Präsident aufmerksam. Die amerikanische Außenpolitik legte sich freiwillig an die Kette einer delirierenden öffentlichen Meinung, und die Sowjetrussen wußten die ihnen in den Schoß fallende Chance zu nutzen.

An der Stätte des Wirkens Darlans forderte Roosevelt zum Abschluß der Konferenz von Casablanca vor der Presse am 24. Januar 1943 die bedingungslose Kapitulation Deutschlands, Italiens und Japans. Die Form der Beendigung des Krieges durch bedingungslose Kapitulation[39] ging nach dem Wortlaut der Erklärung Roosevelts aus dem Kriegsziel der totalen Ausschaltung der militärischen Macht der genannten Staaten hervor. Ob Roosevelt die Forderung improvisiert habe (Churchill), ob bereits beim Mittagessen am 23. Januar darüber gesprochen worden sei (Elliott Roosevelt) oder ob schon Monate zuvor die Formel in interministeriellen Besprechungen aufgetaucht sei (Herbert Feis); ob das Ziel der Erklärung war, einen Sonderfrieden zwischen der Sowjetunion und Deutschland zu verhindern oder den Widerstandswillen in den von den Achsenmächten besetzten Ländern zu fördern, ist umstritten. Unumstritten ist die Wirkung der Formel. Niemand behauptet, daß die sowjetische Politik sich durch sie an die Kette legen ließ, niemand bestreitet, daß die Gegner Amerikas zum bedingungslosen Kampf aufgeputscht wurden, da weder ein Wechsel der Politik noch einer der Regierungen Aussicht auf einen leidlichen Ausgang eröffnete.

Die Erklärung von Casablanca war eine Erklärung des totalen Krieges bis zum totalen Sieg, die alle Brücken abbrach und das diplomatische Spiel zum Erliegen brachte. Es war eine Festlegung, die Roosevelt der öffentlichen Meinung zu schulden glaubte, die im „Fall Darlan" ihre Durchbruchsschlacht gewonnen hatte. Roosevelt band der amerikanischen Diplomatie in einem Augenblick die Hände, wo der kaleidoskopische Wechsel auf dem militärischen und politischen Schauplatz gerade die Manövrierfähigkeit des Staatsschiffes gefordert hätte. Er gab der liberalen Öffentlichkeit zu verstehen, daß sie mit unkontrollierten Haßausbrüchen auf dem rechten Wege sei und stellte sich in Gegensatz zu seinem Vorgänger Lincoln, der im amerikanischen Bürgerkrieg der Partei der „Rachsüchtigen" entgegengetreten war. Der leichte Sieg im „Fall Darlan" führte die liberale Öffentlichkeit zur Überzeugung, daß Stimmungskampagnen das erfolgreichste Druckmittel seien, und die Politiker zur Praxis, „politisch Unmögliches" lieber gleich zu unterlassen.

Was nach der bedingungslosen Kapitulation mit Deutschland zu geschehen habe, interessierte die amerikanische Öffentlichkeit mehr als die Regierung. Diese hielt dafür, daß die Zukunft Deutschlands im Rahmen der globalen Nachkriegsordnung zu sehen sei und diese den Vorrang habe. Ein Kriegsziel, über das ohne weiteres Einigkeit bestand, war die militärische Ausschaltung Deutschlands durch seine vollständige Entwaffnung. Roosevelt und Molotow hatten am 1. Januar 1942 ihr Einvernehmen in diesem Punkt festgestellt.

Aus der Entwaffnung, die Roosevelt ja für alle Staaten außer den vier Großmächten vorgesehen hatte, folgte die Vernichtung der politischen Existenz Deutschlands, das sein Schicksal jedoch mit allen anderen Nichtgroßmächten teilte. Der Streit zwischen den Anhängern des „harten" und des „weichen" Friedens ging um die Frage, ob und in welchem Maße auch die zivile Existenz Deutschlands zu vernichten sei.

Roosevelts Nachkriegskonzeption war nicht unbestritten. Seine Vorstellung der Viermächte-Treuhänderschaft über die Welt und die Vorstellung seines Außenministers Hull einer Erneuerung des Völkerbundes zwischen gleichberechtigten Staaten waren nur schwer auf einen Nenner zu bringen. Hull[40] war nach fast 30 Jahren Tätigkeit im Repräsentantenhaus und Senat der Sprecher jener Südstaaten-Demokraten, die Roosevelt zur Präsidentschaft verhalfen, da ihnen sein Gegenspieler Alfred E. Smith als Katholik, Prohibitionsgegner und Protektor der Neueinwanderer verdächtig war. Hulls Beziehungen zum Kongreß waren so beschaffen, daß Roosevelt ihn zwar übergehen, aber nicht absetzen konnte. Er gehörte zu jenen konservativen Interventionisten, die Roosevelts Außenpolitik unterstützten, ohne ihre Motive recht zu sehen. Wenn der alte Südstaaten-Gentleman auch die Natur von Roosevelts persönlichem Regime nicht begriff, so bekam er doch dessen Auswirkungen zu spüren, wenn Roosevelt das Außenministerium überging und seine persönlichen Vertreter (Hopkins, Wallace, Welles) umherschickte.

Im Sommer 1943 erzwang Hull den Rücktritt seines Stellvertreters Welles, der über den Kopf des Ministers hinweg Roosevelts private Außenpolitik gemacht hatte. Als Roosevelt Welles daraufhin als seinen persönlichen Vertreter zur Moskauer Außenministerkonferenz entsenden wollte, bestieg der greise Hull zum ersten Mal in seinem Leben ein Flugzeug und flog im Oktober 1943 nach Moskau. Hier gewann er die vorläufige sowjetische Unterstützung seines Konzepts einer Weltorganisation, basierend „auf der souveränen Gleichheit aller friedliebenden Staaten", gegen das Treuhänderschafts-Konzept Roosevelts. Hull legte Molotow auch ein Deutschland-Memorandum vor, das zwei Beamte des Außenministeriums vorbereitet hatten. Molotow berichtete, daß Stalin „begeistert" sei. Im Laufe der Verhandlungen stellte es sich jedoch heraus, daß die Vorschläge des Memorandums (Bedingungslose Kapitulation, Besetzung durch die drei Mächte, restlose Entwaffnung, Auflösung der NSDAP) von den Russen als Minimalprogramm betrachtet wurden. War Hull mit seinem Deutschland-Memorandum zuerst zu den Russen gegangen, um zu zeigen, daß er keine gemeinsame Front mit den Engländern bilde, so bot Eden den Russen die Aufteilung Deutschlands an, um zu zeigen, daß er seinerseits nicht mit den Amerikanern unter einer Decke stecke. So begann das westlicherseits mangelhaft koordinierte Spiel um das Tranchieren des deutschen Bratens, dessen erste Moskauer Scheiben mit der Abtrennung Ostpreußens auf den sowjetischen Teller und mit der Abtrennung Österreichs und dessen Behandlung als „befreites Gebiet" zwischen die Teller fielen.

Was mit Restdeutschland zu geschehen habe, sollte eine in London tagende Dreimächtekommission ausfindig machen, die European Advisory Commission (Europäischer Beratungsausschuß)[41]. Die Delegationen der Sowjetunion und der Vereinigten Staaten wurden von den Londoner Botschaftern dieser Länder, Gusew und Winant, geleitet, während England durch den Diplomaten Sir William Strang vertreten war. Das Ergebnis der 20 offiziellen und 97 inoffiziellen Sitzungen, die die Kommission zwischen Januar 1944 und August 1945 im Lancaster House abhielt, war aus mancherlei Gründen mager. Während Sir William Strang selber an Ort und Stelle dem interministeriellen Ausschuß präsidierte, der ihm die Direktiven gab, waren die beiden anderen Delegationsführer zu weit von den Stellen entfernt, an denen die Entscheidungen getroffen wurden. Moskau war durch die Kriegführung voll in Anspruch genommen und zögerte seine Anweisungen an Gusew oft monatelang hinaus. In Washington hatte sich die Deutschlandpolitik im verschlungenen Kräftespiel der verschiedenen Strömungen in und außerhalb der Regierung verfangen, und Abwarten war für Roosevelt die innenpolitisch beste Lösung.

Das Ergebnis der anderthalbjährigen Sitzungen waren mehrere Kapitulationsurkunden, die Zoneneinteilung und die Errichtung des Kontrollrats für Deutschland. Die Kapitulationsurkunde sollte eine juristische Fassung der Erklärung von Casablanca sein. Es stellte sich heraus, daß eine Rooseveltsche Erklärung in juristische Terminologie zu fassen, gar nicht so einfach war, da der „neue" Geist schlecht in das „alte" Völkerrecht paßte. Die Engländer als die Fußkranken der neuen Weltordnung wollten eine genaue Abgrenzung der Rechte der Besatzungsmächte, die Amerikaner forderten ein generelles „mandate for change", während die Russen vor allem an der Zerschlagung der deutschen Wehrmacht und der Überführung der gesamten deutschen Armee in die Gefangenschaft interessiert waren. Alles andere würde man schon späterhin regeln. Es kam zu einem Kompromißdokument, das die Zustimmung der vier Regierungen fand, nur daß es, wie sich im Frühjahr 1945 herausstellte, nicht brauchbar war, da es eine deutsche Zivilregierung als Kapitulationsunterzeichner voraussetzte. Man machte sich daher an die Abfassung eines neuen Dokuments, das denn auch prompt vier Tage nach der deutschen Kapitulation fertig wurde. In dieser „Erklärung über die Niederlage Deutschlands und die Übernahme der obersten Gewalt in Deutschland" sollten die vier Oberkommandierenden von sich aus die Kapitulation Deutschlands erklären. Doch die Zeit hatte gedrängt und Eisenhower nicht länger gewartet. Er ließ nach Abstimmung mit den Russen eine militärische Kapitulationsurkunde ausarbeiten, der auf Drängen Winants noch ein allgemeiner Ermächtigungsparagraph eingefügt wurde. Eisenhowers Urkunde wurde am 7. und 8. Mai in Reims und Berlin von den Vertretern der Wehrmacht unterzeichnet, während die Erklärung des Londoner Viermächteausschusses (inzwischen war im November 1944 auch der französische Botschafter hinzugekommen) am 5. Juni 1945 im sowjetischen Hauptquartier in Karlshorst von den vier Oberkommandierenden unterfertigt wurde.

Die anderen Londoner Ergebnisse waren nicht viel glückhafter. In der Zoneneinteilung (September 1944) wurde (unbeabsichtigt) die Magna Charta der Teilung Deutschlands nebst permanenter Berlinkrise erarbeitet, und was aus dem Kontrollrat geworden ist (November 1944), ist allgemein bekannt. Der amerikanische Botschafter in London, John Winant, war kein Karrierediplomat, sondern der zu Roosevelt übergelaufene ehemalige republikanische Gouverneur New Hampshires. Sein britischer Kollege Strang schildert ihn als „eine sich selbst marternde Seele." Winant war eine zeitgemäße Kopie seines Meisters Roosevelt, mit dem er über den Marine-Code unter Umgehung des Außenministeriums direkte Verbindung hielt. Er glaubte mit Roosevelt, daß man sich auf menschlicher Basis mit den Russen verständigen müsse. Als Botschafter Murphy ihn darauf hinwies, daß die westlichen Zugangsrechte nach Berlin vertraglich gesichert werden sollten, sagte er, daß das Zonenabkommen nicht umgestoßen werden dürfe, da es nur zustande gekommen sei, weil er und Botschafter Gusew so gute Freunde geworden seien. Er glaubte daran, daß man in Berlin und anderswo sein Geschick in die Hände der Russen legen sollte, diese würden sich durch Annäherung wandeln. Sie würden das ihnen erwiesene Vertrauen und die nach dem Ende des diplomatischen Zeitalters herrschende Arglosigkeit zu schätzen wissen und sich – noblesse oblige – bei dem Aufbau der neuen Weltordnung kooperativ erweisen. Winant überlebte den Zusammenbruch dieser neuen Ordnung nicht. Er setzte 1947 seinem Leben ein Ende.

Die Stunde Morgenthaus

Der Rahmen der so folgereichen, wenn auch zunächst dürftig erscheinenden Londoner Vereinbarungen mußte so oder so mit einem Inhalt gefüllt werden. Die Zonen waren festgelegt, wobei der Streit zwischen den Engländern und Amerikanern bis zum September 1944 darum gegangen war, wer die südliche und wer die nördliche Zone in Westdeutschland erhalten sollte. Was in der Zone getan und welche Politik im Kontrollrat verfolgt werden solle, war damit aber noch nicht ausgemacht. Die Londoner Planung der angloamerikanischen German Country Unit in Eisenhowers Hauptquartier konnte die Beendigung der Richtungskämpfe in Washington nicht abwarten. Sie brauchte handliche Richtlinien für die einmarschierenden Truppen. Im Sommer 1944 lag ein zusammenfassendes Handbuch über die Besetzung Deutschlands nach dreimaliger Überarbeitung druckfertig vor. Da traf in London der amerikanische Finanzminister Henry Morgenthau jr. ein[42]. Auf dem Flug nach London hatte ihm (nach Morgenthaus eigener Darstellung) sein engster Mitarbeiter Harry Dexter White[43] ein Memorandum des Außenministeriums zur Frage deutscher Reparationen als Reiselektüre vorgelegt. Morgenthau schrieb: „Ich lehnte mich zurück, um es zu lesen, erst mit Interesse, dann mit Zweifel, schließlich mit entschiedenstem Widerspruch." Und Morgenthau beschloß, sich in die deutsche Frage einzuschalten.

Die Einschaltung Morgenthaus war nicht so zufällig, wie er es darstellte. Er selbst war von Anfang an für einen scharfen Kurs in der Deutschlandpolitik empfänglich gewesen. Das Netz jedoch, auf dem von nun an die unter seinem Namen laufende Endlösung der deutschen Frage vertreten werden sollte, war von Harry Dexter

White aufgebaut worden. Ob White ein Agent der Sowjetunion war oder nicht, ist nie eindeutig geklärt worden. Außer jedem Zweifel steht jedoch, daß White im Ministerium ein Netz von persönlichen Vertrauten und Zuträgern aufbaute, das ihm zur Verfolgung seiner persönlichen Politik diente. Zwei dieser Vertrauten waren Oberst Bernard Bernstein, Leiter der Finanzabteilung der SHAEF Civil Affairs Division, der White über die Planungen in Eisenhowers Hauptquartier, und L. C. Aarons, Finanzberater von Botschafter Winant, der ihn über die Arbeiten der Europäischen Beratungskommission auf dem Laufenden hielt.

Morgenthau will nach einem Besuch bei Eisenhower auf die Idee gekommen sein „Warum sollte man Deutschland nicht überwiegend zu einer Nation von Kleinbauern machen?". Als langjähriger Herausgeber einer landwirtschaftlichen Fachzeitschrift glaubte er zu wissen, „daß Menschen, die dem Boden nahe sind, dazu tendieren, ein ruhiges und friedvolles Leben zu führen." Doch Morgenthaus Deutschlandpolitik war kaum so plötzlich entstanden, wie er glauben machen wollte. Denn schon fünf Tage nach dem Besuch bei Eisenhower konnten er und Harry Dexter White an einem heißen August-Tag auf dem Rasen vor einem englischen Landhaus Winant, dessen Mitarbeitern Penrose und Mosely, sowie dem ungebeten anwesenden Oberst Bernstein einen detaillierten Deutschlandplan vortragen. Mosely widersprach heftig und wies nach, daß das Ergebnis von Morgenthaus Plan die Kontrolle Europas durch die Sowjetunion sein würde. Doch dieses Argument wirkte bei Morgenthau und den Seinen nicht so durchschlagend, wie Mosely meinte. Moselys Einwurf, daß die Vereinigten Staaten nicht zwei Weltkriege geführt hätten, um Deutschland und mit ihm Europa den Sowjetrussen zu unterwerfen, galt ihnen vielmehr als ein Beweis des machtpolitischen Unverständnisses für die sich anbahnende moralische Weltordnung.

Morgenthau informierte sich weiter. Eden zeigte ihm das Protokoll der Teheraner Konferenz (November/Dezember 1943) der großen Drei[44], aus dem hervorging, daß Roosevelt an eine deutsche Teilung dachte, während Stalin umfangreiche Reparationen und die Entindustrialisierung Deutschlands befürwortete. Am 17. August flog Morgenthau nach Washington zurück. Er vergewisserte sich erst, was der Außenminister Hull über die Deutschlandfrage dachte. Dieser erzählte, daß er niemals die Protokolle der Teheraner Konferenz gesehen habe, daß man ihm nicht mitteile, was in der Spitzenplanung vorgehe und daß ihm bedeutet worden sei, die

Deutschlandplanung sei Sache der Armee, nicht des Außenministeriums. Morgenthau ging dann zu Roosevelt, der sich dahingehend äußerte, man müsse „tough" sein, nicht nur mit den Nazis, sondern auch mit dem deutschen Volke. Nachdem Morgenthau so festgestellt hatte, daß er auf dem erwünschten Wege war, setzte er einen Ausschuß des Finanzministeriums aus Harry Dexter White, Ansel Luxford und John W. Pehle ein, die einen neuen Deutschlandplan ausarbeiten sollten, der Roosevelts und Stalins Teheraner Anregungen verschmolz.

Als Morgenthau eine Woche später, am 25. August, wieder Roosevelt aufsuchte, zog er das „Handbook for Military Government in Germany", das wie andere amtliche Dokumente von Whites Vertrauensmännern Bernstein und Aarons nach Washington gebracht worden war, hervor. Morgenthau hatte einen Auszug der „weichen Stellen" dabei. Roosevelt ließ den Kriegsminister Stimson und den stellvertretenden Marineminister Forrestal kommen und bemerkte, daß er gerade über das Handbuch der SHAEF gehört habe. Es wäre zu „weich". Die Deutschen dürften den niedrigsten Lebensstandard eines der von ihnen besetzten Länder nicht überschreiten. Seine Stellungnahme unterstrich er durch ein Memorandum, das mit den Worten „Das sogenannte Handbuch ist ziemlich schlecht" begann. Der Kern der Argumentation Roosevelts war, daß dem deutschen Volk als Ganzem beigebracht werden müsse, daß es sich in eine gesetzlose Konspiration gegen die Würde der modernen Zivilisation eingelassen habe.

Der Ausschuß des Finanzministeriums unter White hatte am 2. September 1944 seinen Plan fertiggestellt und legte ihn den Vertretern des Außen- und Kriegsministeriums vor. Der Plan unterschied sich nur in einem Punkt von dem späteren Morgenthau-Plan. Das Ruhrgebiet sollte nicht entindustrialisiert, sondern nur von Deutschland abgetrennt werden. Der Morgenthau-Plan ist die Grundlage aller weiteren Deutschlandplanung. Wenn der Verfasser der eingehendsten deutschen Untersuchung über die amerikanische Deutschlandplanung schreibt, daß es die Planung eines Außenseiters sei, der die langjährigen Arbeiten der Fachleute vom Tische fegte, verkennt er die Natur der persönlichen Regierung von Franklin D. Roosevelt. Roosevelts Anordnung an Außen- und Kriegsminister, daß sie einen „harten" Deutschlandplan ausarbeiten sollten, anderenfalls sie bei der Deutschlandplanung übergangen würden, entspricht eher dem Wesen dieses Regimes. Der Morgenthau-Plan war keine Ausarbeitung eines Außenseiters, sondern die ausgereifte

Deutschland-Konzeption des New-Deal-Liberalismus. Diese Richtung war die der Innenseiter des Roosevelt-Regimes, während etwa das Außenministerium die Nebenrolle einer traditionellen Fassade vor der revolutionären Außenpolitik Roosevelts spielte.

Ein Kabinettsausschuß unter Harry Hopkins erhielt die Aufgabe, eine Deutschlandpolitik auf der neuen Basis auszuarbeiten. Am 6. September beriet er mit Roosevelt und Morgenthau. Dieser benutzte die Gelegenheit, im Gegensatz zum White-Plan die Zerstörung der Ruhr-Industrie zu fordern. Es bleibt offen, ob der Unterschied zwischen White und Morgenthau darin bestand, daß White der sowjetischen Politik näher stand und das Ruhrgebiet der Sowjetunion erhalten wollte, während Morgenthau den reinen, durch Eingehen auf sowjetische Interessen nicht beeinträchtigten Antigermanismus vertrat. Roosevelt erklärte, daß man das Ruhrgebiet eigentlich für Großbritannien erhalten müsse. Morgenthau griff einige Tage später das Argument auf und meinte, daß gerade die Zerstörung des Ruhrgebietes die britische Wirtschaft stützen würde, da sie so die deutschen Märkte übernehmen könne. Roosevelt meinte jetzt, es sei das erste Mal, daß jemand behaupte, die Zerstörung der deutschen Wirtschaft nütze Europa. „Alle Wirtschaftler leugnen es. Ich aber stimme zu", soll er laut Morgenthau gesagt haben. Eine Einigkeit der verschiedenen Ministerien war nicht zu erzielen.

Roosevelt fuhr (wie gewöhnlich ohne seinen Außenminister) nach Quebec, wo er am 12. September Churchill traf. Kaum angekommen, schickte er Morgenthau ein Telegramm, er solle kommen. Morgenthau kam und hatte am 15. September Roosevelts und Churchills Zustimmung für seine Version von Deutschlands Zukunft in der Tasche. Die an Wilsons 14 Punkte erinnernden 14 Punkte des Morgenthau-Planes („Program to prevent Germany from starting a World War III") sehen den baldigen Abzug der amerikanischen und britischen Truppen aus Deutschland und die Durchführung der geplanten Maßnahmen durch russische, französische und sonstige kontinentaleuropäische Truppen vor. Deutschland sei nach dem Verlust einiger Gebiete im Osten und Westen in einen süddeutschen und norddeutschen Staat zu teilen. Ein großer Teil Westdeutschlands, mit dem Ruhrgebiet als Kern, sei einer den Vereinten Nationen zu unterstellenden Zone einzuverleiben, in der sämtliche industriellen Ausrüstungen zu zerstören oder zu demontieren seien. Der wesentliche Gedanke des Planes ist, daß die Aufrechterhaltung der deutschen Wirtschaft (nach Durchführung der Demontagen) nicht die Aufgabe der Militärregierung, sondern des deutschen Volkes sei. Durch scharfe Restriktionen des Außenhandels und des Kapitalimportes sei die Wiedererrichtung einer für militärische Zwecke verwendbaren Industrie zu unterbinden. Aber das Elend verwalten sollten die Deutschen in eigener Regie. Es ist der Grundgedanke der auf diesem Programm fußenden „Chaos-Schule", daß die Alliierten ihre Sicherungsmaßnahmen ergreifen sollten, daß aber die Folgen für die deutsche Bevölkerung sie nichts angingen. Daher sieht der Morgenthau-Plan auch keine Reparationen aus der laufenden Produktion oder durch Geldzahlungen vor, da diese Leistungen ja eine funktionierende Wirtschaft voraussetzen würden. Doch der Morgenthau-Plan hat noch eine andere Seite: die Nichtintervention in die deutsche Wirtschaft (Punkt 8 und 9) soll begleitet werden durch die Intervention in das Bildungswesen, die Presse, den Rundfunk (Punkt 6). Der (negative) Verzicht auf wirtschaftliche Lenkung, der zur völligen Verelendung führen mußte, sollte durch die (positive) seelische Lenkung ergänzt werden.

Auch für den politischen Aufbau enthält der Morgenthau-Plan einen Vorschlag. Nach Punkt 7 seien, um die Teilung Deutschlands zu erleichtern und dauerhaft zu machen, alle Reichsbehörden aufzulösen und deren Beamte zu entlassen. Die Militärregierung solle mit den Lokalverwaltungen arbeiten. Die Wiedererrichtung von Länderregierungen in den alten Ländern und den preußischen Provinzen sei zu fördern. Nach der Teilung Deutschlands sollten die Länderregierungen in den neuen Teilstaaten je eine Bundesregierung (federal government) errichten, die föderativ gestaltet sein solle.

Der Morgenthau-Plan wurde von Roosevelt und Churchill nicht in einem Zeitpunkt gebilligt, der ein ruhiges Ausreifen gestattet hätte. Er fiel vielmehr in die große politische Krise des Zweiten Weltkriegs, die Entscheidungen von dauernder Wirkung herbeiführte. Die Alliierten unter der Führung Eisenhowers standen vor Aachen. Montgomery war der Ansicht, daß bei einem energischen Durchstoß die Besetzung des Ruhrgebietes und eventuell der Durchbruch nach Berlin glücken konnten. Eisenhower bremste ab, und niemand hat je bestritten, daß er ein guter Interpret des in Washington herrschenden Meinungsgleichgewichts war. Die Rote Armee überschwemmte im Osten Teile von Finnland, Polen, Ungarn, Rumänien, Bulgarien und Jugoslawien. Die dramatischen Ereignisse des Aufstandes in Warschau, bei dem die amerikanischen Beobachter zu bemerken begannen, daß die Russen nicht so sehr für den gemeinsamen Sieg, als für die Expansion des auf die militärische Macht der Sowjetunion gestützten Kommunismus kämpften, bahnten einen Stimmungsumschwung an. Der Rausch der Hoffnung auf das Entstehen einer neuen Welt ebbte ab. Die antigermanischen und panhumanistischen Konstrukteure der neuen Welt begannen zu spüren, daß ihre Herrschaft nicht ewig dauern würde. Es war der letzte Zeitpunkt gekommen, wo auf der Flut der Kriegspsychose politische Beute in den Hafen gebracht werden konnte.

Als der Zusammenbruch des Großdeutschen Reiches täglich erfolgen konnte, gelang es dem Finanzministerium, einen vorläufigen Deutschlandplan im Dreiministerienausschuß durchzusetzen, der den Ideen Morgenthaus folgte. Da Roosevelt und Churchill den Plan des Finanzministeriums in Quebec gebilligt hatten, schien den übrigen Ministerien ein weiterer Widerstand sinnlos. Oberst David Marcus von der Civil Affairs Division des Kriegsministeriums setzte den Morgenthau-Plan in eine Direktive für den Oberkommandierenden der amerikanischen Besatzungstruppen um. Die Vertreter des Finanzministeriums stimmten begeistert zu. Am 22. September, nur eine Woche nach der Unterzeichnung (oder Paraphierung) von Quebec, fand unter Leitung von Harry Hopkins eine ganztägige Sitzung im Amtszimmer von McCloy im Pentagon statt. Die Vertreter des Finanzministeriums erklärten, daß der vorliegende Entwurf die Zustimmung Roosevelts habe. Die übrigen Ministerien gaben ihren Widerstand auf und unterzeichneten. Es war die erste Fassung jener Direktive JCS 1067, die in ihrer sechsten Fassung die Grundlage der amerikanischen Deutschlandpolitik bis zum Sommer 1947 war, die in ergänzter Form im Potsdamer Abkommen der drei Mächte Sowjetunion, Großbritannien und USA als Basis der gemeinsamen Deutschlandpolitik anerkannt wurde und die für diejenigen, die behaupten, daß das Potsdamer Abkommen noch gültig ist, die Grundlage für den heutigen Status Deutschlands bildet.

Kaum war die Tinte der Unterschriften auf der vorläufigen Direktive getrocknet, ging Morgenthau daran, diese auch den Engländern aufzunötigen. Er war über Whites Gewährsleute Bernstein und Aarons in den Besitz eines britischen Deutschlandplanes vom September 1944 gekommen. Er verfaßte eine Entgegnung, in der er den Briten vorschlug, sich ihrerseits der vorläufigen Direktive vom 22. September 1944 anzuschließen. Er kritisierte vor allem, daß der britische Plan ungenügende Vorkehrungen 1. für die Zerstörung der deutschen Schwerindustrie und Kontrollen gegen eine Reindustrialisierung, 2. territoriale Abtrennungen vom Reich, besonders die des Ruhrgebiets, 3. Teilung Deutschlands, 4. Dezentralisierung, 5. Wiedergutmachung und Reparationen, 6. Aufbau des deutschen Erziehungswesens, 7. Bodenreform, 8. Bestrafung der Kriegsverbrecher enthielt. Er hatte als nahestehenden Adressaten den Berater Churchills Lord Cherwell. Die Engländer überlegten, ob die von Morgenthau geführten Kreditverhandlungen ohne ihre Zustimmung zu seiner Deutschlandpolitik zum Erfolg zu führen seien.

Während Morgenthau versuchte, seinen Plan durch englische Unterstützung zu untermauern, war das Ganze in die Öffentlichkeit gedrungen. Jemand hatte am 21. September dem liberalen Journalisten Drew Pearson, der davon lebte und heute noch lebt, wöchentlich Indiskretionen einem auf Kulissenblicke wartenden Publikum zu bieten, eingeweiht.

Aus dem Morgenthau-Plan wurde das Schlagwort „Ackerbau- und Weideland" herausgepickt und eine eifrige Diskussion begonnen, bei der die Gegner dieses Schlagwortes überwogen. Roosevelt, der vor den Wahlen stand, nahm an, daß die Vertreter maximaler Schärfe in der Deutschlandpolitik auf jeden Fall für ihn stimmen würden, während die Stimmen derjenigen, die von geringeren Haßgefühlen geleitet waren, von beiden Kandidaten umstritten sein würden. Er begann, sich aus der Sache herauszuziehen. Seinem Kriegsminister erklärte er, er wisse nicht, wie seine Unterschrift unter den Morgenthau-Plan gekommen sei, er müsse ohne viel Nachdenken unterzeichnet haben. Morgenthau hatte ihm schon immer dazu gedient, Projekte probeweise zu vertreten, von denen und deren Urheber Roosevelt sich im Ernstfalle distanzieren konnte. Morgenthau, so meinte der Präsident jetzt, „had pulled a boner". Roosevelt wandte sich allerdings nicht einer anderen Deutschlandpolitik zu, sondern bis auf weiteres keiner. Am 20. Oktober schrieb er an Hull, daß keine Eile in der Deutschlandplanung geboten sei und er es überhaupt nicht für nötig halte, „detaillierte Pläne für ein Land, das wir noch nicht besetzt haben", zu machen. Und auf die Anfrage des neuen Außenministers Stettinius weigerte er sich Ende November ausdrücklich, den amerikanischen Vertretern im European Advisory Council irgendwelche Anweisungen über die zukünftige Behandlung Deutschlands zukommen zu lassen.

Auch wenn es in der Planungsspitze zu einem vollständigen politischen Stillstand kam, mußte auf den unteren Ebenen doch weiter an der Vorbereitung der Besetzung Deutschlands gearbeitet werden. Die German Country Unit hatte das Verbot ihres Handbuches nicht überlebt. Sie wurde im August 1944 aufgelöst, um Rußland nicht den Verdacht zu liefern, daß England und Amerika in Deutschland gemeinsame Politik machen würden. An Stelle der anglo-amerikanischen Gruppe wurde eine U.S. Group, Control Council for Germany, als amerikanisches Element im künftigen Kontrollrat zusammengestellt, dem eine ähnliche englische Gruppe zur Seite trat. Nach der Entscheidung von Quebec waren in dieser schwere Kämpfe um die Deutschland-Planung entbrannt, die „Schlacht von Bushy Park" nach dem Sitz der Gruppe genannt wurden. Ein Revirement trat ein, nachdem Bernard Bernstein Leiter der Finanz-Abteilung geworden war. Einige der alten Deutschland-Spezialisten traten zurück. Andere stellten sich in einer „Revolte der Abteilungsleiter" gegen die vorläufige Direktive vom 22. September, da sie „Chaos, Unzufriedenheit und politischen Radikalismus" zur Folge haben werde. Doch die Anordnung, die Direktive als Befehl zu betrachten, beendete die Revolte. Der Leiter der Wirtschaftsabteilung, Oberst Graeme K. Howard, wurde von den radikalliberalen Kreisen nach allen Regeln der Kunst „abgeschossen", indem belastende Zitate aus einem von ihm veröffentlichten Buch vorgebracht und aus seiner Tätigkeit als Vertreter von General Motors in Deutschland finstere kartellistische Kombinationen abgeleitet wurden. Der Sieg war allerdings nicht besonders ergiebig, da Howards Nachfolger Draper zwar im Auftreten geschmeidiger als sein Vorgänger, aber in der Wirtschaftspolitik auch nicht viel anders eingestellt war.

Bernstein flog im Januar 1945 nach Washington, um die Deutschlandplanung (im Morgenthauschen Sinne) nach dem Stillstand der Winter- und Wahlmonate wieder anzukurbeln. Am 23. März 1945 wurde als letzte Zusammenfassung der amerikanischen Deutschlandpolitik vor Potsdam ein Policy-Memorandum vom interministeriellen Ausschuß mit den Unterschriften von Morgenthau und White (Finanzen), McCloy und Hilldring (Krieg), Grew, Clayton und Matthews (Äußeres) und Coe (Foreign Economic Administration) Roosevelt überreicht, der es mit seiner Unterschrift versah. Das Memorandum, Roosevelts Testament in der Deutschland-Politik, trägt alle Kennzeichen der Morgenthau-Schule: „Deutschlands rücksichtslose Kriegführung und der fanatische Widerstand der Nazis haben Deutschlands Wirtschaft zerstört und Chaos und Leiden unvermeidlich gemacht." Diesem Chaos solle von der Besatzungsmacht nicht Einhalt geboten werden. Sie solle sich nur mit dem Zweck einmischen, Hungersnöte und solche Epidemien und

Unruhen zu verhindern, die die Besatzungsstreitkräfte gefährden würden. Auch die Zahlung von Reparationen sei kein Grund für die Aufrechterhaltung der deutschen Wirtschaft und dürfe keinesfalls als Entschuldigung für die Erhaltung einer Schwerindustrie oder die Gewährung von Krediten an Deutschland verwendet werden. Die Exporte (auch auf Reparationskonto) seien in erster Linie zur Bezahlung von Importen heranzuziehen („The first charge of all approved exports for reparations or otherwise shall be a sum necessary to pay for imports").

Von Jalta nach Potsdam

In Jalta[45] mußte die Entscheidung fallen. Viel Zeit war im Februar 1945 nicht mehr zu verlieren, da der Krieg sich dem Ende zuneigte. Sollte die Kriegskoalition zum Fundament der neuen Weltordnung gemacht werden, dann war der letzte Moment gekommen, abzuschließen. Roosevelt war entschlossen, sein Lebenswerk zu retten. Stalin sparte nicht mit freundlichen Trinksprüchen. Er verlieh Roosevelt nicht zu Unrecht den Ehrentitel eines „Schmieds der Anti-Hitler-Koalition." Allerdings waren manche seiner Ansprachen etwas abgründig und doppeldeutig, etwa wenn er ausführte, daß erfahrene Diplomaten sich nichts dabei dächten, ihre Verbündeten zu hintergehen. „Da ich aber ein naiver Mensch bin, halte ich es für das Beste, meinen Verbündeten nicht zu hintergehen, auch wenn er ein Dummkopf ist. Unsere Allianz steht möglicherweise so fest, weil wir einander nicht hintergehen; oder steht sie so fest, weil es nicht so leicht ist, uns gegenseitig zu hintergehen?" Roosevelt äußerte, die Atmosphäre bei diesem Essen sei wie in einer Familie gewesen. Wie bei diesem Trinkspruch verstanden sich die Delegationen auch bei den Verhandlungen gut, da sie von verschiedenen Dingen sprachen. Roosevelt wollte unverzüglich eine Weltordnung errichten, während er über deutsche oder polnische Fragen jedes Abkommen zu vermeiden suchte. Er stand nicht nur vor der Aufgabe, Stalin, sondern auch den amerikanischen Kongreß zum Beitritt zur Weltorganisation zu überreden. Er mußte darauf achten, daß die Opposition gegen Einzelabmachungen, die er in Jalta traf, nicht einen Widerstand gegen Amerikas Beitritt zur Weltorganisation hervorrief. Stalin wiederum legte Wert darauf, daß seine künftige Politik nicht durch die Weltorganisation präjudiziert wurde. Es ging ihm um die Sicherung seines Herrschaftsbestandes. Die Konferenz von Jalta war ein Erfolg. Roosevelt und Stalin erreichten, was sie wollten – Roosevelt hatte die Hindernisse aus dem Weg geräumt, die der Gründung der Organisation der Vereinten Nationen (UNO) im Wege standen, denn Stalin verzichtete großmütig auf die von ihm geforderten 16 Sitze in der Vollversammlung der Vereinten Nationen für die 16 Gliedstaaten der Sowjetunion und begnügte sich mit zwei zusätzlichen Sitzen für die Ukraine und Weißrußland, die besondere Verdienste im Kampf mit Deutschland erworben hätten. Er stimmte weiter einer von Alger Hiss ausgearbeiteten Formel zu, nach der die Großmächte nicht die Diskussion sie betreffender Fragen in der Vollversammlung verhindern konnten, sondern nur gegen sie gerichtete Maßnahmen. Als Gegenleistung stellten die Großmächte Stalin nur die verbalen Schranken einer „Erklärung über das befreite Europa" dem Genuß des Besitzes entgegen, den er sich angeeignet hatte oder den er sich anzueignen noch vorhatte.

Der heikelste Gegenstand der Jalta-Konferenz, dem alle Sitzungen außer den ersten beiden gewidmet waren, war nicht die deutsche, sondern die polnische Frage. Diese zehrte an den Nerven des Zukunftsplaners wie des Parteipolitikers Roosevelt. Der Parteipolitiker mußte mit der Stimmung der polnischen Minderheit in Amerika, die ihn bisher unterstützt hatte, rechnen. Dem Zukunftsplaner bereitete es Kopfzerbrechen, daß die Art und Weise, in der die Sowjets mit Rumänien umsprangen, zwar als gerechte Strafe für faschistische Missetaten interpretiert werden konnte, daß aber Polen nicht zu den zu bestrafenden Missetätern zu zählen war. Daß sich die Sowjetunion mehr nach geographischen als nach moralischen Gesichtspunkten richtete, konnte dem Amateurgeographen Roosevelt nicht entgehen. Hopkins erzählte Stalin, daß die polnische Frage an sich nicht wichtig sei, aber für die Zusammenarbeit von Sowjetunion und Vereinigten Staaten Symbolcharakter trage. Für Churchill war die polnische Frage eine Ehrenfrage, da England für die polnische Unabhängigkeit in den Zweiten Weltkrieg gezogen war. Stalin jedoch beharrte darauf, daß es ihm weder um „Symbol" noch um „Ehre" ginge, sondern um Sicherheit. Die Westmächte verstanden sich dazu, eine Erklärung zu unterzeichnen, die die polnische Exilregierung in London in der Versenkung verschwinden ließ und dafür die von den Russen eingesetzte Regierung von Lublin als Basis für eine durch andere „demokratische Kräfte" zu erweiternde Nationalregierung akzeptierte. Zudem erkannten sie die Curzon-Linie als polnische Ostgrenze an (allerdings nicht im Namen der westlichen Regierungen, sondern nur im persönlichen Namen des Regierungschefs.)

Die Deutschlandfrage war, wie Stalin bald feststellte, in Jalta noch nicht spruchreif. Das Verrücken der polnischen Grenzen auf der einen Seite mußte ein Verrücken auf der anderen Seite nach sich ziehen. Mit Ostpreußen war nicht mehr gedient. Nun war Roosevelt bereit, bis zur Oder zu gehen. Stalin nahm dankend, was er bekam – um den Rest würde er das nächste Mal bitten. Stalin legte die alten Aufteilungspläne auf den Konferenztisch. Churchill und Roosevelt trugen jedoch zur Diskussion nur ein schlechtes Gewissen bei. Sie verstanden sich auf die Einsetzung einer geheimen Studienkommission, die aus Eden, Winant und Gusew bestehen und die Aufteilungsfrage studieren sollte. Stalin begnügte sich. Etwas dringlicher wurde er in der Frage der deutschen Reparationen. Diese sollten in Demontagen und Lieferungen aus der laufenden Produktion bestehen. Die Demontagen sollten 80 % der Schwerindustrie umfassen, die Lieferungen aus der laufenden Produktion sich über 10 Jahre erstrecken. Nach diesem Zeitpunkt sollten die Alliierten Vertreter in die Leitungen aller größeren deutschen Unternehmen delegieren. Der Anteil der auf die Sowjetunion entfallenden Reparationen (50 % der Gesamtsumme) wurde von Stalin auf 10 Milliarden Dollar beziffert. Die Westmächte konnten sich auch hier nicht festlegen. Sie stimmten der Einsetzung einer Reparationskommission in Moskau zu, die die einzelnen Anteile festlegen sollte. Bei Verhandlungen der Außenminister verstand sich Stettinius darauf, daß die sowjetische Forderung von 10 Milliarden Dollar für die Kommission in Moskau die Diskussionsbasis bilden sollte. Die Engländer lehnten es jedoch strikt ab, Zahlen zu nennen. Jubilierend verließen die Amerikaner die Konferenz von Jalta. Hopkins schrieb: „Wir glaubten im Herzen wirklich, ein *neuer* Tag sei angebrochen, der Tag, den wir alle seit Jahren ersehnt und über den wir so viel geredet hatten. Wir waren absolut überzeugt, den ersten großen Friedenssieg gewonnen zu haben – und wenn ich sage wir, dann meine ich uns alle, die ganze zivilisierte Menschheit." In der Tat, die weitere Zusammenarbeit mit den Russen war gesichert, zu welchen Bedingungen, war da nicht so wichtig. In Jalta wurden die Weichen gestellt, in Potsdam fuhr der Zug.

Vom 17. Juli bis zum 1. August 1945 fand in dem dem deutschen Kronprinzen gehörenden Schloß Cäcilienhof ohne Einwilligung des Besitzers die „Berliner Konferenz"[46] statt, die aus 13 Plenarsitzungen, Sitzungen der Außenminister, Stabschefs und verschiedener Unterausschüsse bestand. Es war ein eigenartiger Triumph Stalins, in der deutschen Hauptstadt als Gastgeber auftreten zu können.

Die Positionen von Stalins Verhandlungspartnern waren reichlich derangiert. Die Engländer ersetzten während der Konferenz ihren Verhandlungsführer Churchill durch Clement Attlee, den Führer der Labour-Party. Truman hatte kurz vor Beginn der Konferenz die Nachricht von der erfolgreichen Explosion einer Atombombe in Alamogordo (Neumexiko) erhalten. Für ihn fiel der Grund der Konzessionsbereitschaft gegenüber der Sowjetunion, durch russische Kriegsbeteiligung gegen Japan amerikanisches Blut zu sparen, fort. Trotzdem nahm er zwischen seinem Außenminister Byrnes und seinem Rußlandberater Davies – beide Roosevelt-Anhänger, der letztere bekanntester Rußlandpropagandist der Vereinigten Staaten und Schwiegervater von Hans Habe – am Konferenztisch Platz und wickelte die aus Jalta und anderen Verhandlungsorten verbliebenen Geschäfte ab. Truman hatte das Zustandekommen der Konferenz nicht billig erkauft. Gegen den Willen Churchills ordnete er den Rückzug der amerikanischen Truppen aus Thüringen, Sachsen, Sachsen-Anhalt an. Churchill klang das wie ein „Totengeläut". Aber ihm blieb nichts anderes übrig, als in Mecklenburg nachzuziehen. Die höfliche Vorlieferung für die Potsdamer Konferenz war die Freimachung eines Territoriums, auf dem die Russen ihre Deutsche Demokratische Republik errichten lassen konnten. Denn ein Blick auf die Karte zeigt, daß der Frontverlauf vom Juni 1945 die russische Besatzungszone halbiert hatte. Der Eintrittspreis in Potsdam war hoch, der Gewinn der Konferenz kaum lohnend. „Weit bedeutsamer als die Resultate der Konferenz", schrieb Truman, „waren die Schlußfolgerungen, die sich mir aufgedrängt hatten und mir bei der künftigen Gestaltung unserer Außenpolitik den Weg weisen konnten." In Potsdam wurde die teuerste diplomatische Nachhilfestunde der Weltgeschichte gegeben.

Das „Potsdamer Abkommen", das aus dem Protokoll der Potsdamer Konferenz besteht und nicht ratifiziert wurde, behandelt Deutschland in den Abschnitten III (Deutschland – Politische und wirtschaftliche Grundsätze), IV (Reparationen aus Deutschland), V (Die deutsche Kriegs- und Handelsflotte), VI (Stadt Königsberg und das anliegende Gebiet), VII (Kriegsverbrecher), IX (Polen) und XIII (Ordnungsmäßige Überführung deutscher Bevölkerungsteile). Zum Abschnitt III, der die zukünftige innere Gestaltung Deutschlands festlegte, überreichte Truman auf der Eröffnungssitzung vom 17. Juli einen amerikanischen Entwurf. Dieser Entwurf wurde den Außenministern zum Studium übergeben. Die Außenminister setzten zum Studium des wirtschaftlichen Teils B einen Ausschuß von

Fachleuten ein, während Stalin am 18. Juli den politischen Teil A annahm und lediglich die Streichung des Satzes beantragte, daß deutschen Beamten eingeschärft werden müsse, daß sie bei mangelndem Wohlverhalten (good behaviour) ihre Stellung verlieren würden.

So glatt der politische Teil A des amerikanischen Deutschlandprogrammes über die Bühne ging, so umstritten war der wirtschaftliche Teil B. Der Grund war darin zu suchen, daß Morgenthau sich zwar anheischig gemacht hatte, den Nachweis zu führen, daß Deutschland vom Ausbau seiner Landwirtschaft leben könne, daß aber selbst Morgenthau nicht auf die Idee gekommen war, daß dies auch nach Abtrennung seiner Agrargebiete jenseits von Oder und Neiße und der Aufnahme der aus diesen und anderen Gebieten Vertriebenen noch möglich wäre. Der wirtschaftliche Teil des Deutschlandplanes war daher eng mit den übrigen Fragen der Reparationen (IV, V), der Gebietsfragen (VI, IX) und Austreibungen (XIII) verknüpft. Die Amerikaner sahen sich mit der Oder-Neiße-Grenze von den Russen vor ein fait accompli gestellt. Sie beharrten jedoch darauf, daß die abgetrennten Gebiete für Reparationsfragen und Fragen der wirtschaftlichen Gesamtbehandlung Deutschlands mit einbezogen würden. In den Grundsätzen der wirtschaftlichen Behandlung Deutschlands waren sich Russen und Amerikaner einig. Die Differenzen im Unterausschuß entstanden, als ein Satz des amerikanischen Reparationsvorschlages wieder aufgenommen wurde, über den sich die Moskauer Reparationskommission nicht geeinigt hatte. Der Satz hieß: „Nach Bezahlung der Reparationen müssen dem deutschen Volk genügend Mittel verbleiben, um ohne auswärtige Hilfe zu existieren. Bei der Ausarbeitung des wirtschaftlichen Gleichgewichts in Deutschland müssen die Mittel, die für die Bezahlung der durch die Besatzungsmächte genehmigten Importe notwendig sind, bereitgestellt werden, bevor Reparationslieferungen aus der laufenden Produktion oder Vorräten gemacht werden."

Das Wort „bevor", das eine eindeutige Priorität festlegte, mißfiel den Russen erheblich. So konnten in der 6. Plenarsitzung vom 22. Juli nur jene Paragraphen des Wirtschaftsteils angenommen werden, über die Übereinstimmung herrschte: Art. II (Beseitigung der Rüstungskapazität), Art. 12 (Dekartellisierung), Art. 14 (wirtschaftliche Einheit), Art. 15 (Wirtschaftskontrollen), Art. 17 (Sofortmaßnahmen). In diesen Paragraphen spiegelte sich das Wirtschaftsdenken des amerikanischen Liberalismus. Am folgenden Tag stimmten die Russen auch dem Art. 13 zu, der bestimmte, daß die deutsche Wirtschaft sich auf der Landwirtschaft und der Konsumgüterindustrie aufzubauen habe, und erreichten dafür die Streichung des Paragraphen 18, der vorsah, daß sich die deutschen Landstriche aus den gleichen Gebieten versorgen sollten wie vor dem Kriege. Man verabschiedete stattdessen einen neuen Art. 18 (auf Antrag von Byrnes), der den alliierten Zugriff auf deutsche Vermögenswerte auch in neutralen Ländern vorsah und eine von den amerikanischen Wirtschaftskriegern postulierte interessante Ergänzung des Völkerrechts darstellte. Übrig blieb der umstrittene Art. 19, der den alten Zankapfel der Reparationskommission beinhaltete.

Der Streit um Artikel 19 flammte noch einmal auf, als am 31. Juli der erfolgreiche Abschluß der Konferenz durch Stalins Annahme des Byrnes-Trumanschen „Pakets" gesichert war. In diesem „Paket" gaben die Amerikaner in der Frage der Oder-Neiße-Grenze nach, während die Russen der Aufnahme Italiens in die Vereinten Nationen zustimmten und einen amerikanischen Reparationskompromiß akzeptierten, der vorsah, daß jede Besatzungsmacht die Reparationen aus ihrer eigenen Zone entnehmen solle, wobei Rußland 25 % der Demontagen der Westzonen zuständen (davon 15% gegen Gegenlieferungen). Die Engländer versteiften sich noch einmal darauf, daß Exporte in erster Linie zur Bezahlung von Importen dienen sollten. Das amerikanische Protokoll berichtet: „Mr. Stalin erklärte, daß man übereingekommen wäre, den ganzen Paragraphen 19 zu streichen. Der Präsident sagte, daß er es auch so verstanden hätte. Mr. Bevin sagte, daß er nicht zustimme. Mr. Byrnes fragte, warum sie (die Engländer, d. V.) das nicht auf ihre eigene Weise behandeln wollten, da sie ja die Kontrolle in ihrer Zone besäßen. Mr. Bevin antwortete, weil das der Vereinbarung zuwiderlaufe (cut across), die deutsche Wirtschaft als Einheit zu behandeln. Man würde damit Deutschland in drei Zonen teilen. Mr. Stalin sagte, daß man für diesen Zweck einen zentralisierten deutschen Verwaltungsapparat benötige. Dieser werde als nächster Punkt der Tagesordnung diskutiert werden."

Ein russischer Vorschlag wurde angenommen, den Art. 9 der Deutschlandvereinbarungen, der bestimmte, daß bis auf weiteres keine deutsche Zentralregierung errichtet werde, durch den Zusatz zu ergänzen, daß einige Zentralverwaltungen gebildet würden, an deren Spitze unter Leitung des alliierten Kontrollrates deutsche Staatssekretäre stehen sollten. Schließlich wurde in der 12. Sitzung doch noch der umstrittene Paragraph 19 verabschiedet, der einen Zusatz erhielt, der die russischen Reparationsansprüche vom Grundsatz ausnahm, daß die Exporteinnahmen in erster Linie für die Bezahlung von Importen zu verwenden seien. Alle Streitfragen waren bereinigt, und die letzte Sitzung in den Nachtstunden des 1. August 1945 konnte der Überarbeitung des Protokolls gewidmet werden. „Das deutsche Volk hat begonnen", hieß es darin, „für die schrecklichen Verbrechen zu büßen, die unter der Führung derjenigen begangen wurden, denen es in der Stunde des Erfolges laut applaudiert hat." „Stalin", so berichtet das Protokoll, „schlug die Worte ‚offen zugestimmt' vor. Mr. Byrnes schlug die Worte ‚blind gehorcht' vor, Mr. Bevin schlug ‚stupid gehorcht' vor. Stalin schlug vor: ‚die es in der Stunde ihrer Erfolge offen gebilligt und denen es blind gehorcht hatte'." Der Präsident und Attlee stimmten zu. Man ging auseinander.

Der maßgebende DDR-Historiker Walter Ulbricht beschäftigte sich in seiner Arbeit „Zur Geschichte der neuesten Zeit" mit der Frage, wie es komme, daß die Grundprinzipien des Potsdamer Abkommens und das Aktionsprogramm der kommunistischen Partei Deutschlands miteinander übereinstimmten. Er kam zum Forschungsergebnis: „Diese Übereinstimmung ergab sich gesetzmäßig aus einer einfachen Tatsache: Die Stalinsche Konzeption der Nachkriegsentwicklung in Deutschland beruhte auf einer wissenschaftlichen, marxistischen Analyse und einer tiefen Kenntnis des in Deutschland geschichtlich Notwendigen. Von der wissenschaftlichen Analyse der geschichtlichen Entwicklung ausgehend erkannte das Potsdamer Abkommen ..." Nun sind fast alle Bestimmungen des Abschnittes III des Potsdamer Abkommens von den Amerikanern ausgearbeitet und vorgeschlagen worden. Stalins wissenschaftliche Analysen schlugen sich mehr in den Reparationsforderungen und bei der Aufteilung der deutschen Flotte nieder. Daraus wäre der Schluß zu ziehen, daß die amerikanischen Väter der einzelnen Bestimmungen des Abkommens von marxistischen Analysen ausgingen oder auf anderem Wege zu gleichen Resultaten wie Stalin gelangt waren.

Die einheitliche Linie, die vom Morgenthau-Plan über die Direktive JCS 1067 zum Potsdamer Abkommen führt, geht aus der folgenden Gegenüberstellung hervor.

	Morgenthau-Plan	Direktive JCS 1067	Potsdamer Abkommen
Ziel	Deutschland zu hindern, einen Dritten Weltkrieg zu beginnen (to prevent Germany from starting a World War III) – (Überschrift).	Deutschland zu hindern, je wieder eine Gefahr für den Weltfrieden zu werden (to prevent Germany from ever again becoming a threat to the peace of the world). – (4c)	Sicherzustellen, daß Deutschland nie wieder seine Nachbarn oder den Weltfrieden bedroht (to assure that Germany never again will threaten her neighbours or the peace of the world). – (III Einleitung)
Entwaffnung	Vollständige Entwaffnung der deutschen Armee und des deutscher Volkes (unter Einschluß der Entfernung und Zerstörung allen Kriegsmaterials). – (1)	Auflösung aller militärischen und paramilitärischen Einheiten, Entwaffnung und Kontrolle des militärischen Personals, Beschlagnahme oder Zerstörung aller Waffen. – (7)	Völlige und endgültige Auflösung aller militärischen und paramilitärischen Einheiten „um für alle Zeiten die Wiedergeburt und Reorganisation des deutschen Militarismus und Nazismus zu verhindern". Beschlagnahme und Zerstörung aller Waffen. – (III 3 I a)
Rüstungs- industrie	Totale Zerstörung der Kriegsindustrie. – (1)	Verbot der Waffenproduktion oder des Waffenimports, Demontage oder Zerstörung der Produktionsanlagen. – (30)	Verbot der Waffenproduktion, Demontage oder Zerstörung aller Produktionsanlagen. – (III 11)
industrielle Abrüstung	Zerstörung und Entfernung anderer Anlagen, die für die militärische Stärke grundlegend sind. – (1)	Verbot der Produktion von Flugzeugen, Handelsschiffen, synthetischem Gummi und Benzin, Aluminium, Magnesium und anderen noch zu bestimmenden Produktionszweigen. Demontage oder Zerstörung der Produktionsanlagen. – (30)	Verbot der Produktion von Flugzeugen und Handelsschiffen. Strikte Kontrolle und Einschränkung der Produktion von Metallen, Chemieerzeugnissen, Maschinen und andere für die Kriegswirtschaft notwendiger Produkte, Demontage oder Zerstörung der Produktionsanlagen. – (III 11)

	Morgenthau-Plan	Direktive JCS 1067	Potsdamer Abkommen
Reparationen	Keine Reparationen durch Zahlungen und Entnahmen aus der laufenden Produktion, dafür: • Rückgabe geplünderten Eigentums aus den besetzten Gebieten Gebietsverluste und Übertragung des industriellen Eigentums in den abgetretenen Gebieten • Demontagen in Restdeutschland • Deutsche Zwangsarbeit im Ausland • Beschlagnahme des gesamten deutschen Auslandsbesitzes. – (5)	Durchführung des Reparationsprogramms gemäß den alliierten Abmachungen. – (43)	Demontagen in allen Besatzungszonen. (IV)
Erziehung	Alle Schulen und Universitäten sind zu schließen (will be closed), bis eine alliierte Erziehungskommission ein Reorganisationsprogramm formuliert hat. Volksschulen sind wiederzueröffnen, sobald geeignete Lehrer und Schulbücher vorhanden sind. – (6a)	Alle Erziehungseinrichtungen sind zu schließen (will be closed). Die Erziehung soll kontrolliert und ein Umerziehungsprogramm (reorientation) in Gang gebracht werden, „um die Nazi- und militärischen Doktrinen völlig zu eliminieren und die Entwicklung demokratischer Ideen zu ermutigen". Volks-, Mittel- und Berufsschulen sind nach Entlassung der Nazilehrer wiederzueröffnen. (14)	Die deutsche Erziehung soll kontrolliert werden, „um die Nazi- und militaristischen Doktrinen völlig zu eliminieren und die erfolgreiche Entwicklung demokratischer Ideen zu ermöglichen". (III 7)
Informationsmittel	Alle deutschen Sender, Zeitungen, Zeitschriften sollen stillgelegt werden, bis ausreichende Kontrollen eingerichtet und ein geeignetes Programm ausgearbeitet ist. – (6b)	Die Kontrolle der Medien der öffentlichen Information soll möglichst nach einer einheitlichen Kontrollratspolitik erfolgen. Amerikanische Richtlinien gesondert. (10)	Vorbehaltlich der Notwendigkeit der Aufrechterhaltung der militärischen Sicherheit ist die Freiheit der Rede, der Presse und der Religion gestattet. (III 10)

	Morgenthau-Plan	Direktive JCS 1067	Potsdamer Abkommen
Verwaltungs-aufbau	Alle Reichsbeamten sind zu entlassen, mit den Lokalbehörden ist zu arbeiten. Länderregierungen sind wiederzuerrichten und in den preußischen Provinzen neu einzurichten. Nach der Teilung Deutschlands sollen die Länderregierungen angeregt werden, in jedem Teilstaat eine Bundesregierung zu errichten. Die neuen Bundesstaaten sollen die Form eines Staatenbundes (confederation of States) erhalten und föderalistisch aufgebaut sein. – (7)	Autonomie für die regionalen, lokalen und städtischen Verwaltungsbehörden. Der Kontrollrat kann ein Minimum an Verwaltungsbehörden oder zentraler Kontrolle für die folgenden Gegenstände errichten a) Eisenbahnen, Nachrichtenverbindungen und Energie, b) Finanzen und Außenpolitik, c) Procuktion und Verteilung von wesentlichen Gebrauchsgütern. (3c)	Die politische Struktur soll dezentralisiert und die lokale Verantwortung entwickelt werden. Im Augenblick soll keine deutsche Zentralregierung errichtet werden, jedoch einige deutsche zentrale Verwaltungsbehörden unter der Leitung von Staatssekretären. (III 9)
Wirtschafts-kontrollen	Die Militärregierung soll keine Verantwortung für Preiskontrollen, Rationierung, Arbeitslosigkeit, Produktion, Wiederaufbau usw. übertibernehmen	Wirtschaftskontrollen sollen nur zum Zweck der „industriellen Abrüstung", für die Bedürfnisse der Besatzungstruppen und zur Sicherung der Produktion „von Gütern und Dienstleistungen, die nötig sind, um das Verhungen und solche Epidemien und Unruhen, die die Sicherheit dieser Truppen gefährden würden, zu verhindern". Keine Maßnahme darf in Ausführung des Reparationsprogrammes oder aus sonstigen Gründen getroffen werden, die dazu führen würde, Lebensbedingungen in Deutschland oder Ihrer Zone zu schaffen, die besser sind als in irgendeiner benachbarten Vereinten Nation. – (5)	Wirtschaftskontrollen sollen nur zu folgenden Zwecken erfolgen: ● „Industrielle Abrüstung", Reparationen, Im- und Export, ● Produktion für die Besatzungsstreitkräfte und DPs und zur Aufrechterhaltung eines Lebensstandards, der den durchschnittlichen europäischen Lebenstandard nicht überschreiten darf. (III 15)

	Morgenthau-Plan	Direktive JCS 1067	Potsdamer Abkommen
	oder irgendwelche Maßnahmen treffen, um die deutsche Wirtschaft am Leben zu erhalten oder zu stärken. – (8)	Keine Schritte zur wirtschaftlichen Erholung (rehabilitation) Deutschlands oder zur Aufrechterhaltung oder Stärkung der deutschen Wirtschaft. – (16)	Schritte sollen unternommen werden, • um die Transportmitel zu reparieren, • die Kohlenproduktion zu vergrößern, • die landwirtschaftliche Produktion auf den höchsten Stand zu bringen, • dringende Reparaturen an Häusern und Versorgungseinrichtungen durchzuführen. (III 17)
Außenhandel	Für wenigstens 20 Jahre soll die deutsche Wirtschaft, und der Außenhandel kontrolliert und der Kapitalimport schärfstens eingeschränkt werden, um das Neuentstehen von Schlüsselindustrien zu verhindern. – (9)		Die deutsche Industrie und alle wirtschaftlichen und finanziellen internationalen Transaktionen sollen kontrolliert werden, einschließlich Im- und Exporten, um Deutschland an der Entwicklung eines Kriegspotentials zu hindern. – (III 15 d)
Großgrund- besitz	Der Großgrundbesitz soll zerschlagen und unter den Bauern aufgeteilt werden. Das Erbhofrecht wird aufgehoben. – (10)	Der Großgrundbesitz soll zur Unterbringung und Ansiedlung Deutscher und Anderer und zur Erhöhung der landwirtschaftlichen Erzeugung verwendet werden. – (28)	
Kriegs- verbrechen	Bestrafung von Kriegsverbrechen. – (11)	Kriegsverbrecher sind zu verhaften, alle Personen, die die Durchführung der Ziele der Besatzung gefährden würden, sind zu verhaften und durch halb-gerichtliche (semi-judicial) Verfahren abzuurteilen. Bestimmte Kategorien sind automatisch zu verhaften. – (8)	„Die drei Regierungen bekräftigen ihre Absicht, diese Verbrecher einer schnellen und sicheren Justiz zu unterwerfen." – (VII)

Zu einer Auseinandersetzung über die Gültigkeit des Potsdamer Abkommens führte der Prozeß vor dem Bundesverfassungsgericht über das am 17. August 1956 verkündete Verbot der Kommunistischen Partei Deutschlands[47]. Die KPD war wegen „Verstoßes gegen die freiheitliche demokratische Grundordnung" (Art. 21 des Grundgesetzes) verboten worden. Die Vertreter der KPD, vor allem der Ostberliner Professor Kröger, vertraten die Ansicht, daß dem Potsdamer Abkommen eine normative Kraft innewohne, die gegenüber dem Begriff „freiheitlich demokratische Ordnung" den Vorrang habe, zumal dessen Bestandteil „demokratisch" im Potsdamer Abkommen inhaltlich festgelegt sei. Das Potsdamer Abkommen sei ein völkerrechtlicher Vertrag, in dem allgemeine Regeln des Völkerrechts enthalten seien, die nach Art. 25 GG unmittelbar geltendes Recht sind. Das Potsdamer Abkommen sei nicht nur ein völkerrechtliches Abkommen der Unterzeichnermächte, sondern gleichzeitig deren „höchst autoritativer Aufruf an das deutsche Volk zu einem bestimmten Verhalten, zu einer bestimmten künftigen Gestaltung seines politischen, wirtschaftlichen und kulturellen Lebens." Da die KPD sich im Geiste des Potsdamer Abkommens betätige, wäre ihr Verbot ein Verstoß gegen das Abkommen und unwirksam. Die Bundesregierung entgegnete durch Professor Kaufmann, daß es sich in Potsdam um ein Verwaltungsabkommen der Besatzungsmächte gehandelt habe, das nur für diese verpflichtende Wirkungen habe und keinesfalls das deutsche Volk als „Normenadressat" habe.

Das Bundesverfassungsgericht beschritt im Urteil einen mittleren Weg: „Mangels einer Einigung der Alliierten aber galt die allgemeine Regel des Potsdamer Abkommens, wonach die höchste Regierungsgewalt in Deutschland den Oberbefehlshabern der Streitkräfte, jedem in seiner Besatzungszone, übertragen ist. Auch wenn man also der Ansicht der KPD über die rechtliche Verbindlichkeit des Potsdamer Abkommens für das deutsche Volk folgen wollte, wären nach dieser Bestimmung für das deutsche Volk bei der Ausgestaltung seiner Staatsordnung nur etwaige Entscheidungen der zuständigen Zonenbefehlshaber dafür maßgebend gewesen, was über die Festlegung des Potsdamer Abkommens hinaus als demokratisch zu gelten habe." Demokratisch ist, was die Zonenbefehlshaber als demokratisch bezeichnen.

Über das, „was als demokratisch zu gelten habe", waren Amerikas Deutsche nur anfangs im Zweifel gelassen worden. Der Militärgouverneur General McNarney ordnete im Juni 1946 an, daß in

Amerikas Deutschland demokratisch sei, was die sieben Bedingungen erfülle:

1. Es muß anerkannt werden, daß alle politische Macht ihren Ursprung im Volke hat und dessen Kontrolle unterworfen ist.
2. Diejenigen, die politische Macht ausüben, sind verpflichtet, ihr Mandat zu erneuern, indem sie ihr Programm und ihre Führung Volkswahlen unterwerfen.
3. Volkswahlen müssen in einem Wettbewerbssystem durchgeführt werden, in dem nicht weniger als zwei effektiv konkurrierende politische Parteien ihr Programm und ihre Kandidaten dem öffentlichen Urteil unterstellen.
4. Politische Parteien müssen in ihrem Charakter demokratisch und als freiwillige Vereinigungen von Bürgern er kennbar sein, die vom Regierungsapparat klar unterschieden sind und mit diesem nicht identifiziert werden.
5. Die Grundrechte des Individuums, einschließlich des Rechtes auf freie Rede, des Rechtes auf freies religiöses Bekenntnis, des Rechts auf freie Versammlung und die Freiheit der politischen Verbindung müssen anerkannt und garantiert sein.
6. Die Kontrolle über die Mittel der öffentlichen Meinung, wie Radio und Presse, muß verteilt und freigehalten sein von der Beherrschung durch die Regierung.
7. Die Herrschaft des Gesetzes muß als der größte Schutz des Individuums gegen einen willkürlichen Ausdruck der Regierungsmacht und gegen eine willkürliche Herrschaft von Agenturen der Regierungskontrolle anerkannt sein.

Die Anordnung McNarneys hat Amerikas Deutsche bis heute von der Last der Überlegung, was demokratisch ist und was nicht, befreit. Sie bot ihnen Schutz davor, die Verfügung über ihre Angelegenheiten an ihre Regierung zu verlieren. Sie beschwor aber auch die Gefahr herauf, daß diese Verfügung in letzter Instanz jenen zufiel, die im permanenten Streit zwischen Volk und Regierung als Schiedsrichter amteten. Beides – Schutz und Gefahr – ließ sich mit den nationalen Interessen der Vereinigten Staaten, deren Beachtung von ihrem Proconsul billigerweise zu erwarten war, wohl zur Deckung bringen. Politologische Schriftgelehrsamkeit hingegen war vonnöten, um aus ihnen ex post facto die prästabilierte Harmonie von Besatzungsgenerals- und Volkswillen abzuleiten[48].

Die Charakterwäsche

> *I would sooner speak of reforming than re-educating the Germans. Re-education smacks of a desk and a schoolmaster. The Germans have got to become reformed characters – that is of more importance than their book-learning.*
>
> The Rt. Hon. Lord Vansittart

Im psychologischen Zeitalter

Die amerikanische Führungsschicht war durch die Weltwirtschaftskrise diskreditiert worden. Ihre Ideologie, daß im Ansammeln großer Vermögen der Pioniergeist der „frontier" weiterlebe, wurde verhöhnt. Die neuen Männer hielten sich jedoch nur provisorisch an der Macht. Ihr Versuch, an Stelle der alten individualistischen neue soziale und altruistische Werte zu setzen, glückte nicht. Die alten Werte waren niedergerissen, aber die neuen lebten nur von der Verneinung. Mißtrauen und Furcht zersetzten in einem schleichenden Bürgerkrieg die amerikanische Gesellschaft. Doch der Mensch kann für die Dauer nicht in Mißtrauen und Furcht leben. Er sucht nach dem festen Grund, der ihm Halt und Gewißheit gibt. Der moderne Mensch findet diesen Grund im Glauben an die Wissenschaft. Roosevelt wußte dies, als er sich mit einem wissenschaftlichen Braintrust umgab, der seiner Politik das Prestige wissenschaftlichen Vorgehens verleihen sollte. Roosevelts Braintruster waren Nationalökonomen. Die Technokraten hoben noch Naturwissenschaft und Ingenieurskunde auf den Thron – da brach sich eine neue Wissenschaft in schnellem Siegeszug Bahn. Der Mensch glaubt meist an eine Wissenschaft, die stellvertretend für alle anderen seinen Wissenschaftsglauben befriedigt. Im 16. Jahrhundert war es die Philologie, im 17. die Mathematik, im 18. die Ökonomie, inr 19. die Naturwissenschaften – jetzt wurde die Psychologie zur exemplarischen Wissenschaft.

Zwischen Hauptgang und Nachtisch war die Psychoanalyse nach Amerika gekommen. 1905 hatte der junge amerikanische Psychiater A. A. Brill die Lütticher Weltausstellung besucht. An der table d'hôtel kam er mit seinem Tischnachbarn, einem österreichischen Artillerieleutnant, ins Gespräch. Man fand aneinander Gefallen und setzte die Reise gemeinsam fort. Beim Abschied fragte der Leutnant, ob man sich nicht einmal wiedersehen werde, ob Brill nicht einmal nach Wien käme, um sich den Dr. Freud anzuschauen. Wer das denn sei? Nun, Freud müsse schon irgendwie bedeutend sein, meinte der Artillerieleutnant, sonst besäße er nicht so viele Feinde. Wenig später arbeitete Brill an der Burghölzli-Klinik in Zürich, wo Eugen Bleuler und sein Assistent C. G. Jung gerade begonnen hatten, die Psychoanalyse klinisch zu erproben. Brill schloß sich der neuen Lehre an und eröffnete in den Vereinigten Staaten die erste psychoanalytische Privatpraxis. Ein Anfang war gemacht.

Die Psychoanalyse war in Wien konzipiert, in Zürich klinisch erprobt worden; in den Vereinigten Staaten setzte sie sich in Herz und Hirn von Millionen fest. Wenn eine einzelne Geistesströmung für die amerikanische Kultur repräsentativ ist, so ist es die psychoanalytische. In Europa wurde die Psychoanalyse nach einigen Ausbruchsversuchen in den (deshalb?) „Goldenen Zwanziger Jahren" von den Psychiatern unter festen Verschluß genommen. In Amerika hat sie längst alle Zunftschranken durchbrochen und sich in Wissenschaft (z. B. Soziologie, Kulturanthropologie, Pädagogik, Politologie) und Leben als erste Kulturmacht etabliert[1]. Wenn kürzlich eine UNESCO-Schrift lehrte: „Die Psychoanalyse ist nicht nur eine Therapie für Menschen, die an seelischen Störungen leiden, sondern auch eine umfassende allgemeine Theorie der Persönlichkeit, die sich auf den gesunden und kranken Geist gleichermaßen anwenden läßt" (Marie Jahoda), so gilt dergleichen in Amerika als Selbstverständlichkeit. Der Psychoanalytiker schaut der amerikanischen Mutter über die Schulter (Child Guidance Clinics), er wird alarmiert, wenn bei einem Kind schulische Leistung und I. Q. (durch Test festgestellter Intelligenz-Quotient) voneinander abweichen, er regelt den sexuellen Haushalt der Teenager und die Berufswahl der Twens.

Zehntausende von Social Workers sorgen als Laien-Psychoanalytiker für die Verbreitung der neuen Doktrin in den einkommensschwachen Volksschichten. Spitzenverdiener legen sich dagegen auf die Couch eines Mitglieds der exklusiven American Psychoanalytical Society (mit Jahreseinkommen von DM 400.000 und darüber). Auf dem Broadway wird kaum ein Stück aufgeführt, das nicht die eine oder andere psychoanalytische Doktrin verarbeitet[2]. Und die Autoren können sicher sein, daß das Publikum weiß, worum es sich handelt.

Die Psychoanalyse hätte in Amerika kaum mit so viel Begeisterung rechnen können, wäre der Boden nicht durch eine Bewegung vorbereitet worden, die das Interesse für geistige Krankheit und geistige Gesundheit in die weitesten Kreise trug. Die Mental-Health-Bewegung (früher Mental Hygiene – Psychohygiene) wurde von einem Jura-Studenten namens Clifford Beers gegründet. Beers war in verschiedenen staatlichen Irrenanstalten interniert gewesen. Nach einer jahrelangen tiefen Depression geriet er in einen euphorischen Zustand und brachte seine begeisterten Ideen zu Papier. „Gewöhnliches Schreibpapier genügte nicht mehr, die Flut seiner leidenschaftlichen Gedanken aufzunehmen. Breite Rollen Einschlagpapier wurden in sein Zimmer gebracht." Er faßte den Plan einer Reform der Irrenanstalten. Wie die ansteckenden Krankheiten durch Vorbeugung (Impfung) bekämpft worden seien, so müsse man auch den Geisteskrankheiten vorbeugen. Für diese Vorbeugung prägte Beers' Berater, der Common-Sense-Psychiater Adolf Meyer, den Namen Psychohygiene (Mental Hygiene). Beers veröffentlichte 1908 seine Autobiographie „A Mind That Found Itself" (1945 erschien die 25. Auflage), der Eisenbahnmagnat Henry Phipps gab das Geld, und die „Connecticut Society for Mental Hygiene" nahm 1909 ihre Arbeit auf. Die Bewegung setzte sich in Amerika allmählich durch und wurde im Kielwasser der amerikanischen Expansion nach 1941 über den ganzen Erdball verbreitet. 1947 verabschiedete der Kongreß einen Mental Health Act, der der Bewegung staatliche Anerkennung und die Verfügung über umfangreiche Gelder sicherte. In diesem und dem folgenden Jahr fanden große internationale Kongresse in Paris und London statt. 1948 wurde die „World Federation for Mental Health", in der Gesellschaften aus 42 Ländern zusammengefaßt wurden, gegründet. Die UNESCO-Ideologie speist sich nicht zuletzt aus der Mental-Health-Bewegung. Die Mental-Health-Bewegung, die in der Medizin eine ähnliche Rolle spielt wie „Reader's Digest" auf dem Zeitschriftenmarkt, sieht laut Encyclopedia Americana die geistige Gesundheit in einer „gesunden Einstellung des Individuums gegenüber sich selbst und der Umgebung, in der es lebt, so daß es ein Maximum der Selbsterfüllung erreicht".

Das psychoanalytische Zeitalter begann in Pearl Harbour. „Während der Depression", heißt es in einer 1964 zusammengestellten Anthologie über Psychoanalyse und gegenwärtige amerikanische Kultur, „glaubten wir nicht, aus irgendeiner Form der Psychoanalyse ernstliche soziale Folgerungen ziehen zu müssen. Wir taten sie als Spielzeug reicher Leute ab." Der Aufstieg der Psychoanalyse von einem Luxusartikel der High Society zur bestimmenden Sozialmacht hinterließ in der Lehre Freuds ihre Spuren. Diese paßte sich nicht nur der menschlichen Szenerie der Vereinigten Staaten dynamisch an, sondern nahm auch den sozial-missionarischen Geist der Mental-Health-Bewegung in sich auf. So kam es, daß die heute tonangebende Schule der Neo-Freudianer[3] sich zum Altmeister aus der Berggasse bestenfalls so verhält, wie die Junghegelianer zu Hegel und schlimmstenfalls wie die SPD zu Karl Marx.

Nicht nur die amerikanische Umwelt, auch die unverhüllt politischen Aspirationen der Neo-Freudianer waren Freud fremd. Seine Lehre wurde darum solange umgemodelt, bis sie diesen Aspirationen dienlich war. Was Freud vor allem vorgeworfen wurde, war, daß er als unwandelbare biologische Triebe angesehen habe, was unter bestimmten kulturellen Bedingungen veränderlich sei. Von den Neo-Freudianern wurde zwischen einem Kern allen Menschen gemeinsamer Bedürfnisse, etwa Hunger, und den übrigen von der kulturellen Umwelt abhängigen Trieben unterschieden. „Jene Triebe", so lehrte Erich Fromm[4], „welche die Unterschiede im Charakter der Menschen ausmachen, wie Liebe, Haß, Machtgier, Unterwürfigkeitsdrang, Sinnenfreude und Sinnenfurcht, sind dem Gesellschaftsprozeß unterworfen und resultieren aus ihm." Und was im Rahmen des Gesellschaftsprozesses veränderlich ist, kann somit auch verändert werden, sofern es nur gelingt, diesen Gesellschaftsprozeß zu beeinflussen.

Unter den Wortführern der neofreudianischen Richtung, die in Amerika die Stationen der Entwicklung des Dritten Reiches mit zunehmender Zusammenarbeit und öffentlicher Einflußnahme beantworteten, waren Erich Fromm (geb. 1900), der wandlungsreiche Modephilosoph, Karen Horney (1885–1952), die Mutter der Schauspielerin Brigitte Horney und bekannte Popularisatorin psychoanalytischen Gedankenguts, und Harry Stack Sullivan (1892–1949), der in psychiatrischen Fachkreisen angesehene Praktiker und Organisator. Die neo-freudianische Gruppe begann um 1936 mit der kulturanthropologischen Schule des Ethnologen Franz Boas (1858–1942) – vor allem Edward Sapir (1884–1939), Ruth Benedict (1887 bis 1948) und Margaret Mead (geb. 1901) – zusammenzuarbeiten[5].

Die Kulturanthropologen hatten die „Verschiedenheit und die Gleichheit der kulturellen Umwelt und deren Konsequenzen für das menschliche Verhalten" zu ihrem Thema gemacht. Sie sprachen vom „culture and personality approach" (Margaret Mead), der die Wechselwirkung von Kultur und Persönlichkeit untersuchte. Aus dem ethnologischen Material, das sich beim Studium primitiver

Stämme ansammelte, versuchten sie, „auf den Geist einer Kultur, ihre Konfiguration, d. h. ihre Gestalt" (Franz Boas) zu schließen und umgekehrt das ethnologische Material von der Gestalt her zu deuten. Bei den Stämmen verschiedener Naturvölker suchten die Kulturanthropologen nach kontrastierenden Eigenschaften, um zu beweisen, daß diese Eigenschaften nicht aus der Rasse, sondern aus der kulturellen Umwelt zu erklären waren und sich mit dem „kulturellen Wechsel" (cultural change) auch änderten. So fand Margaret Mead bei den Papua in Neuguinea, daß die Arapesh ihr Ideal im milden und umgänglichen Mann, die Mundugumor im heftigen und aggressiven Mann sahen. Bei den Tschambuli hingegen dominierten die Frauen und machten die Männer von sich emotionell abhängig. Die Arapesh lehnten Aggression, Wettbewerb und starke Gefühlsäußerungen ab; sie straften ihre Kinder nie. Die Mundugumor hingegen sahen alle männlichen Stammesgenossen als Feinde an und befreundeten sich nur mit dem anderen Geschlecht.

Ähnliche Studien betrieb Ruth Benedict bei amerikanischen Indianerstämmen. Der Zuñi in Neumexiko versuche jedes Rennen zu verlieren und habe eine höllische Angst, ein Amt zu übernehmen. Wenn ein solches zu vergeben sei, dann müsse ein Zuñi mit Gewalt zur Übernahme gezwungen werden. Diese Erkenntnisse waren geeignet, aus ihnen einen praktischen Nutzen zu ziehen. Was lag näher, als aus den kriegerischen Deutschen Arapesh und Zuñi zu machen, da die menschliche Natur ja wandelbar ist? In der Tat wandten sich die Kulturanthropologen mit Kriegsbeginn von den Primitiven ab und im amtlichen Auftrag den modernen Nationen zu, wobei Ruth Benedict die Japaner und Margaret Mead die Europäer vornahm, während die Amerikaner selbst Gegenstand der Bemühungen von Geoffrey Gorer wurden, der als Engländer den Auftrag hatte, durch Interventionspropaganda die Kriegsbeteiligung der Amerikaner herbeizuführen.

Das Zusammenfließen von Kulturanthropologie, neo-freudianischer Psychiatrie und der Psychohygiene führte zu „einer neuen Bewegung für die Integration der Wissenschaften, die sich mit den menschlichen Beziehungen befassen" (Margaret Mead). Als die Hauptakteure dieser Bewegung nennt Mead den Psychohygieniker Lawrence Frank (geb. 1890), den Kulturanthropologen Edward Sapir und den Psychiater Harry Stack Sullivan. Die Bewegung wurde durch die Gründung der „Washington School of Psychiatry" institutionalisiert. Diese stand unter der Leitung des Neo-Freudianers Harry Stack Sullivan (1892–1949). Sullivan war Präsident einer nach William Allanson White (1870–1939), dem Vorsitzenden des ersten Kongresses für Psychohygiene, benannten Stiftung. Nach langjähriger psychiatrischer Praxis an staatlichen Anstalten hatte er sich als einer der 4–5 meistverdienenden Psychiater in New York niedergelassen, um dort seinen Lebensabend mit Forschungen zu verbringen. „Aber der Tod eines seiner Mitarbeiter und das Abkommen von München (über den Anschluß des Sudetenlandes an das Deutsche Reich d. V.) änderten seine Pläne. Nach den Ereignissen vom September 1938 schien es Dr. Sullivan klar, daß Forschung weniger wesentlich war als die Formulierung einer praktischen Psychiatrie für den nationalen Ernstfall (d. h. den Krieg d. V.), der nicht mehr vermeidbar war. Er kehrte nach dem Süden zurück." In Washington gründete er die auf gelbes Papier gedruckte Zeitschrift „Psychiatrie – Zeitschrift für die Biologie und Pathologie zwischenmenschlicher Beziehungen" und trat mit seiner „Washington School of Psychiatry" in eine enge Arbeitsgemeinschaft mit den Instanzen, die die psychologische Kriegführung (im Sinne der Propaganda und im Sinne der Änderung der Psychologie der Besiegten) vorbereiteten. Aus der psychoanalytischen Theorie wurde in wenigen Jahren eine politische Praxis eigener Art. Die Frage stellt sich, ob die folgenreiche Politisierung der Psychoanalyse nur eine wissenschaftsinterne Entwicklung ist oder ob politische Motive den Anstoß gaben.

Die Psychoanalyse wird politisiert

Die Politisierung der Psychoanalyse kam nicht von ungefähr, sondern aus Frankfurt am Main[6]. Dort hatte 1930 Max Horkheimer das Institut für Sozialforschung übernommen. Das Institut war auf sozialdemokratisches Betreiben nach dem Ersten Weltkrieg gegründet und dem Herausgeber des „Archivs für Geschichte des Sozialismus und der Arbeiterbewegung", Carl Grünberg, unterstellt worden.

Das Institut ist in seiner Frühzeit weniger durch wissenschaftliche Arbeiten als durch die Tätigkeit des posthumen „Helden der Sowjetunion" und russischen Meisterspions Richard Sorge bekannt geworden. Horkheimer löste es nach Eintreten der Wirtschaftskrise vom musealen Sozialismus und machte es mit seiner sozialphilosophischen Fragestellung im Dreieck Marx-Hegel-Freud zu dem unter den Studenten als „Marxtempel" bekannten Magneten der linksintellektuellen Jugend.

Die jungen Dozenten und Assistenten, die sich um das Institut scharten, sollten später beinahe alle bekannt werden. Es waren Friedrich Pollock (1894–1964), Theodor Adorno (geb. 1903), Herbert Marcuse (geb. 1898), Erich Fromm (geb. 1900) und Leo Löwenthal (geb. 1900), denen auch Walter Benjamin nahe stand. Der Ausdruck Sozialforschung wies darauf hin, daß das Objekt der Untersuchungen des Instituts zwar die Gesellschaft war, der Umfang der Untersuchungen jedoch nicht durch die Grenzen der Fachsoziologie eingeschränkt werden sollte. Die letzten Jahre des Dahinsiechens der Weimarer Republik gaben die erregende Kulisse für das Entstehen der „kritischen Theorie", die den „historischen Verlauf der gegenwärtigen Epoche begreifen" sollte. Bildeten die Kommunisten den willensmäßigen, die Sozialdemokraten den gefühlsmäßigen Flügel der Revolution von links, so standen die Sozialforscher im verstandesmäßigen Zentrum. Das Scheitern der linken Revolution war nicht zuletzt darauf zurückzuführen, daß die Flügel miteinander verstritten waren und das Zentrum so in der Luft hing. 1933 wurde das Frankfurter Institut wegen „staatsfeindlicher Umtriebe" geschlossen. Doch Horkheimer hatte vorgebaut. Die „Zeitschrift für Sozialforschung" siedelte mit ihrem 2. Jahrgang nach Paris über, das Institut wurde in New York an der Columbia-Universität weitergeführt.

Bereits im Vorwort der „Zeitschrift für Sozialforschung" wurde die Förderung der Sozialpsychologie versprochen, wobei zum ersten Male die Psychoanalyse in ein sozialpsychologisches System einzubauen sei. Vor allem Erich Fromm, ein gebürtiger Frankfurter, der 1929 vom Berliner Institut für Psychoanalyse nach Frankfurt zurückkehrte, förderte die Synthese von Marx und Freud. Seine Aufsätze in der „Zeitschrift für Sozialforschung" und sein Beitrag zu dem in Frankfurt vorbereiteten, aber erst 1935 in Paris gedruckten Band „Studien über Autorität und Familie" gelten als die „Gründungsdokumente" der amerikanischen neo-freudianischen Schule.

Während die musealen Marxisten sich damit begnügten, aus den unerquicklichen Vorgängen der 30er Jahre Bestätigungen ihrer Dogmen herauszulesen, waren die jungen Sozialforscher bemüht, ein wissenschaftliches Fazit der gleichen Ereignisse zu ziehen. Hatte man auf der Linken bislang geglaubt (und glaubten gewisse Partei-Emigranten noch immer), daß das Volk gegen die privilegierten Klassen stehe und Recht und Wahrheit gegen Macht und Herrschaftsideologie verteidige, so zogen die Sozialforscher aus den „faschistoiden" Entwicklungen der Zeit die Konsequenz, daß auf das

Volk (auch in Gestalt des Proletariats) kein Verlaß mehr sei. „Auch die Situation des Proletariats bildet in dieser Gesellschaft keine Garantie der richtigen Erkenntnis", formulierte Max Horkheimer. „Die richtige Gesamtverfassung der Menschheit" wäre nicht durch die Befreiung des Proletariats von seinen Ketten, sondern durch die Reform der gesamten Gesellschaft, einschließlich des Proletariats, zu erreichen. In einem gewaltigen Wurf sollte nicht nur die Gesellschaft reformiert werden, sondern Marx und Freud gleich mit. In der intellektuellen Retorte wurde nach und nach die Aufgabe bewältigt, ein in der fortschrittlich-radikalen Tradition stehendes politisches System unter Weglassung des Volkes zu konstruieren.

Die neo-freudianischen und verwandten Schulen mußten Freud wie Marx zum konservativen alten Eisen werfen, da der eine in den Trieben, der andere im Proletariat einen vorgegebenen, nicht zu verändernden Faktor hinnahm. Im Besitz einer gesellschaftsgeschichtlichen Gesamtschau rechnete man beiden die Erkenntnisgrenzen ihres gesellschaftlichen Standortes vor. Freud habe die an seinen adligen und großbürgerlichen Patienten gewonnenen Ergebnisse zu Unrecht verallgemeinert. Marx habe den Menschen noch als rationales Wesen gesehen. Er habe die Kräfte des Unbewußten noch nicht gekannt, sonst hätte er nicht die Arbeiterklasse einfach als Erben der Kapitalistenklasse eingesetzt. Marx sah nicht, „daß eine bessere Gesellschaft nicht ins Leben gerufen werden konnte von Menschen, die sich nicht einem moralischen Wechsel in sich selbst unterzogen haben". Die Gesellschaft sei krank, da die Einzelnen krank seien. Die Gesellschaft müsse man kurieren, indem man die Einzelnen kuriere. Der Psychoanalytiker ist in letzter Instanz derjenige, in dessen Händen die Verantwortung für den gesellschaftlichen Wechsel liegt. Er bilde um sich herum gesunde Zellen, die die gesunde Gesellschaft von morgen ankündigten.

Was dem roten Frankfurt recht war, war dem roten Wien[7] billig. Auch hier scheiterten die revolutionären Entwürfe, die in der Rathausmehrheit der einzigen sozialistischen Millionenstadt, deren Gemeindebauten, Schulreformen, Sportanlagen und Volksbildungseinrichtungen „eine Teilverwirklichung des Sozialismus im Schoße der bürgerlichen Gesellschaft" gesehen hatten. Von der Wiener „Karl-Marx-Hof-Mystik" legen die Gedichte Stephen Spenders ein lyrisches Zeugnis ab. Der Oberschicht suchte man mit einer „Hauspersonalabgabe" das Leben zu verdrießen, die mit einer progressiven Abgabeberechnung bei dem meistbetroffenen Haushalt die Summe von 316.555 Schilling pro Jahr erreichte. Einer der heute führenden amerikanischen Soziologen, Paul F. Lazarsfeld, berichtete über seinen Wiener Werdegang: „Am Anfang der Zwanziger Jahre waren wir überzeugt, daß die Reformen der Gemeinde Wien auf sozial- und schulpolitischem Gebiet den Beginn einer neuen Zeit bedeuteten. Doch am Ende dieses Jahrzehnts war es schon klar, daß die Entwicklung eine ganz andere und von unserem Standpunkt aus bedenkliche Richtung genommen hatte." Da hätte man begonnen, sich für alles zu interessieren, „was die Enttäuschung unserer Hoffnungen erklären konnte". Damals sei das Wort umgegangen, daß die heraufziehende Revolution Nationalökonomen gebraucht habe, daß die siegreiche Revolution sich auf Ingenieure stütze und die gescheiterte Revolution Sozialpsychologen hervorbringe.

Auch in Wien fand eine Verschmelzung von Soziologie und Psychologie statt, einerseits im Werk des Psychoanalytikers Wilhelm Reich, andererseits im Umkreis des Psychologenehepaares Karl und Charlotte Bühler. Wilhelm Reich (geb. 1897)[8] war in Wien Freuds erster Assistent (1922–1928) gewesen. Sein Versuch, die Psychoanalyse mit kommunistischen klassenkämpferischen Parolen zu verschmelzen, hatte ihn jedoch Freud entfremdet, der schon bei Mussolinis „Marsch auf Rom" auf den Vorwurf, weder rot noch schwarz zu sein, geantwortet hatte: „Nein, man sollte fleischfarben sein." In den Jahren der deutschen Krise entwickelte Reich seine eigene „sex-ökonomische" Lehre, die sich zunehmend, insbesondere nach seiner Übersiedlung nach Amerika, aus den marxistischen Eierschalen löste. Reich berief sich auf einen Artikel von Willi(am) Schlamm, der nach dem Saarplebiszit von 1935 geschrieben hatte: „In Wirklichkeit ist die Epoche vorbei, in der es schien, als ob die Volksmassen aus eigener Kraft sich erheben würden, geleitet durch die Vernunft und die Einsicht in ihre Lage. In Wirklichkeit haben die Massen keine gesellschaftsformende Funktion mehr. Sie haben sich als völlig manipulierbar, dumpf und fähig zur Anpassung an jede Art von Macht oder Infamie erwiesen." Schlamms Standpunkt sei zwar steril, da er weder die Herkunft der Situation noch deren Änderung einbeziehe, aber Reich selbst habe immer wieder die Erfahrung machen müssen, daß „die demokratischen Politiker, insbesondere die sozialdemokratischen und kommunistischen, nicht das geringste Verständnis dafür hatten, daß die Massen infolge jahrhundertelanger Unterdrückung unfähig zur Freiheit sind." Um die Änderung dieser Situation bewirken zu können, müsse man ihre Ursache kennen: „Was die Masse unfähig zur Freiheit macht, ist die Unterdrückung des genitalen Liebeslebens in Kindern, Heranwachsenden und Erwachsenen." „Sexuelle Unterdrückung ändert die Struktur des ökonomisch unterdrückten Individuums so, daß es gegen seine Interessen handelt."

Reich ordnete die politischen Hauptströmungen den drei Schichten des menschlichen Charakters zu. Die oberste Schicht sei die Schicht der Kooperation, der Vernunft, der Rücksichtnahme; die unterste Schicht sei die der schöpferischen Triebe, denen alle geistigen und künstlerischen Leistungen entsprängen; die unterste Schicht könne sich jedoch nicht mit der obersten durchdringen, da sie durch eine mittlere Schicht abgeleitet werde, in der alle Egoismen, Sadismen, Selbstsucht und Brutalität zu Hause seien. Der obersten Schicht sei der Liberalismus zuzuordnen, der untersten die revolutionäre Linke, der mittleren der Faschismus. Denn man könne die Zeitgeschichte nicht begreifen, wenn man den Faschismus für ein politische Idee halte, die mit politischen Mitteln an die Macht dränge. „Der Faschismus ist nur der politisch organisierte Ausdruck der durchschnittlichen menschlichen Charakterstruktur." In diesem charakterologischen Sinn ist ‚Faschismus' die grundlegende emotionelle Haltung des Menschen in der autoritären Gesellschaft, die die Gesellschaft der Gegenwart überhaupt sei. Es sei daher widersinnig, den Faschismus aus dem deutschen oder japanischen Volkscharakter abzuleiten. Seine charakter-analytischen Erfahrungen hätten Reich gezeigt, „daß es heute nicht ein einziges Individuum gibt, das nicht Elemente faschistischen Fühlens und Wollens in sich trägt". „Der Faschismus als politische Bewegung unterscheidet sich von anderen reaktionären Parteien dadurch, daß er von den Massen des Volkes unterstützt wird." „Faschismus ist auf einer Religiosität aufgebaut, die aus einer sexuellen Perversion stammt; er ändert den masochistischen Charakter der alten patriarchalischen Religionen in eine sadistische Religion." „Der Faschist ist der Unteroffizierstyp in der großen Armee unserer kranken Zivilisation."

Wer den Faschismus bekämpfen wolle, müsse davon ausgehen, daß die „zentrale reaktionäre Keimzelle" die Familie sei. „Da die autoritäre Gesellschaft sich in der Struktur des Massenindividuums durch die autoritäre Familie reproduziert, folgt, daß die politische Reaktion die autoritäre Familie als Basis des Staates, der Kultur und Zivilisation verteidigt". Kern der autoritären Familie sei eine Mutter-Fixierung. „Die Mutter ist die Heimat des Kindes und die Familie die Nation en miniature." Daher seien „metaphysisches, individualistisches und familiäres Verhalten nur verschiedene Aspekte ein und desselben Prozesses der Sex-Negation. Realistisches, nicht metaphysisches Denken auf der anderen Seite geht Hand in Hand mit der Lockerung der Familienbande und zum mindesten Indifferenz gegenüber asketischen sexuellen Ideologien". Die autoritäre Familie lösche die Frau und die Kinder als Geschlechtswesen aus, indem sie die Frau in der Mutter-Funktion aufgehen lasse und die Sexualität der Kinder unterdrücke. Demgegenüber sei die sexualkulturelle Revolution auch das politische Heilmittel. Durch „sex-ökonomische Massen-Hygiene" sei eine kollektive Atmosphäre sexueller Bejahung zu schaffen, die eine neue sexökonomische Moral zur Folge habe.

Der autoritäre Charakter

Der Erfolg der Psychoanalyse beim Publikum beruhte nicht zuletzt auf den Reizen des Spiels mit analytischen Charakterlehren. Seit Freuds erster einschlägiger Studie „Charakter und Analerotik" (1908) wurden die Charaktere aus den Entwicklungsstufen der frühkindlichen Sexualität abgeleitet. Freuds Schüler Karl Abraham etwa unterschied zwischen oralen, analen, phallischen, urethralen und genitalen Charakteren. Erich Fromm machte mit der Politisierung der Charakterlehre Epoche. Die gesellschaftsgeschichtliche Gesamtschau lehrte ihn, daß sich der Mensch zunehmend auf die Freiheit hin entwickle. Die primären Bindungen, wie sie das Kind an die Mutter, den Wilden an die Natur und Sippe, den mittelalterlichen Menschen an Kirche, Stand und Zunft bänden, gingen zunehmend verloren. Der Mensch würde freier, aber auch einsamer. Der Einsamkeit versuche er in die sekundären Bindungen zu entfliehen. Er strebe die Symbiose, das Zusammenleben mit einem anderen an.

Nehme diese Symbiose die masochistische Form an, so führe sie zur Unterordnung, zum Versuch des Individuums, „Teil eines größeren, mächtigeren Ganzen außerhalb des eigenen Ichs zu werden, in ihm unterzutauchen und darin aufzugehen. Diese Macht kann ein Mensch, eine Institution, kann Gott, Volk, Gewissen oder eine Zwangsidee sein." Nehme die Symbiose die sadistische Form an, so führe sie zum Versuch, sich etwas unterzuordnen. „Das Streben nach Macht ist die charakteristischste Äußerung des Sadismus." Sadistische und masochistische Züge gehören jedoch zusammen als „aktiver und passiver Pol des symbiotischen Komplexes." Hätten diese Züge bei einer Person das Übergewicht, so könne man von einem sado-masochistischen Charakter sprechen.

Da jedoch Sadismus und Masochismus gemeinhin als bestimmte sexuelle Perversionen und nicht als Charakterzüge (moralischer Sadismus und moralischer Masochismus) verstanden werden, sei es angezeigt, den sado-masochistischen Charakter in den „autoritären Charakter" umzutaufen. Ein sado-masochistischer Charakter sei immer durch seine positive Einstellung zur Autorität zu erkennen. Er bewundere die Autorität und sei bestrebt, sich ihr zu unterwerfen.

Gleichzeitig wolle er jedoch selber Autorität sein und andere sich gefügig machen.

Die Lehre vom autoritären Charakter bot den Schlüssel zur „Psychologie des Nazismus", wie umgekehrt die Suche nach einer Erklärung für diese Psychologie zum Entstehen der Lehre geführt hatte. Fromm lehrte, ökonomische und psychologische Ursachen seien bei der Entstehung des Nationalsozialismus verbunden gewesen wie Kette und Schuß. Das deutsche Kleinbürgertum habe schon immer einen sadomasochistischen Charakter gehabt, der durch „Verehrung des Starken, Haß auf den Schwachen, Engherzigkeit, Kleinlichkeit, Feindseligkeit, Sparsamkeit bis zum Geiz (sowohl mit Gefühlen wie mit Geld)" gekennzeichnet sei. Solange Thron und Altar jedoch noch unerschüttert waren, „genügte die Unterwerfung und Untertänigkeit unter die vorhandenen Autoritäten für seinen masochistischen Bedarf".

Der Sturz der alten Ordnung 1918 habe es seelisch, die Inflation ökonomisch entwurzelt. Aber „anstatt seine wirtschaftliche und soziale Lage klar ins Auge zu fassen, begann der Mittelstand, sein Schicksal in dem der Nation zu spiegeln". Er projizierte seine eigene Inferiorität auf die Nation und begann den Kampf gegen Versailles. Die Funktion der autoritären Ideologie und Praxis sei mit der Funktion neurotischer Symptome zu vergleichen. Diese erwüchsen aus untragbaren psychologischen Bedingungen und böten eine Lösung, die das Weiterleben ermögliche. Sie ließen jedoch die Bedingungen unverändert, die die Neurose hervorriefen. Allein der Dynamismus der menschlichen Natur suche nach immer neuen, zufriedenstellenden Lösungen. „Die Einsamkeit und Machtlosigkeit des Individuums, seine Suche nach Verwirklichung der in ihm und um ihn harrenden Möglichkeiten, die gesteigerten Produktionsmöglichkeiten der Industrie und des Bodens sind Triebkräfte, die die Grundlage eines ständig ansteigenden Verlangens nach Glück und Freiheit bilden. Autoritäre Systeme können die Grundbedingungen nicht aufheben, die das Drängen nach Freiheit immer wieder von neuem erzeugen."

Als der American Jewish Congress⁹ die Lehre vom autoritären Charakter übernahm, wuchs dieser beträchtliche Resonanz zu. Im Mai 1944 hatte der American Jewish Congress eine Tagung einberufen, die eine wissenschaftliche Erklärung für das Phänomen des religiösen und rassischen Vorurteils ausarbeiten sollte. Aus der Tagung entstand eine Abteilung des American Jewish Congress für wissenschaftliche Forschung, deren Leitung Max Horkheimer übertragen wurde. Als erstes Resultat der sich auf das emigrierte Frankfurter Institut stützenden Forschungsabteilung wurden 5 Bände „Studies in Prejudice"[10] herausgebracht, aus denen vor allem die zweibändige Arbeit von Theodor W. Adorno, Else Frenkel-Brunswik, Daniel J. Levinson. R. Nevitt Sanford über die „autoritäre Persönlichkeit" herausragt. Auf die Frage, warum in der Arbeit die persönlichen und psychologischen Aspekte des Vorurteils betont würden und nicht die sozialen, gab das Vorwort folgende Antwort: „Unser Ziel ist nicht nur, das Vorurteil zu beschreiben, sondern es zu erklären, um bei seiner Ausrottung zu helfen. Ausrottung meint Umerziehung, die wissenschaftlich geplant wird und auf der Grundlage des auf dem Wege der wissenschaftlichen Untersuchung erreichten Verständnisses steht. Erziehung in einem strikten Sinn ist aber der Natur nach persönlich und psychologisch."

Ziel der mit großem statistischen Aufwand betriebenen Untersuchung war die Aufdeckung „potentiell faschistischer Individuen". Ziel war weniger, eine psychologische Formel für jene Haltung zu finden, die zu einem offenen Bekenntnis zum Faschismus führt, als die „unbewußten seelischen Bedingungen, unter denen die Massen für eine Politik gewonnen werden können, die ihren eigenen vernünftigen Interessen widerspricht", zu untersuchen. Jene Individuen, die auf eine faschistische Propaganda ansprächen, hätten zahlreiche Charakteristika gemeinsam, die ein „Syndrom" bildeten, wenn auch typische Variationen des gemeinsamen Musters unterschieden werden könnten. Mit einer F-Skala wurden die antidemokratischen Tendenzen meßbar gemacht. Das zitierte „Syndrom" ist die „Autoritäre Persönlichkeit", der die nicht-autoritäre gegenübergestellt werden könnte. Der autoritären Persönlichkeit sei „blinde, verbissene, insgeheim aufmuckende Anerkennung alles dessen, was ist" zuzuschreiben. „Konventionelle Werte, wie äußerlich korrektes Benehmen, Erfolg, Fleiß, Tüchtigkeit, physische Sauberkeit, Gesundheit und konformistisches unkritisches Verhalten" verbergen „eine tiefe Schwäche des eigenen Ichs, das sich den Anforderungen der Selbstbestimmung angesichts der übermächtigen sozialen Kräfte und Einrichtungen nicht mehr gewachsen fühlt."

In ihrer Jugend werden die autoritären Persönlichkeiten häufig „durch einen strengen Vater oder durch Mangel an Liebe überhaupt gebrochen und wiederholen, um überhaupt seelisch weiterleben zu können, ihrerseits, was ihnen selbst einmal widerfuhr". So klar der autoritäre Charakter beschrieben ist, so unklar ist der nicht-autoritäre Charakter, der schillert wie die große Koalition der Alliierten des Zweiten Weltkrieges. Der nicht-autoritäre Charakter ist – gleich der alliierten Koalition – durch die Negation gekennzeichnet. „Wirklich freie Menschen wären demnach bloß die, welche vorweg den Prozessen und Einflüssen Widerstand leisten, die zum Vorurteil prädisponieren." Durch stetige Anstrengungen müsse man sich aus dem Sumpf des Vorurteils in die lichten Höhen der Vorurteilslosigkeit erheben und andere durch „sachlich aufklärende Broschüren, die Mitwirkung von Funk und Film, die Bearbeitung der wissenschaftlichen Resultate für den Schulgebrauch nachziehen." Wo die Frankfurter Geschichte zu machen begannen, konnten die Wiener nicht zurückbleiben. Auf die Frankfurter Untersuchungen über den „autoritären Charakter" folgte unverzüglich eine Wiener Untersuchung über „Reichweite und Methode der Arbeit über die autoritäre Persönlichkeit".

Wie die Lehre von der deutschen Verschwörung zur Praxis der (biologischen, militärischen, wirtschaftlichen oder politischen) Ausschaltung Deutschlands führte, so führte die Lehre von der „autoritären Persönlichkeit" zur Praxis der Umerziehung der Deutschen. Kurt Lewin (1890–1947)[11], ein ehemals Berliner Gestaltpsychologe und Gründer und Haupt der tonangebenden sozialpsychologischen Schule in Amerika, hat den Prozeß der Umerziehung folgendermaßen dargestellt: Man müsse, wenn man den einen oder anderen Aspekt einer Kultur ändern wolle, beachten, daß alle Aspekte einer Kultur miteinander verbunden seien. „Um stabil zu sein, muß ein Kulturwechsel mehr oder weniger alle Aspekte des nationalen Lebens durchdringen", denn die „dynamischen Beziehungen zwischen den verschiedenen Aspekten der Kultur einer Nation – wie Erziehung, Sitten, politisches Verhalten, religiöse Anschauungen – führen dazu, daß jede Abweichung von der bestehenden Kultur bald wieder in die bisherige Strömung zurückgebogen wird".

Man habe entdeckt, daß das Denken innerhalb einer Gruppe mit der Form der Machtverteilung in dieser Gruppe zusammenhänge. „Um einen Wechsel herbeizuführen, muß das Gleichgewicht der

Kräfte, die die soziale Selbstregulierung aufrechterhalten, geändert werden." Nach dem Ersten Weltkrieg hätte man das übersehen und eine unblutige Revolution gemacht, die alsbald den reaktionären Kräften ein Comeback ermöglicht habe. Daher sei die „restlose Zerstörung" der Kräfte, die das alte Gleichgewicht aufrechterhielten, die erste Aufgabe der Umerziehung. Wer Mord und Totschlag ablehne, weil er „Chaos" vermeiden wolle, der werde die Wiederherstellung des alten Gleichgewichts mitverschulden. Doch „Hand in Hand mit der Zerstörung der Kräfte, die das alte Gleichgewicht aufrechterhielten, muß die Einrichtung (oder Befreiung) der Kräfte zu einem neuen Gleichgewicht einhergehen". Es komme dann darauf an, das neue Gleichgewicht durch Selbstregulierung permanent zu machen. Die Phase der Umerziehung (re-education) müsse in der Phase der Selbstumerziehung (self re-education) fortgesetzt werden.

Der gesamte Umerziehungsprozeß durchlaufe demnach drei Phasen. Erst müsse die „fluidity" (Flüssigkeit der Verhältnisse) hergestellt werden, die den Wechsel ermögliche. Dann müsse der Wechsel selbst durchgeführt werden. Schließlich müsse das neue Gleichgewicht durch Selbstregulierung permanent gemacht werden. Für die erste Phase lagen Pläne vor, wie der von James Warburg, daß alliierte Truppen einen Ring um Deutschland legen, eine künstliche Inflation in Gang setzen und abwarten sollten, bis durch Mord und Totschlag die „Fluidität" hergestellt sei. Die Kernthese der Morgenthau-Schule, daß die Alliierten keine Verantwortung für die deutsche Wirtschaft übernehmen dürften, wird erst durch die Fluiditätslehre voll verständlich.

Wie aber soll der Wechsel selbst durchgeführt werden? Hier glaubt Lewin, daß ein „Wechsel der Methoden der Führung wahrscheinlich der schnellste Weg ist, die kulturelle Atmosphäre in der Gruppe zu ändern, da Status und Macht des Führers oder der Führungsgruppe diese zum Schlüssel der Ideologie und Organisation der Gruppe machen". Sozialpsychologische Experimente mit amerikanischen Schulkindern hätten ergeben, daß es autokratische und demokratische Führungsmethoden gäbe. Unter demokratischen Führungsmethoden habe man sich vorzustellen, daß diese die Geführten einbezögen und sich mehr auf Diskussion als auf Befehl stützten. Man dürfe demokratische Führung jedoch nicht mit einem laissez-faire verwechseln. Da demokratische Führung nur funktioniere, wenn Führer und Geführte je ihre Rolle spielten, „muß der demokratische Führer die Macht haben und diese zur aktiven Umerziehung verwenden", bis das neue Gleichgewicht hergestellt ist und jeder die erwünschte Rolle spielt.

Woher aber solle man die neue Führungsschicht nehmen? Die Reaktionäre („Gestapo und Junker") würde man liquidieren. Die laissez-faire-Demokraten von Weimar seien völlig unbrauchbar. Aber sozialpsychologische Experimente hätten ja gezeigt, daß sich autokratische Führer innerhalb kürzester Frist in demokratische verwandeln ließen. Der bevorstehende deutsche Zusammenbruch werde einen guten Teil der autokratischen Führungsschicht zum Verzweifeln bringen, sie zur Unzufriedenheit mit dem alten Gleichgewicht führen und ihre Abkehr bewirken. Das wäre der richtige Augenblick und auch die richtige Gruppe, denn „es ist leichter, autokratische Führer zu demokratischen zu machen als laissez-faire-Demokraten und saturierte Halbdemokraten". Auf diese Weise sei es möglich, „durch die Ausbildung demokratischer Führer und Führer von Führern eine Pyramide entstehen zu lassen, die große Massen schnell erreicht". Wer dagegen seine Hoffnung auf die Erziehung setze, die eine neue Generation mit neuen Ideen heranbilde, übersehe, daß die Atmosphäre der Erziehung ein Spiegel der allgemeinen sozialen Atmosphäre sei. Man könne die Zöglinge nicht auf die Dauer isolieren. Der chancenreichste Weg der Umerziehung sei, nicht den einzelnen durch Überzeugung oder die Massen durch Propaganda zu beeinflussen, sondern das Individuum dort zu erfassen, wo es am leichtesten zu formen sei, nämlich „das Individuum als Mitglied der Gruppe".

Wo die Psychologie ihren Kriegsbeitrag leistete, konnte die Psychiatrie nicht zurückbleiben. 1943 vertrat der New Yorker Professor Richard M. Brickner unter dem Titel „Ist Deutschland unheilbar?" den psychiatrischen Gesichtspunkt. Margaret Mead warnt im Vorwort der Schrift, daß die „Intoleranz" gegenüber einer psychiatrischen Behandlung politischer Fragen „ebenso durch und durch unangebracht ist, wie antibritische und antirussische Gefühle beim totalen Einsatz der Vereinten Nationen". Der Schlüssel zur deutschen Frage, meint Brickner, liege nicht im Büro der politischen Experten, sondern im Sprechzimmer des Arztes. Deutschland sei ein Patient. Es leide an Paranoia, der Wahnkrankheit. Das heiße nicht, daß jeder Deutsche paranoid sei, sondern nur, daß die vorherrschende Richtung paranoid sei und den nichtparanoiden Zeitgenossen zwinge, sich anzupassen. Aus der Diagnose folge die Therapie. Man müsse sich auf Sumner Welles Vorschlag stützen, einen unbegrenzten Zeitraum verstreichen zu lassen, ohne einen Friedensvertrag zu unterzeichnen. In diesem Zeitraum könne der Patient Deutschland einer Behandlung unterzogen werden. Der geeignetste Zeitpunkt für den Beginn der Behandlung sei der Tag nach dem Zusammenbruch, da dann die deutsche Seele am empfänglichsten sei. Ausgangspunkt der Behandlung seien die nicht-paranoiden Individuen, die zu Trägern nicht-paranoider Werte gemacht werden müßten. Sie müßten gestützt werden, und dann sollten nach und nach alle Randgruppen in ihren Bereich hineingezogen werden. Man müsse darauf achten, daß die Träger nicht-paranoider Werte nicht mit unerquicklichen Erlebnissen identifiziert würden. Der stützende Eingriff von außen sei daher unumgänglich. Um sich zu entwickeln, brauche der „saubere" Sektor eine künstlich regulierte Atmosphäre, wie das zu früh geborene Kind den Brutkasten.

Die Theorie der Umerziehung (re-education) steht der Theorie der Ausschaltung gegenüber. Während die Ausschaltungstheorien einen gleichartigen deutschen Volkscharakter annehmen, der nicht geändert, aber durch geeignete Maßnahmen (biologische, militärische, wirtschaftliche und psychologische Entwaffnung) gehindert werden könne, Schaden zu stiften, nimmt die Umerziehungstheorie die Möglichkeit einer Änderung an. Daraus folgt auch, daß der deutsche Volkscharakter nicht den anderen Volkscharakteren gegenübersteht, sondern wie jene böse und gute Elemente in sich trägt. Die Umerziehungslehre steht etwa in der Mitte zwischen den Lehren der Strukturreform und der Ausschaltung. Mit den Strukturreformern glauben die Umerzieher nicht an die ewige Sonderrolle der Deutschen, mit den Antigermanen glauben sie, daß eine Änderung der Institutionen nicht ausreichend ist, da die Institutionen sich dem zugrundeliegenden Volkscharakter immer wieder anpassen würden.

Psychologische Kriegführung

Das Laboratorium für die projektierten Charakterwäschen wurde in der Kongreßbibliothek in Washington[12] erstellt. Roosevelt hatte 1939 gegen den Widerstand der Berufsbibliothekare und konservativen Politiker den Dichter Archibald McLeish (geb. 1892) zum Leiter der Kongreßbibliothek ernannt. McLeish war in den hochkapitalistischen Zwanziger Jahren voller Ekel nach Paris emigriert, um mit der einsetzenden Wirtschaftskrise nach Amerika zurückzukehren. Roosevelt machte ihn zu seinem getarnten Propagandaminister. Als Leiter der Kongreßbibliothek stand er einem Office of

Facts und Figures vor, das weniger Fakten und Zahlen als politische Stellungnahmen verbreitete. Als 1942 aus dem noch bescheidenen Amt das Office of War Information (OWI) unter Elmer Davis hervorging, wurde McLeish dessen stellvertretender Leiter. 1944 schied er aus der Kongreßbibliothek aus und trat in das Außenministerium als Abteilungsleiter für Öffentlichkeit und kulturelle Beziehungen ein. Seine Aufgabe war es, die Idee der Vereinten Nationen populär zu machen. Er war bei der Gründung der UNESCO an zentraler Stelle tätig. Doch das Ende der Roosevelt-Epoche wurde auch zum Ende der Karriere des Archibald McLeish. Er ging 1949 nach Harvard als Professor für – Rhetorik.

Unter McLeish wurde der politische Theoretiker der Neo-Freudianer, Harold D. Lasswell, mit der Leitung der Arbeitsgruppe „War Communications" beauftragt. Das Ziel der von der Rockefeller-Stiftung finanzierten Gruppe war die „Rekrutierung und Ausbildung von Personal für die Propaganda-, Informations- und Nachrichtenstellen, Beratung in Fragen der Strategie, Taktik und Organisation, Beschreibung und Analyse bestimmter Phasen der Kriegführung". Die Zahl der ausgebildeten Propagandisten war etwa 300. Harold D. Lasswell (geb. 1902) war ein Pfarrerssohn aus Illinois, der über die Propagandatechnik im Ersten Weltkrieg doktoriert hatte. Er war gleichermaßen unter den Einfluß der Psychoanalyse wie des Marxismus geraten, wobei seine Leitsterne nicht Hegel, Marx und Freud (wie in Frankfurt), sondern Whitehead (der mathematische Logiker), Marx und Freud waren. Er war der Politologe der „Washington School of Psychiatry". Seine Arbeiten beschäftigten sich meist mit der Verbindung von Persönlichkeitstypen und Politik. Er kam zur Konstruktion einer „demokratischen Persönlichkeit" und forderte, daß die sozialen Institutionen dahingehend verbessert würden, daß sie der Entwicklung solcher demokratischen Persönlichkeiten dienlich sein sollten.

Die Führung eines psychologischen Krieges war jedoch nicht allein Lasswells Idee. Es gab nicht weniger als 9 Ämter in Washington, die sich unabhängig voneinander mit den gleichen Aufgaben befaßten. So hatte Roosevelt im Juli 1941 einen Coordinator of Information (COI) eingesetzt, Oberst William Donovan. Der „wilde Bill" hatte sich gerade in Jugoslawien durch Anstachelung zum Widerstand gegen die Deutschen bewährt. Die Dienststelle der COI beschäftigte sich unter Aufgebot einer großen Zahl von Wissenschaftlern mit den gedruckten Nachrichten und der Meinungsanalyse. Eine ähnliche Aufgabe auf dem Rundfunksektor hatte der

Foreign Information Service (FIS) unter Robert Sherwood, der zwei Jahre lang mit dem COI um die Kontrolle des Rundfunks rang. Im Sommer 1942 rief Roosevelt das zentralisierte Kriegsnachrichtenamt (Office of War Information – OWI) ins Leben, dem die gesamte „weiße" (offene) Propaganda unterstehen sollte. Dem COI wurde der Auslandsnachrichtendienst genommen, seine Dienststelle jedoch als „Amt für strategische Dienste" (Office of Strategic Services – OSS) reorganisiert, das nunmehr die „schwarze" (geheime) Propaganda übernehmen sollte. Der OSS ist durch die Tätigkeit von Allen Dulles in der Schweiz bekannt geworden. Zwischen OWI und OSS gab es nicht nur den Unterschied zwischen „weiß" und „schwarz", sondern auch den erheblicheren zwischen demokratisch und republikanisch. Es ist kein Wunder, daß zwischen beiden einer jener Washingtoner Behördenkriege ausbrach, der mehr Energien kostete als die Auseinandersetzung mit Deutschen und Japanern.

Die Auslandspropaganda war der Preis, um den OWI und OSS im Schweiße ihres Angesichts rangen. Zwischen den Kampfhähnen stand die Armee, die im Sommer 1941 ein eigenes Amt für psychologische Kriegführung geschaffen hatte, das vom Psychologen Guthrie beeinflußt war. Nach Kriegsbeginn war aus diesem Amt eine umfangreiche Abteilung geworden, die teils wieder vom OWI aufgesogen, teils dem militärischen Nachrichtendienst unterstellt wurde. Wie viele Washingtoner Kompetenzstreitigkeiten fand auch die um die psychologische Kriegführung keine Lösung, und die Oberbefehlshaber der einzelnen Kriegsschauplätze konnten entscheiden, wer bei ihnen psychologisch kriegführte. Unter Eisenhowers diplomatischem Regiment wurde für Europa die Zusammenarbeit von OWI und OSS hergestellt und in einer „Psychological Warfare Division" in London institutionalisiert.

Chef der psychologischen Kriegführung unter Eisenhower war der General Robert A. McClure, Eisenhowers Propagandaberater. Trotz des militärischen Kopfes bestand General McClures Abteilung in Rumpf und Gliedern aus Zivilisten. Deutsche Emigranten wurden nur in untergeordneten Stellungen verwendet, da sie zum „tenderhearted appeal to the German public" geneigt hätten. Es mag überraschen, daß die psychologische Kriegführung unter Eisenhower nicht durch Psychologen betrieben wurde. Lerner schrieb über die zentrale Nachrichtenabteilung, deren Leiter Oberstleutnant Murray I. Gurfein ehemaliger Herausgeber des „Harvard Law Journal" und wohl Frankfurter-Schüler war, daß sich in ihrem Vernehmungsteam nicht ein Psychiater befand. „Dagegen umfaßte es

Historiker und Sozialwissenschaftler, darunter recht bekannte, in Mengen." Die Psychiatrie wurde vom britischen Direktorat für Armeepsychiatrie ausgeborgt. Der britische Armeepsychiater, Oberstleutnant H. V. Dicks, und seine Mitarbeiter arbeiteten die Fragebogen und Richtlinien aus.

Da es Aufgabe der psychologischen Kriegführung ist, die Kampfmoral des Gegners zu schwächen und in seinen Reihen Uneinigkeit zu stiften, ließ sich der antigermanische Slogan „alle Deutschen sind gleich" als Arbeitshypothese nicht verwenden. Vielmehr mußten die Deutschen, um einen Teil von ihnen gegen den anderen auszuspielen, in Kategorien unterteilt werden. Die grundlegende Einteilung, die von Dicks und dem amerikanischen Soziologen Edward A. Shils ausgearbeitet wurde, war die nach dem Grade des Nazismus. Die Deutschen (soweit sie in der deutschen Armee dienten) ließen sich in fünf Gruppen unterbringen: 1. die hartgesottenen Nazis (10 %), 2. die gemäßigten, Vorbehalte machenden Nazis (25 %), 3. die unpolitischen Deutschen (40 %), 4. die passiven Antinazis (15 %), 5. die aktiven Antinazis (10 %). Bei der ersten Gruppe wurde zwischen den idealistischen Eiferern, den Schlägern, die mehr dem Verein als der Sache zugetan waren, und den versteckten Fanatikern, die in einer mit den nationalsozialistischen Vorstellungen zusammenfallenden Phantasiewelt lebten, unterschieden. Die zweite Gruppe machten die Pseudo-Zweifler, die trotz Verurteilung der Auswüchse des Nationalsozialismus (Grausamkeiten, Antisemitismus) sich an eine „autoritäre Haltung" klammerten, die Idealisten, die einem anderen, aber vom Nationalsozialismus nicht weit entfernten Ziel zustrebten, und die Zyniker aus. Die Gruppe der Unpolitischen setzte sich aus der Landbevölkerung, den kleinen Beamten und den Berufssoldaten zusammen, die sich vor allem um Familie und Haus kümmerten. In der vierten Gruppe der passiven Antinazis wurden die enttäuschten Idealisten, die älteren Leute, die noch der guten alten Zeit nachtrauerten, die ganz Jungen, die „Edelweiß-Banden" bildeten, sowie die Opportunisten, „die den 20. Juli aus Kastensolidarität unterstützten", eingereiht. Die Gruppe der aktiven Antinazis schließlich umfaßte die nationalistischen Konservativen, die Sympathien für die Engländer als „Herrenvolk" empfanden, aber von der „Demokratie" nicht viel hielten, die Anhänger des Zentrums, die sich im politischen Leben konservativen Anstand wünschten, und die „Demokraten", die sich aus den Resten der Arbeiterbewegung und einer kleinen Zahl von Intellektuellen zusammensetzten, die ihren „gemäßigt libera-

len und sozialistischen Vorstellungen treugeblieben waren". Hinzu kamen die Kommunisten, die hauptsächlich mit dem Überleben beschäftigt seien, und die religiösen Antinazis.
Der Einmarsch in Deutschland hätte eigentlich das Ende der psychologischen Kriegführung bringen müssen, denn wenn der militärische Krieg beendet war, dann mußte auch der psychologische aufhören. Doch die Psycho-Krieger waren (wie die Wirtschaftskrieger) der Ansicht, daß der psychologische Krieg (wie der wirtschaftliche) nie zuende geht. Die Abteilung für psychologische Kriegführung wurde in Abteilung für Informationskontrolle umgetauft und nahm (weiterhin unter General McClure) ihren Sitz in Bad Homburg, von wo sie im Frühjahr 1946 nach Berlin, dem Sitz des Militärgouverneurs, verlagert wurde. Die Abteilung für Informationskontrolle war eine der Abteilungen der Militärregierung und für den gesamten Bereich der Kultur und des Nachrichtenwesens (mit Ausnahme der Erziehung und Religion) zuständig. Die Übernahme der psychologischen Kriegführung in den Apparat der Militärregierung ging nicht ohne Reibungen vor sich, da General McClure der Meinung war, daß die Militärregierung den Deutschen sagen solle, was sie zu tun hätten, während der stellvertretende Militärgouverneur General Clay der Meinung war, daß die Militärregierung den Deutschen sagen solle, was sie nicht zu tun hätten, und ihnen das übrige selbst überlassen könne. General Clay hielt dafür, daß Demokratie sich auf der freien Initiative unter Beschränkung der Staatstätigkeit aufbaue. Die Eingriffe der Militärregierung sollten die Hindernisse, die einer freien Initiative im Wege stünden, beiseiteräumen. General McClure hingegen sah in der demokratischen eine inhaltlich umrissene Denkweise, die auf bestimmten Persönlichkeitszügen aufbauend durch die Militärregierung mittels zweckentsprechender Eingriffe herstellbar war.

Der Lizenzträger

Der Versuch, durch die Besatzung eine Änderung des deutschen Volkscharakters zu bewirken, bediente sich des Lizenzsystems[13]. Während in der sowjetisch besetzten Zone die Verschiebung der Machtverhältnisse zwischen den sozialen Gruppen („Klassen") einen Wechsel in allen Aspekten des Lebens bewirken sollte, glaubte die neo-freudianisch orientierte amerikanische Politik, das gleiche Ziel durch die Besetzung bestimmter Führungspositionen mit ausgewählten Persönlichkeiten erreichen zu können. Wurden damit in

Mitteldeutschland Parteien und „Massenorganisationen" als Ausdruck bestimmter Klassen zu Trägern der neuen Ordnung, so lag in Westdeutschland das Schwergewicht auf Einzelpersönlichkeiten, den Lizenzträgern. Beide Systeme hatten ihre Vorteile und Nachteile. Verursachte das kollektive östliche System eine Sinnesänderung großer Massen der Bevölkerung, eine Sinnesänderung, die jedoch vor allem auf der Anerkennung geänderter Machtverhältnisse beruhte und daher verhältnismäßig oberflächlich blieb, so bewirkte das individuelle westliche System zwar nur die Sinnesänderung einzelner, ausschlaggebender Gruppen, dafür aber eine Sinnesänderung, die in die Tiefe drang und „unter die Haut" ging. Die Charakterwäsche war überall dort erfolgreich, wo ein einzelner – als Zeitungsherausgeber, Verleger, Filmunternehmer – eine weittragende Wirkung ausüben konnte, und dort erfolglos, wo – in der Schule, in der Parteipolitik, in der Wirtschaft, der Bundeswehr – das Zusammenwirken vieler erforderlich gewesen wäre. Zwar könnte dagegen eingewendet werden, daß beim Rundfunk nicht nur einzelne Persönlichkeiten lizenziert, sondern ganze, von den Amerikanern zusammengestellte „teams" als „Paket" in die bundesrepublikanischen publizistischen Machtpositionen eingebracht wurden, aber auch hier handelt es sich um wenige hundert Persönlichkeiten. Der Anwendung neo-freudianischer Sozialtechnik waren und sind numerisch enge Grenzen gesetzt.

Die von Morgenthau vorgeschlagene Unterbrechung aller Kommunikationsmedien schlug sich im SHAEF-Gesetz 1919 vom 24. November 1944 nieder, das in allen drei Westzonen durch das Militärregierungsgesetz 191 (abgeändert am 12. Mai 1945) ersetzt wurde. Das Gesetz verbot die Herstellung von Drucksachen und Filmen, das Aufführen von Musik, das Betreiben von Schaubühnen, Rundfunkstationen usw. Die Nachrichten-Kontrollvorschrift Nr. 1 vom gleichen 12. Mai 1945 erlaubte aufgrund schriftlicher Zulassungen der Militärregierung:

a) das Veröffentlichen von Zeitungen, Magazinen, Zeitschriften, Büchern, Plakaten, Broschüren, Musikalien und sonstigen Veröffentlichungen;

b) den Betrieb von Nachrichtendiensten, Nachrichten- und Bildagenturen, Rundfunk- und Fernsehstationen oder -einrichtungen, von Drahtsendern, Niederfrequenzübertragungsanlagen;

c) die Herstellung von Filmen, Schallplatten und sonstigen Tonaufnahmen, ferner die Vorbereitung und Veranstaltung von

Schauspielen, Konzerten, Opern, Jahrmärkten, Zirkus-, Karneval- oder anderen Aufführungen, bei denen Schauspieler oder Musiker mitwirken.

Für die genannten Tätigkeiten wurden Zulassungen mit einem einheitlichen Text erteilt. Für diese Zulassungen setzte sich der amerikanische Sprachgebrauch (licence) durch, man sagte Lizenz. Der in der Zulassungsurkunde Zulassungsinhaber genannte Begünstigte wurde allgemein als „Lizenzträger" bezeichnet. Vielleicht dachte man daran, daß an die Stelle der Hoheitsträger des Dritten Reiches die Lizenzträger der Besatzungsmacht getreten waren, so wie an Stelle der staatlichen Hoheit die besatzungsrechtliche Erlaubnis getreten war.

Die rechtliche Stellung der Lizenzträger war eine juristische Ausgestaltung des neofreudianischen Programms. Nach § 2d der Zulassungsurkunde sollten die Lizenzträger von anderen Personen oder Gruppen unabhängig sein. Es war ihnen also untersagt, als Platzhalter sozialer Gruppen, wie z. B. der Gewerkschaften oder Parteien, aufzutreten. Sie sollten aber auch gegenüber finanziellen Interessen unabhängig sein. Die Betriebsanweisung für die Presse Nr. 1 vom Sommer 1945 bestimmte, daß alle Einnahmen, die nach Abzug der Miete, Gebühren für Nachrichtendienste und besondere Zahlungen für requiriertes Material übrigblieben, persönliches Eigentum der Lizenzträger seien. Diese waren verpflichtet, die Unternehmen nach besten Geschäftsgrundsätzen zu betreiben. Die Lizenzträger wurden also selbständige Unternehmer. Sie unterschieden sich jedoch von anderen Unternehmern durch ihre unbedingte Abhängigkeit von den Offizieren der Nachrichtenkontrolle. § 3 der Zulassungsurkunde bestimmte, daß die Lizenz ohne Kündigungsfrist und ohne Untersuchung rückgängig gemacht werden konnte. „Diese Zulassung wird für keine bestimmte Zeitfrist erteilt und stellt kein Eigentumsrecht dar." Die Lizenz prämiierte also ein über einige Jahre durchgehaltenes Wohlverhalten, das sich nach den verschiedenen Wendungen der amerikanischen Politik richten mußte. Die Lizenzurkunde war ein Wertpapier, das bei Nichtwohlverhalten nichts, bei Wohlverhalten bis zur Aufhebung des Lizenzzwanges mehrere Millionen DM wert war. Die Aufhebung des Lizenzzwanges machte den Lizenzträger, der bis dahin das Wohlwollen der Nachrichtenkontrolloffiziere nicht verscherzt hatte, zum freien Anteilseigner. Er konnte seine Anteilsrechte verkaufen oder sie weiterbehalten.

Die finanzielle Sicherung der Lizenzträger war eine der vordringlichsten Sorgen der Militärregierung. Langfristige Kredite und Zuschüsse in verschiedenen Formen, die mit der Aufhebung des Lizenzzwanges und der Errichtung der Bundesrepublik keineswegs eingestellt wurden, sollten die Lizenzträger krisenfest machen. Die Wünsche der Lizenzträger waren jedoch anderer Art. Sie wollten die unter amerikanischer Treuhandverwaltung stehenden Druckereien, in denen sie ihre Zeitungen druckten, um einen geringen Reichsmark-Betrag erwerben. Doch die Druckereien unterstanden nicht der Informationskontrollabteilung, sondern der Wirtschaftsabteilung der Militärregierung, und aus dem Plan wurde nichts. Die Lizenzträger mußten sich mit einem 15jährigen Pachtvertrag begnügen, der sie verpflichtete, jährlich 1 ½ bis 3 % ihrer Einnahmen für den Druckereibesitzer auf ein Sperrkonto zu überweisen. Nach Aufhebung des Lizenzzwanges kam es meist zu Verträgen zwischen den Lizenzträgern und den Druckereibesitzern, die den Druckereibesitzern wieder zu ihrem Eigentum verhalfen und den Lizenzträgern die Bewahrung ihrer publizistischen Positionen auch unter rechtsstaatlichen Verhältnissen garantierten. Der mißglückte Griff nach den Druckereien hatte für die Lizenzträger den ungewollten Vorteil, daß sie in den 50er Jahren nicht als isolierte Kaste den organisierten Angriffen der von ihnen wirtschaftlich Geschädigten gegenüberstanden.

Wenn die Institution der Lizenzträger auch ein Ausdruck des Strebens nach Charakterreform ist, so waren bei der Auswahl der Lizenzträger Einflüsse der Strukturreformer und des Antigermanismus zu bemerken. Die Informationskontrollabteilung der Militärregierung war anfänglich in zwei Distrikt-Nachrichtengruppen (District Information Services Command), die 6871. (Hessen, Württemberg, Bremen) für den westlichen und die 6870. (Bayern) für den östlichen Militärdistrikt, aufgeteilt. Von den beiden Gruppen war die westliche stark kommunistisch infiltriert. Beide Gruppen hatten sich jedoch nach dem Handbuch für die Kontrolle der deutschen Nachrichteneinrichtungen (Manual for the Control of German Information Services) zu richten. Dieses Handbuch schloß folgende Gruppen vom Lizenzempfang aus: Pg's und Personen, die Nazismus oder Militarismus unterstützt hatten, wozu etwa (laut Industriellenverschwörungstheorie) leitende Männer der Wirtschaft gezählt wurden, ehemalige Offiziere, Besitzer von Druckereien, ehemalige Zeitungsverleger, Journalisten, die nach 1935 als Redakteure oder Mitarbeiter in der deutschen Presse tätig waren, „reaktionäre Antinazis" (darunter seien zu verstehen „Großgrundbesitzer mit klingenden aristokratischen Namen und dem Adelsprädikat ‚von' oder auch ‚von und zu', wie der zählebige preußische oder süddeutsche Tory, dem die Nazis immer nur ‚Pöbel', aber wert waren, es auf einen Versuch ankommen zu lassen; der respektable Mann, der angelockt worden war durch die Möglichkeit, Macht und Ruhm zu gewinnen, solange die Nazis Erfolg hatten, sie aber ablehnte, als sie dann versagten, und zu den Unterstützern des Attentats auf Hitler vom 20. Juli 1944 gehörte; der pro-westliche noch mehr als der pro-östliche Sektor der deutschen konservativen Meinung ..." In der Tat war unter den Lizenzträgern nur ein einziger im weitesten Sinne dem nationalen Lager der Weimarer Zeit zuzuzählen, der Lizenzträger Joseph E. Drexel („Nürnberger Nachrichten"), der als Nationalbolschewist eben dem genannten pro-östlichen Sektor der deutschen konservativen Meinung angehörte. Alle übrigen gehörten entweder der sozialistischen oder liberalen Linken an, oder (das war die Alternative der ersten Nachkriegszeit) der klerikal-föderativen Richtung (Naumann, Kapfinger, Schoeningh).

Es war jedoch nicht nur die politische Vergangenheit und Gruppenzugehörigkeit für die Lizenzerteilung maßgebend. Auch auf die politische Gegenwartseinstellung wurde geachtet. Die loyale Zusammenarbeit mit den „demokratischen" Kräften, vor allem den Sozialdemokraten und Kommunisten, war unabdingbare Voraussetzung für die Lizenzerteilung. Derjenige, der sich 1946 weigerte, mit den Kommunisten zusammenzuarbeiten, kam ebenso wenig für eine Lizenz infrage, wie derjenige, der 1948 darauf beharrte, mit den Kommunisten zusammenzuarbeiten. Doch das Gedächtnis ist ja im 20. Jahrhundert die variabelste aller Größen geworden. Immerhin führten die zahlreichen Gründe für eine Lizenzverweigerung dazu, daß es als eine Meisterleistung eines Informationskontrolloffiziers galt, wenn er einen „bürgerlichen" Lizenzträger auftreiben konnte, der mit seinen sozialistischen und kommunistischen Kollegen zusammen das gewünschte Bild der publizistischen Volksfront abrundete. Für Bayern wird in dem Roman des ehemaligen Offiziers der Informationskontrolle David Davidson (The Steeper Cliff) die aufzehrende Suche nach einem bürgerlichen Kandidaten geschildert. In Baden mußte man auf einen als „demokratisch unzuverlässig" geltenden Mann wie Dr. Theodor Heuss zurückgreifen, weil einfach kein bürgerlicher Vertreter da war, der neben Dr. Agricola (KPD) und Hermann Knorr (SPD) als Lizenzträger fungieren konnte. Heuss hatte mutig versucht, eine Lanze für die im Dritten Reich tätigen Journalisten zu brechen, indem er die Besatzungsoffiziere bat, „das nur zu begreifliche Ressentiment der in die Emigration gezwungenen Journalisten nicht zum Maßstab der Bewertung zu machen."

Für Bayern, das bereits in den ersten Gemeindewahlen Anfang 1946 seinen CSU-Charakter offenbart hatte, ergab sich im Sommer 1947 folgendes Bild der Lizenzträger: 16 SPD, 5 CSU, 2 FDP, 1 KPD (dazu 7, die als der SPD, 10, die als der CSU nahestehend bezeichnet wurden, und 3 Parteilose). Hier war der Chef der Pressekontrolle A. Gerecke den Kommunisten gegenüber abweisend, was ihm mehrfach Zusammenstöße mit seinen Vorgesetzten eintrug. Es gelang ihm, die Forderungen der KPD auf einen Lizenzträger für die „Süddeutsche Zeitung" abzulehnen, obwohl der Leiter der Press Control Section, A. Egglestone, darauf bestand. Der westliche Distrikt war dagegen linksradikal ausgerichtet. Nach dem Scheitern ihrer Bemühungen gründeten die dortigen Presseoffiziere Cedric Belfrage und Aronson in New York das philo-kommunistische Wochenblatt „National Guardian". 1954 wurde Belfrage aus Amerika ausgewiesen und wandte sich nach einigen Umwegen nach Cuba, von wo aus er mit wechselndem Erfolg den Imperialismus bekämpft.

Die Couch-Elite formiert sich

Die Auskundschaftung künftiger Lizenzträger wurde dafür bestellten „vetters" überlassen, die auf Grund von Fragebögen und persönlichen Interviews die Eignung der Antragsteller zu prüfen hatten. Der Umfang der Lizenzierungstätigkeit (vom Zirkusdirektor zum Zeitungsherausgeber) und die relativ geringe Zeit, die auf den Antragsteller verwendet werden konnte, ließ es wünschenswert erscheinen, die getroffene Auswahl noch einmal gründlich zu durchleuchten. Diese Tätigkeit wurde dem ICD Screening Center[14] in Bad Orb übertragen.

Gründer des Screening Center war der New Yorker Psychiater David Mardochai Levy, einer der führenden amerikanischen Psychoanalytiker. Levy war im Sommer 1945 auf Einladung der ICD in Deutschland eingetroffen und hatte sich an der Schule des OSS in Bad Orb niedergelassen, wo deutsche Hilfswillige für den amerikanischen Nachrichtendienst ausgebildet wurden, denen vor allem die Nachprüfung von Angaben in Fragebögen oblag. Im Oktober 1945 kam es dann zur Errichtung des Screening Center in Bad Orb, das später dem Hauptquartier der Informationskontrolle in Bad Homburg angeschlossen wurde.

Der Stab des Screening Center bestand aus einem nachrichtendienstlichen Spezialisten für Nationalsozialismus (Mr. Ernest Rott), einem Psychologen und einem Psychiater (David Mardochai Levy, später Bertram Schaffner). Der politische Spezialist ließ die künftigen Lizenzträger zwei Aufsätze mit dem Thema „Meine Gefühle in der Nazizeit" und „Die Kollektivschuld des deutschen Volkes" verfassen. Dann wurde der Lizenzkandidat von Mr. Ernest Rott interviewt, der über das Dritte Reich genau Bescheid zu wissen glaubte. Einem Theaterdirektor, der zwei Nazistücke aufgeführt hatte, habe er nachgewiesen, daß dieser nicht unter Zwang gehandelt habe, da er an einem Göring-Theater, wo solche Verpflichtungen nicht bestanden hätten, beschäftigt war und nicht an einem Goebbels-Theater. Der Theaterdirektor war somit lizenzunwürdig. Die Lizenzkandidaten mußten weiter 40 halbe Sätze vollenden, was ermöglichte, sie je nach dem Ergebnis in sieben Stufen von „außerordentlich demokratisch" über „unverbindlich" bis „außerordentlich undemokratisch" einzustufen.

Auch der Psychologe hatte Arbeit. Der künftige Lizenzträger mußte sich zunächst einem Intelligenztest unterwerfen. Wenn er nämlich außerordentlich unintelligent war, so konnte man bei Nichtbeantwortung theoretischer Fragen auf Unvermögen (und nicht Verstocktheit) schließen. Ein Rorschach-Test ergänzte das Persönlichkeitsbild.

Schließlich hatte sich der Lizenzkandidat einem psychiatrischen Tiefeninterview zu unterziehen, das „sich mit der Familie und der sozialen Umwelt des Kandidaten befaßt und versucht, die Faktoren festzustellen, die seine politische und soziale Haltung beeinflußt und seine Persönlichkeit entwickelt haben. Die Motive für sein Handeln werden untersucht und festgestellt, wieviel Freiheit ihm gegeben werden kann und ob er als positive und kompromißlose Kraft vertrauenswürdig ist." Des weiteren hatte der Psychiater festzustellen, ob der Lizenzkandidat im politischen Interview die Wahrheit gesagt hatte und ob die Eigenschaften des Kandidaten der ihm zu übertragenden Aufgabe entsprachen. Schließlich besprach der Stab den Kandidaten, und der Leiter schrieb einen Bericht, in dem der Kandidat in die Klasse Weiß A (einwandfreier Antinazi, der von den Nazis verfolgt wurde), Weiß B (Antinazi, der keinen aktiven Widerstand leistete), Grau – tragbar (Nichtnazi, der sich durch Konzessionen an die Nazis kompromittierte), Grau – nicht tragbar (Nichtnazi, der von den Nazis profitierte und mit ihnen zusammenarbeitete), Schwarz (Nichtmitglied der NSDAP, das trotzdem an deren Grundsätze glaubte und für offizielle Nazi-Organisationen arbeitete).

Der Arbeit des Screening Centers und der Auswahl der Lizenzträger lag ein Programm zugrunde. Vor allem war man gegen die Entnazifizierung, da diese die logische Voraussetzung hatte, daß die Mitglieder der NSDAP eine kleine und unterscheidbare Gruppe waren, deren Entfernung das politische Leben demokratisieren würde. Dies sei gefährlich, da damit der „organische Zusammenhang zwischen Nazismus und Germanismus verkannt" werde. Wesentlich wäre, daß Persönlichkeit und Charakterstruktur den Deutschen vom Nichtdeutschen unterscheide. Der einzelne Deutsche nehme die deutsche Charakterstruktur an, die ihn in seinem Vaterland akzeptabel mache, aber gleichzeitig zum „misfit" gegenüber den anderen Nationen. Die deutschen Regierungen hätten genau dem deutschen Charakter entsprochen, aber zugleich im Widerspruch zum Denken der anderen Nationen gestanden. Die Aufgabe der Umerziehung liege darin, „daß die nichtdeutsche Gesellschaft den Versuch macht, den Charakter eines Abweichers oder Nichtkonformisten zum Wohl der Mehrheit der Männer und Frauen, die außerhalb Deutschlands leben, umzuformen", wie Schaffner sich ausdrückte. Oder „Die Änderung der deutschen Psychologie ist die Hauptaufgabe der Militärregierung", wie Levy sich ausdrückte.

Die Lizenzkandidaten waren alle von den „vetters" ausgesucht, formell also nicht oder kaum belastet. Wenn sie trotzdem in schwarze bis weiße Kategorien eingestuft wurden, so spielte nicht nur der nachträglich entdeckte Makel eine Rolle, sondern die Einsicht: „Antinazis sind auch Deutsche". Das heißt, auch der politisch Unbelastete konnte psychologisch belastet sein, sofern er eben einen deutschen Charakter besaß. Unter den politisch Unbelasteten mußten als Träger des Änderungsprozesses die psychologisch Unbelasteten herausgefunden werden, das heißt diejenigen, deren Charakterstruktur sie in Deutschland isoliert und damit der (angeblichen) Charakterstruktur der nichtdeutschen Umwelt angepaßt habe.

Der „reaktionäre Antinazi" war als möglicher Lizenzträger ausgeschlossen, aber der erwünschte Linksliberale galt als recht gespaltene Erscheinung. Er war es vor allem, der demokratische politische Ansichten mit einer autoritären oder deutschen Einstellung zur Familie verband. Aber gerade in der Einstellung zur Familie sei der Hebel anzusetzen, denn in der Familie bildete sich jener Charakter, der sich in der Politik so verhängnisvoll auswirkte. Adolf Hitler hätte nichts weiter zu tun brauchen, als die deutsche Familienordnung auf den Staat zu übertragen, zum Behagen der Deutschen. Die deutsche Familie sei durch die Autorität des Vaters bestimmt. Dieser sei allmächtig, allwissend und allgegenwärtig. Er zwinge die Familie, auch unkluge Entscheidungen zu akzeptieren, nur um als Hüter der abstrakten Autorität diese zu bewahren. Die deutsche Frau wäre ein Echo des Mannes. Sie habe die vorwiegend männlichen Werte akzeptiert und fürchte jeden Wechsel, der sie zwinge, mit dem Mann zu konkurrieren, statt ihm zu dienen. „Vom Kind gar wird erwartet, daß es den Eltern gegenüber abhängig, unterwürfig und exhibitionistisch ist, indem es seine Unterwürfigkeit durch Händeschütteln, Hackenschlagen und ‚korrektes' Benehmen exhibiert." Diese erzwungene Passivität des deutschen Kindes sei der Faktor, „der die Aggressivität, Härte und sogar Grausamkeit des deutschen Erwachsenen" hervorbringe. Disziplin, Ordnung, Sauberkeit und Männlichkeit seien die vier Prinzipien der deutschen Erziehung, auf denen dann auch der deutsche Staat errichtet wurde. Falls ein Kind diese Grundprinzipien nicht erlernt habe, sei es für die Gesellschaft nicht geeignet gewesen. Es wäre unglücklich geworden und in passive Opposition oder aktiven Widerstand zum Elternhaus zunächst, zu Staat und Gesellschaft später gegangen.

Da aber die Eigenschaften, die zur Unangepaßtheit in der deutschen Gesellschaft führten, die Angepaßtheit in der Weltgesellschaft bedeuteten, mußte es die Aufgabe des Screening Center sein, diese Unangepaßten zu suchen. Schaffner bringt im Anhang zu seinem Buch je einen Musterfall aus den fünf Klassen. In der obersten Klasse Weiß A ist folgende Lebensgeschichte für ihn mustergültig: Der Lizenzkandidat war ein uneheliches Kind einer protestantischen Mutter, die künstlerisch interessiert war. Sein Vater war ein preußischer Offizier, der Zeitungsartikel gegen den Militarismus schrieb. Das Kind war völlig isoliert, las philosophische Bücher und stotterte. Er wurde vor dem ersten Weltkrieg Journalist und hielt sich drei Jahre in England und Frankreich auf. Die englische Demokratie fand er sehr gut, die französische weniger repräsentativ, da die Franzosen ihm zu selbstbezogen waren. Im ersten Weltkrieg war er wegen seines angegriffenen Nervenzustandes militärdienstuntauglich. Nach Kriegsende war er Mitbegründer der Deutschen Demokratischen Partei. Dann heiratete er eine Frau, mit der er sich über soziale Fragen unterhielt, aber keine Kinder hatte. 1939 wurde er aus der Schrifttumskammer ausgeschlossen, 1944 zur Organisation Todt eingezogen. Während der Untersuchung wartete er auf eine Lizenz für eine liberale Zeitschrift und schrieb einen Roman.

Er lehnte CDU und KPD als totalitär ab und stand der SPD nahe. Er sah eine zukünftige Gefahr im Nationalismus und war scharfer Antimilitarist. Er zweifelte daran, daß die Deutschen lernen würden, einander zu tolerieren und einen modernen Staat zu bilden.

Der Preis ging in diesem Fall an die Lebensgeschichte, die den gewünschten linksliberalen Einschlag hatte, während als negativ gewisse „blinde Stellen" für den Autoritarismus in der Familie in der Beurteilung genannt wurden. Er hatte nämlich im Ergänzungstest ergänzt: die Revolte des jungen Mannes gegen seinen Vater zeigt... ‚ein Fehlen von Charakter'; und eine Mutter, die dazwischen tritt, wenn der Vater das Kind straft... ‚ist vielleicht zu weichherzig'. Das war natürlich falsch. Die richtige Ergänzung hätte lauten müssen: ‚die richtige Art von Mutter'... ‚demokratisch gesinnt'... ‚eine Gegnerin der äußersten Härte'. Beim ersten Satz hätte es heißen müssen: ... ‚ein Zeichen der beginnenden Unabhängigkeit' ... ‚das Ergebnis der Ausschau nach neuen Wegen, um es besser zu machen als die Vorfahren' usw. In einer Tabelle führt Schaffner den Anteil der Lizenzkandidaten, die gegen ihre Eltern revoltierten, nach Beurteilungsklassen auf: Schwarz 0 %, Grau – untragbar 15 %, Grau – tragbar 25 %, Weiß B 30 %, Weiß A 45 %. Da unter den Lizenzkandidaten viele einer sozialistischen Familientradition entstammten, so daß eine Revolte gegen das Elternhaus sie aus der gewünschten Richtung hinausgedrängt hätte, wird das Bild noch deutlicher.

Die Stellung zum eigenen Vater verriet, was einer im Innersten von der Demokratie hielt. Die Frage nach dem Zeitpunkt der Aufnahme des Geschlechtsverkehrs ermöglichte es, den Grad der demokratischen Gesinnung zu messen. Je früher der Zeitpunkt lag, desto demokratischer war die Gesinnung – je später, desto undemokratischer, so lautete die schlichte Formel. Doch lag in der analytischen Posse historischer Ernst. Denn die intimen Fragen wurden im Namen der Regierung der Vereinigten Staaten gestellt. Diese Regierung hatte einst in China (im Interesse ihrer Händler und Missionare) eine Politik der „Offenen Tür" erzwungen und so eine Kette weltgeschichtlicher Folgen ausgelöst. Wenn sie nun in Europa (im Interesse ihrer Psychotechniker) die Öffnung auch der letzten und intimsten „Türen" erzwang, so hätten sie wissen sollen, daß sie auch hier eine Kettenreaktion auslöste[15].

Pädagogen am Werk

Die Re-education (Umerziehung)[16] des deutschen (und japanischen) Volkes trug einen Januskopf. Nach rückwärts zeigte er die mürrischen Züge der Sozialpsychologie, jenem Versuch wissenschaftlicher Bewältigung gescheiterter Hoffnungen, nach vorne erglänzte er im rotwangigen Optimismus der Pädagogik und verkündete: „Das einzige und beste Werkzeug, um noch im gegenwärtigen Geschlecht in Deutschland die Demokratie zu erreichen, ist die Erziehung." Für die Sozialpsychologen war Re-education der Terminus für den mühsamen Versuch der Resozialisierung von Alkoholikern, Drogensüchtigen, Gestrandeten aller Art – für die Pädagogen bedeutete er die Fortsetzung der Erziehung eines Kindes, das eine Zeit lang in die Hand schlechter Lehrer geraten war. Für den mißtrauischen und empfindlichen Sozialpsychologen war die Gefahr eines Rückfalls immer gegeben, für den optimistischen Pädagogen konnte nichts schiefgehen, da der Zögling doch jetzt in den einzig richtigen Händen war.

In der weltweiten Verbreitung des pädagogischen Optimismus sahen viele Amerikaner den wichtigsten Kriegsbeitrag der USA. So hatte sich schon vor dem amerikanischen Kriegsbeitritt die Pädagogik mit einem Manifest von Ann Arbor als gestaltende Kraft für die Errichtung der Nachkriegsordnung empfohlen. Auch während des Krieges wurden die Pädagogen nicht müde, in Tagungen, Rundtischgesprächen und Vorlesungen die Probleme einer Re-education auszuloten. Weniger Geschick zeigten sie bei den Positionskämpfen um die Einflußverteilung in der zukünftigen Militärregierung. Die Erziehung wurde Aufgabe einer Unterabteilung, an deren Spitze zwei Hauptleute standen. Pädagogik war in den ersten Besatzungsmonaten wenig gefragt. Auch auf dem Erziehungssektor hatte zunächst der Viermächte-Kontrollrat das Wort. In seiner Direktive Nr. 54 legte er fest, daß in ganz Deutschland das gleiche Erziehungssystem gelten solle. Alle Schulen sollten zur demokratischen Lebensform erziehen. Was unter dieser zu verstehen war, blieb allerdings der Vorstellungskraft der Zonenbefehlshaber überlassen. Diese fanden heraus, daß die demokratische Lebensform die Lebensform just ihres Landes sei. Übertrüge man diese Lebensform auf Deutschland, dann habe man auch dort die demokratische Lebensform eingeführt. Nur die Franzosen hüteten sich, den Pariser Zentralismus auf Deutschland zu übertragen, für das sie eine extrem föderalistische Entwicklung bevorzugten, und priesen lieber die Hochleistungen französischer Kultur und Zivilisation an. Auch die Amerikaner befanden sich in einigen Schwierigkeiten, da sie hin- und herschwankten, ob sie die amerikanischen Zustände, wie sie sich geschichtlich entwickelt hatten, auf Deutschland übertragen oder ob sie von der sich in ihren Vorstellungen anbahnenden künftigen Weltordnung ausgehen sollten. Immerhin hatte die Harvard-Universität 1945 ein Manifest erlassen, das in den Worten gipfelte: „Alle Nationen bedürfen der Re-education." Die Amerikaner waren nicht ausgenommen worden.

Was auf dem Gebiet der deutschen Erziehung zu geschehen habe, sollte von einer 10köpfigen Erziehungskommission ermittelt werden, die im Sommer 1946 unter George F. Zook Deutschland bereiste. Die Kommission berichtete am 20. September 1946 an Clay, „wie Deutschland am besten durch Erziehungsmaßnahmen in den Kreis der demokratischen Nationen der Welt eingereiht werden könnte". Für Pädagogen eröffnete sich in Deutschland ein weites Feld. „Da sich keine Ideologie selbst verwirklicht oder auch nur erklärt, muß die Demokratie, unser positiver Beitrag, bis ins einzelne gelehrt werden, damit die Deutschen nicht unabsichtlich – wie es die Nazis absichtlich taten – von dem gesteckten Ziel abkommen." Doch dürfte man nicht bei der Belehrung, „dem unfruchtbaren Tal der dürren Gebeine", stehen bleiben, sondern vielmehr „als wesentlichen Beitrag zur Überwindung der selbstverschuldeten gegenwärtigen Lage Deutschlands die Methoden demokratischer Lebensführung empfehlen". Denn der „Begriff Demokratie enthält Forderungen für den Marktplatz ebenso wie für den Altar und das Heim". „So müssen wir auch die Erwachsenen erziehen, um zu verhindern, daß das Heim, die Kirche und der Marktplatz die Früchte systematischer Erziehung vergiften und ihr Ergebnis verderben." Wie aber werden Erwachsene erzogen? Indem ihnen beigebracht wird, daß „die Politik der demokratische Kampfplatz der Erwachsenen ist, daß sie die unmittelbare und dauernde Voraussetzung einer Erziehung zur demokratischen Lebensform darstellt." „Diese Schule der sittlichen Toleranz und der bürgerlichen Weisheit für alle Deutschen haben wir bereits errichtet ... Von den ersten Wahlen in den Gemeinden hat sich die staatsbürgerliche Kunst der geordneten Mitwirkung aufwärts bewegt."

Die Reform der Erwachsenen durch Wahlurne, kontrollierte politische Diskussionen und Bürgerversammlungen hatte also schon Fortschritte gemacht. Was aber sollte in den Schulen geschehen? Diese hätten zunächst die Trennung von Volksschulbildung und höherer Schulbildung zu beseitigen, da hierdurch bei einer kleinen Grupppe ein Überlegenheitsgefühl, bei der Mehrzahl ein Minderwertigkeitsgefühl erzeugt worden sei, das „jene Unterwürfigkeit und jenen Mangel an Selbstbestimmung möglich machte, auf denen das autoritäre Führerprinzip gedieh". Als erster Schritt sei eine gemeinsame Grundschule in 6 Klassen vorzusehen. Desgleichen dürfe die Ausbildung der Volksschullehrer nicht von der der Lehrer an Höheren Schulen getrennt werden. Den Fächern, „die mit akademischer Tradition überlastet und lebensfremd sind", sei der Krieg anzusagen. „Klassenausschüssen, Diskussionsgruppen, Schulbeiräten, Schülervereinigungen, Vorhaben im Dienste der Gemeinschaft" die Tür zu öffnen. Vor allem sei der sozialwissenschaftliche Unterricht als „wichtigste Änderung, die in allen deutschen Schulen notwendig ist", nach Inhalt und Form grundsätzlich umzugestalten. „Dann werden die Sozialwissenschaften (Geschichte, Geographie, Staats- und Heimatkunde) vielleicht den Hauptbeitrag zur Entwicklung demokratischen Bürgersinns leisten."

Nach dem Besuch der Erziehungsmission konnte die Unterabteilung Erziehung nicht mehr das bisherige Schattendasein führen. Man stellte sie ans Licht, indem man an ihre Spitze einen „großen Namen" setzte, H. B. Wells, den Präsidenten der Universität von Indiana, der sich auf die Verwendung von New Deal-Geldern so gut verstand, daß er mit ihrer Hilfe aus einer hinterwäldlerischen Bildungsstätte eine der modernsten Universitäten Amerikas gemacht hatte. Aus der Unterabteilung Erziehung wurde eine Abteilung, und ein großer Stab ging daran, gewaltige Reformschlachten (auf dem Papier) zu schlagen. Als Wells 1948 nach Amerika zurückfuhr, ließ sein Nachfolger Alonzo G. Grace das ganze Reformprogramm kurzerhand in der Schublade verschwinden. Auf einer Konferenz in Berchtesgaden verkündete Grace die Abkehr von der Politik seines Vorgängers und die neue Ära in der Umerziehung. Sein Programm enthielt u. a. Punkt 1: „Die wahre Reform des deutschen Volkes wird von innen kommen. Sie wird geistig und moralisch sein. Die Schultypen sind von geringerer Bedeutung für die Zukunft Deutschlands und der Welt als das, was gelehrt wird, wie gelehrt wird und durch wen gelehrt wird." Punkt 6: „Wir müssen nicht Schuld daran tragen, daß wir versuchen, in Deutschland, inmitten einer Umgebung, die von Verwirrung und Unsicherheit erfüllt ist, ein Ideal zu verwirklichen, das anderswo nicht vollendet wurde."
Punkt 8: „Keine Besatzungsarmee hat oder wird je erfolgreich ein pädagogisches oder kulturelles Schema einem besiegten Volke auf-

erlegen. Militärregierung wird als Militärregierung angesehen werden, ganz gleich, wie hoch die Motive derer sind, die ein besiegtes, erobertes und besetztes Deutschland ‚umerziehen und neu orientieren' sollen. Es wird daher das Ziel der Militärregierung sein:
a) Die privaten Organisationen, die zur Erreichung des gemeinsamen Zieles einen Beitrag zu leisten vermögen, in Kontakt mit dem deutschen Volk zu bringen.
b) Ein wirksames Deutschland-Programm der UNESCO zu ermutigen.
c) Als demokratisch bekannte Elemente in der deutschen Bevölkerung zu identifizieren und zu ermutigen.
d) Die Entwicklung oder Wiederrichtung von Institutionen und Organisationen in Deutschland, die zur Erfüllung unserer Mission beitragen können, zu unterstützen."

Die Erklärung von Berchtesgaden war nicht nur für die Entwicklung auf dem Erziehungssektor charakteristisch. Auch auf anderen Gebieten gingen die Amerikaner davon ab, den Deutschen Reformen aufzuerlegen, und gingen dazu über, in die bestehende deutsche Gesellschaft Männer, Institutionen und Ideen einzubauen, die die Ziele der Militärregierung verwirklichen würden, ohne daß der amerikanische Einfluß auf den ersten Blick erkennbar war. Ein schönes Beispiel bietet das neuerdings an allen deutschen Universitäten gelehrte Fach „Politische Wissenschaften". Dieses Fach hat zwei Väter: die sozialdemokratische hessische Regierung und die amerikanische Militärregierung. Die hessische Regierung, die schon frühzeitig an den ihr unterstehenden Universitäten Lehraufträge an Männer ihrer Couleur vergeben hatte, berief im September 1949 eine Tagung auf das Jagdschloß Waldleiningen im Odenwald[17] ein, auf der über die Einführung der Politischen Wissenschaften auch auf den nichthessischen Universitäten beraten werden sollte. Das Protokoll dieser Tagung stimmt ironisch. Die anwesenden deutschen Professoren versuchten in alter Gelehrtentradition zu erörtern, ob die Politischen Wissenschaften Wissenschaftscharakter trügen und methodisch entsprechend ausgebaut seien. Die als „Berater" anwesenden Amerikaner unter dem Vorsitzenden des Verbandes der Politischen Wissenschaftler erklärten, daß die Politische Wissenschaft in ihrem Lande deshalb eine Wissenschaft sei, weil sie über so und so viele Lehrstühle, Zeitschriften und Institute verfüge. Der Vertreter der Militärregierung Prof. Kurt Loewenstein meinte kurzerhand, daß man einem geschenkten Gaul nicht in das Maul schauen solle und die Amerikaner für die Finanzierung der neuen Wissenschaft und Stellung von Lehrpersonen schon Sorge tragen würden. Er führte selber später den Erfolg der Tagung und die Errichtung des neuen Faches auf seine Erzählung des folgenden Witzes zurück: Ein Irrer kam zum Professor Specht. Dieser fragte ihn, wie er heiße. Antwort: Schneider. Was er von Beruf sei: Schuster. Ob es ihm nicht seltsam vorkomme, wenn er Schuster sei und Schneider heiße. Antwort: Der Professor hieße ja auch Specht und sei ein Gimpel. Wer bei der Errichtung des Faches Politische Wissenschaften die Gimpel waren, hat Prof. Loewenstein nicht näher ausgeführt. Nach dem Gesetz, wonach sie angetreten, entwickelte sich die Politische Wissenschaft fort. Zunächst wurden sämtliche verfügbaren Lehrstühle mit ehemaligen Amerika-Emigranten besetzt, die bei ihrer Rückkehr nach Deutschland meist weder ihre amerikanische Staatsangehörigkeit noch ihre amerikanischen Lehrstühle aufgaben. In Süddeutschland wurden auf diese Weise etwa die Lehrstühle in Heidelberg (Friedrich), Freiburg (Bergsträsser), München (Voegelin), Stuttgart (Golo Mann) besetzt. Später rückten dann deren (meist in Amerika ausgebildete) Schüler auf. In einem Nachruf der Akademie für Politische Bildung (Tutzing) auf den Inhaber des Freiburger Lehrstuhls lesen wir: „Sein gedrucktes wissenschaftliches Oeuvre seit seiner Rückkehr ist schmal. Für das akademische Bewußtsein, für das deutsche in besonderem Maße, ist aber der wissenschaftliche Erweis das Buch ... Der Professor ... hat die darin enthaltene Bestreitung seines Gelehrtentums selbst sehr ernst genommen. In der von ihm vollzogenen und mehrmals wiederholten Güterabwägung waren jedoch andere Gesichtspunkte gewichtiger ... Vordringlich war es ihm, der Politischen Wissenschaft nach dem Abbrechen der in der 1. Republik begonnenen Bemühungen die Dignität der klassischen Universitätsdisziplinen und also ihren Einbau in das alte Gefüge der deutschen Universität zu verschaffen. Das ist durch keine noch so hervorragende wissenschaftliche Leistung eines Einzelnen zu erreichen, sondern, unter den Bedingungen eines Neubeginns, nur, indem an einigen Universitäten eine große Zahl von Studenten gesammelt, intensiv gefördert und zur Promotion und Habilitation geführt werden."

Das Fach Politische Wissenschaft hat bisher nichts hervorgebracht, was in der Geschichte der politischen Ideen, in die sich so mancher deutsche Nationalökonom, Jurist oder Historiker eingezeichnet hat, festgehalten zu werden verdient. Die verbissene Wut, mit der die Politologen gegen Carl Schmitt polemisieren, scheint nicht zuletzt daraus zu resultieren, daß diesem der Platz in der Geschichte der politischen Theorien sicher ist, um den sie sich vergeblich bewerben. Der Fernsehschirm verhilft eben doch nur zu Stundenruhm. Da es ein Gesetz zu sein scheint, daß wissenschaftliche Leistung und politischer Einfluß sich umgekehrt proportional verhalten, ist den Politologen ein beträchtlicher Einfluß sicher. Wenn voller Optimismus erklärt werden kann: „Die Existenz der deutschen Demokratie wird von der Sozialwirksamkeit der politischen Bildung abhängen" (F. M. Schmölz), dann zeigt sich, daß die Politische Wissenschaft (bei nichtakademischen Adressaten Politische Bildung geheißen) jenes Medium der Charakterwäsche ist, das zur Zeit mit die besten Resultate zeitigt.

Entscheidung nicht in Deutschland

„Entscheidung in Deutschland"
(Titel der Memoiren von
General Lucius D. Clay)

Nach Appomattox und Reims

Als Franklin D. Roosevelt in Casablanca seiner journalistischen Suite die Forderung nach bedingungsloser Kapitulation der Achsenmächte vortrug, berief er sich auf das Beispiel von „Old-Unconditional-Surrender" Grant und dessen Entgegennahme der Kapitulation von Appomattox Courthouse am 9. April 1865. Weder war die Kapitulation von Appomattox bedingungslos gewesen, noch stammte aus ihr der Spitzname General Grants, aber Roosevelt war eben ein gleich guter Geograph wie schlechter Historiker. Der zufällige Ursprung eines Spitznamens ist dabei weniger wichtig, als das bezeichnende Wiederauftauchen von Reminiszenzen an den amerikanischen Bürgerkrieg.

Der Mensch versucht in kritischen Stunden die unbekannte Gegenwart im Lichte der bekannten Geschichte zu deuten. Wie die Nationalsozialisten die letzte Kriegsphase im Lichte des Untergangs der Nibelungen in Etzels brennender Halle sahen, so erinnerten sich die Amerikaner jener zentralen Auseinandersetzung ihrer Geschichte, die nach der Kapitulation des Südens im unblutigen Bürgerkrieg der Historiker fortgesetzt wurde und als der Vereinigten Staaten unbewältigte Vergangenheit bis in die Gegenwart mitgeschleppt wird, wenn die amerikanischen Politiker sich in jeder konservativen Phase als Staatenrechtler und in jeder liberalen Phase als Sklavenbefreier drapieren.

Nichts lag da für den durchschnittlichen Amerikaner näher, als das Kriegsende von 1945 mit dem von 1865 und die militärische Besetzung Deutschlands mit der der Südstaaten zu vergleichen. Schon das äußere Bild war verblüffend ähnlich: Hier wie dort zerstörte Städte, verwüstete Landstriche, gesprengte Brücken, darniederliegende Industrien; auf den Straßen ziellos umherwandernde Flüchtlinge, entlassene Soldaten, befreite Sklaven; die Schulen geschlossen; weder Polizei noch Gerichte vorhanden, um dem umsichgreifenden Faustrecht Einhalt zu gebieten; Besatzungstruppen, die sich nicht gerade durch Disziplin auszeichneten; Negerregimenter; Militärregierungen, die nach Verdächtigen fahndeten, um sie einzusperren, und nach Willfährigen, um aus ihnen Verwaltungen, Parlamente, Regierungen zu bilden.

Die Epoche der Reconstruction (Wiederaufbau) des Südens erhielt ihren Namen durch eine Proklamation, die Präsident Lincoln bereits Ende 1863 erlassen hatte, die „Proklamation der Amnestie und des Wiederaufbaus". Die Amnestie sollte jenen Rebellen gewährt werden, die bereit waren, eine Loyalitätserklärung zu unterzeichnen. Ausgenommen von ihr waren bestimmte Kategorien der Südstaatenoffiziere und -beamten. Der Wiederaufbau bestand darin, daß, sobald 10 % der Wahlberechtigten von 1860 die Erklärung unterzeichnet hatten, von diesen Parlamente und Regierungen gewählt werden durften, die die abgefallenen Staaten wieder in die Union zurückführen konnten. Bereits 1864 wurden in Tennessee, Louisiana und Arkansas solche Regierungen gebildet. Aber Lincoln hatte seine Rekonstruktionsrechnung ohne den Kongreß gemacht. Dieser sah in den 10 %-Parlamenten einen Verstoß gegen das Majoritätsprinzip, das das Kernstück der Demokratie sei. Der Kongreß steuerte zudem auf eine Kraftprobe zu, die entscheiden sollte, ob der Exekutive oder der Legislative, dem Präsidenten oder dem Kongreß der Vorrang gebühre. Man muß dem demokratischen Credo Lincolns auf dem Schlachtfeld von Gettysburg („Regierung des Volkes, durch das Volk, für das Volk") zum vollen Verständnis die Worte „und nicht durch den Kongreß" hinzufügen. Nach der Ermordung Lincolns gab es niemanden mehr, der dem auf den Wogen der öffentlichen Meinung reitenden Flügel der Republikaner (genannt die „Jakobiner", die „Radikalen", die „Rachsüchtigen") Widerstand leisten konnte. Nach den Wahlen von 1866 gab es in beiden Häusern des Kongresses rachsüchtige Zweidrittel-Mehrheiten. Das hieß: Rekonstruktion durch einen Kongreßausschuß. Indem die Republikaner das Wahlrecht den Negern verliehen und den ehemaligen Konföderierten entzogen, versuchten sie im Süden republikanische Mehrheiten zu erzielen. Das Instrument dieser Politik war die Militärregierung. Der Süden wurde in fünf Militärbezirke eingeteilt, deren kommandierende Generäle die Beamten ein- und absetzen konnten, und in denen die „Freedman's Bureaus" – halb karitative, halb terroristische Negerwohlfahrtsorganisationen – ein maßgebendes Wort sprachen. Nur durch die Verleihung des Wahlrechts an die Neger und die Ratifizierung des 14. (die Neger begünstigenden und die ehemaligen Konföderierten diskriminierenden) Zusatzes zur amerikanischen Verfassung war die Wiederaufnahme in die Union für die Südstaaten möglich.

Die Rekonstruktion durch den Kongreß war der Versuch, mit der Vergangenheit des Südens zu brechen und, wie der liberale britische Philosoph Mill vorschlug, dort „neue Gemeinwesen zu gründen, in denen die Bevölkerung, die durch schlechte Einrichtungen verdorben wurde, durch ein Zusammenleben mit schwarzen Bürgern und weißen Einwanderern aus dem Norden eines Besseren belehrt wird". Bis 1870 waren in allen Südstaaten solche Gemeinwesen entstanden und radikalen Regierungen unterstellt worden. Elf Kategorien von ehemaligen Konföderierten, darunter alle Besitzer von Vermögen über 20.000 Dollar, waren ihrer politischen Rechte entkleidet worden. Der Besitz südstaatlicher Erinnerungsstücke (Uniformteile, Knöpfe, Fahnen usw.) war strafbar. Die Regierungen gerieten in die Hände von Glücksrittern, die aus dem Norden kommend aus der Niederlage des Südens ihren persönlichen Aufstieg zimmerten. Sie wurden nach den Stofftaschen, in denen bei ihrer Einreise ihr gesamtes Hab und Gut Platz gehabt hatte „Carpetbaggers" genannt. Mit ihnen arbeiten die „Scalawags" – Südstaatler aus den ärmsten Bevölkerungsschichten – zusammen. Die (anfängliche) völlige Besitzlosigkeit der neuen Herren – in Alabama zahlten alle Parlamentarier zusammen nicht einmal 100 Dollar Steuern – schlug sich in konfiskatorischen Vermögenssteuern nieder, die die ehemalige südstaatliche Oberschicht nach ihrer politischen Entrechtung wirtschaftlich enteigneten. In South Carolina tagte ein Parlament, das eine einfache Mehrheit von Negern und eine qualifizierte Mehrheit von Analphabeten besaß. Die Verfassung von Virginia begann mit den Worten: „Wir, Carpetbaggers und Scalawags vom Ohio, aus Vermont und Connecticut, Maine (also alles Nordstaaten) und Afrika."

In den neuen Verfassungen paarten sich fortschrittliche Bestimmungen und freiheitliche Vokabeln mit diskriminierenden Ausnahmegesetzen gegen die ehemaligen Konföderierten. Diese hatten ihre Niederlage auf dem Schlachtfeld durchaus akzeptiert. Auch sie strebten eine Wiedereingliederung des Südens in die Union an. Aber sie wollten diese Wiedereingliederung nicht als Resultat eines völligen Umsturzes der politischen und sozialen Verhältnisse des Südens. Nachdem ihnen ein Vertreten ihrer Ansichten unmöglich gemacht wurde und die Staatseinrichtungen von den unter den Bajonetten der Besatzungsmacht tagenden Carpetbaggers und Scalawags usurpiert worden waren, schafften sie sich in Geheimbünden wie dem Ku-Klux-Klan und den Rittern der weißen Kamelie ein Ventil. Die „Rachsüchtigen" des Nordens antworteten mit einer

Haßkampagne. Als Benjamin Butler im Repräsentantenhaus seine Argumente durch Vorzeigen des blutigen Hemdes eines ermordeten Carpetbaggers unterstrich, entstand für eine bestimmte Propaganda der plastische Ausdruck „das blutige Hemd schwenken".

Doch jede Flutwelle überschreitet einmal ihren Höhepunkt. Schon 1869 hatte sich als erster Staat Tennessee von dem Carpetbagger-Regime befreit. 1872 ließ der Kongreß etwa 100.000 Südstaatler, die durch den 14. Zusatz zur amerikanischen Verfassung entrechtet worden war, zu öffentlichen Ämtern wieder zu. 1874 siegten in den Kongreßwahlen die Demokraten. Die Folge war, daß 1877 die Besatzungstruppen aus dem Süden abgezogen wurden, womit auch die beiden letzten Carpetbagger-Regierungen in South Carolina und Louisiana zusammenbrachen.

Der nachdenkliche Amerikaner mußte nach 1945 die Parallele ziehen. Die „Rachsüchtigen" waren nicht mit der Wiedereingliederung des Südens in die Union zufrieden gewesen, sondern hatten unter den Bajonetten der Besatzungsmacht eine Revolutionierung der Verhältnisse angestrebt. Sie beriefen sich darauf, daß die Rebellen nicht nur zeitweilig die Union verlassen, sondern sich damit dem Bösen ergeben hätten. Der politische Aufbau mußte daher ein völliger Neubau sein. Die Militärregierung sollte diesen Neubau überwachen. Doch auf den Spitzen der Bajonette sitzt es sich auf die Dauer nicht bequem. So erfolgte die endgültige Wiedereingliederung des Südens in die Union unter Opferung der revolutionierenden Gruppen und ihrer Kreuzzugsideen. Auch wer heute auf seinem Schreibtisch die konföderierte Flagge stehen hat, die in die Flagge verschiedener Südstaaten aufgenommen wurde, ist ein guter Amerikaner. Von der Gesetzgebung der Rekonstruktionsära blieb manches übrig, von den Gesetzgebern nichts. Aber trotz einer gewissen Restauration der führenden Schicht der Vorbürgerkriegszeit hatte der Süden seine alte Stellung für immer verloren. Der Schwerpunkt der Macht in den Vereinigten Staaten hatte sich verlagert.

Auch Deutschland wurde des Abfalls bezichtigt. Es war allerdings nicht von einem Staatsverband abgefallen, dem es angehört hatte, sondern von einer moralischen Weltordnung, die ad hoc konstruiert wurde. Mit Rebellen gegen diese Weltordnung konnte es so wenig ein Paktieren geben wie mit den Rebellen gegen die Union. Eine Militärregierung sollte die Auflösung des bisherigen Verwaltungsaufbaus und die Neubildung eines den alliierten Prinzipien entsprechenden Neubaus überwachen. Nach einer Frist der Bewährung sollte ein Wiedereintritt in die Völkerfamilie möglich sein.

Aber die Erfahrungen der Rekonstruktions-Ära zeigten auch, daß die Regierungen der „Rachsüchtigen" auf die Dauer nicht lebensfähig waren. So wurden die Vorgänge, die in der Bundesrepublik als „Restauration" bezeichnet werden – die teilweise Wiederherstellung der „vorweltbürgerkrieglichen" Schichten in Industrie, lokalem Honoratiorentum, Armee und Verwaltung – zwar von den aus europäischen revolutionären Traditionen gespeisten Neueinwanderern mit Verratsgeschrei begrüßt, aber von den Amerikanern, die in amerikanischen Schulen Geschichte gelernt hatten, als natürlicher Rückschlag auf einen doktrinären Neubau begriffen, als Rückschlag, der in sich selbst noch keine Katastrophe war, sofern man staatspolitische Interessen über die gesinnungspolitischen stellte. Nur eine teilweise Restauration der Zustände, wie sie vor den Eingriffen der Militärregierung bestanden, konnte in Westdeutschland jene Stabilität bewirken, die Deutschland in eine Union der westlichen Völker hineinführen werde. Aber wie der Amerikanische Bürgerkrieg den politischen Schwerpunkt in den Vereinigten Staaten verlagert hatte, so hatte auch der Zweite Weltkrieg eine in absehbarer Zeit unaufhebbare Gewichtsverlagerung im Weltmaßstab verursacht.

Die Schlacht von Aachen

General Eisenhower versuchte zu verhindern, daß der amerikanischen Armee die Verantwortung für die Besatzung Deutschlands übertragen wurde. Er wußte warum. Denn war die mit den amerikanischen Truppen marschierende öffentliche Meinung bei den normalen Aufgaben der Armee eher lästig als hinderlich gewesen, da die Journalisten sich weniger für strategische Fragen als für menschliche Vorfälle interessierten, die sie patriotisch aufmachen konnten, so war bei den Besatzungsaufgaben die Lage eine andere. Wer, meinten die Journalisten, hatte mehr über die Besatzung zu sagen als sie, die seit Jahr und Tag Aufsätze über das Thema „What to do with Germany?" schrieben? Bestimmt nicht die Generäle, die noch nie etwas über die Abgründe der deutschen Psyche und der aus ihr erwachsenden tausendjährigen Aggression gelesen hatten. Die Journalisten glaubten, die wahren Spezialisten der deutschen Frage zu sein. Clay schrieb, er wäre über den Rücktritt Eisenhowers Ende 1945 als dessen Freund froh gewesen, da dieser damit von der „beinahe unlösbaren Aufgabe, Deutschland zur Zufriedenheit der öffentlichen Meinung zu Hause zu regieren", befreit gewesen sei. Manch ein General, der dem feindlichen Feuer standgehalten hatte, brach unter dem Feuer der Presse zusammen. Die meisten ließen es nicht so weit kommen. Ein Stirnrunzeln von „PM" genügte, um manchen schlachterprobten Krieger in die Knie zu zwingen. Clay selbst gelang es, durch leichte Zugänglichkeit, spannend aufgezogene Pressekonferenzen und Überordnung der Amtsmeinung über seine persönliche einen Teil der Journalisten, der nicht gerade dem rabiat antigermanischen Flügel angehörte, auf seine Seite zu ziehen[1]. Immerhin hat die amerikanische Besatzung ein Phänomen hervorgebracht, das in der Weltgeschichte neu war. Wir kennen Parlamentsheere und Königsheere, Parteiheere und Glaubensheere. In Indien unterstand die Armee einer Handelsgesellschaft, der Ostindischen Kompanie. Die amerikanische Armee bot das Schauspiel eines Presseheeres. Raymond Daniell, Drew Middleton, Victor Bernstein hatten in ihr mehr zu sagen als mancher General[2].

Die öffentliche Meinung hatte den Primat in der Deutschlandpolitik nicht geschenkt erhalten. Sie hatte ihn sich in der „Schlacht von Aachen"[3] erkämpft. In jenem September 1944, als Montgomery glaubte, bis in das Herz Deutschlands durchstoßen zu können, waren die Alliierten bis vor Aachen gelangt. Nach einer sechswöchigen Belagerung war Aachen am 21. Oktober 1944 in amerikanische Hände gefallen. Die gesamte deutsche Bevölkerung war zuvor evakuiert worden. In Aachen und den benachbarten Ortschaften waren nur diejenigen verblieben, die sich dem Evakuierungsbefehl widersetzten und unter den Trümmern versteckt hielten. Sie kamen nach den Schrecken der Belagerung aus ihren Schlupfwinkeln hervor. Andere befanden sich in Auffanglagern in der Nähe Aachens. Die Amerikaner setzten für die verbliebene Bevölkerung eine Verwaltung ein, an deren Spitze am 30. Oktober 1944 der Bürgermeister Oppenhoff gestellt wurde. Damit war die erste deutsche Behörde gebildet. Ein Team der psychologischen Kriegsführung wurde in Bewegung gesetzt, das prüfen sollte, ob die Stadtverwaltung von Aachen auch demokratischen Grundsätzen entsprach.

Was die Psychokrieger Saul K. Padover (Professor der politischen Wissenschaften) und Paul R. Sweet (Professor der Geschichte, später amerikanischer Botschaftsrat in Bonn) vorfanden, erschreckte sie zutiefst. Hinter der Stadtverwaltung stand der schwarze Schatten des Bischofs von Aachen, dessen Anwalt Franz Oppenhoff gewesen war. Seine Mitarbeiter gehörten jenem Bürgertum an, das (laut Padover) Hitler den Weg gebahnt hatte. „Die artikulierten Wachhunde unter den Liberalen, die Sozialdemokraten und Kommunisten", waren nur durch einen Herrn Carl in der Stadtverwaltung vertreten. Mehrere Männer der Stadtverwaltung waren während des Krieges in der Rüstungsindustrie tätig gewesen. Aus dem Geschäftsleben hätten sie „eine antidemokratische Managerkonzeption von Regierung und Wirtschaft" mitgebracht. „Sie planen für die Zukunft einen autoritären bürokratischen Staat mit einer paternalistischen Kleinindustrie, die auf einem hierarchischen Facharbeiter- und Handwerkersystem beruht." Sie würden (im Winter 1944/45 und im völlig zerstörten Aachen!) anordnen, statt demokratisch zu diskutieren. Zudem versuchte Oppenhorff zwei Kategorien von ehemaligen Parteigenossen in der Stadtverwaltung zu halten, nämlich solche, die 1933 überzeugt waren, aber später sich abkehrten, und solche, die aus Berufsgründen und ohne innere Überzeugung in die Partei eingetreten waren. Doch warnten die Psychokrieger, die „Gefahr, die die Gegenwart der Pg's in der Verwaltung von Aachen bildet, zu unterstreichen. Damit wird die Aufmerksamkeit von den Nicht-Pg's abgelenkt. Die politische Grundfrage mit den weitestreichenden Konsequenzen ist die, daß Oppenhoff und seine Gehilfen einen politischen Autoritarismus repräsentieren, der darauf abzielt, dem deutschen Volk die Chancen zu nehmen, die General Eisenhower, Präsident Roosevelt und Premierminister Churchill ihm versprochen haben".

Das Memorandum der Psychokrieger wurde auf Eisenhowers Schreibtisch gelegt. Zugleich wurde der hinter den Linien wartende liberale Journalist Max Lerner („PM") angeregt, eine Kampagne in der amerikanischen Presse zu starten. Das Zusammenspiel des liberalen Sonderbundes in und außerhalb der Armee wurde Eisenhower drohend vor Augen gestellt: „Die Stimmung in Amerika, die die ‚harte' Politik fordert, alle Deutschen am Kragen zu packen, die den brutalen Nazi-Krieg gewünscht haben, läßt der Militärregierung auch nicht die Hoffnung eines Widerstandes. Eine ärgerliche öffentliche Meinung zu Hause würde zweifellos Umwälzungen in einer diskreditierten G 5 (für Militärregierung zuständige Generalstabsabteilung d. V.) erzwingen." Eisenhower befahl, gegen den amerikanischen Stadtkommandanten von Aachen und Bürgermeister Oppenhoff durchzugreifen. Aber, wie so oft: Die Extreme berühren sich nicht nur, sondern sie kommen einander auch zuvor. Bürgermeister Oppenhoff wurde, bevor er von den Amerikanern abgesetzt werden konnte, von einem durch die amerikanischen Linien durchgesickerten Werwolf-Kommando erschossen.

In dem umfangreichen Band über die alliierte psychologische Kriegführung unter Eisenhower, den Daniel Lerner unter dem Titel

„Sykewar" verfaßt hat, wird gezeigt, daß nicht jeder Amerikaner als Psychokrieger verwendet werden kann. Am wenigsten geeignet seien die „typischen" Amerikaner. Prädestiniert dagegen seien Intellektuelle (im Jargon: Angehörige Symbole manipulierender Berufe), die in ihrem Lebenslauf mit Europa Kontakt gehabt hatten und bestimmte „liberale" Persönlichkeits-Charakteristika aufwiesen. Lerner veröffentlichte drei typische Lebensläufe vorbildlicher Psychokrieger. Einer war der bekannte Labourabgeordnete Crossman, ein weiterer Saul Padover.

Padover wurde 1905 in einem österreichischen Dorf geboren. Der Vater war in Amerika ansässig. Seine Mutter weigerte sich, dorthin zu folgen, da nur Bankrotteure und Kriminelle nach Amerika auswanderten, sie aber in dem Hause wohnen wolle, das ihre Vorfahren seit Generationen besäßen. Die Kriegsjahre verbrachte Padover in Wien auf der Schule, wo er aber weiter keinen militaristischen Schaden an seiner Seele genommen habe. Als der Krieg zuende war, war Österreich ein Scherbenhaufen, und Padovers Mutter zog nunmehr zu ihrem Mann nach Amerika, und zwar nach Detroit. „Detroit machte mich zu einem Amerikaner. Es war eine harte Schule. Ich ging dort durch alle Stadien – jede einzelne qualvoll – der Umformung und Anpassung an ein rauhes, aufregendes, rohes, wundervolles neues Land. Aber ich wurde nicht ganz Amerikaner. Ich war nicht der typische Amerikaner." Das habe sich schon darin gezeigt, daß er nicht nach Erfolg in Gestalt von Dollars, sondern nach Ideen gestrebt hätte. Auf dem College hätte er zu den „intellektuellen Rebellen" gezählt, deren Rebellion in dem Besuch der illegalen Kneipen (Prohibitionszeit) und der Lektüre von Menckens „American Mercury" bestanden habe. Er wollte Geschichte in Yale studieren, das er aber fluchtartig verließ, da es reaktionär und provinziell gewesen sei. In Chicago habe er die einzige amerikanische Universität gefunden, an der es wirklich auf Ideen ankam. „Es gab endlose Debatten." Seine Lehrer waren William E. Dodd (später Roosevelts Botschafter in Berlin) und Harold D. Lasswell (der „Vater" der psychologischen Kriegführung). Bei seinem Studium stieß Padover auf Jefferson. „Es war Jefferson, der meine Konversion zur Religion der Humanität verursachte". Ein Guggenheim-Stipendium führte Padover zum Studium der Dritten Republik nach Paris, wo er der heraufziehenden Kriegswolken gewahr wurde und beschloß, in die Politik zu gehen. Fünf Jahre war er in der Verwaltung als Referent des liberalen Innenministers Ickes tätig. Dann ging er zur Psychologischen Kriegführung.

Padovers Lebenslauf ist eine Addition von Merkmalen, die bei den Trägern der liberalen Deutschlandpolitik immer wiederkehren. Die begehrte Vaterlosigkeit („für alle praktischen Zwecke war ich vaterlos"), verschiedene Formen der Opposition gegen den American Way of Life (Mencken, Intellektualismus), Verbindung mit den Trägern des New Deal (Ickes), Verbindung mit Europa (aber nicht als Europäer) und schließlich „Humanität als Religion". Daß diese Vertreter der liberalen Deutschlandpolitik sich in der Besatzung stärker einnisten konnten als in der amerikanischen Verwaltung unter Truman, hatte praktische Gründe. Der amerikanische (durchschnittliche) Geschäftsmann oder Rechtsanwalt in Deutschland hatte keinen dringenderen Wunsch, als zu seiner Firma oder Praxis in den Staaten zurückzukehren. Für die liberalen Randexistenzen der amerikanischen Gesellschaft schufen jedoch die labilen und willkürlich manipulierbaren Verhältnisse in Deutschland jenes Klima, in dem sie, die sonst zur Nichtkonformität verurteilt waren, sich einmal konform fühlen durften. Es gibt nicht nur eine Sehnsucht der deutschen Intellektuellen nach den „Jahren der Okkupation", sondern auch eine Sehnsucht der amerikanischen Intellektuellen.

Das Viermächtegespann zieht an

In der Besatzungspolitik nach dem amerikanischen Bürgerkrieg durchkreuzte der von den Republikanern beherrschte Kongreß die gemäßigt-staatsmännische Politik des Präsidenten Lincoln. In der Besatzungspolitik nach dem Zweiten Weltkrieg setzte der von den Republikanern beherrschte Kongreß dem radikal-weltverbessernden Programm des Präsidenten Roosevelt ein Ende. Beide Präsidenten starben, ehe sie das Scheitern ihrer Politik und deren späteres Wiedererstehen erleben konnten. Roosevelt war es jedoch gelungen, ein fait accompli zu schaffen, ehe der amerikanische Kongreß die Möglichkeit bekam, sich mit der Lage in der amerikanischen Besatzungszone in Deutschland zu befassen. Das fait accompli bestand in der Einrichtung einer Viermächteverwaltung für Deutschland. Die Errichtung der viergeteilten Stadt Berlin, die umgeben war von der sowjetischen Besatzungszone und in der die Zugangsrechte der westlichen Staaten schriftlich nicht festgelegt waren, war als diplomatisch-politische Konstruktion ein erbärmliches Machwerk; als Symbol einer neuen Weltordnung, die durch das einhellige Zusammenwirken der „Vier Polizisten" entstehen sollte, jedoch von hohem, wenn auch gewöhnlichen Sterblichen schwer zugänglichem Rang. Im Status Berlins hat Roosevelt ein Erbe hinterlassen, das, wie das Spandauer Gefängnis, die Jahre des Scheiterns seiner Politik überlebte und seit Chruschtschows Berlin-Ultimatum vom November 1958 zum Kristallisationspunkt einer Renaissance Rooseveltschen Denkens zu werden droht.

Die Besatzungspolitik in Deutschland sollte der Mikrokosmos sein, der den Makrokosmos des alliierten Zusammenwirkens widerspiegelte. Die Regierungschefs der drei – und nach Stalins Willen einzigen – Mächte waren in Potsdam zusammengekommen, um einstimmige Beschlüsse zu fassen. Sie hatten einen ständigen Außenministerrat geschaffen, der sie zwischen ihren Zusammenkünften, deren nächste in New York geplant war, vertreten und einstimmige Beschlüsse fassen sollte. Es war schon beinahe selbstverständlich, daß ein Kontrollrat[4] für Deutschland geschaffen wurde, in dem die Oberbefehlshaber der in Deutschland stationierten Steitkräfte die Richtlinien für die Besatzungspolitik einstimmig verabschieden würden. Das Veto jeder einzelnen Besatzungsmacht – die Teilnahme der Franzosen am Kontrollrat war eine Stalin von den Engländern abgerungene Konzession – war so sehr ein Ergebnis der Roosevelt-Stalinschen Konzeption der neuen Weltordnung, daß niemand über seine Konsequenzen nachdachte. Erst die Praxis des Kontrollrats ließ aus dem Kontrollrat-Statut das Veto als des Pudels Kern hervortreten und Deutschlands Teilung die Quintessenz unserer unbewältigten Gegenwart werden.

Am 30. Juli 1945 trat der Kontrollrat zur konstituierenden Sitzung in Berlin zusammen. Am 10. August 1945 verabschiedete er sein Organisationsstatut und kam von da an dreimal monatlich unter dem turnusmäßig wechselnden Vorsitz eines der vier Oberkommandierenden zusammen. Die Russen waren äußerst kooperativ und zuvorkommend. Sie ließen nicht nur den Kontrollrat seinen Sitz im amerikanischen Sektor im Gebäude des ehemaligen Reichskammergerichts in der Elsholtzstraße nehmen, sie schlugen auch als ersten Vorsitzenden General Eisenhower vor (so wie Stalin Roosevelt den Vorsitz in Jalta übertragen hatte) und billigten das von dem amerikanischen Oberstleutnant und Harvard-Professor Robert Bowie ausgearbeitete Organisationsstatut. Der Kontrollrat vereinigte die Oberkommandierenden, der Koordinierungsausschuß deren (die Arbeit machende) Stellvertreter, über 175 weitere Direktorate (für die verschiedenen Verwaltungsgebiete), Ausschüsse, Unterausschüsse und Arbeitsgemeinschaften die interalliierten Bürokraten, denen Deutschland auf Gedeih und Verderb ausgeliefert war.

Der Kontrollrat glich in den ersten Monaten weniger einer Verwaltungsbehörde als einem Areopag, auf dem die siegreichen Feldherren des zweiten Weltkrieges sich niedergelassen hatten, um die ihnen gebührenden Huldigungen gemeinsam entgegenzunehmen. Marschall Schukow, General Eisenhower, Feldmarschall Montgomery of Alamein – der französische General Koenig mußte sich in dieser erlauchten Gesellschaft so wenig am Platze fühlen wie anderweits Könige in der Nachkriegsordnung. Die Feldherren waren über tagespolitische Zänkereien oder gar die Kümmernisse der regierten Bevölkerung hoch erhaben. Sachliche Differenzen untereinander konnten ihren Siegesruhm nur schmälern. Schwerer wogen allerdings die Eifersüchteleien in Prestigefragen. Als Montgomery auf einem Bankett zu Ehren Marschall Schukows einen Trinkspruch ausbrachte, der Schukows Sieg bei Stalingrad und Montgomerys Sieg bei Alamein als die Entscheidungsschlachten des Zweiten Weltkrieges feierte, mußte Sir Ivone Kirkpatrick die brenzlig gewordene Situation retten, indem er auf das Genie und die Taten General Eisenhowers verwies. Die gemeinsame Siegesparade der Vier Mächte nach der Kapitulation Japans, die Besuche Eisenhowers in Moskau, Schukows im Westen, waren die Höhepunkte einer Ära herzlicher Verbundenheit, die mit den Versetzungen Eisenhowers und Schukows im November 1945, Montgomerys im Februar 1946 unwiderruflich zuende ging. Wodka und Whisky flossen in Strömen, und am 6. Januar 1946 tanzte der Kontrollrat in Berlin auf dem großen Viermächte-Ball, während die Leichen unter den Trümmern der ehemaligen Reichshauptstadt noch nicht geborgen waren. General Clay erinnert sich in seinen Memoiren sehnsüchtig der Zeiten, wo „wir uns nach dem Diner (in Moskau) in Stalins wohlausgestattetem Kinoraum versammelten und unseren Freund Marschall Schukow in der ‚Schlacht um Berlin' sahen, während wir selbst in Klubsesseln saßen und Champagner schlürften oder von den köstlichen Früchten aßen, die auf den Tischen neben den Sitzen bereitgestellt waren."

Die Entscheidungslast der Feldherren im Kontrollrat war so gering wie ihr Interesse an Deutschland. Die Regierungschefs hatten ja selbst in Potsdam die Direktiven für die gemeinsame Verwaltung Deutschlands gegeben, die nunmehr nur noch in Gesetzesform zu gießen war. Doch bald stellte sich heraus, daß der Kontrollrat von Anfang an einen Konstruktionsfehler hatte. Drei der vertretenen Mächte beriefen sich nämlich auf gemeinsame Richtlinien, so verschieden sie sie auch im Einzelnen interpretierten. Für die vierte

Macht – Frankreich – hatten diese Richtlinien keinerlei Gültigkeit. General de Gaulle hatte schon anläßlich des Beitritts Frankreichs zur Europäischen Beratungskommission erklärt, daß Frankreich Beschlüsse von Konferenzen, auf denen es nicht vertreten sei, nicht anerkennen werde. Die Warnung wurde überhört. Weder in Jalta noch in Potsdam war Frankreich gebeten. In Berlin saß es jedoch mit seinem Veto am Konferenztisch des Kontrollrats. Die Russen meinten zwar, daß es den Amerikanern leicht sein sollte, die Franzosen durch Einstellen der Lebensmittellieferungen gefügig zu machen, aber die Amerikaner wußten, daß Frankreich am Rand des Kommunismus stand, und hielten es für unklug, es noch über diesen Rand hinauszustoßen. Frankreich legte gegen alle Maßnahmen, die auf die Errichtung deutscher Zentralbehörden abzielten, sein Veto ein. Es glaubte in ihm eines der wenigen ihm verfügbaren Faustpfänder zu besitzen, das ihm ermöglichen sollte, seine Interessen an Saar, Rhein und Ruhr mit Erfolg zu vertreten.

Das Veto Frankreichs bewirkte, daß die den Potsdamer Beschlüssen zugrundeliegende, den Geist Morgenthaus atmende Direktive JCS 1067 von der Potsdamer Zutat der deutschen, die Wirtschaftsressorts unter alliierter Aufsicht verwaltenden Staatssekretariate befreit wurde. Die umfangreiche Gesetzgebung des Kontrollrats trug einen überwiegend negativen Charakter, indem etwa die Ausrottung der Überreste des Nationalsozialismus durch die Aufhebung zahlreicher Gesetze (nicht jedoch der Wirtschaftsgesetzgebung) intendiert wurde, indem Steuern und Postgebühren erhöht, der Sport entmilitarisiert und die wissenschaftliche Forschung unter Überwachung gestellt wurden. Einer von Morgenthau nicht vorgesehenen Besatzungsfolge rückte das Gesetz zur Bekämpfung von Geschlechtskrankheiten auf den Leib.

Nicht der politische, sondern der wirtschaftliche Status Deutschlands[5] war das zentrale Problem der ersten Nachkriegszeit. Die Festlegung des Industrieniveaus sollte ihn definieren. War einmal das zukünftige Produktionsvolumen der deutschen Wirtschaft festgelegt, so konnten jene industriellen Anlagen, die zur Erreichung dieses Produktionsvolumens nicht nötig waren, demontiert und der in Jalta geschaffenen Interalliierten Reparationsagentur zur Verteilung an Deutschlands Kriegsgegner zur Verfügung gestellt werden. Die Verhandlungen des zuständigen Ausschusses des Direktorates Wirtschaft sind im Gegensatz zu den anderen Sparten der Tätigkeit des Kontrollrats bekannt geworden, da Ratchford und Ross in ihrem 1949 erschienenen Buche „Berlin Reparations Assignment" über sie berichtet haben. Ausgangspunkt der Verhandlungen war (wie meist) ein amerikanischer Vorschlag, den der Professor Calvin B. Hoover (Duke Universität) ausgearbeitet hatte. Ausgehend von der Potsdamer Formel, daß der deutsche Lebensstandard nicht über dem europäischen Durchschnitt (ohne England und Rußland) liegen dürfe, legte Hoover ihn auf 74 % des durchschnittlichen deutschen Lebensstandards der Jahre 1930–1938 fest. Er entsprach beinahe genau dem deutschen Lebensstandard des Jahres der tiefsten Wirtschaftskrise 1932. Die Russen stimmten diesem Vorschlag zu, wünschten aber, daß jeder einzelne Industriezweig unter dem europäischen Durchschnitt liegen solle und daß für Industrien, die Deutschland durch die alliierten Sicherheitsbestimmungen ganz verboten worden waren, kein Ausgleich gewährt werden dürfe.

Nachdem man sich über die Grundforderungen geeinigt hatte, ging man an die Festlegung der einzelnen Produktionsziffern. Einstimmigkeit war Voraussetzung und die Aushandlung jeder einzelnen Ziffer daher notwendig. Jede Besatzungsmacht nannte eine Zahl, und man einigte sich in der Mitte zwischen der niedrigeren russischen Zahl und den etwas höheren Ziffern der drei Westmächte. Beispielsweise wollten die Engländer die Stahlproduktion auf 9 Millionen Tonnen begrenzt wissen, die Amerikaner auf 7,8, die Franzosen auf 7 und die Russen auf 5 Millionen Tonnen. Bestimmte, besonders wohlmeinende Kreise in Amerika hatten aber nachträglich an Clay die korrigierende Weisung ergehen lassen, daß 3,5 Millionen Tonnen für Deutschland genügend seien. Clay nahm somit das Mittel der früheren und späteren amerikanischen Zahl und schlug 5,5 Millionen Tonnen vor. Als man entdeckte, daß man eine falsche Bevölkerungszahl zugrundegelegt hatte, korrigierte man die Ziffer auf 5,8 Millionen und einigte sich auf sie.

Auf ähnliche Weise wurde Punkt für Punkt der Industrieplan ausgehandelt, der am 26. März 1946 vom Kontrollrat verabschiedet wurde. Produktionsanlagen für Waffen, Flugzeuge und Schiffe, sowie 14 weitere Produktionszweige (z. B. synthetisches Benzin, Kugellager, bestimmte Werkzeugmaschinen, schwere Traktoren) verfielen der Totaldemontage, die übrigen Industriezweige wurden beschränkt (z. B. Stahl auf 39 %, Chemische Grundstoffe auf 40 % der Produktion von 1936). Unbeschränkt hergestellt werden durften Möbel, Fensterglas, Flaschen, Keramik, Fahrräder, Motorräder bis 60 ccm und Kali. Alles in allem kam man auf eine Produktion von 50–55 % des Jahres 1938.

Für das Jahr 1949 waren Exporte in Höhe von 3 Milliarden Mark (nach Preisen des Jahres 1936) eingeplant und Importe in einer niedrigeren Höhe, die zur Hälfte aus Lebensmitteln bestehen und erlauben würden, daß „nachdem die gesamte, vom Alliierten Kontrollrat genehmigte Einfuhr bezahlt sein wird, ein beliebiger Teil dieser Summe, die für die Bezahlung von Lebens- und Futtermitteln nicht benötigt wird, zur Bezahlung der Besatzungskosten und solcher Hilfsleistungen wie Transport, Versicherung usw. verwandt wird." Feinheiten, wie der Verlust der Ostgebiete, die Desorganisation der Produktion durch Krieg und Nachkrieg (Schwarzer Markt) und der fehlende Anreiz für wirtschaftliche Tätigkeiten, wurden im Industrieplan beiseitegelassen.

Das Viermächte-Gespann zieht auseinander

Der Industrieplan war die Übertragung des Potsdamer Abkommens in Produktionsziffern und Prozentzahlen. In ein Zahlenwerk übersetzt, stellte sich vor aller Augen der Widerspruch zwischen jenen Artikeln des Potsdamer Abkommens heraus, die die industrielle Entwaffnung und die Befriedigung der Reparationswünsche der Alliierten beinhalteten, und jenem Artikel 19, der besagte, daß dem deutschen Volke genügend Mittel zu belassen seien, um ohne eine Hilfe von außen existieren zu können. Sicher rechnete der Industrieplan für 1949 (auf dem Papier) einen nicht unbeträchtlichen Ausfuhrüberschuß heraus, aber die Wirklichkeit der westlichen Zonen sprach eine andere Sprache. Bis April 1946 waren 1 Million Tonnen Lebensmittel in die britische, 1/2 Million Tonnen in die amerikanische Zone geschafft worden. Es war überdeutlich, daß Deutschland selbst zum Verhungern auf Importe angewiesen war. Die katastrophale Ernährungslage wirkte sich auf den Bergbau, dieser auf die Stahlindustrie (2 Millionen Tonnen statt der erlaubten 5,8), diese wieder über die Kunstdüngerherstellung auf die Landwirtschaft und auf die übrigen Industriezweige aus. Das Defizit hatten, wie sich nunmehr herausstellte, die britischen und amerikanischen Steuerzahler zu tragen. Das Verhungern und Verkommen der deutschen Bevölkerung kam ihnen teurer zu stehen als deutsches Wohlleben. Rache war nicht nur süß, sondern auch außerordentlich kostspielig.

Bei einer näheren Betrachtung der Lage bemerkten die Amerikaner, daß die Russen (und Franzosen) der laufenden Produktion Waren entnahmen, deren Export – sollte die deutsche Wirtschaft einheitlich behandelt werden – die Lebensmittelimporte hätte bezahlen müssen. Die Russen hatten herausgefunden, daß die deutschen Maschinen dem wirtschaftlichen Aufbau der Sowjetunion bessere Dienste leisteten, wenn sie an Ort und Stelle für die sowjetische Wirtschaft produzierten, als wenn sie irgendwo in der Sowjetunion an Abstellgleisen verrosteten. So hatten die Russen verschiedene deutsche Fabriken im Dezember 1945 in sowjetischen Besitz übernommen und im Sommer 1946 in die Rechtsform der Sowjet-AGs überführt. Die einheitliche Behandlung der Im- und Exporte für alle vier Zonen sollte das Preisrätsel (ohne Lösung) werden, an der der Kontrollrat scheiterte.

An dieser Aufgabe versuchte sich der amerikanische Außenminister Byrnes[6], der kurz vor der Potsdamer Konferenz von Truman ernannt worden war. Byrnes verfügte zwar über keinerlei außenpolitischen Erfahrungen, war aber im Verlaufe einer 35jährigen Tätigkeit im Kongreß zu einem Talleyrand der Wandelgänge herangereift, der glaubte, er könne auch auf die Russen die im Umgang mit den Republikanern bewährten Mittelchen anwenden. Nach Jalta war er sehr, nach Potsdam noch gemäßigt optimistisch. Auf der ersten Sitzung des in Potsdam errichteten Außenministerrates in London versuchte er, seine Kunst zu zeigen. Er strebte den Kompromiß an, daß die in Ost- und Südosteuropa zu bildenden Regierungen der Sowjetunion gegenüber freundlich gesinnt sein sollten, wobei die Vereinigten Staaten antisowjetische Bestrebungen nicht unterstützen würden, daß aber andererseits diese Regierungen auf der Grundlage des Selbstbestimmungsrechts der Völker ihre innere Ordnung selbst beschließen könnten. Molotow hörte schwer. So machte sich Byrnes im Dezember 1945 nach Moskau auf, wo der angestrebte Kompromiß dann die Form annahm, daß die Völker Ost- und Südosteuropas auf Gedeih und Verderb den Sowjets ausgeliefert wurden, in deren Hand sie (nach Byrnes) ohnehin schon waren, während Stalin die nominelle Beteiligung bürgerlich-demokratischer Politiker an den von ihm kontrollierten Regierungen gestattete. Dieser „Kompromiß" rief sowohl bei Truman, wie bei den Republikanern und jenem Flügel der Demokraten, der weniger bereit war, den Russen um des lieben Friedens willen im Bedarfsfalle auch Texas abzutreten, eine entschiedene Mißstimmung hervor.

In Zukunft erschien Byrnes nur noch eingerahmt von den Senatoren Tom Connally (Demokrat) und Arthur Vandenberg (Republikaner) zu internationalen Konferenzen. Der letztere war dadurch wichtig geworden, daß die bevorstehenden Friedensverträge mit den ehemaligen Achsenmächten die Stimmen der Republikaner erforderten, sofern sie nicht – wie der Versailler Vertrag – am Widerspruch des Senates scheitern sollten. Die damit notwendig gewordene „Zweiparteilichkeit" der Außenpolitik gab ihr einen stärker konservativen Zug, der zur langsamen Abkehr von den Roosevelt'schen Konstruktionen führte.

Die deutsche Frage, die seit Potsdam geruht hatte, fand, als sie in der Ende April 1946 beginnenden Sitzung des Außenministerrates in Paris wiederaufgenommen wurde, einen amerikanischen Außenminister vor, der in seiner Ostpolitik ein gebranntes Kind war. Byrnes drängte darauf, daß die Deutschland verbliebenen Hilfsquellen gemeinsam genützt werden sollten und die Exportfrage gelöst werden müßte. Ein Ausschuß sollte den wirtschaftlichen Wiederzusammenschluß Deutschlands innerhalb von 90 Tagen vorbereiten. Molotow dagegen bestand auf einem umgekehrten Vorgehen. Erst solle man die Reparationsfrage lösen und der Sowjetunion die ihr in Jalta versprochenen 10 Milliarden Dollar zukommen lassen, dann könne man die Wirtschaftseinheit wiederherstellen. Im Kontrollrat erläuterten die Russen, daß der Ausgleich von Importen und Exporten bis zur Abwicklung der Reparationen eine Zonenangelegenheit sei. Das Potsdamer Abkommen habe gefordert, „gegebenenfalls die verschiedenen örtlichen Bedingungen zu berücksichtigen."

Als die Standpunkte nicht mehr auf einen Nenner zu bringen waren und das Vetorecht einen Beschluß des Kontrollrats verhinderte, kündigte General Clay am 8. April 1946 an, daß die Amerikaner bis zur Herstellung der Wirtschaftseinheit die Reparationslieferungen einstellen würden. In dem Streit um die Reparationen stellte sich heraus, daß die Besatzungsmächte von grundverschiedenen Konzeptionen der Deutschlandpolitik ausgingen. Rußland erstrebte die schnelle Stärkung der Sowjetwirtschaft und erwartete von Deutschland einen maximalen Beitrag zu diesem Ziel. Die Amerikaner sahen in Deutschland ein alliiertes Kondominium minderen Rechts und minderen Lebensniveaus, in das sie nichts hineinstecken wollten. Byrnes baute noch an einer goldenen Brücke, indem er für einen mit Stalin vorbesprochenen und im Februar den Alliierten vorgeschlagenen 25-Jahrespakt der vier Mächte zur Abrüstung und Entmilitarisierung Deutschlands warb. Molotow wollte den Pakt einerseits auf 40 Jahre verlängert wissen, fand ihn andererseits aber unzureichend, da er weder der 10 Milliarden Dollar Erwähnung tat, noch die „Demokratisierung" Deutschlands in den Einzelheiten festlegte. Über die Demokratisierung ließ Byrnes mit sich reden, aber in der Reparationsfrage konnte und wollte er keine Konzessionen machen, für die letztlich der amerikanische Steuerzahler geradezustehen hatte.

Am 10. Juli 1946 ging Molotow in Paris zum Angriff über. Er unterzog die verschiedenen amerikanischen Deutschlandpläne einer ätzenden Kritik. Die Umwandlung Deutschlands in ein Weideland (Morgenthau), die Auslöschung des deutschen Staates (Shirer), die Abtrennung des Ruhrgebietes (White), wie die Pläne der Aufgliederung Deutschlands in Teilstaaten (Hull) und deren Ausläufer im „Föderalismus" (Clay) wurden den Amerikanern vorgerechnet. Über den Aufbau des Staates zu entscheiden, sei ebenso Sache der deutschen Bevölkerung wie über die Abtrennung von Gebieten. Die deutsche Friedensproduktion sei (gegenüber dem Industrieplan) rigoros heraufzusetzen. Eine deutsche Regierung sei zu gründen, der die beiden Aufgaben zufallen sollten, „die Reste des Faschismus in Deutschland auszurotten und die Verpflichtungen Deutschlands gegenüber den Alliierten zu erfüllen." Habe sich die Regierung an diesen Aufgaben bewährt, dann sei an den Abschluß eines Friedensvertrages zu denken.

Hatten die Vereinigten Staaten durch ein peinliches und dem Roosevelt'schen System nicht entsprechendes Herumreiten auf dem Selbstbestimmungsrecht der Völker die russischen Nerven strapaziert, so gingen auch die Russen jetzt nicht mehr nervenschonend vor. Die Mißstimmung wuchs, und Byrnes erklärte, daß die Vereinigten Staaten sich weigerten, die Verantwortung für das durch die Zonenteilung Deutschlands entstandene „Chaos" zu übernehmen. Er forderte die übrigen Besatzungsmächte auf, ihre Zonen mit der amerikanischen zusammenzuschließen. Da die Aufforderung an die verschiedenen Regierungen und nicht an den Kontrollrat gerichtet war, konnte keine Nation ein Veto einlegen. Nur die Briten erklärten sich zur Annahme des amerikanischen Vorschlages bereit.

Am 5. September 1946 wurden die ersten Abkommen über die Verschmelzung der beiden Zonen unterzeichnet, am folgenden Tage hielt Byrnes in Stuttgart eine in Paris beschlossene Rede. Nach ihr war die politische Ausschaltung Deutschlands noch immer der Kern der amerikanischen Deutschlandpolitik. Jene Potsdamer Beschlüsse, die sich auf die Entmilitarisierung Deutschlands und die von ihm zu erbringenden Reparationen bezogen, seien zur Gänze durchzuführen. Aber zugleich sei auf Grund des Potsdamer Abkommens Deutschland genügend Industriekapazität zu belassen, daß es ohne ausländische Hilfe den durchschnittlichen Lebensstandard aufrechterhalten könne. Byrnes forderte: „Deutschland muß die Möglichkeit erhalten, Güter auszuführen, damit es genug einführen kann, um seine Wirtschaft auf eigene Füße zu stellen." Byrnes hatte bestimmte Konsequenzen der Politik von Potsdam negiert, ohne deren Prämissen anzugreifen. Die politische Handlungsunfähigkeit Deutschlands glaubte Byrnes mit seiner wirtschaftlichen Lebensfähigkeit irgendwie verknüpfen zu können.

Der institutionelle Aufbau des Vereinigten Wirtschaftsgebietes[7] (Bizone) war ein Ausdruck dieser Deutschlandpolitik. Die fünf Zentralämter, die errichtet wurden, wurden auf Bielefeld, Frankfurt und Stuttgart verteilt, um die Gründung eines Regierungssitzes zu vermeiden. Sie waren Exekutivausschüssen unterstellt, die aus den Ressortministern der acht Länder bestanden. Die Ausführung ihrer Beschlüsse blieb den einzelnen Ländern überlassen, die damit die einzigen handlungsfähigen politischen Einheiten bildeten. Die amerikanische Direktive vom 30. September 1946 bestimmte, daß die Macht in erster Linie an die Staaten (nicht Länder!) übertragen werden solle und nur in zweiter Linie und in einzelnen und engbegrenzten Fragen an eine Bundesregierung. Die Regierung sollte soweit dezentralisiert sein, wie es sich mit den Bedingungen des modernen wirtschaftlichen Lebens vereinbaren lasse. Die Direktive sprach zwar von einem Bundesstaat, meinte jedoch einen Staatenbund. Allerdings stand der maximal dezentralisierten deutschen Verwaltung eine maximal zentralisierte Militärregierung gegenüber, die alle Entscheidungen im Berliner Stab von General Clay fällte. Die praktische Durchführbarkeit des „föderativen" Aufbaus brauchte sich daher keiner Bewährungsprobe zu unterziehen.

Byrnes hatte in seiner Stuttgarter Rede das Kunststück fertig gebracht, die einander heftig widersprechenden Formeln der beiden einander unversöhnlich gegenüberstehenden Schulen der amerikanischen Deutschlandpolitik schlecht und recht miteinander zu verknüpfen. Neben der ständigen Wiederholung der antigermanischen Parole, daß die bestehenden Zustände in Deutschland nur die Folge von dessen Aggressionen seien, flocht er auch den Kernsatz der Gegenrichtung „Deutschland ist ein Teil Europas" in seine Rede ein. Die inneramerikanische Explosion blieb nicht aus. Der amerikanische Handelsminister und ehemalige Vizepräsident Henry A. Wallace, der schon längst die Politik Trumans mißbilligte, da es seiner Ansicht nach die Hauptaufgabe der amerikanischen Außenpolitik sein müßte, das russische Mißtrauen zu zerstreuen, hielt am 12. September 1946 im Madison Square Garden eine Rede, die Truman öffentlich, aber „versehentlich" gebilligt hatte. Wallace griff, wie gewohnt, die „Get-Tough-with-Russia" – Politik in scharfen Worten an und meinte, man müßte hart nur gegen England sein, das wieder zur imperialistischen Balance-of-Power-Politik zurückkehren wolle. Er schürte die entstandene Erregung noch durch ein Memorandum, das die zweiparteiliche Außenpolitik angriff, die zuviel „dem als harten Realismus maskierten Isolationismus" konzediere. Byrnes protestierte, und Truman war gezwungen, Wallace zu entlassen. Er schrieb seiner Mutter: „Seit Chicago hat mich nichts mehr so wütend gemacht. Also rief ich ihn heute vormittag an und sagte ihm, ich könne ihn nicht mehr brauchen, und er nahm es so nett auf, daß ich's am liebsten rückgängig gemacht hätte. Jetzt bin ich ihn also los, und alle Querköpfe haben Wutanfälle." Der Nachfolger des Propheten des „Jahrhunderts des Kleinen Mannes" wurde der Multimillionär W. Averell Harriman, der als Botschafter in Moskau einer der ersten war, der schwere Bedenken gegen Roosevelts Rußland-Politik geäußert hatte.

Clay schaltet gleich

Erst im Herbst 1949 ist die dem Kriegsministerium unterstellte Militärregierung durch zwei Nachfolgeorganisationen abgelöst worden. Deren eine war die dem deutschen Bundestag verantwortliche Bundesregierung, die andere die dem amerikanischen Außenministerium unterstellte Hohe Kommission. Und doch war die Militärregierung nicht eine Regierung durch die amerikanische Armee. Vielmehr waren zwar in der Person des amerikanischen Oberbefehlshabers in Deutschland und Militärgouverneurs (General Eisenhower, ab Dezember 1945 General McNarney, ab 1947 General Clay) Militärregierung und Armeeoberkommando in einer Person vereinigt, aber auf allen übrigen Ebenen getrennt. Die Errichtung der Militärregierung, die als von der Armee unabhängige Institution gedacht zunehmend Zivilisten beschäftigen sollte, war das Werk des stellv. Militärgouverneurs General Clay, dem im Gegensatz zum Militärgouverneur selber keine Truppen unterstanden.

Bei dem amerikanischen Einmarsch in Deutschland war es noch anders gewesen. Die Detachments für Militärregierung, die die einmarschierenden Truppen begleiteten, waren den Truppenkommandeuren unterstellt gewesen. Die Militärregierung unterstand der Generalstabsabteilung G 5 des anglo-amerikanischen Oberkommandos in Europa SHAEF (Supreme Headquarters Allied Expeditionary Forces) unter Eisenhower und nach dessen Auflösung im Juli 1945 der amerikanischen Nachfolgeorganisation USFET (U.S. Forces European Theatre) in Frankfurt (später Heidelberg). So hatten auch für die regionalen Militärregierungen die regionalen amerikanischen Befehlshaber und ihre G 5-Abteilungen die Verantwortung, vor allem die Armeebefehlshaber General Patton (3. Armee – Bayern) und General Patch, später General Keyes (1. Armee – Baden-Württemberg, Hessen.)

Der Unterschied zwischen der Militärregierung durch die Armee und der Militärregierung durch eine eigene Organisation war ein Unterschied in der Zielsetzung. Die Armee sah die Aufgabe der Militärregierung in der Gewährleistung der Sicherheit der Truppen durch Aufrechterhaltung der öffentlichen Ordnung, der Instandsetzung der Versorgungsbetriebe, der Verhinderung von Hunger und Seuchen in der Zivilbevölkerung. Die politische Militärregierung, die von der Armee getrennt war, sah ihre Aufgabe in der Zerstörung einer alten und der Schaffung einer neuen politischen Ordnung. Die letztere Aufgabe mit ihren ideologischen Motivationen wurde von den Militärs, wie Eisenhowers Generalstabschef Bedell Smith, oft nicht begriffen. Clay dagegen schrieb: „Ich zweifelte nicht daran, daß die Armee imstande war, wirksam zu verwalten. Wir wollten aber mehr erreichen. Unser Versuch galt der Schaffung einer deutschen zivilen Regierung auf demokratischer Grundlage." Vor der Berliner Blockade hätte er geschrieben: – der Durchführung der politischen Grundsätze der Direktive JCS 1067 und der Potsdamer Beschlüsse.

Frühjahr und Sommer 1945 (bis zur Einsetzung der Länderdirektoren der Militärregierung im September) werden gerne als Interregnum bezeichnet. Doch gerade im Interregnum sind Entscheidungen gefallen, die später, als die Besatzung dem Kreislauf der amerikanischen öffentlichen Meinung angeschlossen worden war, nicht mehr rückgängig gemacht werden konnten. Eine dieser Entscheidungen war, daß die „antifaschistischen Ausschüsse", die in verschiedenen Orten in den turbulenten Tagen des Einmarsches der Amerikaner die Verwaltung usurpiert hatten, beseitigt wurden. Diese Keimzellen einer deutschen Revolution, die stark unter kommunistischen Einflüssen standen, waren der amerikanischen Armee aus Italien, wo die Beziehungen von amerikanischen Truppen und italienischer Resistenza nicht die besten waren, in ihrer Zusammensetzung geläufig. Als auch in Deutschland wieder die bekannten Gesichter auftauchten, machte die Armee nicht viel Federlesens.

Auch Organisationen wie die FAB (Freiheitsaktion Bayern) wurde an der Ausübung von Verwaltungsfunktionen gehindert.

Ein andere, sehr wesentliche Entscheidung betraf die ehemaligen Fremdarbeiter (DP's – Displaced Persons), Kriegsgefangenen und entlassenen KZ'ler. Die offiziöse Geschichte der Militärregierung in Hessen schreibt zu dieser Frage: „Die Horden der DP's waren wie hungrige Tiere, die plötzlich aus den Käfigen befreit waren. Halbwahnsinnig durch ihre neugewonnene Freiheit und besessen von der Idee, daß ein Verfolgter des Nationalsozialismus gewesen zu sein, eine carte blanche bedeute, um nach Belieben zu morden, zu rauben, zu stehlen und zu vergewaltigen, führten sie eine wahre Terrorherrschaft über die deutsche Bevölkerung in den besetzten Gebieten." Die erste Aufgabe einer Militärregierung, die Ruhe und Ordnung wiederherstellen wollte, war die Verhinderung des durch die DP's und die KZ'ler geübten Faustrechtes. Aber auch damit wurde vom ideologischen Kurs der liberalen Deutschlandpolitik abgewichen, der vorschrieb, zwischen den befreiten Opfern des Faschismus, die ihrem Unmut verständlich Luft machten, und den deutschen Faschisten, die nur ernteten, was sie gesät hatten, moralische Unterschiede zu machen. Die Armee hingegen war gewohnt, eine Ordnung herzustellen, der sich alle zu fügen hatten.

Die eigene, von der Armee getrennte Militärregierung war zugleich die der öffentlichen Meinung entsprechende Militärregierung. Meinung und Berliner Militärregierung unter Clay setzten sich gemeinsam gegen die Armee durch. Ihr Sieg war die Absetzung des Generals Patton. Schon im Sommer 1945 war in der liberalen „New Republic" ein Artikel von Philipp Löwenfeld erschienen, der als „Bavarian Scandal" die „Nazi"-Regierung Schäffer angriff. Die Regierung Schäffer war schon im Mai 1945 in Bayern eingesetzt worden und bestand mit Ausnahme des sozialdemokratischen Arbeitsministers Rosshaupter aus Konservativen. Auf den Artikel hin setzte die Psychologische Kriegführung einen Spähtrupp unter Arthur Kahn, der später in einem in Warschau erschienenen Buch Bericht erstattete, nach Bayern in Bewegung. Die Psychokrieger fanden in München unter der Schirmherrschaft von Kardinal Faulhaber ein klerikal-konservativ-reaktionäres Regime am Ruder, das keinesfalls gründlich entnazifiziert war. Die Armee hatte aber erklärt, daß die Entnazifizierung abgeschlossen sei. Der Meinungssturm brach los und richtete sich vor allem gegen General Patton.

„Old-blood-and-guts" George S. Patton war einer der bekanntesten amerikanischen Kriegshelden. Der Haudegen, der Olympiateilnehmer und Weltmeister im Schießen gewesen war, hatte für die feinen Stimmungswellen, die der Bürogeneral und „Politician" Eisenhower so wohl einzukalkulieren wußte, kein Verständnis. Er übte an der auf Touren kommenden Entnazifizierung in einer Versammlung der amerikanischen Offiziere in Frankfurt Kritik. Er hatte die Lehren von Aachen augenscheinlich nicht begriffen. Die Presse ließ das Fallbeil sausen. In einer Pressekonferenz wurde Patton gefragt, ob die Mitgliedschaft vieler Deutscher in der NSDAP nicht der vieler Amerikaner in der Demokratischen oder Republikanischen Partei vergleichbar sei. Als er mit ja antwortete, wurde er von Eisenhower als Kommandeur der 3. Armee abgesetzt und zum Kommandeur einer (nicht existierenden) 15. Armee ohne Militärregierungsaufgaben ernannt. Bald danach kam er bei einem Autounfall ums Leben. Am Ende der unter dem Titel „War as I Knew It" veröffentlichten Aufzeichnungen Pattons finden wir folgende Notiz: „Die Pressekonferenz am 22. September 1945. Diese Pressekonferenz kostete mich das Kommando der 3. Armee, oder vielmehr einer Gruppe von Soldaten, meistens jungen Rekruten, die damals diesen historischen Namen für sich beanspruchten. Aber ich war bewußt direkt, da ich glaubte, es sei allmählich an der Zeit, daß man erfuhr, was vor sich ging. Meine Sprache war nicht besonders diplomatisch, aber ich habe noch nicht herausgefunden, wo diplomatische Sprache eine erfolgreiche Regierung hervorbringt. Der einzige Punkt, über den ich damals nicht sprechen konnte und auch heute nicht sprechen kann, ist, daß mein Hauptinteresse bei der Herstellung der Ordnung in Deutschland war, zu verhindern, daß Deutschland kommunistisch würde. Ich fürchte, daß unsere törichte und ungemein kurzsichtige Deutschlandpolitik die Deutschen dazu bringen wird, sich mit den Russen zu vereinigen und dadurch einen kommunistischen Staat in ganz Westeuropa zu schaffen."

Wenn Patton fiel, so mußte Schäffer folgen. Der Entnazifizierungsberater von Clay, Professor Dorn, benutzte die Abwesenheit von Clays politischem Berater Murphy, um Schäffer zu entlassen und den sozialdemokratischen Emigranten Wilhelm Hoegner zum bayerischen Ministerpräsidenten zu ernennen, der „ein Kabinett der entschlossenen Abkehr vom Nationalsozialismus" und der Entnazifizierung zusammenstellte. Nach Hoegner war lediglich der damalige „linke Demokrat" Ludwig Erhard ein Fremdkörper in diesem Kabinett, da er Hoegner trotz seines Widerstrebens von einem amerikanischen Oberst als Wirtschaftsminister aufgedrängt wurde. In dem Intrigenspiel um Patton und seine Regierung kamen New

Yorker Parteifehden zum Austrag. Pattons politischer Berater war Oberst Keegan gewesen, der die Protektion des demokratischen Parteiapparates von New York unter Flynn (Autobiographie: I am the Boss) genoß. Flynn wie Keegan waren irisch-katholisch. Der Todfeind der demokratischen Tammany Hall war die amtierende Stadtverwaltung unter La Guardia, deren starker Mann Oberst Marcus in der Abteilung Zivilangelegenheiten des Kriegsministeriums das entscheidende Wort sprach. Der Sturz Pattons und Schaeffers war der Sieg einer New Yorker Fraktion über die andere. Mit der Beseitigung Pattons konnte der Aufbau einer eigenständigen Militärregierung beginnen.

Im September 1945 wurden drei Länder: Bayern, Württemberg-Baden und Großhessen geschaffen. Jedes Land unterstand einem Direktor der Militärregierung. Im Oktober wurde die Stabsabteilung G 5 von den Militärregierungsaufgaben entbunden und ihr Personal der OMGUS (Office of Military Government) in Berlin überwiesen. Von da an wurden die Aufgaben der Militärregierung nach und nach von der der Armee unterstellten Militärregierung in Frankfurt auf die eigenständige Militärregierung in Berlin übertragen. Zunächst hatten die Berliner die Finanzen, die Wirtschaft, die Reparationen, die Wiedergutmachung und den Arbeitseinsatz unter sich. Im Dezember kamen das Nachrichten- und Transportwesen hinzu. Im März 1946 wurde die Militärregierungsabteilung in Frankfurt aufgelöst und die Länderdirektoren direkt Berlin unterstellt. Der Armee unterstanden noch die DP's, die Militärtribunale (Dachau) und die Sicherheitsmaßnahmen. Auf die Besatzungspolitik konnte die amerikanische Armee keinen Einfluß mehr nehmen[8].

Chaos – Strukturreform – Charakterreform

Nach der Ausschaltung der Armee aus der Deutschlandpolitik waren alle Zufälligkeiten, die aus der Einstellung einzelner Kommandeure entsprangen, beseitigt. Die Besatzungspolitik konnte einheitlich – und in ständiger Berührung mit der amerikanischen Tagesmeinung – durchgeführt werden. Clay und OMGUS waren eine große Clearingstelle, in der die verschiedenen Auffassungen in der deutschen Frage bereinigt, mit einander verknüpft und in eine gesetzgeberische und verwaltende Tätigkeit überführt wurden. Reformer und Konservative waren in OMGUS gleich vertreten. Unter den Reformern lassen sich drei Gruppen unterscheiden.

Die erste Gruppe wurde allgemein mit Morgenthau in Verbindung gebracht. Mit mehr Recht könnte sie nach Harry Dexter White genannt werden, der die Gedanken, die dem Morgenthauplan zugrunde lagen, ausgearbeitet hatte. Der Grundgedanke war, daß für ein schwaches Deutschland in einem starken Europa gesorgt werden müsse. Die industrielle Ausschaltung Deutschlands würde dessen Nachbarn nicht hemmen, sondern fördern. Von der deutschen wirtschaftlichen Dominanz befreit, würden diese wirtschaftlich aufblühen und die ausgefallene deutsche Produktion schnell wettmachen. Die Demontage der deutschen Industrie und ihre Wiederaufstellung in den Nachbarländern werde diesen Prozeß fördern. Was aus Deutschland werden sollte, war den Vertretern dieser Schule gleichgültig. Ihr Ziel war die Stärkung der Nachbarn Deutschlands.

Die Maßnahmen, die sie befürworteten, waren negativer Natur und führten zur Zerrüttung der deutschen Wirtschaft, zur Zerrüttung der deutschen Finanzen und zur Zerrüttung der deutschen Gesellschaft. Die Argumente, mit der diese Maßnahmen begründet wurden, waren stets Hinweise auf die deutsche Gefahr oder auf die deutsche Schuld. Die Schwäche der Richtung war das Fehlen einer Antwort auf die Frage nach der zukünftigen Rolle Deutschlands, was die Gegner veranlaßte, zu behaupten, sie wolle Deutschland in ein Chaos stürzen. In der Armeesprache wurde die Gruppe die der „Morgenthauboys", „Termiten", „Chaosboys" genannt. „Morgenthau" war ein Hinweis auf den höchstgestellten Vertreter der Richtung, „Termiten" war ein Hinweis auf die New-Deal-Vergangenheit der Gruppe und „Chaos" zitierte das Schlagwort der Gegner. Der Hauptvertreter der Gruppe war Eisenhowers Finanzberater Bernard Bernstein, ehemaliger Leiter der Rechtsabteilung des Finanzministeriums. Du Bois berichtet von ihm: „Kurz bevor die Alliierten in Deutschland einmarschierten, sammelte er unter seinem Kommando eine Gruppe von Infanteristen, die früher im Finanzministerium angestellt waren, um nach den Geschäftspapieren und der Geschichte jeder wichtigen Firma auf dem Kontinent zu suchen." Die „Geschichte" spielte insofern eine Rolle, als für diese Gruppe das kriminelle Verhalten der Wirtschaftsführer eine fixe, aus der amerikanischen Geschichte zu erklärende Idee war. Im November 1945 wurde Bernstein nach einer Auseinandersetzung, die sich auf die gegen die Schweiz zwecks Auslieferung dortiger deutscher Vermögenswerte zu treffenden Maßnahmen bezog, entlassen. Auch der Leiter der Dekartellisierungsabteilung Russel Nixon ging. Ein großer Teil der anderen Morgenthauboys folgte. Stark waren die Einflüsse dieser Richtung nach wie vor in der Dekartellisierungsabteilung und in der Rechtsabteilung der Militärregierung.

Die zweite Gruppe war die der Strukturreformer. Sie wollte nicht die konsequente Schwächung Deutschlands, sondern die soziale Umwälzung. Diese Politik war in amerikanischen Denktraditionen weniger verankert als die Richtung der „Chaosboys". Schon in der Kriegspropaganda war die „Zwei-Deutschland-Theorie" vornehmlich von deutschen Immigranten und einheimischen, aber doch europäisch orientierten Sozialisten vertreten worden. Auch jetzt waren die Anhänger dieser Gruppe vornehmlich auf die Durchsetzung der Pläne der Sozialisten Deutschlands angewiesen, denen sie bestenfalls Schützenhilfe leisten konnten. Stärker vertreten waren sie in der Abteilung für Arbeitseinsatz, der anfangs unter der Leitung von David A. Morse stand. Morse, ein stellvertretender Arbeitsminister, war schon Chef der Abteilung für Arbeitseinsatz in Italien gewesen. Als Anhänger der CIO und des Zusammenschlusses mit dem kommunistisch geführten Weltgewerkschaftsbund wurde er von der AFL scharf angegriffen. Er stellte eine Reihe weit links gerichteter Männer wie Wheeler, Snyder, Courtney in der Abteilung für Arbeitseinsatz an. Auch in der Erziehungsabteilung waren die auf Strukturreform gerichteten Bestrebungen stark vertreten, vor allem durch Absolventen von Dewey's Columbia Teachers School. Das Feld für die Strukturreform war ein weites: Bodenreform, Reform der Betriebsverfassung, Schulreform, Universitätsreform, Entnazifizierung, Verwaltungsreform. Doch den einzelnen Reformversuchen fehlte untereinander (im Gegensatz zur Sowjetzone) der Zusammenhang.

In der biographischen Skizze über den Strukturreformer Franz Neumann, den Verfasser der einschlägigen Deutung des Dritten Reiches „Behemoth", lesen wir: „Während seiner Tätigkeit in der amerikanischen Nachrichtenorganisation OSS und später dem Außenministerium (1942–1946) wandte Neumann seine in seinen Studien gewonnenen Einsichten auf die Analyse und Vorausnahme der deutschen Entwicklung an. Er widmete seine größten Anstrengungen den Plänen für eine Demokratisierung Deutschlands, die die Fehler der Weimarer Republik vermeiden sollte. Er versuchte nachzuweisen, daß die Denazifizierung mehr als eine Säuberung des Personals und eine Abschaffung der Nazi-Gesetzgebung sein müßte – daß sie dem Faschismus an die Wurzeln gehen müsse, indem sie die wirtschaftlichen Grundlagen der antidemokratischen Politik der deutschen Industrie beseitigen müsse. Neumann sah, daß die Anstrengungen, dieses Ziel zu erreichen, scheiterten, aber er arbeitete weiter, um die wahrhaft demokratischen Kräfte in Deutschland in dem engen Feld, das für ihn noch frei war, zu stärken. Als amerikanischer Verbindungsmann zur Freien Universität in Berlin trug er erheblich bei zum Entstehen des Instituts für Politische Wissenschaft in Berlin".

Diese Lebensskizze zeigt sehr schön den Übergang von der Strukturreform zur Charakter- und Gesinnungsreform (der dritten Reformrichtung), wie sie auch für die Erziehungsabteilung der Militärregierung charakteristisch ist. Diese dritte Reformrichtung in der Besatzungspolitik ist gesondert behandelt worden (2. Kapitel). Ihre stärkste Position hatte sie in der Abteilung für Informationskontrolle. Ihr Instrument war die Lizenzierung und die Kontrolle der politischen Begriffsbildung. Ihre Stunde kam, nachdem man erkannt hatte, daß die Strukturreform den Russen in die Hände spielte, aber der Verzicht auf jede Reform den „Kreuzzug in Europa" (Eisenhower) nachträglich seines Sinns beraubt hätte.

Die Charakterreformer hatten nichts anderes im Sinne als den langfristigen Umbau des deutschen Charakters. So klar für sie die langfristigen Perspektiven hervortraten, so unentschlossen waren sie bei den kurzfristigen Maßnahmen. Einerseits war für die Entwicklung des gewünschten Charakters ein gewisser Wohlstand willkommen, andererseits mußte sichergestellt werden, daß eine Erholung Deutschlands nicht seine Remilitarisierung bedeutete. Ein den Chaos-Boys nahestehender Beobachter (Ambruster) schrieb über einen der Charakterreformer, Saul K. Padover: „Professor Padover legte in einer World-Peaceways-Sendung am 16. Dezember 1945 dar, daß wir die deutsche Gesinnung ummodeln müßten (und gab zu, daß dies Jahrzehnte dauern würde). Er schloß mit einer Warnung, daß es gefährlich sei, wenn wir die IG Farben bestrafen und ihre Fabriken zerstören würden. Mit der Zerstörung von Fabriken ist nichts zu erreichen, schloß der Professor. Dann reiste er eilends ab, um seinen Dienstgeschäften in Deutschland nachzugehen. Einige Monate später, nachdem er Zeuge der verstohlenen Wiederbelebung des deutschen Kriegspotentials unter der Maske einer Friedenswirtschaft geworden war, wechselte er seine Ansichten. Am 9. September 1946 wies er glänzend die Notwendigkeit nach, das Reich seiner industriellen Macht zu berauben, um, wie er sagte, aus ihm einen wehrlosen Riesen, der niemanden ängstigt, zu machen".[9]

G.I. und Top Brass

Die ersten Nachkriegsjahre waren nicht, wie man angenommen hatte, die Jahre des allgemeinen Vertrauens und der gegenseitigen Liebe, sondern die Jahre der Vorhänge. Ein Eiserner Vorhang trennte – laut Churchill – den sowjetischen Machtbereich von der übrigen Welt ab, ein Bambusvorhang wurde um China gezogen, ein seidener Vorhang um die französische Besatzungszone. Die amerikanische Zone – so wurde gesagt – sei von der übrigen Welt durch einen Messingvorhang (brass-curtain) getrennt. Brass ist der amerikanische Ausdruck für höhere miliärische Ränge. Die Militärregierung, die teilweise aus Zivilisten bestand, fügte sich in mancher Beziehung in die Kommiß-Tradition ein. Militärischen Ursprungs war das Rang-Bewußtsein. Jede Zuteilung, jedes Transportmittel, jede Unterkunft war genau nach Rang abgestuft. Wer sich als Zivilist in der amerikanischen Zone bewegen wollte, bekam einen entsprechenden Rang zugeteilt, war equivalent to … Auch die Zuständigkeiten wurden eifersüchtig bewacht, und ein guter Teil der Geschichte der Militärregierung ist ein Kampf um Kompetenzen. Schon in England wurde von den künftigen Offizieren der Militärregierung um die Abgrenzung der Ressorts leidenschaftlich gekämpft.

Die Loslösung der Militärregierung von der Armee brachte ein Interesse amerikanischer Politiker für Stellen in Deutschland mit sich. Die nach Deutschland kommenden waren sogenannte „lahme Enten", Politiker, deren Karriere hinter ihnen lag. Ein Beispiel war Murray D. Van Wagoner, der ehemalige Gouverneur von Michigan. Er wurde zum Direktor der Militärregierung für Bayern ernannt. In Württemberg war Charles M. La Folette, ein Mitglied der progressiven La Folette-Dynastie, die auch nicht mehr in Mode war, Direktor. Die ehemaligen Politiker spezialisierten sich auf den Genuß der landschaftlichen Szenerien, die Jagd und das Pokerspiel. Neben ihnen nahmen einige Berufs-Offiziere und Mitglieder der für die Aufgaben der Militärregierung eigens ausgebildeten Gruppen (Dr. James Newman von Hessen und Professor Dawson von Württemberg) die Spitzenpositionen ein.

In den mittleren Rängen, die einen entscheidenden Einfluß auf die Militärregierung ausübten, war die Gruppe der Professoren für Politische Wissenschaften über jede Gebühr vertreten. Sie war der eigentliche Träger der Reformbestrebungen: Pollock, der Koordinator der Länderregierungen und Vater des Stuttgarter Länderrates,

Litchfield, Dorn, der Entnazifizierungsberater Clays, Friedrich und zahllose andere Professoren experimentierten am deutschen Modell. Da die amerikanischen Politiker die einzige Bevölkerungsgruppe bilden, die sich in den Vereinigten Staaten weigert, sich auf die Couch des Psychoanalytikers zu legen und die Literatur der Politischen Wissenschaften zu lesen, war es für die Politischen Wissenschaftler eine einmalige Gelegenheit, praktisch zu erproben, was sie theoretisch lehrten. Auch bei ihnen war die Auswahl keine besonders positive, da nur solche Professoren in Deutschland blieben, die in den Staaten keine begehrenswerte Stelle erwartete. An Eifer stachen sie jedoch aus den übrigen Offizieren hervor, die den Verlokkungen des Besatzungslebens mit Wein, Weib und Schwarzhandel selten allzu viel Widerstand leisten konnten.

Wenn die Offiziere als Umerzieher nicht immer geeignet waren, so war der Einfall, dem einfachen G.I. eine erzieherische Mission zu übertragen, nur noch verwunderlich. Die Tagträume, die zu ihm führten, wurden in einer Broschüre „Occupation", die um die Jahreswende 1945/46 von „Männern, die Deutschland kennen" herausgegeben und an alle amerikanischen Soldaten verteilt wurde, erläutert. „Während des heißen Krieges machten wir gute Fortschritte in Richtung auf die Ausrottung der bösen Kräfte – wir töteten Nazis. Aber viele Nazis entkamen den Bomben und Kugeln und tauchten eilends unter. Die Besatzungstruppen haben sich bereits dieser unveränderten (unreconstructed) Deutschen angenommen. Tausende gefährliche Nazis wurden zusammengetrieben, klassifiziert und eingesperrt. Aber der Job ist noch nicht zuende. Tief in der deutschen Seele, im psychologischen ‚Untergrund' schwelen die Feuer des Hasses, der Gier und der Gewalt". So habe sich der G.I. einzuschärfen, daß der Krieg in zwei Teile zerfalle: den Krieg der Eroberung und den Krieg der Ideen. Ersterer sei mit der deutschen Kapitulation abgeschlossen, letzterer im vollen Gange. Der Soldat müßte daher mit Ideen als Waffe genauso umgehen, wie mit Kanonen, Flugzeugen und Tanks. Dem G.I. mußte eingeschärft werden, daß er sich nicht durch den Augenschein täuschen lassen dürfe. „Wenn du denkst, daß diese Deutschen sauber aussehen, anständig und harmlos – dann ERINNERE DICH. Es sind die, die den Krieg unterstützten und die Arbeit taten. ... Bevor du realisierst, daß der Nazismus nicht das Produkt einiger außergewöhnlicher Individuen war, sondern tiefe Wurzeln in der deutschen Zivilisation hatte, wirst du nicht imstande sein, die wahre Bedeutung dessen zu erfassen, was du siehst. Die wahre Bedrohung der Weltsicherheit liegt in der Seele des deutschen Volkes. ... Zentralheizung ist typisch für Deutschland, so war Buchenwald, wo Massenmorde mit typischer deutscher Gründlichkeit ausgeführt wurden. Deutsche Sauberkeit ist typisch – so sehr, daß sie aus menschlichen Körpern Seife machten. Nazi-Kunst gab der Welt Lampenschirme aus tätowierter menschlicher Haut".

Daher müßte sich der G.I. vor der deutschen Propaganda hüten, die verkleidet aufträte, aber zehnmal subtiler sei als während des Krieges. Es sei Nazipropaganda, wenn die Putzfrau behaupte, daß sie nie der Nazikampagne zwecks Erzeugung unehelicher Kinder zugestimmt habe, denn woher kämen dann die vielen unehelichen Kinder? Es sei Nazipropaganda, wenn ein Kaufmann sage, daß er froh sei, in der amerikanischen Zone zu leben, da die Russen alles kaputt gemacht hätten. Das zeige, daß die Russen einen guten Job täten, nur die Deutschen dies nicht mochten. Der G. I. dürfe sich nicht beeindrucken lassen, sondern müsse immer die Grundfakten im Kopf behalten: „Das Deutschland der Nebel und schuppigen Drachen, der Räusche der Grausamkeit und des Blutes ist das gleiche Deutschland, das zwischen 1871 und 1914 eine industrielle Entwicklung durchmachte, die zu den größten technischen Errungenschaften der modernen Welt zählt. Diese alarmierende Verbindung von romantischem Bösewicht und fähigem Geschäftsmann, von sentimentalem Musikliebhaber und brutalem Unterdrücker hat Deutschland schon seit langem charakterisiert. Der Deutsche ist in Deutschland stets die Beute dieser wahnsinnigen Täuschung, aus der du schließen kannst, daß die deutsche nationale Tradition (die die Seelen der Kinder formt, die in Deutschland aufwachsen) minderwertiger ist, in höchstem Grade und unleugbar minderwertiger ist, als die irgendeines anderen Volkes in der modernen westlichen Welt."

Es war ein Versuch, den einfachen amerikanischen Soldaten mit der antigermanischen liberalen Ideologie zu impfen. Wahrscheinlich hatte er seinen Ursprung im Kriegspropagandaamt (OWI). Um jedoch die G. I.'s vor der Nazipropaganda der Putzfrau zu sichern, wurde die Non-Fraternisation-Gesetzgebung eingeführt. Durch sie wurde es verboten, mit Deutschen außer in dienstlichen Angelegenheiten zu sprechen. Allmählich wurde die Gesetzgebung gelokkert, bis nach dem 1. Oktober 1945 nurmehr das Heiratsverbot und das Verbot, mit Deutschen unter dem gleichen Dach zu wohnen, übrigblieb. Die Gesetzgebung mußte an zwei Klippen scheitern: dem Schwarzhandel und den Mädchen. Der Umgang mit letzteren hieß (nach der Nonfraternization) in der Armeesprache „to frat", die Mädchen selbst „fraternazis." Auch der Schwarzhandel war ein Fieber, das alle Ränge der amerikanischen Armee erfaßt hatte. Die Gewinne, die durch den Verkauf von Lebensmitteln und Zigaretten und den Einkauf von Schmuck und Kunstgegenständen gemacht wurden, waren für viele Amerikaner das Geschäft ihres Lebens. Selbst in Clays Hauptquartier mußte schließlich eine Anordnung erlassen werden, daß während der Dienststunden Gespräche über die Schwarzhandelstageskurse verboten seien. Die mannigfachen Berührungen mit der deutschen Bevölkerung führten dazu, daß die antigermanischen Lehren der Propaganda des OWI vergessen wurden, bis die Soldaten schließlich fragten, mit welchem Recht diejenigen, die gehaßt hatten, ohne zu kämpfen, diejenigen belehrten, die gekämpft hatten, ohne zu hassen.

Entnazifizierung mit Strick

Die beiden Aufgaben, die Molotow in Paris für die zukünftige deutsche Regierung gestellt hatte, die Ausrottung der Reste des Faschismus und die Erfüllung der Verpflichtungen gegenüber den Alliierten, waren auch die Ziele der amerikanischen Politik. Die Ausrottung der Reste des Faschismus sollte durch eine Beseitigung nationalsozialistischer Symbole, Gesetze und Literatur, sowie durch die Aburteilung von Personen und Personengruppen, die als Träger der nationalsozialistischen Politik betrachtet wurden, bewerkstelligt werden.

Die Aburteilung nahm die beiden Formen der Kriegsverbrecher (Naziverbrecher, NS-Verbrecher) – Prozesse[10] und der Entnazifizierung an. Anläßlich des Besuches des amerikanischen Außenministers Hull in Moskau (1943) wurde vereinbart, daß Verbrechen, die an einem bestimmten Ort stattgehabt hatten, an diesem abgeurteilt werden sollten (Auslieferung) und solche, die keinen bestimmten Ort hatten, von einem internationalen (interalliierten) Gericht zu ahnden seien. Der einzige solche Prozeß war der Nürnberger Hauptkriegsverbrecher-Prozeß vom 20. Februar 1946–1. Oktober 1946. Durch das Kontrollratgesetz Nr. 10 vom 20. Dezember 1945 wurden die einzelnen Besatzungsmächte angewiesen, ihrerseits Prozesse nach dem für den Hauptkriegsverbrecher-Prozeß geschaffenen Recht durchzuführen. Die Amerikaner führten in Nürnberg zwölf laufend numerierte Verfahren (Fall I–XII) durch, die der nach dem Kontrollratgesetz handelnden Militärregierung unterstanden. Daneben verwalteten die Amerikaner in Dachau eine Reihe weiterer Prozesse, die der amerikanischen Armee unterstanden.

Die Kriegsverbrecherprozesse stützten sich auf eine Reihe alliierter Deklarationen. Schon vor Kriegseintritt hatte Roosevelt eine Deklaration gegen die Hinrichtung von Geiseln erlassen. Churchill unterstützte diese Deklaration und nannte die Vergeltung für solche Vergehen gegen das Kriegsrecht ein erstrangiges Kriegsziel. Im Januar 1942 tagten Vertreter von neun Exilregierungen in London in Anwesenheit des damaligen amerikanischen Botschafters (und späteren Nürnberger Richters) Biddle und forderten die Aburteilung von Kriegsverbrechen noch mit dem Argument, daß „um Racheakte der Bevölkerung als Reaktion gegen die Gewaltakte zu vermeiden und um den Gerechtigkeitssinn der zivilisierten Welt zu befriedigen", ordnungsgemäße Verfahren notwendig seien. 1943 kam es dann zur Moskauer Deklaration, die von Stalin, Roosevelt und Churchill unterzeichnet wurde und festlegte, wer Kriegsverbrechen ahnden würde, aber nicht wie Kriegsverbrechen geahndet würden. Hull setzte sich für ein summarisches Verfahren ein, das „die prompte Erledigung von Welt-Gangstern, die schlimmer waren als eine Million toller Hunde", garantieren sollte. Hitler, Mussolini, Tojo und ihre „Erzkomplizen" sollten nach einem kurzen standrechtlichen Verfahren hingerichtet werden. Ein Prozeß würde ihnen nur noch eine Propagandamöglichkeit geben. Auch von englischer Seite wurde noch bis zum Sommer 1945 vertreten, daß die Achsenführer – in Analogie zum Verfahren gegen Napoleon – durch eine gemeinsame politische Entscheidung (Joint decision) der Alliierten gerichtet würden und nicht nach einem juristischen Verfahren.

Doch schon Ende 1943 hatte die Sowjetunion durch ein Militärgericht der 4. Ukrainischen Front einen Musterprozeß, den Charkower Prozeß „über die von den deutschfaschistischen Eindringlingen in der Stadt Charkow und Umgebung während der zeitweisen Okkupation verübten Greueltaten" durchgeführt. Der Prozeß endete mit dem öffentlichen Aufhängen der Angeklagten. Nach Vorbesprechungen auf der Gründungskonferenz der Vereinten Nationen traten gleichzeitig mit der Potsdamer Konferenz Vertreter der vier Besatzungsmächte in London zusammen und verabschiedeten am 8. August 1945 ein „Abkommen über die Verfolgung und Bestrafung der Hauptkriegsverbrecher der europäischen Achse", in dem ein „Statut des Internationalen Gerichtshofes" enthalten war. In den Londoner Verhandlungen wurde ein neues Recht geschaffen, und zwar von Männern, die gleichzeitig in Nürnberg Hauptankläger waren (Maxwell-Fyfe und Jackson).

Das neue Recht war eine interessante Mischung sowjetischer und angelsächsischer Rechtsauffassungen. Die Sowjets traten dafür ein, daß die verbrecherische Tätigkeit der Angeklagten schon erwiesen sei und nur noch das Ausmaß der Beteiligung jedes einzelnen zu beurteilen bliebe. Es sollten die Verbrechen der Deutschen verfolgt werden und nicht Verbrechen allgemein, die andere auch begehen konnten. Hier setzte sich die amerikanische Auffassung durch, daß für Nürnberg ein neues Recht zu schaffen sei, das künftig auch auf andere als deutsche Verbrechen angewendet werden könnte. Ein weiterer amerikanischer Rechtsbeitrag bestand darin, den ursprünglichen Kern einer Anklage wegen Vergehen gegen das Kriegsrecht und die Kriegsbräuche durch die Anklage von Verbrechen gegen die „Menschlichkeit" zu erweitern. Vor allem sollten aber auch Verbrechen gegen den Frieden geahndet werden. Der Angriffskrieg (aggressive war) wurde für verbrecherisch erklärt. Der Begriff eines Verbrechens gegen den Frieden wurde von Jackson aus einer Arbeit des sowjetischen Professors Trainin „Verantwortlichkeit des Hitlerismus im strafrechtlichen Sinn" übernommen und konnte eine nachträgliche Rechtfertigung des neutralitätsrechtlich keinesfalls zulässigen Verhaltens der USA vor Kriegseintritt liefern. Nicht unbeeinflußt von der sowjetischen Rechtsauffassung steuerte Jackson auf das Recht eines neuen Zeitalters zu, wobei er feststellte, man dürfe nicht gestatten, „daß die Rechtslage kompliziert wird durch Legalismen, die im Zeitalter des Imperialismus entwickelt worden sind, um Kriege respektabel zu machen".

Das Londoner Abkommen führte vier Gruppen von Verbrechen auf:
1. Verschwörung gegen den Frieden
2. Verbrechen gegen den Frieden
3. Kriegsverbrechen
4. Verbrechen gegen die Menschlichkeit.

Sinn und Ziel des in London geschaffenen und in Nürnberg praktizierten Rechtes wird deutlich, wenn man sich vor Augen führt, daß es sich um New-Deal-Recht handelt. Sowohl der amerikanische Richter in Nürnberg (Biddle) wie der Hauptkläger und Schöpfer des Londoner Abkommens (Jackson) waren führende New-Deal-Juristen. Der Lebenslauf von Robert Houghwout Jackson ist das Muster einer New-Deal-Karriere. Jackson (1892–1954) war ein junger demokratischer Anwalt im Staat New York. Mit Roosevelts

Übernahme der Präsidentschaft ging er in den Staatsdienst. Zunächst war er in der Rechtsabteilung von Morgenthaus Finanzministerium, wo er gegen die Vertreter des abtretenden republikanischen Regimes schauprozeßartig aufgezogene Verfolgungen einleitete. Sein Hauptopfer war der langjährige Finanzminister mehrerer republikanischer Regierungen, der Multimillionär und Stifter der Washingtoner National Gallery, Andrew Mellon. Dann wendete er sich gegen die amerikanischen Finanzkreise, die in den Ivar-Kreuger-Skandal verwickelt waren. Vom Finanzministerium ging er in die Antitrust-Abteilung des Justizministeriums, die Hochburg der liberalen Jungtürken, als deren Leiter. Von dort holte ihn Roosevelt, damit er als Justizminister die juristische Rechtfertigung der Interventionspolitik lieferte. Jackson war maßgeblich an der wertenden Unterscheidung der Kriegsparteien als Angreifer und Angegriffene beteiligt. Später machte ihn Roosevelt zum Mitglied des Obersten Gerichtshofes. Dann kamen die Tage von Nürnberg, wo ihn das Schicksal der anderen New-Deal-Größen ereilte. Er erwachte eines Morgens und merkte, daß er ein Mann von Gestern war. Die zunehmende Kritik in Amerika an der Beteiligung eines Richters des Obersten Gerichtshofes an der fragwürdigen Nürnberger Viermächtejustiz führte zu seiner Abberufung und Ersetzung durch den minder prominenten, radikal-liberalen Telford Taylor.

Zu den Neuschöpfungen des Londoner Abkommens gehörte der Begriff der verbrecherischen Organisation. Das Gericht konnte eine Organisation für verbrecherisch erklären, worauf jeder Staat, der das Londoner Abkommen unterzeichnete, das Recht besaß, Mitglieder der betreffenden Organisation vor Gericht zu stellen und mit allen Strafen (einschließlich Todesstrafe) zu belegen, wobei das zu bestrafende Verbrechen die Mitgliedschaft in der verbrecherischen Organisation sein sollte. Das Gericht erklärte: „Eine kriminelle Organisation ist analog einer kriminellen Verschwörung, insofern das Wesen beider die Zusammenarbeit zu kriminellen Zwecken ist." Zu verbrecherischen Organisationen wurden das Führungskorps der NSDAP von den Mitgliedern der Reichsleitung bis herunter zu den Mitgliedern der Ortsgruppenleitungen, SD und SS erklärt. Die Organisationsverbrechen waren Verbrechen einer Verschwörung, daher wurde nicht die bloße Mitgliedschaft in einer verbrecherischen Organisation für strafbar erklärt, sondern der freiwillige Eintritt und das Verbleiben in ihr bei Wissen um den verbrecherischen Zweck. Diesen Zweck, nicht jedoch einzelne Vergehen gekannt zu haben, stellte ein Verbrechen dar. Das Gesetz Nr. 10 des Kontrollrates schränkte den Begriff der Teilnahme an der Verschwörung etwas ein und nannte neben Tätern und Gehilfen auch Zustimmende und mit der Planung oder Ausführung der Verbrechen irgendwie Verbundene als Teilnehmer.

Neben den Organisationsverbrechen waren die „Verbrechen gegen den Frieden" zu verfolgen. Aufschlußreich wirkt schon die Liste der wegen Verbrechen gegen den Frieden Angeklagten. Es waren alle Angeklagten des Nürnberger Hauptkriegsverbrecherprozesses, 12 Direktoren der Firma Krupp, 23 Direktoren der IG Farben, 17 Diplomaten, 14 Mitglieder des Oberkommandos der Wehrmacht und Hermann Röchling (in der französischen Zone). Industrielle, Generalstäbler und Diplomaten hatten sich gegen den Frieden verschworen, ganz wie es der New-Deal-Mythologie entsprach. Es ist klar, daß sich Urteile über Verbrechen gegen den Frieden auf erschöpfende historische Untersuchungen der Ursachen des Krieges hätte stützen müssen, Untersuchungen, die methodologische Schwierigkeiten ohne Zahl aufgeworfen hätten. Aus der verschwörungstheoretischen Literatur hatte die amerikanische Anklage, die in Nürnberg für die Verbrechen gegen den Frieden zuständig war, jedoch die entschlüsselnde Geschichtsschreibung mitgebracht. Einzelne Ereignisse wurden im Lichte der großen Pläne und Absichten der Verschwörer gesehen und dienten zugleich als Beweis für deren Absichten und Verschwörungen. Methodische Vorfragen entfielen. Die Anklage entwickelte eine Verschwörungsgeschichte, in der die einzelne Handlung eines Angeklagten dann einen Stellenwert besaß.

Wenn der französische Richter die Verknüpfung von Angriffskrieg und verbrecherischer Verschwörung eine „interessante, aber etwas romanhafte Konstruktion" nannte, so übersah er die ideologische Tradition des neuen, von Jackson vertretenen Rechtes. Es war keine ad hoc-Konstruktion, sondern ein juristischer Niederschlag des Glaubens an eine Welt machtfreier Harmonie und der verbrecherischen Verschwörung gegen das Entstehen dieser Welt. Die Differenz zwischen der New-Deal-Jurisprudenz und der sowjetischen Jurisprudenz lag darin, daß die New Dealer das neue Recht auch dem amerikanischen Staate überordnen, während die sowjetischen Juristen es an den Grenzen des sowjetischen Machtbereichs zum Stehen bringen wollten. Die Richter der Nürnberger Verfahren entschlossen sich zu einem Kompromiß zwischen herkömmlichem und neuem Recht. So wurden die Direktoren von IG Farben nicht wegen eines Angriffskrieges, sondern wegen Sklaven-Arbeit und wegen Plünderung verurteilt, und auch im Hauptkriegsverbrecherprozeß wurde kein Urteil wegen Verschwörung allein, sondern nur im Zusammenhang mit anderen Anklagepunkten gefällt.

Einen interessanten Blick hinter die Kulissen der Nürnberger Justiz gibt der Bericht des Hauptklägers des Nürnberger IG-Farben-Prozesses (1948), Josiah E. Du Bois „Generals in Grey Suits. The Directors of the International I. G. Farben Cartel; their conspiracy and trial in Nuremberg". Du Bois war ein Beamter der Rechtsabteilung des Finanzministeriums, dessen Vorgesetzter Bernard Bernstein ihn auf die IG Farben angesetzt hatte, um die Beschlagnahme von IG-Farben-Vermögen in Nord- und Südamerika zu erwirken. Er war Mitglied der Reparationsmission von Edward Pauley gewesen, deren Ziel es war, die Wirtschaft der ehemals besetzten Länder durch jene Industrien wiederaufzubauen, die der Kriegswirtschaft der Achsenmächte gedient hatten. Vor seiner Abreise nach Deutschland im Januar 1947 holte er sich die Rückendeckung von Bernard Bernstein und David Marcus, der damals die Kriegsverbrechenabteilung im Armeeministerium leitete. Marcus erklärte ihm, sein Ministerium sei zwar gegen eine Anklage wegen Führung eines Angriffskrieges gegen IG Farben, wenn er jedoch in Nürnberg eine solche Anklage erhebe, werde Marcus dafür sorgen, daß in Amerika niemand dazwischentrete. In Berlin machte Du Bois seinen Antrittsbesuch bei Clay.

„Wir kamen bald in ein Gespräch über das Thema, über das ich seit 1944 predigte. Deutschland wieder als industrielles Herz Europas aufzubauen, besonders wenn es von jenen Industriellen kontrolliert würde, die dazu beigetragen hatten, Europa in den Krieg zu stürzen, würde uns unsere besten europäischen Freunde entfremden. Clay antwortete, das Problem sei, Deutschland industriell stark genug zu machen, um eine gesunde Wirtschaft zu unterhalten, aber nicht zu gestatten, daß diese Wirtschaft den deutschen Kreisen, die immer noch fanatisch militaristisch gesinnt seien, diene." Du Bois erklärte, daß bislang noch wenig getan worden sei, um die Furcht der europäischen Völker davor, daß Deutschland wieder beherrschende Militärmacht werde, zu zerstreuen. Der IG-Farben-Prozeß solle eben jene Garantie geben, daß die Amerikaner gegen die Wiedererrichtung der Macht der aggressiven Industriellen stünden. Clay meinte, er stimme damit überein, habe aber einige Fragen, die zum gegebenen Zeitpunkt geklärt werden müßten. Vor allem aber sei er dagegen, daß Generäle wegen Verbrechen gegen den Frieden angeklagt würden. „Wenn wir den nächsten Krieg verlieren, wäre es ein Präzedenzfall, um amerikanische Generäle vor Gericht zu ziehen." „Nur wenn diese amerikanischen Generäle sich verschwören, um einen Angriff auf wehrlose Nachbarn zu unternehmen", antwortete Du Bois.

In Nürnberg traf Du Bois auf die Amerikanerin Belle Mayer (im Briefkopf der antigermanischen „Society for the Prevention of World War III" als Belle Mayer Zeck aufgeführt). Sie hatte unter Du Bois im Finanzministerium gearbeitet. „Sie war es, die General Telford Taylor vorgeschlagen hatte, daß ich die Anklage im IG-Farben-Prozeß übernehmen solle." Auch die übrigen Vertreter der Anklage entpuppten sich als radikale Liberale bis auf einen Tschechen, von dem niemand wußte, wie er nach Nürnberg kam, Jan Charmatz. „Er trinkt nicht, er raucht nicht, er wird nicht intim, er redet ausschließlich über die Arbeit. Ohne ihn wäre die Anklage wegen Angriffskrieges nicht möglich." Die Richter dagegen standen nicht auf der Höhe der Anklage. Sie stammten aus der amerikanischen Provinz, und es war eine Sisyphusarbeit, ihnen den ideologischen Kontext der Anklage erläutern zu müssen, da ja das liberale Denkgebäude nie ganz Allgemeingut des amerikanischen Volkes geworden war. Am 11. April 1949 wurde das letzte Urteil in Nürnberg im Wilhelmstraßen-Prozeß gegen die Angehörigen des Auswärtigen Amtes gesprochen. Es war höchste Zeit, da sich die Hohe Kommission bald Gedanken machen mußte, wie sie die Verurteilten wieder los werden könne. 1951 wurde von McCloy eine weitgehende Amnestie erlassen. Seither schläft das Nürnberger Recht, wie das Potsdamer Abkommen, einen Dornröschenschlaf und harrt des Tages, da ein roter Prinz kommen wird, um es wachzuküssen.

Entnazifizierung ohne Strick

Am 5. März 1946 wurde im Münchner Rathaus von den Ministerpräsidenten der drei Länder der amerikanischen Besatzungszone das „Gesetz zur Befreiung von Nationalsozialismus und Militarismus" unterzeichnet. Die Stätte, an der diese „geschichtliche Sitzung" (Wilhelm Hoegner) stattfand, war dergleichen gewohnt. Von 1397–1403 hatten hier Unruhen geherrscht, die Herrschaft der Geschlechter war gebrochen, zahlreiche Patrizier waren aus der Stadt vertrieben worden. Ihr Hab und Gut wurde verschleudert. Einer der Entwichenen, Jörg Kazmair, verfaßte einen Bericht über die turbulenten Jahre. Die Unruhestifter werden darin in die drei Kategorien „die ersten Bösen", „die danach Bösen" und die „Kläffer

und Ja-Herren" eingeteilt. Die Zeiten hatten sich gewandelt. 1946 wurden nach Art. 4 „zur gerechten Beurteilung der Verantwortung und zur Heranziehung zu Sühnemaßnahmen folgende Gruppen gebildet:
1. Hauptschuldige
2. Belastete
3. Minderbelastete
4. Mitläufer
5. Entlastete."
Aus drei Kategorien waren fünf geworden.

Wilhelm Hoegner wachte eifersüchtig über den bayerischen Primat bei der Entnazifizierung. Zum ersten Mal war der Länderrat (zum stillen Vergnügen der Schwaben) außerhalb Stuttgarts zusammengetreten. Aus Bayern waren die Anregungen für das Gesetz gekommen. Die Regierung Hoegner selber war zu Entnazifizierungszwecken gebildet worden. Die führenden Männer konnten darauf hinweisen, daß sie schon vor 20 Jahren einen Entnazifizierungsversuch gemacht hatten. Hoegner hatte nach dem Hitlerputsch 1923 einen Untersuchungsausschuß im Bayerischen Landtag beantragt. Sein Nachfolger Ehard war der Staatsanwalt im Hitler-Prozeß gewesen. Der Polizeioffizier, der an der Feldherrnhalle den Feuerbefehl gegeben hatte, wurde Chef der Bayerischen Landespolizei. Antihitlerischer ging es nicht als in Bayern. Und doch stammte der eigentliche Vater des Entnazifizierungsgesetzes ausgerechnet aus – Berlin. Der amerikanische Oberstleutnant Fritz Oppenheimer, ein ehemaliger Berliner Rechtsanwalt, war derjenige, der dafür sorgte, daß auch dieses deutsche Gesetz so entstand, wie deutsche Gesetze damals eben zustande kamen, zumal das Gesetz auf dem Kontrollratsrecht im Gesetz Nr. 24 vom 12. Januar 1946 fußte.

Während in Italien die ordentlichen Gerichte entfaschistizierten (ein Richter unterzeichnete in einer einzigen Woche Todesurteile erst von Faschisten gegen Partisanen, dann von Partisanen gegen Faschisten), wurde jetzt in Deutschland eine eigenständige politische Justiz mit prozeßähnlichem Verfahren eingeführt. Es hieß daher auch nicht Gericht, sondern Spruchkammer; nicht Angeklagter, sondern Betroffener; nicht Strafe, sondern Sühne; Ermittler hieß derjenige, der herumging, um die Nachbarn über den Betroffenen auszuhorchen.

Die Vorsitzenden der Spruchkammern brauchten nicht Juristen zu sein, nur die Vorsitzenden der Berufungskammern. An der Spitze des Entnazifizierungsapparates standen Befreiungsminister, die in der amerikanischen Zone der SPD (nur in dem auf seine Sonderstellung bedachten Bayern der KPD) angehörten. Das Säuberungsgesetz der Länder unterschied sich von den vorhergehenden amerikanischen Entnazifizierungen dadurch, daß bei der Einstufung der Betroffenen nicht die formale Belastung durch die Mitgliedschaft in dieser oder jener Organisation maßgebend sein, sondern das Gesamtbild des Betroffenen einer gesinnungspolitischen Wertung unterzogen werden sollte. Die Entnazifizierung wurde, da die hauptberuflichen Nationalsozialisten in Lagern festgehalten wurden, zum Nürnberg des kleinen Mannes. Was als großer Fall aufgezogen wurde, war Nürnberger Nachlese: es waren die Verfahren gegen die Freigesprochenen von Nürnberg und die Frauen der Verurteilten.

Zur Entnazifizierung haben sich alle Strömungen der liberalen Deutschlandpolitik in Amerika bekannt. Die Vertreter der antigermanischen Richtung, die in Deutschland eine „Chaos-Politik" förderten, sahen in der Entnazifizierung ein Mittel, möglichst große Teile der deutschen Bevölkerung unter Anklage zu stellen und insbesondere die geistig und wirtschaftlich führenden Schichten zu lähmen. Die Vertreter der „Zwei-Deutschland"-Lehre, die die Strukturreform befürworteten, sahen in der Entnazifizierung ein Mittel, die Gegner dieser Reformen, die Vertreter des „reaktionären" Deutschland auszuschalten. Die Anhänger der Charakterreform schließlich sahen in ihr einen vorläufigen Damm, der die zarten Pflanzen der neuen Gesinnung in ihrem Keimen und Sprießen sichern sollte, damit sie nicht von den alten Gesinnungen fortgeschwemmt würden. Alle liberalen Strömungen sind in die Entnazifizierungsgesetzgebung eingegangen.

In den von den verschiedenen Gruppen der German Country Unit in London verfaßten Handbüchern für die verschiedenen Zweige der Militärregierung befanden sich jeweils Bestimmungen über die Verwendung und Nichtverwendung deutscher Beamter und Angestellter. Elmer Plischke, Professor der Politischen Wissenschaften, unterzog sich der Aufgabe, diese Bestimmungen zu koordinieren. Er gilt auch als Erfinder des Ausdruckes De-Nazification (Entnazifizierung). Die praktischen Maßnahmen für die einzelnen Verwaltungszweige wurden ergänzt durch die ideologischen Grundsatzerklärungen der Krimkonferenz, die die Zerstörung des deutschen Militarismus und Nazismus forderte, sowie die gleichlaufenden Bestimmungen der Direktive JCS 1067 und des Potsdamer Abkommens.

Im Rahmen der Militärregierung durch die Armee sollten Denazifizierungsmaßnahmen die militärische Sicherheit fördern. Die Amerikaner rechneten nach Kriegsende mit umfangreichen Widerstandsbewegungen, die von „Nazis" getragen würden. Die durch den „automatischen Arrest" herbeigeführte Inhaftierung bestimmter Gruppen sollte solchen Widerstandsbewegungen vorbeugen. Eine Folge der Betrachtung der Entnazifizierung als Sicherungsmaßnahme war, daß die Entnazifizierung in der Militärregierung der Abteilung Öffentliche Sicherheit unterstellt war. Die Furcht vor Verschwörungen ist (auch bei den Engländern) nie erloschen, wie die Verhaftungsaktionen von der „Operation Selection Board" im Februar 1947 bis zur Aktion Naumann 1953 erwiesen. Hinzu kam die laufende Aufdeckung neuer „Werwolfaktionen" durch mehr den Sensationen als der Wahrheit zugewandten Journalisten, unter denen sich Erika Mann durch eine besonders blühende Phantasie hervortat. Ziel dieser Berichterstattung über immer neue Nazi-Verschwörungen war es, die Militärregierung zu drastischen Repressalien zu veranlassen. General Clay berichtete in seinen Memoiren, wie im August 1945 ein Begleiter des stellvertretenden amerikanischen Kriegsministers McCloy mitten im amerikanischen Hauptquartier durch einen Schuß am Bein verletzt wurde. Mitten in die Beratung über die anzuordnenden Repressalien kam die Meldung, daß ein Leutnant zugegeben habe, beim Pistolenreinigen den Schuß abgegeben zu haben. „Der Vorfall", meinte Clay, „war mir eine Lehre ..., ich war von da an nicht mehr gewillt, Berichte über deutschen Widerstand und deutsche Herausforderungen entgegenzunehmen, ehe sie untersucht und bestätigt waren."

Die aus Sicherheitserwägungen durchgeführte Entnazifizierung verlor ihre Dringlichkeit, als die amerikanischen Truppen bemerkten, daß von nationalsozialistischer Seite kein Widerstand mehr zu erwarten war. Die Armeekommandanten meldeten im Sommer und Herbst 1945 mehrmals, daß die Entnazifizierung nunmehr abgeschlossen sei. In der Tat war, wenn man als „Nazi" diejenigen bezeichnen wollte, die den Partei- und Staatsapparat gebildet hatten, die Entnazifizierung insofern abgeschlossen, als sich dieser Personenkreis in automatischem Arrest befand. Doch die Armee hatte den Stellenwert der Entnazifizierung in der liberalen Deutschlandpolitik verkannt. Bernard Bernstein kurbelte sie durch zwei Denkschriften erneut an. Die Entnazifizierung durch Verhaftung der 13.199.778 Nazis durchzuführen, war technisch unmöglich. Andere Wege mußten gefunden werden.

Die Direktive JCS 1067 unterwarf der Entnazifizierung alle mehr als nur nominellen Mitglieder der NSDAP, dazu die aktiven Anhänger des Nazismus oder Militarismus und alle anderen den Zielen der Alliierten feindlichen Personen. Mehr als nominelles Mitglied war derjenige, der Amtsträger der Partei, einer ihrer Gliederungen oder militaristischer Organisationen war. Anhänger war, wer sich zu den Lehren des Nazismus und Militarismus bekannt oder die Partei unterstützt hatte. Die Liste der Verdächtigen wurde im CROW-CASS (Central Register of War Criminals and Security Suspects) erfaßt. Die Definitionen hatten weniger tatsächliche Mitgliedschaft als Gesinnungsmerkmale zum Anlaß der Entnazifizierung gemacht. Sie hatten die Entnazifizierung zudem zu einem willkürlich zu handhabenden Mittel gegen jeden beliebigen Deutschen gemacht, da ja natürlich jeder denkende Deutsche (mit ganz verschwindenden Ausnahmen) den damaligen Zielen der Alliierten feindlich sein mußte.

Die Amerikaner zogen aus dieser Situation auch die Konsequenz, indem sie die gesamte Bevölkerung (mit Ausnahme der Kinder) entnazifizierten. Ein 133 Fragen umfassender Fragebogen wurde in 13 Millionen Exemplaren ausgegeben. Wer eine wichtige Stelle bekleiden wollte, dessen Fragebogen mußte überprüft worden sein. Das Gesetz Nr. 8 bestimmte, daß niemand, dessen Fragebogen nicht überprüft war, einen privaten Betrieb leiten oder dessen Eigentümer sein dürfe. Bis zum Frühjahr 1946 hatten die Beamten der Abteilung für öffentliche Sicherheit etwa 1,6 Millionen Fragebögen bearbeitet und 300.000 Personen von allen außer untergeordneten Tätigkeiten ausgeschlossen.

Die Denazification hatte zwei Nachteile. Das amerikanische Personal war nicht in der Lage, die große Zahl eintreffender Fragebögen zu bearbeiten, und die Entscheidungen waren Verwaltungsmaßnahmen. So schuf Clay, um einerseits die personelle Basis der Entnazifizierungsbehörden zu verbreitern und andererseits die Entnazifizierung in eine gesetzliche Bahn zu lenken, eine deutsche Entnazifizierung. Der Kontrollrat hatte in seiner Direktive Nr. 24 die Entfernung von 99 Kategorien Belasteter aus leitenden Stellungen vorgeschrieben. Wer darüber hinaus ein Übriges tun wollte, durfte. Die Amerikaner ließen das Befreiungsgesetz ausarbeiten, dessen prozessuales Verfahren und dessen Sühnemaßnahmen (Geldbuße, Amtsenthebung, Berufsausschluß, Pensionsverlust, Wahlrechtsbeschränkung, Arbeitslager bis zu zehn Jahren) anscheinend als so vorbildlich empfunden wurden, daß der Kontrollrat das amerikanische Gesetz durch seine Direktive Nr. 38 vom 12. Oktober 1946 für alle Zonen vorschrieb. Das Jahr 1947 war in allen Zonen das Jahr der regsten Entnazifizierung. Als jedoch die Russen am 27. Februar 1948 als erste die Entnazifizierung als beendet erklärten, erlahmte auch in den übrigen Zonen der Schwung. Der Bundestag verabschiedete am 15. Oktober 1950 Empfehlungen an die Länder, eine einheitliche Abschlußgesetzgebung zu erlassen. Die Länder taten nichts dergleichen. Die Entnazifizierung versandete mit der Auflösung der Befreiungsministerien, Spruchkammern, Berufungskammern und Kassationshöfe. 1951 meldete die Presse, daß die Genealogen die Erhaltung der Entnazifizierungsakten forderten, da in ihnen für künftige Generationen wichtige familiengeschichtliche Aufschlüsse enthalten seien. Im gleichen Jahr wurde gemeldet, daß der ehemalige Vorsitzende der Hauptspruchkammer München, der die Prominentenprozesse durchgeführt hatte, gemäß der „Verordnung der bevorzugten Unterbringung der Spruchkammermitglieder" als Kassierer an der Eintrittskartenkasse der Bayerischen Staatstheater angestellt wurde.

Der Schlußstrich

James F. Byrnes war ein Außenminister des Übergangs gewesen. Dem Roosevelt'schen System verhaftet, das in seinen Konsequenzen ihm die Probleme stellte, deren Lösung ihm nicht gelang, flüchtete er zunehmend in den rhetorischen Part dieses Systems. Den Geist der Atlantic- und San Francisco-Charten beschwor er gegen die sowjetische Realität. Die Russen gewannen den Eindruck, daß mit Byrnes kein Geschäft zu machen sei. Noch in seiner Amtszeit kam es zum Umschwung, der den Schlußstrich unter die Roosevelt-Epoche setzte, einem Umschwung, der von der Legislative ausgehen sollte.

Im November 1946 waren Kongreßwahlen. Die Bostoner Werbefirma Harry M. Frost hatte den Republikanern den Slogan „Had enough?" (Langt's jetzt?) verkauft. Die Wähler dachten nach und kamen zum Resultat, daß es ihnen lange. Zum ersten Mal seit Roosevelts Amtsantritt hatten beide Häuser des Kongresses republikanische Mehrheiten. Neue Gesichter, wie der später berühmt gewordene Joseph McCarthy, tauchten im Capitol auf. Die Ausschüsse begannen unter neuen Vorsitzenden zu arbeiten. John Taber, der Vorsitzende des mächtigen Bewilligungsausschusses, verkündete, er werde mit dem Fleischerbeil an die Regierungshälse herangehen.

Eine stabile Majorität von konservativen Republikanern und Südstaaten-Demokraten sorgte dafür, daß zum ersten Mal seit 1932 der Weg zurück zur Normalität gesucht wurde. Die Einkommensteuern wurden ermäßigt, das Taft-Hartley-Gesetz beschnitt die Macht der in der Roosevelt-Ära gemästeten Gewerkschaften, der Applaus der Kommunisten galt nicht mehr als bestes Entree. Auch in der Außenpolitik wurde das System Roosevelts nicht mehr geflickt, sondern verworfen.

Präsident Truman trat mit dem republikanischen Wahlsieg aus dem Schatten seines Vorgängers. Für eine demokratische Verwaltung mit einer republikanischen Kongreßmehrheit gab es in der Amtszeit seines Vorgängers kein Vorbild. Er suchte mit der Lage fertig zu werden, indem er unter weitgehender Aufrechterhaltung von Roosevelts innenpolitischen Reformen sich völlig von dessen Außen- und Personalpolitik löste. Die liberalen Gefolgsleute Roosevelts waren einer nach dem anderen aus Trumans Kabinett ausgeschieden. Miß Perkins (Arbeit) war schon im Frühjahr 1945 zurückgetreten, Biddle (Justiz) folgte im Juni. Morgenthau (Finanzen) war vor Potsdam zu Truman gegangen und hatte ihn ersucht, ihn in die amerikanische Delegation für die Konferenz aufzunehmen. Er wollte dabei sein, wenn die Eier, die er gelegt hatte, ausgebrütet würden. Als er dabei mit seiner Demission drohte, will Truman nur gesagt haben: „Schön, wenn das Ihre Auffassung ist, nehme ich hiermit Ihre Demission an." Im Februar 1946 war Ickes (Inneres) an der Reihe, der von Truman als Querulant bezeichnet wurde. Zum Weiterquerulieren ließ sich Ickes zum Vorsitzenden des Verbandes der radikalliberalen, sowjetfreundlichen Intellektuellen (ICCASP) wählen. Auch Wallace glaubte nach seinem Rücktritt als Herausgeber der liberalen Zeitschrift „New Republic" mit Tinte und Feder den Geist Roosevelts beschwören zu müssen.

Anfang 1947 wurde auch im State Departement ein Strich unter die Vergangenheit gezogen. Das Geschwader der gestreiften Hosen wurde einem Fünfsterne-General, George C. Marshall[11] unterstellt. Neues Ansehen und neue Aktivität begann die Ränge der Diplomaten zu beleben. Marshall setzte einen „Policy Planning Staff" ein, der sich nicht mit Tagesfragen befassen, sondern vielmehr die amerikanische Politik für einen Zeitraum von 10–25 Jahren im voraus planen sollte. Die großen Linien der amerikanischen Politik, die unter Roosevelt im Hirn eines Mannes versiegelt lagen und unter Byrnes gänzlich gefehlt hatten, sollten jetzt von einem Team durchdacht und mitteilbar gemacht werden. Ein Raum mit Bücherwänden, aber ohne Telephon nahm die Planer unter ihrem Chef George Kennan auf, der sich schon in der amerikanischen Botschaft in Moskau unter Harriman Gedanken über die zukünftige Rolle der Sowjetunion gemacht hatte. Die Vorausschau der weiteren Entwicklung der Sowjetunion verschmolz Kennan mit der Forderung der Rückkehr zur Berufs-Diplomatie und dem Verzicht auf Kreuzzugsideen.

Im telephonlosen Raum des State Department wurde zwischen dem 29. April und dem 23. Mai 1947 die Containment-Politik entworfen. Das Eindämmen der sowjetischen Expansion habe vom Grundsatz auszugehen, daß diese sich sozialer Krisen bediene. Ziel der amerikanischen Politik habe es zu sein, gesunde und stabile Gesellschaften zu schaffen. Die Voraussetzung für die Stabilität sei ein bestimmter Grad der industriellen Entwicklung. Westeuropa und Japan seien Gebiete, deren Stabilisierung möglich sei und deren industrielles Potential keinesfalls der Sowjetunion zugute kommen dürfe. China etwa könne sich selbst überlassen bleiben. An seine Industrialisierung sei auf Jahre hinaus nicht zu denken. Wenn die Sowjetunion China übernehmen würde, so würde sie daran keine Freude haben, denn China sei ein Faß ohne Boden.

Als General Marshall am 5. Juni 1947 den Doktorhut von Harvard verliehen bekam, hielt er eine Rede, in der er die neue Politik der Stabilisierung verkündete und die amerikanische Hilfe für die Länder zusagte, die sich selbst helfen würden. Die amerikanische Politik richte sich gegen kein Land, sondern gegen Hunger, Armut, Verzweiflung und Chaos, woraus natürlich geschlossen werden konnte, daß sie sich doch gegen Länder richte – und zwar jene, die Chaos außerhalb ihrer Grenzen als Beitrag zu ihrer eigenen Sicherheit betrachteten. Und vom Chaos war Europa nicht weit entfernt. Im Mai hatte Churchill formuliert: „Was ist Europa heute? Es ist ein Müllhaufen, ein Beinhaus, die Brutstätte von Pestilenz und Haß." Weder England noch Frankreich hatten Zeit zu verlieren. Ernest Bevin und Georges Bidault griffen zu. „Das ist der Wendepunkt" meinte Bevin mit Recht.

Der Marshall-Plan zeigte den Ausweg aus einer Krise, die nicht nur auf Europa, sondern auch auf Amerika (1946 war das Jahr der größten Streikwelle) lastete. Der Marshall-Plan einigte die konservativen und liberalen Amerikaner. Die Konservativen stimmten zu, weil sie eine energische anti-kommunistische Politik am Werk sahen, die Liberalen, weil der Marshall-Plan keine Waffenhilfen (wie die im März verkündete Truman-Doktrin der wirtschaftlichen und militärischen Hilfe für Griechenland und die Türkei) vorsah. Mit großem Geschick steuerte Senator Vandenberg das Hilfsprogramm durch die Scylla der liberalen („Marshall-Plan = Martial-Plan") und die Charybdis der konservativen („Global New Deal") Opposition. In der Person des Senators Vandenberg verkörperte sich die Abkehr der Konservativen vom Isolationismus, die durch den Marshall-Plan herbeigeführt wurde. Aber auch den Liberalen erlaubte ihre Zustimmung zum Marshall-Plan, sich in leidlichem Anstand aus einer Situation zu befreien, die für sie höchst bedenklich geworden war. Die Liberalen hatten sich seit 1933 an der Macht gewähnt. Die zunehmende Distanzierung Trumans von den „professionellen Liberalen" und der republikanische Wahlsieg von 1946 hatten sie in die Ecke gedrängt. Die Organisationen, die zur Unterstützung Roosevelts gegründet worden waren und in denen Kommunisten ihre Rolle gespielt hatten, versteiften sich immer mehr auf eine Kritik der Außenpolitik Trumans. Die sowjetfreundlichen Argumente gewannen an Boden. Als die Liberalen nach dem republikanischen Wahlsieg übereinander herzufallen begannen, war dies ihre Rettung, da sie sich so trotz eines zeitweisen Verblassens ihres Einflusses von der Identifikation mit dem Kommunismus befreien konnten, die für sie vielleicht tödlich geworden wäre.

Die Wurzeln jener Bewegung, der die Distanzierung des Liberalismus von den Kommunisten gelang, sind in der „Schlacht um Amerika" zu suchen. Damals hatte sich der interventionistische Flügel der Amerikanischen Sozialistischen Partei abgespalten und sich unter James Loeb jr. zu einer „Union for Democratic Action" zusammengeschlossen.

Diese Splittergruppe galt in den Kriegsjahren als Paria der Linken, da sie jede Zusammenarbeit mit den Kommunisten ablehnte. In den ersten Januartagen 1947 gingen nun aus ihr unter dem Protektorat von Mrs. Roosevelt in einem Washingtoner Hotel die „Americans for Democratic Action (ADA)"[12] hervor, deren Ziel „ein Wiederaufbau der liberalen Bewegung, frei vom Totalitarismus der Linken und Rechten" war. Die ADA stellte sich jenen Liberalen entgegen, die aus Opposition gegen die Politik Präsident Trumans die Demokratische Partei verließen. Ihr Ziel war es, die liberale Kontrolle über die Demokratische Partei wiederzugewinnen. Nach Jahren geduldiger Aufbauarbeit konnte unter Präsident Kennedy die ADA eine maßgebende Rolle spielen und unter Präsident Johnson in Gestalt von Hubert Humphrey einen ihrer Sprecher als Vizepräsidenten der USA stellen.

Anfangs jedoch vertrat die ADA nur eine Minorität der Liberalen. In der letzten Dezemberwoche 1946 hatten sich die großen liberalen Verbände zu den „Progressive Citizens of America" zusammengeschlossen. Liberal wurde damals zur Bezeichnung für die nicht sowjetfreundlichen Liberalen, progressiv für ihre sowjetfreundlichen ehemaligen Kampfgenossen. Die Progressiven gerieten unter jene Räder, die fast den gesamten Liberalismus zermalmt hätten. Die Vollstreckung des Roosevelt'schen Testaments und die Bereinigung aller Differenzen mit der Sowjetunion waren die Parolen, mit denen der ehemalige Vizepräsident Henry Wallace eine dritte Partei gründete. 1948 stellte sich die Progressive Partei[13] unter Wallace zur Wahl und gewann kaum mehr als 1 Million Stimmen. Als mit dem Koreakrieg Wallace, der die progressive Opposition gegen den Krieg nicht teilte, sich auf die Seite Trumans stellte, lösten sich die Progressiven in splitterartige Sekten auf, die dem allgemeinen Konsensus trotzend ausharrten und erst 1964 im Kampf gegen Goldwater und 1965 in der Opposition gegen Johnsons Vietnampolitik erneut ins politische Rampenlicht traten. Da die Progressiven sich auch verpflichtet fühlten, die Deutschlandpolitik von Morgenthau, White und verwandten Seelen zu verfechten, wurde es für realistisch in der Nähe der Macht sich bewegende Geister im Laufe der Jahre 1947–1949 immer schwerer, die gängigen antigermanischen Thesen zu vertreten, da deren Anhänger fürchten mußten, als pro-russisch etikettiert zu werden.

Die Spaltung der Liberalen und die zunehmende Isolierung ihres sowjetfreundlichen Flügels wirkten sich auch im Hauptquartier des amerikanischen Prokonsuls in Deutschland aus. Nicht mehr „PM", „Nation" und „New Republic" wurden beachtet, sondern „Wall Street Journal". An der Spitze einer von Truman geschickten Mission zur Untersuchung der wirtschaftlichen Situation in Deutschland traf das Symbol der alten Ordnung, Roosevelts Vorgänger Herbert Hoover, in Deutschland ein. Hoover hatte Deutschland schon im April 1946 in einer Mission berührt, die die Welternährungssituation untersuchen sollte. Im Februar 1947 kam er zum Ergebnis: „Es gibt nur einen Weg zur Erholung Europas, den der Produktion. Die gesamte europäische Wirtschaft ist mit der deutschen Wirtschaft durch den Austausch von Rohmaterialien und Fertigwaren verbunden. Die europäische Produktion kann ohne die Restauration des deutschen Beitrags zu dieser Produktion nicht wiedererstehen." In einem Bericht an Truman setzte er hinzu: „Wir können die Militärregierung über Deutschland nach dem Lehrsatz des Alten Testamentes ‚Auge um Auge, Zahn um Zahn' führen, oder wir können uns nach den Geboten des Neuen Testamentes richten. Der Unterschied wird der des Verlustes von Millionen von Menschenleben, des Schadens für ganz Europa und der Zerstörung jeder Hoffnung auf Frieden sein. Ich empfehle die Methode des Neuen Testamentes."

Wenig später hatte sich der Nebel des Antigermanismus gelichtet. Plötzlich sahen sich die Deutschen von Freunden umringt und konnten sich der Umarmungen kaum erwehren. Sollten sie nachforschen, seit wann die neuen Freunde Freunde waren? Sollten sie sich gar die Namen derer merken, die versucht hatten, ihnen in der Stunde ihrer größten Not vollends den Garaus zu machen? Die Opportunisten am Rhein kümmerten sich keinen Deut um diejenigen, die sich bei Kriegsende mit verzweifeltem Mut in Amerika für die Deutschen eingesetzt hatten. Entpuppten sich diese Wenigen doch (wie der Kreis um „Human Affairs" und den Verlag von Henry Regnery) als verdächtige Konservative. Mangelnder Liberalismus konnte aber keinesfalls durch Einsatz für die Deutschen wettgemacht werden. Dieser Einsatz selbst galt als ziemlich verdächtig. Als besonders belastend wertete die deutsche Presse 1964 für Goldwater, daß unter seinen Beratern Prof. Karl Brandt war, der im Gegensatz zu vielen Mitemigranten für eine vernünftige Deutschlandpolitik eingetreten war. Im neueröffneten deutschen Meinungszirkus wurde der begeisterte nationale Selbstmord zur Zugnummer. Hatte man in den Sturm-und-Drang-Jahren der Gehirnwäsche (z. B. in Ungarn) für die der eigentlichen Wäsche vorangehende „Einweichung" besondere Zimmer ersonnen, in denen sich die Dekke drehte, die Möbel schief waren, und eigenartige Beleuchtungseffekte dafür sorgten, daß die Opfer geistig den Boden unter den Füßen verloren, so wurde man im deutschen Meinungszirkus humaner traktiert. Sozialpsychologische Experimente hatten ja ergeben, daß Versuchspersonen in einer bestimmten Gruppenatmosphäre veranlaßt werden konnten, große Mengen eines faden Cocktail-Gebäcks herunterzuschlucken, das sie ohne diese Gruppenatmosphäre nicht angerührt hätten. Im Ergebnis erwies sich die humane Charakterwäsche nicht weniger wirksam als die inhumane Gehirnwäsche.

Die Wiederkehr Roosevelts

> „Mehr als jeden anderen Mannes ist das Amerika
> von heute dasjenige Franklin D. Roosevelts."
> Lyndon B. Johnson am 12. April 1965,
> dem 20. Jahrestag von Roosevelts Tod.

Bundesrepublik im Abstieg

Harry S. Truman (1945–1952) war unter den Nachfolgern Roosevelts der einzige, dessen Stern nicht im Kometenschweif des Schmiedes der amerikanisch-sowjetischen Allianz aufging. Der Vizepräsident Truman wurde vom revoltierenden demokratischen Parteiapparat Roosevelt 1944 für seine vierte Präsidentschaft aufgenötigt. Roosevelt ließ seinen Schützling Wallace zugunsten Trumans fallen, um nicht durch die Unzufriedenheit seiner Partei an der Verfolgung der großen Pläne, mit denen er stand und fiel, gehindert zu werden. Er stellte Truman nach der Präsidentenwahl unverzüglich kalt. Dwight D. Eisenhower (1953–1960) war noch 1941 ein unbekannter Oberstleutnant – zwei Jahre später wurde er zum Oberkommandierenden der Alliierten Expeditionsstreitkräfte in Europa ernannt. Er hatte in wenigen Monaten durch eine Blitzkarriere zahlreiche rangältere Generäle überrundet. Ob die Version stimmt, daß Eisenhower anläßlich einer Hoteleröffnung in seiner Garnison Roosevelts Tochter Anna Boettiger kennengelernt und deren Protektion erworben habe, oder nicht, eines ist unbestreitbar: wenn es einen amerikanischen General gegeben hat, der als Roosevelt-General bezeichnet werden konnte, war es Eisenhower. John F. Kennedy (1961–1963) wurde (als Ersatz für seinen gefallenen Bruder) von seinem Vater Joseph Kennedy zum Kandidaten der Familie für die Präsidentschaft bestimmt. Er hätte niemals kandidieren können, wenn sein Vater nicht in der Demokratischen Partei eine Schlüsselstellung eingenommen hätte, die er der Tatsache verdankte, daß er einer der wenigen Geschäftsleute gewesen war, die Roosevelt von Anfang an unterstützt hatten. Der Grund hierfür war, daß Roosevelt nicht nur das Regime der Industriellen beendete, sondern auch die Prohibition. Da Kennedy jedoch größere Mengen Whisky als Apothekenware nach Amerika importiert hatte, war Roosevelts Wahl (und die Aufhebung der Prohibition) für ihn ein lohnendes Geschäft. Lyndon B. Johnson (ab 1963) war ein weißer (d. h. liberaler) Rabe unter den reaktionären, aber für die Demokratische Partei wichtigen Südstaatlern. So erhielt er jede Protektion, die Roosevelt zu vergeben in der Lage war. In der Lebensgeschichte aller Nachfolger Trumans spukt der Geist des verblichenen Roosevelts, der sich in ihrer Deutschlandpolitik stets aufs Neue zu manifestieren droht. In Roosevelts Weltsystem war Deutschland der Platz eines alliierten Kondominiums minderen Rechtes und minderen Lebensstandards zugewiesen worden. Dreimal täglich Suppe sei genügend, damit die Deutschen Leib und Seele zusammenhielten. Die dem Aufstieg auf einen steilen Berg (dem Berg der Läuterung Dantes?) vergleichbaren Anstrengungen der Vergangenheitsbewältigung und moralischen Prüfung unter alliierter Aufsicht würden so beschwerlich, daß die Deutschen zu erschöpft sein würden, um noch ein Gewehr zu tragen. Der Friede beruhe auf dem Zusammenwirken der drei (oder vier oder fünf) Großmächte. Die anglo-amerikanisch-sowjetische Kriegsallianz bilde auch das Fundament der Friedensordnung, da sie in Krieg und Frieden die gleichen moralischen Prinzipien verkörpere. Als Roosevelt nicht lange nach dem Antritt seiner vierten Präsidentschaft starb, zerfiel die innenpolitische Kräftegruppierung, die seine Politik getragen hatte und die durch Roosevelt persönlich zusammengehalten worden war. Aus dem System der Roosevelt'schen Weltpolitik herausgelöst, ergaben deren einzelne Elemente keinen Sinn mehr. Sie wurden Stück für Stück in Zweifel gezogen. Auch Roosevelts Deutschlandpolitik mußte einer Revision unterzogen werden. Die Isolierung Deutschlands und die Verhängung von Strafe und Bewährung für Verfehlungen gegen jene Moral, die in Politik und Privatleben ein und dieselbe sei, mußte jenen, die in der Politik etwas anderes als einfach eine Unterabteilung der Moral sahen, als eine allzu kostspielige Rache erscheinen. Da sich nach Roosevelts Tod die Maßstäbe geändert hatten, schienen die alten Berechnungen nicht zu stimmen.

Und doch war Roosevelts System nicht endgültig begraben. 15 Jahre nach seinem Tode war durch die waffentechnische Entwicklung eine Situation heraufbeschworen worden, in der das Zusammenwirken der gleichen drei (oder vier oder fünf) Großmächte, die sich gemäß Roosevelts System nach Entwaffnung der übrigen Staaten in die Weltherrschaft teilen sollten, sich wegen der Gefahr der atomaren Selbstvernichtung beinahe von selbst wiederaufdrängte. Die gleichen Großmächte begannen – diesmal in ihrer Eigenschaft als Atommächte – den Abstand, den sie in Jalta durch ihren Löwenanteil bei dem Kriegseinsatz gerechtfertigt hatten, gegenüber der Restwelt wiederherzustellen. Daß die machtpolitischen, richtungspolitischen und intellektuellen Bestandteile von Roosevelts System zusammenhingen, erwies sich, als mit dem neuen Konzert der Groß- und Atommächte auch die lange versunken geglaubten Begleitideen der alliierten Kriegskoalition wiederauftauchten, nicht zuletzt ihre Ideen über Deutschland.

Wirkte sich das neue Klima, das in vielem das alte aus den Tagen Roosevelts war, rund um den Globus in einer Linksverschiebung – apertura a sinistra – aus, so glich sich die politische Stimmung in Deutschland eher den Bildern abstrakter Maler an. Die Erklärung ist nicht weit zu suchen. Hatte das Roosevelt'sche System für jede andere Nation Vorteile und Nachteile bereitgehalten, so sah es für Deutschland (und Japan) von allen Vorteilen ab. Wollte man trotzdem mit dabei sein, waren vielfache Lautstärke und beinahe surrealistische Argumentationen von Nöten. Als mit 20jähriger Verspätung der Chorus der deutschen „Spätsieger" in das Konzert der alliierten Kriegspropaganda einfiel, klang es wie bei Stockhausen. In unterschwelliger Dialektik verbanden sich nationale Räusche und nationaler Ekel. Ein Gefühlssturm erhob sich, der die deutsche Politik von neuem in eine Flut von Aversionen, Erwartungen und Verblendungen stürzte, sie vom nüchternen Grund des Möglichen losriß und sie das Gebot der Selbsterhaltung zugunsten des Triumphs des Moralischen verachten lehrte. Die Bundesrepublik, das Land, das aus der Flut des Roosevelt'schen Moralismus aufgetaucht war, drohte wieder – und mit Lust – in der gleichen Flut zu versinken.

Die Nachkriegsgeschichte[1] wird heute zum Problem. In Westdeutschland hat man sich über Fahrtrichtung und Stationen der Nachkriegsgeschichte bewußt wenig Gedanken gemacht, da man einer geschichtlichen Einordnung (die ja auch den eigenen Sitzplatz mitumfassen müßte) auszuweichen bestrebt war. Die „Zeitgeschichte", über die man soviel redete, blieb Geschichte des „Dritten Reiches". Die Grausamkeiten der Nationalsozialisten waren das Alibi, das einem 20 Jahre später das Nachdenken ersparen sollte. Was gefolgt war, interessierte nicht, es hatte keinen volkspädagogischen Nutzwert. Die Periodisierung der Nachkriegsgeschichte wurde bei uns vom Volksmund vorgenommen. Er spricht von der Zeit vor und nach der „Währung". Der Stichtag der Währungsreform vom 21. Juni 1948 ist in der Tat ein einprägsames Datum, da er alle Westdeutschen gleichmäßig erreichte. Das Kriegsende hingegen hatte sich in eine Reihe militärischer, lokaler und höchstpersönlicher Kapitulationen (deren eine Alfred Andersch in den „Kirschen der Freiheit" schilderte) aufgelöst, hinter denen der 8. Mai 1945 zurücktrat. Der 21. Juni 1948 ist das einzige einprägsame Datum der Nachkriegsgeschichte geblieben.

So überdeutlich die Währungsreform ins Auge fällt, so sehr ist sie ein Glied in einer Kette von Ereignissen, die von der Schaffung des Vereinigten Wirtschaftsgebietes (1946), der Errichtung der Frankfurter Institutionen und Parlamente (1947), dem Auftrag zur Errichtung der Bundesrepublik (1948), der Aufnahme der Arbeit von Bundesregierung und Bundestag (1949), zur Revision des Besatzungsstatutes (1951), dem Ende der Besatzung (1955), dem Beitritt der Bundesregierung zur NATO (1955) und der Unterzeichnung der Römischen Verträge (1957) führt. Alle diese Ereignisse können auf einer ansteigenden Linie, die aus der Entmachtung und Diskriminierung zur Selbstbehauptung, Souveränität und Gleichberechtigung, aus der Fremdherrschaft zur Selbstherrschaft führt, eingezeichnet werden.

Auf diese ansteigende Linie der deutschen Politik fiel der Schatten der Teilung Deutschlands, ein Schatten, der nicht durch irgendwelche deutsche Politiker in Ost oder West, sondern durch die vom Kontrollrat am 30. Juni 1946 angeordnete Schließung der Zonengrenzen in die deutsche Geschichte eingezeichnet wurde. Den westdeutschen Politikern der Nachkriegsjahre ging es mit Recht um die Wiedererlangung des Grundrechts des Staates – der Souveränität – ohne die keine Politik, sondern nur Auftragsverwaltung durch schwächliche Protektoratsregierungen möglich ist. Es waren zwei Wege denkbar, auf denen man zur Souveränität gelangen konnte. Den einen schlugen Konrad Adenauer und in der SPD Ernst Reuter ein. Es war der Weg der kleinen und der großen Schritte. Adenauer und Reuter gingen davon aus, daß die Souveränität in der Hand der Alliierten lag. Durch Ausnützen günstiger Momente und erhebliche Konzessionen für den Augenblick versuchten sie, sie Stück für Stück wiederzugewinnen. Der andere Weg war der Kurt Schumachers. Er ging davon aus, daß die Souveränität nach wie vor beim deutschen Volk lag und nur zeitweise von den Alliierten usurpiert worden war. Sie sei von den Alliierten einzufordern als ein Recht, an dem nicht herumgehandelt werden dürfe. Auf beiden Wegen war die deutsche Teilung ein Mittel, um später zur Souveränität des ganzen Deutschland zu kommen. Die Wiedervereinigung bildete den imaginären Schlußpunkt in Verlängerung des eingeschlagenen Weges. Für Adenauer und Reuter sollten sich der Souveränitätszuwachs und die Stärkung der Bundesrepublik in einer wachsenden Handlungsfreiheit auszahlen, die unter Ausnutzung der gegebenen, schnell wechselnden Situationen auch einmal der deutschen Politik die Chance geben würde, ihr Ziel mit Erfolg zu vertreten. Für Schumacher war die deutsche Einheit ein unverlierbares staatliches Grundrecht, das solange von den Alliierten einzufordern war, bis diese vom rechtswidrigen Vorenthalten der Einheit Abstand nahmen. Der Status quo der Kontrollratsherrschaft – das war allen klar – würde sich nie zur deutschen Selbstherrschaft, sondern nur zu einer anderen Form der interalliierten oder internationalen Fremdherrschaft weiterentwickeln. Nicht Adenauer oder Schumacher, Kapitalismus oder Sozialismus, bildeten die Alternativen der deutschen Nachkriegspolitik, sondern Adenauer-Schumacher auf der einen Seite und jene Länder-, Partei- oder Gesinnungspolitiker auf der anderen Seite, die sich 1946 im Status quo der Fremdherrschaft einzurichten wünschten (und ihn 1964 von neuem preisen). Wer allerdings der Meinung war (und ist), daß Deutschland das Recht auf Souveränität verwirkte und sich von den moralischen Brosamen zu nähren hat, die von alliierten Tischen fallen, daß es auf Bewährung zu leben und zuvörderst seine Schuld zu bewältigen hat, der muß den Weg der ersten Nachkriegsjahre als Irrweg verdammen.

Konnten die markanten Ereignisse in der Geschichte der Bundesrepublik bis etwa 1956 in eine ansteigende Kurve eingetragen werden, die auf volle Souveränität, auf Selbstbestimmung und Gleichberechtigung hinstrebte, so fehlen seit 1957 entsprechende Daten. Die Kurve scheint ihren Anstieg abzubrechen, sich zu wenden und in einer absteigenden Linie ihre Bahn fortzusetzen. Andere Ereignisse und andere Daten treten hervor, die Verzichte auf Souveränität, auf Selbstbestimmung und Gleichberechtigung einschließen und die auf ein Wiedereinlenken in ein weltpolitisches System, wie es Franklin Delano Roosevelt vorschwebte, hindeuten.

Bei der Rückkehr in die Ära Roosevelt stellte sich heraus, daß eine Reihe völkerrechtlicher, staatsrechtlicher und politisch-gesinnungsmäßiger Ausformungen dieser Ära durch den Ost-West-Konflikt zwar überlagert, aber nicht beseitigt worden waren. Überall sind – jahrelang nicht beachtet – Relikte des Ausnahmerechtes gegen die Besiegten des Zweiten Weltkrieges (und dessen Ausdeutungen in Gesinnungen) vorhanden. Sie brauchen nur reaktiviert zu werden. Die Sowjetunion hat diese Relikte die ganze Nachkriegszeit hindurch weiterentwickelt und zur konsequenten Basis ihrer Deutschlandpolitik gemacht. Sie kann daher der westlichen, aus sich ständig wandelndem Stückwerk bestehenden Deutschlandpolitik eine östliche Deutschlandpolitik entgegenstellen, die durch die durchdachte Verknüpfung ihrer Teilstücke weit über die russischen Grenzen hinaus werbend wirkt. Die Antikommunisten haben diese Deutschlandpolitik zurückgewiesen, weil sie den kommunistischen Stempel trug, die Liberalen haben sie verspottet, weil ihr Sprachgewand nicht den von ihnen gesetzten stilistischen Maßstäben genügte. Nach der Herkunft und dem Zusammenhang hat keiner von beiden gefragt.

Das heute noch gültige Ausnahmerecht gegen die Besiegten des Zweiten Weltkrieges beginnt mit der Charta der Vereinten Nationen. Nach Art. 53 und Art. 107[2] sollen die Bestimmungen der Charta nicht auf Maßnahmen anwendbar sein, die von den Siegermächten des Zweiten Weltkriegs gegen die Besiegten getroffen werden. So konnte anläßlich der Berliner Blockade 1948 gegen einen Antrag der Vereinigten Staaten auf Aufnahme der Berlinfrage in die Tagesordnung der Vereinten Nationen von der Sowjetunion mit Berufung auf Art. 107 der UNO-Satzung eingewandt werden, daß die Zuständigkeit der Vereinten Nationen dort zuende gehe, wo Maßnahmen gegen ehemalige Feindstaaten des Zweiten Weltkrieges getroffen würden.

Als ein CDU-Abgeordneter im Sommer 1964 davon erfuhr und im Bundestag anfragte, was es mit diesen Artikeln auf sich habe und was die Bundesregierung unternommen habe, um sie beseitigen zu lassen, antwortete Staatssekretär Prof. Dr. Carstens im Namen der Bundesregierung, daß die deutsche Diplomatie sich nicht gedrängt gefühlt habe, etwas zu unternehmen, da die Artikel durch die Umstände überholt seien und nicht mehr angewandt würden. Verwunderlich, warum sie dann nicht beseitigt werden können. Worauf der Staatssekretär anspielte, ist, daß sich die westlichen Alliierten im Friedensvertrag mit Japan 1951 verpflichtet haben, sich auch Japan gegenüber von den Grundsätzen des Art. 2 der UNO-Satzung, der die Gleichberechtigung der Staaten festlegt, leiten zu lassen. Die drei Westmächte gaben später bei der Londoner Konferenz am 3. Oktober 1954 eine ähnliche Versicherung gegenüber der Bundesrepublik zu Protokoll. Nur haben weder die Westmächte gegenüber den südosteuropäischen Verbündeten der Sowjetunion, noch Rußland und China gegenüber Deutschland und Japan eine solche Verzichterklärung abgegeben. Die Bestimmungen, die ein dauerndes Ausnahmerecht gegenüber den Besiegten festlegen, sind nur im Gedächtnis deutscher Diplomaten beseitigt. Die Sowjetunion hat die Ausnahmebestimmungen gegen die Besiegten des Zweiten Weltkriegs stets gepflegt und sorgsam aufrechterhalten.

Der Art. 53 der UNO-Satzung hat das Ziel, „die Wiederaufnahme der Angriffspolitik der Besiegten zu verhindern". Wenn die Sowjetunion durch Zitieren dieser Bestimmung den von ihr 1955 geschlossenen Warschauer Pakt, einen Militärpakt, der sie mit den Staaten ihres Einflußbereiches verbindet, mit der UNO-Satzung in Übereinstimmung brachte, so handelte es sich nicht, wie vielfach angenommen, um eine polemische Formel, die die aus der Bundesrepublik drohenden Gefahren an die Wand malen sollte, um so die Bündnispartner leichter vor den eigenen Wagen zu spannen, sondern um eine Berufung auf eine internationale Ordnung, der die Vereinigten Staaten einmal zugestimmt hatten und von der abzurücken der Sowjetunion nicht zum Vorteil gereicht.

„Wiederaufnahme der Angriffspolitik" ist ein Urteil, das über Maßnahmen einer Wiederbewaffnung, bestimmte Waffenausrüstungen deutscher Truppen, über Paktbeitritte und bloße Gesinnungsäußerungen gleichermaßen gefällt werden kann.

Es ist die Schwäche des Adenauerschen Weges der schrittweisen Wiedergewinnung der Souveränität, daß das politische System der Ausnahmebestimmungen gegen die Besiegten des Zweiten Weltkriegs dadurch „überholt" wurde, daß man es durch stillschweigendes Einverständnis mit den westlichen Bündnispartnern für überholt gelten ließ. Einverständnis setzt beiderseitiges Wohlwollen voraus. Lockert sich das Wohlwollen, muß es durch Geschenke wiedererworben werden. Adenauer unterscheidet sich vom Reiter über den Bodensee dadurch, daß er nicht ganz ans Ufer gelangt ist.

Auch in einer ganzen Reihe weiterer Verträge, die von kommunistischen Staaten geschlossen wurden, wird die Berufung auf die UNO-Satzung mit Bestimmungen gegen die Bundesrepublik logisch gekoppelt. Der polnisch-sowjetische Vertrag vom 8. April 1965, der den von 1945 nach 20jähriger Laufzeit ersetzte und Polen und die Sowjetunion zu einer gemeinsamen Deutschlandpolitik verpflichtet, bezieht sich in seiner Präambel auf die UNO-Satzung und darauf, „daß der westdeutsche Militarismus die Sicherheit in Europa bedroht". In Art. 5 verpflichten sich die beiden vertragschließenden Parteien, „alle ihnen zur Verfügung stehenden Mittel anzuwenden, um die Gefahr einer Aggression von Seiten der westdeutschen Kräfte des Militarismus und der Revanche oder von Seiten irgendeines Staates, der mit diesen Kräften ein Bündnis abschließen würde, zu beseitigen". Die Sowjetunion und Polen berufen sich auf das politische System von 1945, das sie nie verlassen haben. Die Amerikaner beginnen zu entdecken, daß dieses System für sie auch erhebliche

Vorteile brachte. De Gaulle ruft immer wieder zur Abkehr von Jalta und zur Errichtung eines neuen Gleichgewichtes auf. Nur die deutsche Politik nimmt die großen Tendenzen der Zeit, auch dort wo sie der Hauptbetroffene ist, nicht zur Kenntnis. Es ist eine Berufskrankheit der Juristen, die Augenblickslage in allen ihren Details scharf zu erfassen, ohne dabei die großen Tendenzen zu sehen, die in sie hineingeführt haben und wieder aus ihr herausführen. Das für die Bundesverwaltung charakteristische „Juristenmonopol" läßt die Bundesrepublik im Abstieg immer weiter voranschreiten, ohne daß sie dessen gewahr wird.

Die starke Festung Singapur

Voller Stolz und Vertrauen blickte das britische Weltreich auf die unbezwingbare Festung Singapur. Schwere Geschütze beherrschten den Hafen und den Sandstrand der Insel, um jeden landenden Feind zurückzuschlagen. Nach dem Ausbruch der britisch-japanischen Feindseligkeiten 1941 konnte das britische Oberkommando verkünden, daß die Festung Singapur auf alle Eventualitäten vorbereitet sei. Am 31. Januar 1942 erschienen japanische Truppen vor der Festung, am 15. Februar kapitulierte der britische Oberbefehlshaber Generalleutnant Percival vor Generalleutnant Yamashita und ging an der Spitze von 130.000 britischen Soldaten in die japanische Gefangenschaft. Was war geschehen? Die Japaner waren nicht – wie vorgesehen – am Sandstrand gelandet, sondern durch die Dschungel Malayas vorgerückt, hatten an der unbefestigten Nordseite der Insel den nur wenige hundert Meter breiten Meeresarm überschritten und die Verteidigungsstellungen der Briten von hinten aufgerollt. Es stellte sich heraus, daß die Festung Singapur gar keine Festung war, sondern lediglich ein Hafenschutz. Premierminister Churchill sagte: „Ich hätte es wissen müssen. Meine Berater hätten es wissen müssen. Man hätte es mir sagen müssen. Ich hätte fragen müssen."

Die starke Festung Singapur der deutschen Rechtsordnung heißt „Grundgesetz für die Bundesrepublik Deutschland". Die Väter des Grundgesetzes in Herrenchiemsee und Bonn standen noch unter dem Eindruck von Adolf Hitlers Machtergreifung. Sie versuchten, eine konstitutionelle Festung zu erbauen, die einer Wiederholung dieser Machtergreifung trotzen konnte. Die Machtergreifung Adolf Hitlers war nach den Vorstellungen der ersten Nachkriegsjahre durch ein Zusammentreffen verfassungstechnischer Schwächen des Weimarer Verfassungswerkes, des „antidemokratischen" Verhaltens bestimmter Gruppen und des irregeleiteten Volkswillens verursacht worden. Die verfassungstechnischen Schwächen von Weimar sollten eliminiert werden, indem die Regierung durch das konstruktive Mißtrauensvotum gestärkt wurde, das ihren Sturz nur nach der Erstellung einer neuen Majorität zuließ (Art. 67); indem der Bundespräsident entmachtet und ihm vor allem das nach der Weimarer Verfassung zustehende Notverordnungsrecht genommen wurde; indem einige kleinere verfassungstechnische Verbesserungen vorgenommen wurden, wie die, daß die Majorität des Bundestages ein Wahlgesetz beschließen konnte, das durch seine 5%-Klausel ihr lästige Konkurrenz vom Hals schaffen sollte.

Gegen das „antidemokratische" Verhalten bestimmter Gruppen wurde fortifiziert, indem bestimmte Grundrechte bei Mißbrauch verwirkt (Art. 18) und bestimmte Parteien verfassungswidrig sein sollten (Art. 21). Gegen den irregeleiteten Volkswillen wurden die stärksten Bastionen errichtet: kein Volksbegehren, kein Volksentscheid, (mit Ausnahme der Frage der territorialen Neugliederung der Länder nach Art. 29), keine Wahl des Bundespräsidenten durch das Volk, nicht einmal die Möglichkeit der Meinungsäußerung des Volkes zum Grundgesetz selber. Es ist anzunehmen, daß die Festung Grundgesetz jedem Angriff standhält – sollte der Feind sich aus der vorgesehenen Richtung nähern. Doch das Grundgesetz hat auch eine Nordseite. So gut formuliert die Grundrechte sind, die das Individuum vor den Eingriffen des Staates schützen sollen, so schwach entwickelt sind die Grundrechte, die diesem Staat selber zukommen: das Recht auf Selbsterhaltung, innere und äußere Souveränität, das Recht auf Verteidigung, freie Entwicklung usw. Das hat natürlich seinen Grund. Das Grundgesetz ist nicht aus einer Souveränitätserklärung des deutschen Volkes entstanden, sondern durch eine schrittweise Ablösung von Besatzungsrechten durch deren freiwillige Übertragung an deutsche Instanzen. Als das Grundgesetz in Kraft trat, wurde die Bundesrepublik nach außen durch die drei westalliierten Hohen Kommissare vertreten, die auch nach innen durch ihre Verfügung über den Notstand das letzte Wort sprachen. Seither hat die Bundesrepublik Schritte auf die Souveränität hin getan, die mit Verpflichtungen, sich „mit der Gemeinschaft der freien Nationen völlig zu verbinden" (Art. 3 des Deutschlandvertrages), gekoppelt waren. Auch die Verfügung über den Notstand soll den deutschen Instanzen übertragen werden, sobald die gesetzlichen Grundlagen geschaffen sind, die die deutschen Behörden instand setzen, „einer ernstlichen Störung der öffentlichen

Sicherheit und Ordnung zu begegnen" (Art. 5). Diese gesetzlichen Grundlagen sind nur durch die Zweidrittelmehrheiten von Bundestag und Bundesrat zu erstellen, die bisher nicht zusammenkamen. Das Verhalten gegenüber der Notstandsgesetzgebung zeigt, was man bei uns von den Grundrechten des Staates hält.

Ist die Nordseite des Grundgesetzes der mangelnde Selbsterhaltungswille des Staates? Von einer Wiedergewinnung und energischen Behauptung der Souveränität ist im Grundgesetz nicht die Rede, dagegen viel vom Verzicht auf Hoheitsrechte. Der Bund kann durch Gesetz Hoheitsrechte auf zwischenstaatliche Einrichtungen übertragen (Art. 24). Er kann sich zur Wahrung des Friedens einem System kollektiver Sicherheit einordnen und dabei in eine Beschränkung seiner Hoheitsrechte einwilligen, um eine friedliche und dauerhafte Ordnung in Europa und zwischen den Völkern der Welt herbeizuführen und zu sichern (Art. 24). Nach Art. 25 gehen die allgemeinen Regeln des Völkerrechts allem anderen Recht vor. Nach Art. 26 sind Handlungen, die geeignet sind und in der Absicht vorgenommen werden, das friedliche Zusammenleben der Völker zu stören, verfassungswidrig.

Sicherlich, alle diese Artikel lassen sich im Rahmen eines westlichen Bündnisses interpretieren, sowie in den 50er Jahren dem Grundgesetz der Rang „einer grundsätzlichen Stellungnahme in einem über die ganze Welt reichenden Gegensatze" (Ulrich Scheuner), nämlich dem zwischen „totalitären Staatsregimen" auf der einen, „demokratischen Ländern" auf der anderen Seite zugeschrieben wurde. Aber sie lassen sich eben nicht nur im Rahmen eines westlichen Bündnisses auslegen, sondern auch im Rahmen einer durch die Siegerkoalition auferlegten „Friedensordnung", ja sogar im Rahmen eines russisch dominierten Systems. Was Handlungen, die das friedliche Zusammenleben der Völker stören (Art. 16) sind, darüber haben die Russen sehr bestimmte Vorstellungen. Es ist kein Zufall, daß eben jene Kommunisten, deren Partei aufgrund des Grundgesetzes verboten wurde, beinahe nur lobende Worte für das Verfassungswerk finden.

Carlo Schmid stellte fest: „Unser Grundgesetz verzichtet darauf, die Souveränität zu stabilisieren wie einen Rocher de bronze, es macht im Gegenteil die Abtretung von Hoheitsrechten an internationale Organe leichter als irgendeine andere Verfassung der Welt." Schmid gab als Grund an: „Unser Volk beweist, daß es entschlossen ist, mit einer Tradition, die nicht nur eine deutsche, sondern eine europäische Tradition gewesen ist, zu brechen, die in einer ungehemmten Entfaltung der Macht des Nationalstaates den eigentlichen Beweger der Geschichte sah." An die Stelle des Nationalsstates konnte ein westliches Bündnissystem treten, aber nicht nur ein westliches Bündnissystem.

Es ist weniger dem Text des Grundgesetzes zu danken, daß sich die Bundesrepublik in den 50er Jahren einer rechtsstaatlichen Entwicklung erfreute, die dem Einzelnen den Spielraum zum Aufbau einer normalen beruflichen Existenz und dem ganzen Volk den maximalen Genuß der Früchte der Leistungsgemeinschaft aller bot, als einer Reihe von Begleitumständen. Die Absicht, ein Provisorium zu schaffen, in dem ein Staatsfragment organisiert werden sollte, das sowohl in territorialer Hinsicht wie nach seinem substantiellen Gehalt offen blieb, schlug sich auch in einer fragmentarischen Verfassung nieder. „Wesentliche Lebensordnungen, die heute in jeder echten Verfassung normiert zu werden pflegen, blieben ungeregelt" (Carlo Schmid). Gott sei Dank, denn durch das Mißverständnis über seine Dauer, wurde das Grundgesetz klüger als seine Verfasser. Es legte der Gedankenfülle der Verfassungsväter Zügel an und verzichtete darauf, die Feldherren aus dem Geschichtsunterricht zu streichen (wie in Hessen), die Verwertung der Waldesfrüchte und den Naturgenuß zu regeln oder gar die Verteidigung der Landesgrenzen dem Völkerrecht zu überweisen (wie in Bayern).

Die außenpolitische Abhängigkeit von den Alliierten, die mit der Verfügung über den Notstand der oberste Schiedsrichter in innenpolitischen Auseinandersetzungen blieben, die Entschärfung der ideologischen Formationen von rechts und links, die unter der Besatzung gleichermaßen zur Aussichtslosigkeit verurteilt waren, und die durch die Identifikation von Parlamentsmehrheit und stärkster Schutzmacht herbeigeführte Unantastbarkeit des Regierungsblocks verstärkte die im Grundgesetz definierte Ordnung derartig, daß über ihre Tragfähigkeit nach Wegfall des westlichen Korsetts schwer Voraussagen gemacht werden konnten.

Der Rechtsstaat, wie ihn das Grundgesetz vorschreibt, trat im Bewußtsein der Verfassungsväter in schroffen Gegensatz zum „Unrechtsstaat" der 30er Jahre. Der Rechtsstaat, wie er sich in den 50er Jahren herausbildete, steht jedoch vor allem im Gegensatz zum Ausnahmerechtsstaat, wie er sich in Gestalt eines antifaschistischen Gesinnungsstaates in den ersten Nachkriegsjahren mancherorts herausbildete und wie er in kyrillischen Lettern zwischen Elbe und Oder ausbuchstabiert wurde. Die Länderverfassungen von Hessen bis Sachsen hatten zahlreiche diskriminierende Artikel enthalten, in denen bestimmte Gesinnungen zur Vorschrift gemacht, andere Gesinnungen untersagt wurden. Zwar ist es nicht so, daß das antifaschistische Verfassungsdenken in der „Juristenverfassung" des Grundgesetzes ganz ohne Spuren geblieben wäre, aber das Grundgesetz stand doch an der Wasserscheide vom Ausnahmerechtsstaat zum Rechtsstaat, die zur staatlichen Neutralisierung der Gesinnungen und dem Aufhören der Verfolgungen von Gesinnungsgruppen überleitet. Zwar bestimmte der Art. 139 noch das Fortdauern der Entnazifizierungsvorschriften, aber sonst stellte das Grundgesetz doch die Rechtsgleichheit wieder her und sah von Gesinnungsvorschriften ab.

Das Volk galt im demokratischen Zeitalter, dem Zeitalter eines Mazzini etwa, als Basis der Verfassung. Da es die Verfassung schuf, konnte es sie auch wieder umstoßen. Es waren aus dem Volke aufsteigende Bewegungen, die die Rechtsordnungen umformten und denen die Politiker ihre Existenz verdankten. Ein guter Politiker hatte sein Ohr an den „grass-roots", wo sich nicht nur die Volksmeinung bildete, sondern sich mit ihr entschied, ob der Politiker aufsteigen oder fallen sollte. Der Politiker fällte die Entscheidungen, aber mit ständigem Blick auf das Volk. Er folgte der Stimme des Volkes, wie der Heilige der Stimme Gottes. Die Demokratie hat sich im Weltmaßstab durchgesetzt, aber sie hat sich fast zu Tode gesiegt. An die Stelle des Glaubens an das Volk ist allenthalben die Überzeugung von der Notwendigkeit seiner Lenkung getreten. Die politischen Systeme unserer Tage unterscheiden sich dadurch voneinander, welche Mittel sie zur Lenkung des Volkes einsetzen. Auch in der Bundesrepublik ist das Volk nicht nur durch das Grundgesetz „mediatisiert" (Werner Weber), sondern darüber hinaus durch die Beherrscher der Massenmedien als unzurechnungsfähig unter Kuratel gestellt worden. Die letzte Instanz, die im demokratischen Zeitalter das Volk war, ist heute eine autonome öffentliche Meinung und vor allem die „Weltöffentlichkeit".

Das Verhältnis zur Schutzmacht Amerika bewirkte in den 50er Jahren, daß die Bundesrepublik vor den Nachstellungen der Weltöffentlichkeit geschützt blieb. Die Amerikaner bedeuteten, daß Angriffe gegen die Bundesrepublik, seien sie propagandistischer oder militärischer Natur, Angriffe auf sie selber seien. Mit der Bundesrepublik legte sich darum nur an, wer sich mit Amerika anlegen wollte. Kennedy und sein intellektueller Stab begannen zu differenzieren. Nicht jeder propagandistische Angriff gegen die Bundesrepublik war fürderhin auch ein Angriff gegen Amerika. Die Nordseite der starken Festung Singapur wurde für propagandistisches Feuer freigegeben.

Die freien 50er Jahre

Die 50er Jahre, in denen die Schutzmacht Amerika die Bundesrepublik wirklich schützte, waren nicht nur fette Jahre, sie waren auch freie Jahre. Freiheit entsteht durch Teilung der Gewalten. Wo mehrere Gewalten miteinander konkurrieren, da besteht die Möglichkeit einer freien Existenz zwischen ihnen. Die Teilung der Gewalten ist in der Bundesrepublik durch die Besatzungsgeschichte bestimmt worden. Die verschiedenen, miteinander nicht zu vereinbarenden Phasen der Besatzungsgeschichte haben sich institutionalisiert und sind miteinander in Konkurrenz getreten. Die Besatzung hat in ihrer ersten Phase den Deutschen den Auftrag gegeben, ihre Gesinnung zu wandeln, in ihrer zweiten Phase den Deutschen den Auftrag gegeben, einen stabilen Staat und eine leistungsfähige Wirtschaft aufzubauen. Der Gesinnungsauftrag von 1945 hat sich in den Organen der öffentlichen Meinung (Presse, Rundfunk, Fernsehen) institutionalisiert, der Stabilisierungsauftrag von 1950 in der Bundes- (mehr als in der Länder)verwaltung, in Wirtschaft, Rechtsprechung und Bundeswehr. Die öffentliche Meinung, die den Gesinnungsauftrag von 1945 erfüllte, war ohne Macht; die Verwaltung, die den Stabilisierungsauftrag von 1950 erfüllte, war ohne Stimme. Beide standen in einer Konkurrenz, die die Freiheit der 50er Jahre begründete. Wenn Rudolf Augstein in seiner Rede vor dem Rhein-Ruhr-Club sagte, daß die Presse heute für die Demokratie eine ähnliche große Bedeutung habe, wie die verfassungsmäßigen Körperschaften, so hatte er für die 50er Jahre völlig recht, da die veröffentlichte Meinung damals die eine Gewalt bildete, der der Regierungsapparat und die sich in CDU-Majoritäten niederschlagende unartikulierte Mehrheitsmeinung als andere Gewalt gegenüberstand. Die Konkurrenz der beiden Gewalten gab der Freiheit in den 50er Jahren jeden wünschenswerten Spielraum.

Aus der freiheitgründenden Konkurrenz der beiden Gewalten wurde jedoch, als die weltpolitischen Schatten der 60er Jahre auf die freien und fetten 50er fielen, ein Konflikt der beiden Gewalten. Konrad Adenauer unternahm das Wagnis, der Verwaltung eine Stimme zu geben. Er scheiterte bei dem – von vornherein nicht aussichtsreichen – Versuch, ein zweites, von der Regierung kontrolliertes Fernsehprogramm zu schaffen. Sein Versuch war die Entfesselung eines meinungspolitischen Krieges, der bis zur Entscheidung durchgefochten wurde. Die jahrelange Vendetta, die gegen Franz Josef Strauß geführt wird, hat ihren Grund nicht zuletzt darin, daß die Meinungsmagnaten der Überzeugung sind, daß auch er, wie sich in den Auseinandersetzungen um das Komitee „Rettet die Freiheit" zu zeigen schien, der Verwaltung eine Stimme geben wollte. Aus der Erklärung eines Meinungsmagnaten, daß er Strauß so hasse, weil dieser Männer wie Schlamm und Ziesel protegiere, spricht die Sorge um die Gewaltenteilung in der Bundesrepublik. Würde sich die veröffentlichte Meinung nämlich in einen konservativen und liberalen Flügel aufspalten, so könnte sie nicht mehr als Gewalt auftreten.

Die Konservativen mußten, koste es was immer es wolle, unartikuliert bleiben. Daß Konrad Adenauers Prosa etwas anderes war als ein geistiges Armutszeugnis, merkten die (mehr doktrinären als aufgeweckten) Intellektuellen allerdings erst post festum. Der Höhepunkt des Krieges zwischen den zwei Gewalten in der Bundesrepublik war die „Spiegelkrise" im Herbst 1962. Sie endete mit einem eindeutigen Sieg der Meinung und der eindeutigen Niederlage der Verwaltung. Nicht nur, daß der Meinungsgegner Franz Josef Strauß als Verteidigungsminister gestürzt wurde, auch der zum Meinungsgegner gewordene Konrad Adenauer mußte sich jetzt dazu bequemen, für seinen Rücktritt einen Termin festzusetzen. Durch das bevorstehende Ende seiner Regierungszeit wurde sein Aktionsradius so beschnitten, daß das letzte Jahr seiner Regierung nicht das glücklichste wurde.

Der Versuch der Verwaltung, in das Territorium der Meinung einzudringen, war gescheitert. Die durch den Meinungskrieg entfesselten Leidenschaften waren jedoch so groß, daß die Meinung sich aus den Positionen, die sie tief im Territorium der Verwaltung erobert hatte, nicht mehr zurückziehen konnte, ohne das Gesicht zu verlieren. Die Demarkationslinie, die durch die Kapitulation der Verwaltung in der Spiegelkrise gezogen worden war, unterwarf soviel Verwaltungsterritorium der Meinung, daß sie ihre Rolle als politische Opposition und geistige Regierung im Rahmen der Gewaltenteilung nicht mehr weiter zu spielen vermochte. Sah die Meinung durch Strauß und Adenauer die Gefahr drohen, als Gewalt auszuscheiden, so wurde sie durch die Spiegelkrise zur alleinigen Gewalt. So oder so wurde das Zweigewaltensystem zerstört. Die Meinung war gezwungen, nicht nur ein geistiges, sondern auch ein politisches Regiment zu führen. Sie mußte dabei ihr oppositionelles Prestige riskieren. Sie wußte, daß am Ende des von ihr eingeschlagenen Weges nur mehr die Wahl zwischen ihrer eigenen Gesinnungsdiktatur und dem Gesinnungsdebakel stand.

Im Herbst 1963 wurde das Kabinett Erhard gebildet. Erhard gab statt einer Regierungserklärung eine Diskussionserklärung ab. Die veröffentlichte Meinung erhob ihn daraufhin durch Akklamation zum Volkskanzler. Da jedoch das Volk seine Stimme der autonomen öffentlichen Meinung abgetreten hat, hätte es richtig heißen müssen „Meinungskanzler".

Ein professoraler Braintrust aus Eschenburg, Dahrendorf und verwandten Geistern sollte den Bundeskanzler, wie geglaubt und publizistisch nicht ungeschickt verbreitet, auf dem rechten Kurs halten. Die Identifikation der Meinung mit der neuen Regierung brachte es mit sich, daß sie auch mit den Rückschlägen dieser Regierung identifiziert wurde. Ihr Oppositionsprestige wurde teilweise aufgezehrt, und auf dem Territorium der Meinung bildete sich eine neue Opposition, die durch die Presseorgane Axel Springers verkörpert war und die nicht mehr als liberal bezeichnet werden konnte. Die Verwirrung der Fronten führte zu einer jener völlig unübersichtlichen Situationen, in denen jede überraschende Entwicklung möglich ist.

Da die Regierung in den 50er Jahren keine Stimme hatte, ist ihre tatsächliche Haltung von ihr nie explizit verteidigt worden. Es entstand der Eindruck, daß den Gegnern der Regierung die Argumente, die Staatstheorien und die politische Ethik zu Gebote standen, während die Regierung selber sich auf Nachgiebigkeit gegenüber Interessenvertretungen, dunkle Machenschaften und die Befriedigung persönlichen Machtstrebens beschränkte. Die politischen Leistungen und Prinzipien der 50er Jahre stehen daher noch heute im Schatten des wirtschaftlichen Aufstiegs. Die Überwindung der Ansätze zu dem auf Ausnahmerechten gegründeten antifaschistischen Gesinnungsstaat, wie er in manchen Länderverfassungen kodifiziert wurde, die Errichtung einer rechtsstaatlichen Ordnung, die auf der Rechtsgleichheit aller beruht, die Neutralisierung der Gesinnungen und die daraus erwachsende innere Befriedung sind die großen innenpolitischen Leistungen der 50er Jahre. Der Art. 131 des Grundgesetzes, der von den Vätern des Gesetzes vor allem zur Rechtsangleichung der Flüchtlingsbeamten aus den deutschen Ostgebieten gedacht war, wurde zur Wiedereinstellung der durch die Militärregierung entlassenen und durch die Länderregierungen entrechteten Beamten ausgebaut. Es waren eben jene Reichsbeamten, die der Morgenthau-Plan als Gefahr für die Teilungspläne ausgeschaltet wissen wollte.

Der Rechsstaat sorgt für die Neutralisierung der Gesinnungen, während der Gesinnungsstaat vor und nach 1945 die Privilegierung der einen und die Diskriminierung der anderen Gesinnung festlegte. Wo Gesinnungsmerkmale gefordert werden, entsteht eine revolutionäre Situation und ein moralisches Chaos. Denn wer legt die Grenze von zulässiger und unzulässiger Gesinnung fest? Wer möchte entscheiden, ob eine zur Schau getragene Gesinnung nicht etwa nur eine Tarnung der wahren Gesinnung und damit doppelt gefährlich ist? Wer ist sicher, ob diese oder jene Äußerung auf diese oder jene Gesinnung schließen läßt? Die Diktatur des Verdachts, die gerne totalitären Systemen zugeordnet wird, kann auch im Verfassungsstaat regieren.

Opposition – wogegen?

Daß die Opposition in der Bundesrepublik vor allem eine Opposition gegen die rechtsstaatliche Neutralisierung der Gesinnung ist, wurde zunächst durch die vorwiegend wirtschaftspolitische Opposition der SPD verdeckt. 1947 war die SPD bei ihrem Versuch, neben sieben von acht Wirtschaftsministerien der Bizone auch noch das Direktorat für Wirtschaft des Vereinigten Wirtschaftsgebietes in ihre Hände zu bekommen, gescheitert. Sie glaubte damals, gewährleisten zu müssen, daß es „in diesem Deutschland nicht beim alten bleiben", sondern vielmehr „die radikale Not unseres Volkes mit radikalen Mitteln" bekämpft werde. Die CDU sperrte sich unter dem Einfluß Adenauers. Als Schumachers conditio sine qua non für eine CDU-SPD-Koalition von der CDU abgelehnt worden war, ging die SPD im Wirtschaftsrat, dem ersten überregionalen Nachkriegsparlament, in die Opposition. In ihr verharrte sie 18 Jahre. Die Opposition der SPD richtete sich ursprünglich gegen die Wirtschaftspolitik des Bürgerblockes aus CDU und FDP, der sich im Wirtschaftsrat gebildet hatte. Als die Außen- und Verteidigungspolitik der Kompetenz des Bundes unterstellt wurden" erweiterte sich die Opposition der SPD automatisch auf diese.

In Bad Godesberg strich die SPD dann auf ihrem Parteitag von 1959 ihre Segel auf wirtschafts-, außen- und verteidigungspolitischem Gebiet und übernahm die chancenreichere Rolle einer personal- und gesinnungspolitischen Opposition. Sie begegnete jetzt einer anderen oppositionellen Richtung. Denn neben der parlamentarischen Opposition der SPD existierte noch eine intellektuelle Opposition, die den Gesinnungswandel von 1945 allen politischen Umschwüngen und dem Ost-West-Konflikt zum Trotz zum Kernstück ihrer politischen Haltung gemacht hatte. Sie glaubte den „moralischen Gewinn der Niederlage" (Alfred Kantorowicz) von Adenauer wie von Schumacher, von Clay wie von Stalin gleichermaßen verraten. So war die Opposition der 50er Jahre in zwei Lager gespalten. Hier standen die SPD, der DGB und die sozialistischen Sekten, dort standen die liberalen Intellektuellen. Hier lebten die „solidarischen" Gemeinschaftskräfte der sozialistischen Bewegung fort, dort konnte man vom extremsten Individualismus nicht genug bekommen. Hier trauerte man der gescheiterten Strukturreform nach, dort beweinte man die versäumte Gesinnungsreform. Hier scharte man sich trotzig um die roten Banner der Revolution, dort entfaltete man die von Ulrich Sonnemann entworfene Fahne mit dem Bilde des Menschen. Adenauer hatte leichtes Spiel.

Das Manifest dieser intellektuellen Opposition, das den Übergang von der Weimarer Linken zu dem neuen Liberalismus bezeichnete, war eine Broschüre des Lizenz-Verlages Nr. 1 Kurt Desch. Michael Mansfeld (geb. 1927) und Helmut Hammerschmidt (geb. 1920, Anfang 1965 zum Intendanten des Südwestfunks ernannt) veröffentlichten 1956 unter dem Titel „Der Kurs ist falsch" eine Sendereihe, die sie im Bayerischen Rundfunk verbreitet hatten. In dieser Schrift sind bereits alle Themen angeschlagen, die 5 Jahre später das tägliche Brot der Vergangenheitsbewältigung werden sollten. Allüberall nisten sich die ehemaligen Nazis ein, während ihre Opfer ein kümmerliches Leben führen. „Mit Bomben auf Spruchkammern begann es. Dann wurden jüdische Friedhöfe geschändet, illegale Zeitungen gegründet usw. usw." Die Schrift ist genötigt, sich noch zu rechtfertigen, weil sie, obwohl die Bundesrepublik an ihren „Grenzen von einem System bedroht" sei, „welches ebenso viele Verbrechen auf seinem Schuldkonto hat", sich der Bewältigung widmet. „Aber die Auseinandersetzung mit dem Bolschewismus ist für uns längst zu einer vorwiegend außenpolitischen Aufgabe geworden. Mächtige Verbündete helfen uns, sie zu bewältigen. Dieselben Verbündeten beobachten unsere Auseinandersetzung mit der eigenen Vergangenheit sehr genau."

Als die SPD in Godesberg ihr neues Programm mit einem seltsamen Singsang („Das Neue Programm – Das ist der Widerspruch unserer Zeit, daß der Mensch die Urkraft des Atoms entfesselte und sich jetzt vor den Folgen fürchtet ... Aber das ist auch die Hoffnung dieser Zeit, daß der Mensch im atomaren Zeitalter sein Leben erleichtern, von Sorgen befreien und Wohlstand für alle schaffen kann ...") einleitete, war das Eis gebrochen. Das atomare Zeitalter und die zweite industrielle Revolution sollten der Sehnsucht nach einem Leben in einer Welt machtfreier Harmonie eine wissenschaftlich berechenbare Wahrscheinlichkeit verleihen. Aber die atomzeitliche Philosophie von Godesberg setzte nicht den winzigsten Sputnik auf eine Umlaufbahn um die Erde. Was sie einleitete, war nur (im Sinne von Mansfeld und Hammerschmidt) eine als Vergangenheitsbewältigung umschriebene zweite Entnazifizierung, die vielleicht als gesinnungsmäßige, bestimmt aber nicht als atomzeitliche Errungenschaft bezeichnet werden kann.

Schon 1960 gelang mit dem Sturz des Bundesministers Oberländer die entscheidende Kraftprobe der neuen gesinnungspolitischen Front. Und doch ist das erstaunliche Faktum zu verzeichnen, daß die Intellektuellen 1961 in ihrem Sammelband „Alternative – Oder brauchen wir eine neue Regierung" noch gar nicht gemerkt hatten, daß ein internationaler Wetterumschlag sie plötzlich in die Sonne stellte. Sie hatten sich in Gewerkschaftshäusern, Rundfunkstudios, Verlagslektoraten und den Katakomben der Kabaretts derart auf einen andauernden autoritären Winter eingerichtet, daß sie noch ungläubig blinzelten, als schon längst Tauwetter eingetreten war und die Türen zu den Amtsstuben vor den Liberalen sperrangelweit offenstanden. Willy Brandt und Günter Grass traten Arm in Arm auf den Balkon – man hielt es kaum für möglich. Doch Alternativen haben auch ihre Tücken, und als der Meinungskanzler Ludwig Erhard die gewünschte Alternative zu praktizieren begann, hätte mancher viel für den verhaßten „Alten" gegeben, der wenigstens eine ordentliche Opposition ermöglicht hatte.

Die Camp-Elite

Die neue Moral der Gesinnungspolitiker, die sich der auf Rechtsgleichheit, Normalität und Gleichberechtigung abzielenden Politik der Bundesregierung entgegenstellte, läßt sich bis in die Kriegsgefangenenlager der Alliierten zurückverfolgen. Aus dem tätigen Leben und einem normalen beruflichen Werdegang herausgerissen, fielen viele Gefangene in den Brunnen der Selbstbetrachtung, und manch einer unter ihnen bekam sein Lebensschiff nie wieder flott. Ein moralischer Glauben, wie er im Getriebe des modernen Lebens sonst kaum aufgekommen wäre, wurde als Frucht der Selbstbetrachtungen hinter Stacheldraht und als Maßstab für das künftige politische Erleben mit in die Heimat genommen. Dort stellte man fest, daß die Realität dem Maßstab nicht entsprach. Aber statt den Maßstab zu ändern, forderte man die Änderung der Realität.

Die Rolle der Antifa-Schüler der Sowjetunion bei der Herausbildung der regierenden Schicht der DDR ist bekannt, der Einfluß der Kriegsgefangenenlager im Westen bleibt in Dunkel gehüllt. Doch gibt es zwischen beiden mehr als eine Parallele. Der evangelische Theologe Helmut Gollwitzer, einer der Wortführer der moralischen Opposition in der Bundesrepublik, teilte in seinem Bericht über sowjetische Lager „... und führen, wohin du nicht willst" (1951) die deutschen Gefangenen in „Reaktionäre", die sich jedem sowjetischen Beeinflussungsversuch verschlossen, und „Neumarxisten", die sich opportunistisch in die gewünschte Richtung umstellten, ein. Zwischen beiden Gruppen rang die von Gollwitzer vertretene Richtung um moralische Erneuerung, um die Bewältigung von Schuld und Sühne und glaubte in der Synthese von Christentum und Marxismus den rechten Weg gefunden zu haben.

Die gleiche Frontstellung, die Gollwitzer in den russischen Gefangenenlagern vorfand, zeigt auch der in einem amerikanischen Lager spielende Desch-Roman von Hans Werner Richter „Die Geschlagenen." Auch hier müssen sich die Männer, die auf der Suche nach einer neuen Moral sind, durch die Scylla der Unbelehrbarkeit und die Charybdis der schnellen Umstellung hindurchwinden. Die alliierten Gewahrsamsmächte leisteten bei der renovatio moralis keineswegs die gewünschte und erwartete Hilfe. Die Sowjetrussen ließen die Gefangenen bei allen Wendungen der Parteilinie mitschwenken, die Amerikaner tauschten nach der deutschen Kapitulation über Nacht die Aufrechterhaltung der militärischen Disziplin gegen eine Vergeltungs- und Umerziehungspolitik („Kollektivschuld, Salzheringe und amerikanische Geschichte") aus.

Die „Reaktionäre" und die sich schnell Umstellenden glichen sich insofern, als sie von den Schwenkungen der alliierten Politik nicht übermäßig überrascht werden konnten, da ihnen die einzelnen Situationen weniger als Ausfluß eines moralischen Sollens erschienen, denn als Gegebenheiten, die man hinnehmen mußte, wie sie waren. Die positiven Helden der Berichte von Gollwitzer und Richter hingegen legten überall die Elle der moralischen Erwartung an und waren naturgemäß von den Zuständen in den alliierten Lagern ebenso enttäuscht, wie später von der Entwicklung in der Heimat. Die Moral unserer Gesinnungspolitiker ist nicht angeboren. Sie ist in einem konkreten Erlebnis, meist einem Konversionserlebnis, zum Durchbruch gekommen. Ihr moralisches Denken besteht darin, daß sie sich vom Glanz der Stunde ihrer Erleuchtung nicht mehr trennen können und glauben, Deutschland auf die Stufe ihrer inneren Erfahrung heben zu müssen.

Ein moralisches Konversionserlebnis im Kriegsgefangenenlager schilderte Erich Lüth[3], der spätere Pressechef des Hamburger Senats und Leiter der Aktion „Frieden mit Israel". Lüth hielt als „Gefreiter von Ghedi" (einem Kriegsgefangenenlager in Süditalien) Reden an seine Mitgefangenen, die er später publizierte. Sein Konversionserlebnis faßte er in folgende Worte: „Wir waren an der falschen Front verwegen – und werden nun gestraft mit Donnerschlägen, – weil wir das Recht im Innersten verletzt!" Die „Donnerschläge" sind das Signal zur Einkehr und Umkehr. Der alte Adam, der jetzt abgestreift wird, wird rückblickend in seiner ganzen Verderbtheit offenbar: „Wir waren Masse, dumpf und blind – und kindischer noch als das Kind. – Wir fochten tausendfältig gegen das Gewissen. – Auf unsere Schultern luden wir die Schuld. – Zwar stöhnten wir und litten in Geduld – und strauchelten in unerkannten Hindernissen." Doch die Abkehr führte nicht in die Passivität, sie drängte in das neue Leben: „Es bläht der Wind das Tuch von ungezählten Zelten, – in denen wir in heißen Nächten ruhn. – Wir fühlen nun den Hauch von andren Welten – und reifen mählich für ein bessres Tun."

Zu den sich Abkehrenden und Umkehrenden stießen in den Camps die „Einsamen", die schon gewandelt in die Lager gingen. Walter von Cube[4], später Chefredakteur des Bayerischen Rundfunks, machte die Gefangenen im Französischen Lager von Montelimar mit dieser neuen Elite bekannt: „Als auf dem Elbrus die Hakenkreuzflagge wehte, als in Berlin Kurse für Negersprachen liefen, als man von der Heimkehr der Niederlande ins Reich sprach, waren wir in unser Privatissimum verbannt. .. befanden wir uns in einer oft qualvollen Einsamkeit, selbst im Kreise der vielfältigen Opposition," Der Graben, der zwischen den „Einsamen" auf der einen Seite und den Anhängern wie Gegnern der nationalsozialistischen Parteiführung auf der anderen Seite lag, war durch die Überzeugung der „Einsamen" gezogen, daß der „Prüfstein des Hasses" (gegenüber Hitler und seinem Regime) der Wunsch nach dem „Triumph der wahren Parteigänger ... der Welt" (d. h. also Roosevelts und Stalins) sei, den ein „sakrosanktes, nie überprüftes Nationalgefühl", das Anhänger und Gegner des Hitlerregimes teilten, nicht aufkommen lasse. Daß diese Erkenntnis heute zeitgemäß und jedem Abiturienten geläufig ist, täuscht leicht darüber hinweg, daß die an das Vaterland fesselnden „Bande, die wenngleich hauchzart wie Luft, stark sind wie Ketten aus Eisen" (Edmund Burke), damals noch durch eine innere Entscheidung gesprengt werden mußten. Erst seit die Nation 1945 durch äußere Einwirkung abrupt aus dem Leben aller verschwand, bedarf es für den Einzelnen keiner Konversion und keiner inneren Anstrengung mehr, um sich von ihr loszusagen.

Einer der „Einsamen", der Philosoph Karl Jaspers[5], der sein „politisches Denken an dem vorweggenommenen Standpunkt des Weltbürgers zu orientieren" unternommen hat, bekannte in seiner Autobiographie, daß er den Einmarsch der Alliierten in Deutschland seit 1933 begehrt und seit 1936 erhofft habe. Der Wunsch nach Intervention fremder Mächte rechtfertigt sich stets durch die Oberordnung der „Moral" über die „Politik." „Der Grundsatz der Nichteinmischung in die inneren Angelegenheiten eines Staates" ist nach Jaspers „der Deckmantel für das Zulassen des Unrechts." Daß sich die Intervention gegen das eigene Volk zu richten hatte, führte (damals) zu jenem tiefen Einschnitt im Denken, der wie eine zweite Vertreibung aus dem Paradies den Menschen auch dann zu einem „Einsamen" machte, wenn sein Bekenntnis (nachträglich) ein weites Echo fand. Nichts, was später folgen würde, konnte es an Wichtigkeit mit diesem Einschnitt aufnehmen.

Der „Prüfstein des Hasses" sollte also zum Eckstein des politischen Neubaus werden. Eine neue Elite (von Cube: „Wir anderen") sah sich bereits auf festem moralischem Grund, während die große Masse, dem Alten verhaftet, noch nicht zu sich selbst gefunden zu haben schien. Voller Selbstgewißheit konnte so von Cube die deutschen Kriegsgefangenen im Lager St. Denis anreden, sie sollten ja nicht glauben, „in wenigen Wochen und mit etwas gutem Willen und ein wenig Arbeit den Anschluß an die Welt jener europäischen Werte wiedergewinnen" zu können, die sie in blindem Eifer zerstört hätten. „Für die Mehrzahl von Ihnen ist die Mentalität des herrischen Untertanen echt und die Mentalität des freien Menschen falsch." Nicht die äußere Übernahme der neuen Werte, die Umstellung, sei gefordert, sondern die „Wandlung". Die Wandlung müßte jeden Einzelnen dazu führen, aufzustehen und zu bekennen: „Nein, nicht die Deutschen sind schuld, sondern ich, ich selbst."

Die Amerikaner führten, nachdem sie das Kriegsende von den Fesseln der Genfer Konvention und der Furcht vor deutschen Repressalien befreit hatte, ein größeres Umerziehungsprogramm im

Camp von Fort Getty (Rhode Island) durch. Bei der Auswahl der Umerziehungskandidaten wurden bezeichnenderweise Parteigenossen, die sich als einst gläubige Nationalsozialisten bekannten, bevorzugt, während diejenigen, die aus beruflichen Erwägungen in die NSDAP eingetreten waren, als unbrauchbar galten. Alfred Andersch, der 1947 über seine Erfahrungen in Fort Getty berichtete, hat betont, daß im Zentrum der politischen Arbeit „die erschöpfende Analyse der Weimarer Republik und der Ursachen ihres Versagens, wie sie in den Jahren der Emigration von einer Reihe junger deutscher Staatswissenschaftler geleistet worden ist", gestanden habe. Diese Studien hätten dazu geführt, „daß einige hundert geistig bewegliche Männer" in Deutschland den „Vortrupp des Volksteils" bildeten, der (1947) „der gespenstischen Restauration des Zerrbildes einer Demokratie (gemeint ist die Weimarer Republik d. V.) mit immer stärkerer Ablehnung zusieht."

Fort Getty war auch der Sitz der Kriegsgefangenenzeitschrift „Der Ruf", deren Redaktion aus Hans Werner Richter, Erich Kuby, Alfred Andersch und Carl August Weber bestand. Redaktion nebst Zeitschrift wurden 1945/46 nach Deutschland verfrachtet. In einem dem „Ruf"[6] gewidmeten Gedenkband des Deutschen Taschenbuch-Verlages wird von den „unwiederbringlich schönen Jahren" berichtet, als die unter dem Stichwort „Kriegsgeneration" firmierenden Intellektuellen „immerfort Zeitungen, Zeitschriften, Verlage gründeten, die meist den großen Einschnitt der Währungsreform nicht überstanden, in Debatten schwelgten, hungrig aber glücklich waren, weniger auf die materielle Not sahen als in den noch scheinbar unverstellten Himmel". Das „Kontinuum der Geschichte" (Benjamin) schien gesprengt. Die Intellektuellen halluzinierten, sie seien, wie Rüdiger Proske damals schrieb, „der Ort, in dem sich die eigentliche geschichtliche Entscheidung vollzieht." Wie man diese Entscheidung anging, deutete Proske an, wenn er die Absichten der Mehrzahl der Intellektuellen in folgendem Ausspruch wiedergegeben fand: „Kommunismus, Marxismus, freiheitlicher Sozialismus, Christentum, Existenzialismus, Humanismus, Liberalismus, – alles das müssen wir nach dem, was wir erlebten, erst wieder aufnehmen und erneut in uns formen. Wir müssen in uns den Prozeß einer neuen Integration vollziehen." Man sieht, die Intellektuellen waren voll beschäftigt. Kein Wunder, daß die wesentlichen Entscheidungen vorüberzogen, ohne daß sie es merkten.

Mit der Besatzungsmacht war für Intellektuelle nicht immer gut Kirschen essen. Nach 16 Nummern wurde der „Ruf" von der

Militärregierung verboten, angeblich weil der erste in Deutschland gedruckte Artikel des Exil-Ungarn Arthur Koestler den Russen mißfiel. Im April 1947 übernahm Erich Kuby die Redaktion, 1948 dann Walter von Cube, der eine seiner Reden hielt, der Heimkehrer-Mentalität den Kampf ansagte und den bisherigen „Ruf" der Ruinen-Vegetation zuordnete. „Man kann in einem Augenblick, in dem sich der Nebel verzieht, nicht mehr mit einer Stange darin herumfahren und warten, was hängenbleibt." Die Zeit der Brückenbauer zwischen West und Ost war auch auf dem Zeitschriftenmarkt vorbei. Die Politik ist nach von Cube „im Grunde nichts anderes als der Niederschlag von Ideen", was natürlich dem Literaten die Bürde der Verantwortlichkeit auflädt und ihn zwingt, Menschenwürde, Demokratie und Abendland als rechte Leitsterne zu erkiesen, aus denen sich die Notwendigkeit der Teilung Deutschlands beinahe wie von selbst ergibt.

Hans Werner Richter und die Seinen beschlossen, sich hinfort der Satire zuzuwenden. Sie beantragten die Lizenz für ein Witzblatt namens „Skorpion", die wegen „Nihilismus" verweigert wurde. Im September 1947 rief Hans Werner Richter die ehemaligen Mitarbeiter des „Ruf" nach Bannwaldsee bei Füssen. Da keine Zeitschrift zum Publizieren da war, las man vor und kritisierte. Die „Gruppe 47"[7], die in den Folgejahren das literarische Leben in der Bundesrepublik zum Closed shop machte und es ziemlich geschlossen in die Opposition einbrachte, war geboren. Um diesen Kern der 47er legten sich weitere Ringe: der „Grünwalder Kreis", der sich zur demokratischen Feuerwehr berufen glaubte, da er 1956 mit der Errichtung der Bundeswehr eine Wendung zur Autorität zu erblicken wähnte, der „Club republikanischer Publizisten" und wechselnde Kreise der Unterzeichner oft reichlich verwegener Erklärungen, wie der in der Spiegelkrise, als man diejenigen, die keine Geheimnisse kannten, zum Geheimnisverrat aufforderte. Was hinter den sagenumraunten Kreisbildungen steckt, beschrieb Rolf Schroers: „Die Gruppe 47 ist Richter selber, erweitert um die jeweils aktuellen Gäste und die Namen der potentiell erwünschten, die ihn als legislative, exekutive und judikative Gewalt respektieren: damit ist ein abgeschirmter Privatraum von höchster öffentlicher Wirksamkeit geschaffen, den gegen sich zu haben durch nichts Vergleichbares ausgeglichen wird." Da es der „Gruppe 47" mindestens im literarischen Bereich gelungen ist, eine florierende Versicherung auf Gegenseitigkeit zu gründen, gesellte sich mancher zur Camp-Elite, der Fort Getty nur vom Hörensagen kannte.

Die Traktätchenzeit

Wer in den Camps und der Einsamkeit noch keine Gelegenheit zur Wandlung gehabt hatte, konnte in den Jahren zwischen Kapitulation und Währungsreform das Versäumte nachholen. So war es wenigstens gedacht. Doch was in der „Retorte" von Fort Getty vorzüglich gelang, mißriet in der „durchaus nicht keimfreien Luft Nachkriegsdeutschlands" (Alfred Andersch). Das ist nicht besonders verwunderlich. Der tägliche Kampf mit dem Laokoon des Schwarzmarktes, der Denunziationen, Entnazifizierungen, der unbehausten Menschlichkeit und der unverständlichen Anordnungen der Militärregierung fügte die Nachkriegsdeutschen in eine drastische Umwelt ein, in der die keimfreie Moral nicht so recht gedeihen wollte. Die Traktätchenzeit kam und ging, ohne tiefere Spuren zu hinterlassen. Als „Die Wandlung" keine Leser mehr fand und ihr Erscheinen einstellen mußte, war es um die Wandlung der Nachkriegsdeutschen fürs erste geschehen.

Doch nicht nur die Umwelt war am Mißerfolg der Traktätchenzeit schuld, die Traktätchen selbst stifteten rechte Verwirrung. Das hatte seinen gut antifaschistischen Grund. Da der Nationalsozialismus selbst als Weltanschauung posierte, hatte er wenn nicht sämtliche konkurrierenden Weltanschauungen, so doch die meisten verboten. Mit seinen Hausfeinden, den Marxisten, Freimaurern und Pazifisten hatte er begonnen. Die Legitimisten, Föderalisten, Paneuropäer und diverse christliche und nichtchristliche Sekten kamen als Nächste dran. Nach Rudolf Heß' Englandflug waren die Okkultisten an der Reihe, und nicht einmal die Allzu-Heidnischen blieben verschont. Die Folge war, daß alle diese Gruppen auf ihre Verfolgung verweisen und ihre Wiederzulassung und Privilegierung erheischen konnten.

Wen die Nationalsozialisten verboten hatten, den erlaubten die westlichen Alliierten (mit Ausnahme der Allzu-Heidnischen). So scholl dem Zeitgenossen aus dem Traktätchenwald ein ohrenbetäubender Spektakel entgegen. Die Anhänger der Schwundgeldlehre Silvio Gesells gründeten eine „radikal soziale Freiheitspartei" (später „Freisoziale Union"), die bei den ersten Bundestagswahlen über 200.000 Stimmen gewann. Die Anthroposophen setzten ihre Hoffnungen auf den ihnen nahestehenden Minister Seebohm und empfahlen sich in ihrem Gruppenblatt als „Die Kommenden." Der Verleger Axel Springer ließ in seiner Zeitschrift „Merlin" die Topographie des Astralleibes erforschen. In Heidelberg wurde der „Freie

Sozialismus" kreiert, in Ahlen „der Sozialismus aus christlicher Verantwortung" und in diversen weiteren Städten diverse weitere Spielarten des Sozialismus (mit der Ausnahme der nationalen), denn Sozialismus galt als die dem Erneuerungsglauben weltanschaulicher Sekten entsprechende wirtschaftlich-politische Ordnungsform. Doch da es statt einer Erneuerungslehre deren viele gab, traten sich die Weltanschauungen gegenseitig auf die Füße und sahen sich nach wenigen Jahren wieder auf die wetterfeste Gemeinde der Treuesten beschränkt.

Die vertikalen Dissonanzen der Weltanschauungen wurden durch die horizontalen der Regionalismen verstärkt. Hier raunte einer über den „Weg der preußischen Vorherrschaft und das Geheime Reich der Welfen" (H. H. Leonhardt), dort feierte ein anderer die „Schwäbisch-alemannische Demokratie" (Otto Feger). Der Rat der Friesen forderte zur Abschüttelung des jahrhundertealten preußisch-deutschen Joches auf, verlangte Autonomie und berief sich auf die Verwandtschaft der Friesen mit den Angelsachsen. Als Dachbegriff aller Regionalismen wurde der Föderalismus gepriesen, der weniger ein Element verfassungsmäßigen Staatsaufbaus sei, als eine Weltanschauung. Natürlich kam unverzüglich als Pferdefuß des Föderalismus zum Vorschein, daß über Größe und Grenzen der zu föderierenden Einheiten kein Einvernehmen zu erzielen war. Rief man in München „Los von Berlin", kam aus Franken und Schwaben das Echo „Los von München." Doch brachten die föderalistischen Strömungen, die als gemilderte Rezeption ihrer Teilungspläne den Alliierten genehm waren, in einem Augenblick, wo die Deiche gebrochen waren und vier verschiedene Nationen die Deutschen ihrer Zonen nach ihrem Bilde formten, einen oft skurrilen, aber doch heilsamen Rückgriff auf die Traditionen der engeren Heimat. Der deutsche Imperialismus fiel als englischer, der Nationalismus als französischer Import ab. Man versenkte sich in die Welt der Barockprälaten, begann zu restaurieren, renovieren und rekapitulieren, verkannte, wenn auch etwas provinzielle Geister auszugraben und das Gefühl zu gewinnen, daß es in einer Welt, in der alles verrückbar geworden war, im heimatlichen Erbe etwas Unverrückbares gab.

Vor allem echauffierte man sich in der Traktätchenzeit im Kampf um die Revision des Geschichtsbildes. Man setzte betriebene Politik und gelehrte Geschichte in einen Wirkungszusammenhang und forderte eine Reform der Geschichtsschreibung an Haupt und Gliedern. Doch reifen geschichtliche Werke von Rang erheblich länger als programmatische Aufrufe, und die Züchtung einer neuen Historikerschule in Westdeutschland hätte auch nicht schneller vonstatten gehen können als die entsprechende einer marxistischen Historikerschule in Mitteldeutschland. So waren die „neuen deutschen Ansichten" (Hans Kohn) von der deutschen Geschichte lediglich der Ausdruck einer Machtverschiebung in der Zunft. Nebenströmungen, wie die in der „Görres-Gesellschaft" gepflegte katholische Geschichtsschreibung, wurden gestützt, die repräsentative und als national verschrieene Schule der Ranke-Enkel und -Urenkel (Schüler der Rankeschüler und deren Schüler) in den Hintergrund gedrängt. In West- wie in Mitteldeutschland mußten in einer Übergangsphase bodenständige Traditionen benutzt werden, um einen weniger bodenständigen Effekt zu erzielen. Im Westen glaubte man aus der Not eine Tugend machen zu können, indem man zunächst weniger eine Lehre für alle verbindlich machte, als durch akademische Personalpolitik eine Machtverschiebung im gewünschten Sinne einleitete.

Allzu offenkundig fanden drei Aspekte der Katastrophe von 1945 ihren Niederschlag in der Geschichtsrevision: die Zerstörung der deutschen Einheit, der deutschen Macht und der deutschen Eigenständigkeit. Aus allen drei Aspekten saugten die Geschichtsrevisionisten Gesinnungshonig. Die deutsche Einheit war zerstört – und sie erklärten das Zeitalter des Nationalismus im allgemeinen für beendet, den Weg zur deutschen Einheit im besonderen für einen Irrweg. Die deutsche Macht war zerstört – und sie bezeichneten die Macht im allgemeinen als böse, im besonderen aber als für Deutsche nicht bekömmlich. Die deutsche Eigenständigkeit war aufgehoben – und sie blickten auf die universalen Aspekte im allgemeinen, auf die der jeweiligen Besatzungsmacht im besonderen.

Die Teilung Deutschlands war in den immanenten Widersprüchen der Besatzungsplanung angelegt und durch die vom Kontrollrat beschlossene Sperrung der Zonengrenzen besiegelt worden. Die Geschichtsrevisionisten fühlten sich genötigt, dem factum brutum der Teilung durch eine Bismarck-Kritik eine Sinngebung nachzuschicken. Durch Blut und Eisen, meinten sie, sei das Bismarck-Reich zustandegekommen, durch Blut und Eisen hätte es untergehen müssen. „1945 brach nicht das kurzlebige 1000jährige Reich Adolf Hitlers zusammen, sondern jenes Deutschland, das 1866 geschaffen wurde" (Hans Kohn). Sicher war der Preußenhaß von Sachsen bis Oldenburg, von Hannover bis Bayern eine bodenständige Kraft. Aber die „großdeutsche" Lösung, die einer preußischen Vorherrschaft im Reich durch die Anlehnung an Österreich entgehen wollte, wurde zum grotesken Anachronismus, als sie von den Nachfahren auf kleinstdeutschem Räume wiederaufgegriffen wurde. Das Ende der Traktätchenzeit wurde auch zum Ende der großdeutsch-föderalistischen Ideologie, die sich in den Rinnsalen sektiererischer Verdrossenheit verlor.

Doch Deutschland war nicht nur geteilt, es war auch entmachtet. Die Trauben der Macht, die unerreichbar schienen, wurden für sauer erklärt. Wie die Teilung Deutschlands durch eine Bismarck-Kritik einen Sinn erhalten sollte, so sollte die Entmachtung Deutschlands durch eine Ranke-Kritik gerechtfertigt werden. Ranke sei der Gründer einer Schule gewesen, die den Staat in den Mittelpunkt der Betrachtung gestellt habe, er sei mit moralischen Urteilen langsam zur Hand gewesen und habe Sätze geschrieben, wie den: „In der Macht an sich erscheint ein geistiges Wesen, ein ursprünglicher Genius, der sein eigenes Leben hat", oder gar den: „Das Maß der Unabhängigkeit gibt einem Staate seine Stellung in der Welt; es legt ihm zugleich die Notwendigkeit auf, alle inneren Verhältnisse zu dem Zwecke einzurichten, sich zu behaupten. Dies ist sein oberstes Gesetz." Es sei Zeit, sich von Ranke ab- und seinem Antipoden Jakob Burckhardt zuzuwenden – nicht Berlin, sondern Basel sei der günstigste Standort für die historische Betrachtung. Die Stellung zur Macht unterscheide den deutschen vom westlichen Menschen. „Für die westliche Welt (liegt) die sündhafte Möglichkeit des Menschen im Mißbrauch der Macht, während für die deutsch-lutherische Welt sündhafte Möglichkeit des Menschen in Auflehnung gegen die Macht liegt", meinte der Geschichtsrevisionist Fritz Fischer 1951. Die zu fördernde Verwestlichung verstand man als Züchtung des Mißtrauens gegen die Macht (vor allem die eigene).

Die geschichtsrevisionistische Bewegung lief sich am Freiburger Professor Gerhard Ritter fest, der wie ein gelehrter Winkelried alle Lanzen der Kritik in seine Brust zog. Ritter glaubte als Beteiligter des 20. Juli einigen Meinungsspielraum zu haben. Er wurde von den Marxisten beschuldigt, ein „ideologisches Kompaniegeschäft mit dem angloamerikanischen Imperialismus" gemacht zu haben und die „obligate ideologische Marschmusik, die den Einzug der alten deutschen Reaktionäre ins westliche Lager – anfangs in Moll und mit gestopften Trompeten – begleitete, komponiert und geblasen" zu haben; von den Westlern (Johann Albrecht von Rantzau), eben diesen Marsch in das westliche Lager durch die Verteidigung des alten Obrigkeitsstaates sabotiert zu haben. Die Ultraföderalisten (Otto Bernhard Roegele) jammerten über „die Langmut der Zulassungsbehörde, die Gerhard Ritter 1945 in Amt und Würde beließ", und die jugendlichen Ritter des sauberen Charakters konnten ihm seine Kritik an Zeitgeschichte, Politischen Wissenschaften und deren Einzug in die Schule über ein Fach Gemeinschaftskunde nicht verzeihen.

In dem recht fanatische Formen annehmenden Kampf um die Revision des Geschichtsbildes ging es nur sekundär um akademische Sachfragen. Der wissenschaftliche Ertrag des Geschichtsrevionismus war dürftig, und die Vorkämpfer der revisionistischen Bewegung brachten es maximal zu Vorträgen und Aufsätzen. Erst in der 1958/59 einsetzenden zweiten Welle wartete die Richtung mit großen wissenschaftlichen Werken, wie Fritz Fischers „Griff nach der Weltmacht", auf. Der Rücken, auf dem der Kampf ausgetragen wurde, war der der Schulkinder. Da in den Seminaren der Historiker die künftigen Geschichtslehrer der Schulen ausgebildet wurden, meinte man die Kinder in den Griff zu bekommen, wenn man sich der Ordinarien annahm. In der Hessischen Verfassung wurde der Geschichtsunterricht sogar durch Verfassungsvorschrift geregelt. Im Art. 56 hieß es: „Der Geschichtsunterricht muß auf getreue, unverfälschte Darstellung der Vergangenheit gerichtet sein. Dabei sind in den Vordergrund zu stellen die großen Wohltäter der Menschheit, die Entwicklung von Staat, Wirtschaft, Zivilisation und Kultur, nicht aber Feldherren, Kriege und Schlachten. Nicht zu dulden sind Auffassungen, welche die Grundlagen des demokratischen Staates gefährden." Welches diese Grundlagen sind, läßt sich nur aus dem Kontext ermitteln, und der war in Hessen durch die „Verfassungsfront" aus CDU plus SPD plus KPD (gegen die Liberalen) gegeben. Eine der lohnendsten Aufgaben der Nachkriegsgeschichtsschreibung wäre eine politische Geschichte des Landes Hessen, das nach seinen Anfängen der Volksfront in seinen SPD-Regierungen die fünfziger Jahre hindurch eine von der Bundesrepublik scharf kontrastierende Färbung trug, die sich immer wieder in Interventionen auf dem Gebiet der Politischen Wissenschaft und Bildung, der Geschichte, Pädagogik und Soziologie niederschlug.

Eine zentrale Institution der Geschichtsbildkontrolle, auf die Hessen seinen Einfluß im Sinne der Ausgestaltung zu einem Propagandaministerium geltend zu machen suchte, hatte seinen Sitz allerdings nicht in Frankfurt, sondern in München. Das „Institut für Zeitgeschichte" wurde „auf Anregung der Amerikaner" (Ehard) als schlichtes Institut zur Erforschung des Nationalsozialismus durch das Land Bayern gegründet. Das kulturelle Klima Münchens, das durch den klerikalen Kultusminister Alois Hundhammer (dem von der SPD eine Zeitlang die Rolle als negatives Leitbild zugedacht war, die dann auf Franz Josef Strauß übertragen wurde) bestimmt war, führte dazu, daß die provisorische Leitung des Instituts dem föderalistischen Ideologen Gerhard Kroll übertragen wurde, der als Verfasser des „Manifestes der abendländischen Aktion" später in das norddeutsche Feuer geriet und liegen blieb. Zu Bayern kam als Mitträger des Instituts der Bund, und zum Leiter ernannt wurde der aus der Jugendbewegung stammende Hermann Mau. Das wieder ließ die Föderalisten nicht ruhen. Als die erste Veröffentlichung des Instituts (Hitlers Tischgespräche) erschien, platzte die Bombe. Der Ministerpräsident Ehard, ein Meister in der Kunst, Sätze unter Verwendung des Wortes Föderalismus zu bilden, ließ im „Bayerischen Staatsanzeiger" einen Angriff unter dem Titel „Fragwürdige Forschungsarbeit" und der Drohung der Einstellung der Bayerischen Zahlungen veröffentlichen. Der Verfasser der Einleitung der „Tischgespräche", Gerhard Ritter, wurde zum Austritt aus dem Beirat des Instituts veranlaßt. Der Generalsekretär Mau konnte jedoch den Nachweis führen, daß die „Tischgespräche" in einer Beiratssitzung mit Theodor Heuss das Impressum des Instituts verliehen bekamen und er selbst sie erst nach Drucklegung einsehen durfte. Mau fiel nicht dem föderalistischen Feuer, sondern einem Autounfall zum Opfer. Der zu epischer Darstellung verlockende Kampf zwischen den Kleindeutschen unter Ritter und den Großdeutschen unter Schnabel endete damit, daß beide Heerhaufen auf der Wahlstatt verbluteten. Das Erbe traten die nach Westen blickenden Antitotalitären an. Generalsekretär wurde der mehr nach links tendierende Kluke (dessen Nachfolger: Krausnick), die geistige Oberherrschaft übernahm der 1951 aus USA zurückkehrende Hans Rothfels, der in sich selbst die Welt des ostpreußischen Adels und die der Emigrationserfahrungen in Amerika vereinend der rechte Mann war, um die künstliche Synthese des Antitotalitarismus zur Ideologie auszugestalten.

Das Fanal von Korea

1950 stellte sich heraus, daß dem Westen weniger mit deutschen Geschichtsbroschüren, als mit deutscher wirtschaftlicher und militärischer Stärke gedient war. Der Ost-West-Konflikt entbrannte in voller Schärfe. Wo immer die Soldaten der UdSSR und der USA aufeinandergestoßen waren, in Deutschland, Österreich und Korea, hatten die USA die Demarkationslinie zwischen West und Ost vorgeschlagen und die Russen sie angenommen. Daraus konnte man (je nach Standort) schließen, daß die Russen verständigungswillig waren, oder daß die Amerikaner ihnen mehr überließen, als sie erwartet hatten. Während in Deutschland die „Zonengrenze" entlang der westlichen Verwaltungsgrenzen von Mecklenburg, Sachsen-Anhalt und Thüringen gelegt wurde, hielten sich die Planer im Washingtoner Pentagon nicht lange mit koreanischen Verwaltungsgrenzen auf, sondern ließen die Demarkationslinie entlang des 38. Breitengrades laufen. Im Juni 1945 hatten sich Harry Hopkins und Josef Stalin auf eine gemeinsame Verwaltung Koreas geeinigt. Auf der Moskauer Außenministerkonferenz vom Dezember 1945 wurde eine gemischte Kommission ins Leben gerufen, die die Schaffung einer einheitlichen Regierung für ganz Korea vorbereiten sollte. Die Kommission trat im März 1946 zusammen und löste sich nach 6 Wochen wieder auf. Im August 1948 wurde die Republik von Korea im Süden des Landes, im September 1948 die Demokratische Volksrepublik von Korea im Norden des Landes gegründet. Die amerikanischen und russischen Truppen wurden zurückgezogen. Am Sonntag, den 24. Juni 1950, erfuhr Präsident Truman während des Weekends, daß nordkoreanische Truppen in Südkorea einmarschierten. Im Verlaufe der nächsten Woche entschloß sich Truman nach und nach zur vollen Intervention mit amerikanischen Truppen. Die Motive des nordkoreanischen Vorgehens sind nicht ganz geklärt. Im Januar 1950 hatte Außenminister Acheson in einer Rede die Gebiete aufgezählt, auf die ein Angriff von den Vereinigten Staaten als Angriff auf sich selber gewertet würden. Korea und Formosa waren nicht darunter. Von amerikanischer Seite wurde behauptet, daß zwischen der Rede und dem Angriff die Zahl der nordkoreanischen Divisionen von 4 auf 13 erhöht wurde. Es sei wahrscheinlich, daß Stalin den Angriff in der Erwartung anordnete, daß die Amerikaner sich nicht einmischen würden.

In eben jener letzten Juniwoche 1950, in der Truman sich zur vollen Intervention in Korea entschloß, tagte in Berlin der Kongreß für kulturelle Freiheit[8]. Dieser Kongreß hatte seine Wurzeln in den verwickelten Richtungs- und Gewissenskämpfen der amerikanischen „Roten Dekade", in der sich der Übergang vom alten zum neuen Liberalismus vollzog. Im Frühjahr 1939 war unter Beteiligung führender Philosophen wie John Dewey und Sidney Hook ein Komitee für Kulturelle Freiheit gegründet worden, das feststellte, daß die totalitäre Idee bereits in Deutschland, Italien, Rußland, Japan und Spanien inthronisiert sei, die intellektuelle und kreative Unabhängigkeit unterdrücke und Kunst, Wissenschaft und Erziehung zu Lakaien der Staatsphilosophien mache. Unter den Aufruf des Kommittees wurden 150 Unterschriften gesammelt. Prompt kam ein Gegenaufruf von 400 Intellektuellen, die gegen die „phantastische Lüge, daß die UdSSR und die totalitären Staaten im Grunde gleich seien" schärfstens protestierten. Die verworrenen Linien des Liberalismus werden deutlich, wenn man liest, daß unter dem ersten Aufruf der Name Thomas Manns, unter dem zweiten der seines Sohnes Klaus Mann steht. Eine erste Welle der Ablehnung des russischen Kommunismus war unter den Liberalen noch vor dem deutsch-sowjetischen Pakt durch Stalins Schauprozesse hervorgerufen worden. Als sich während des Krieges die amerikanische gute Gesellschaft auf die Seite der Sowjetunion stellte, Oma Starotsin feierte, die GPU mit dem FBI verglich und fand, daß russische Generäle guten Sekretären der YMCA (Young Men's Christian Association) ähnelten[9], verblieb nur ein kleines Häufchen von Exkommunisten und Trotzkisten, das bei der Ablehnung der Sowjetunion verharrte und sie in kleinen Blättern wie „New Leader" und „Call" zum Ausdruck brachte.

Der Ost-Westkonflikt machte aus den einstigen Außenseitern die Helden des Tages. 1949 wurden unter Leitung von Sidney Hook die Antitotalitären von 1939 erneut gesammelt. Nach dem Kongreß der Intellektuellen für den Frieden in Wroclaw-Breslau (August 1948) und dem Weltfriedenskongreß in Paris (April 1949) schien es, als ob es einer mächtigen, unter dem Protektorat von Albert Einstein, Pablo Picasso, Thomas Mann und Ilja Ehrenburg stehenden Friedensbewegung gelingen würde, die liberalen und antifaschistischen Intellektuellen vor den sowjetischen Wagen zu spannen. Der Berliner Kongreß sollte zeigen, daß es zweierlei Intellektuelle gab und daß es auch möglich sei, den antisowjetischen Teil der liberalen Intelligenz politisch zu mobilisieren. Das Protektorat über diesen Versuch nahmen fünf philosophische Generäle des antitotalitären Heerhaufens: Benedetto Croce, John Dewey, Karl Jaspers, Jacques Maritain und Bertrand Russell.

„Auch die Wahrheit bedarf der Propaganda", meinte Karl Jaspers in seinem Grußwort zum Berliner Kongreß, doch die Propaganda fiel so aus, daß sie der Wahrheit nicht sehr bekam. Als der ungarische Ex-Kommunist Arthur Koestler zur Aktion anfeuerte und rief: „Wir sind in diese Stadt nicht gekommen, um nach einer abstrakten Wahrheit zu suchen. Wir kamen, um ein Kampfbündnis zu schließen. Es geht hier nicht um relative Unterschiede, es geht um Leben und Tod", als er alle diejenigen, die sich nicht so zum Kampf stellten, wie er es in seiner kommunistischen Zeit erwarten durfte, als „Halbjungfrauen der Demokratie" einstufte, da spalteten sich die in Berlin versammelten antitotalitären Liberalen erneut in Propagandisten und Wahrheitssucher.

In dem Berliner Antagonismus von Propagandisten und Wahrheitssuchern kam die Künstlichkeit des „Antitotalitarismus" zum Vorschein, der unter einer etwas vagen zeitkritischen Formel doch recht verschiedene Bewegungen und Systeme zusammenfaßte. Eine Antibewegung kann sich von ihrem Gegner Terminologie und Kampfstil aufdrängen lassen, wenn sie es jedoch von mehreren miteinander verfeindeten Gegnern tun läßt, versucht sie sich an der Quadratur des Kreises. In Indien hat sich für ein solches Bemühen der Ausdruck Äquidistanz eingebürgert, der die Politik des gleichen Abstandes von Kongreßpartei und Kommunisten bezeichnet, die dem indischen Sozialismus zum Verhängnis geworden ist. Die Äquidistanz des antitotalitären Liberalismus zwischen Kommunismus und „Reaktion" brachte ihn ständig in Gefahr, entweder nach der einen oder nach der anderen Seite vom selbstgespannten Seil zu purzeln.

Der Berliner Kongreß würzte die Polemik zwischen Ost und West auf das kräftigste. Der Osten verwendete die „starke Sprache Lenins" und bezeichnete die Berliner Reden als „bösartiges Gewinsel". Die Teilnehmer des Kongresses wurden von Wolfgang Harich als „Werwölfe in Freiheit dressiert" tituliert. Der Veranstalter Melvin Lasky wurde als Polizeispitzel „entlarvt". Die Westlichen blieben wenig schuldig.

Der Bericht des „Kurier" über eine 1952 vor dem Kongreß gehaltene Rede des Dichters Stefan Andres berichtet über eine „leidenschaftliche, zornige, schonungslose Absage an die sowjethörigen Intellektuellen deutscher Zunge, an die Staatssklavenbildner, Lohnschreiber, Seelenmechaniker des perfektionierten Stalinismus, ihre gleißnerischen Friedensbotschaften, ihre intellektuelle Unzucht, ihren Verrat Europas." Wenn Ost und West unter Geheul übereinander herfielen, mochte mancher Zuhörer auf dem Platz vor dem Funkturm denken, war es immer noch besser, als wenn beide zusammen über die Deutschen herfielen.

War es wenig angebracht, den hartgesottenen Exkommunisten des „Kongresses für kulturelle Freiheit" die Gretchenfrage nach ihrer Religion zu stellen, obwohl der Kongreßbericht darauf verwiesen hatte, daß der im „Calvinismus wurzelnde Personalismus" stark. vertreten gewesen sei, so mobilisierte die „Moralische Aufrüstung"[10] die christlichen Kräfte gegen den Kommunismus. Paul Hoffmann, der Marshall-Plan-Administrator, nannte sie „das ideologische Gegenstück zum Marshallplan". Nach dem ersten Weltkrieg war der amerikanische lutherische Pfarrer Frank Buchman in den Bannkreis der Erweckungsbewegung geraten. Er beschloß, sein Leben in den Dienst der Lebensänderung zu stellen. Diese Lebensänderung hatte anfangs keine Beziehung zur Politik. Aber 1938 formte Buchman die von ihm gegründete Oxford-Bewegung („It's not an Institution – It's not a point of view; – It Starts a revolution – By starting one in you") unter dem Eindruck der Ideologien des Kommunismus und Nationalismus in die nunmehr politische Moralische Aufrüstung (MRA) um. Filme, Schauspiele, Bücher, Fulltimers, ein Hotelkomplex in Caux am Genfer See sorgten für die Verbreitung der vier unbedingten Maßstäbe der absoluten Ehrlichkeit, absoluten Reinheit, absoluten Selbstlosigkeit, absoluten Liebe. Die eingesetzten Geldmittel waren beträchtlich, und die Publikationen der Moralischen Aufrüstung konnten in Millionen-Auflagen verschickt werden.

Der Erfolg der „Moralischen Aufrüstung" war nicht nur dem Einsatz von Geldmitteln zu verdanken, sondern auch der die „Lebensänderung" beabsichtigenden, außerordentlich geschickten Verknüpfung von politischer Einstellung und Lebensgeschichte. Die universale „Antwort", die die Moralische Aufrüstung gab, war die Anwendung der gleichen Prinzipien in Privatleben und Politik. Das MRA-Schauspiel „Der vergessene Faktor" gab zu verstehen, daß sich alle Differenzen durch Teamwork lösen ließen, zuhause am Frühstückstisch, im öffentlichen Leben am Konferenztisch. So wie sich der Kommunist der Selbstreinigung in der Prozedur der Kritik und Selbstkritik unterzog, so breitete der Aufrüstler beflügelt durch die mit ihm sympathisierende Gruppe sein Leben aus, bekannte seine Schuld und gelobte Besserung. „In diesem Frühjahr hörte ich von Dr. Erwin Stein, dem Kultusminister von Hessen, wie die MRA dort arbeitet. Er führte aus, wie sie mit den amerikanischen und britischen Stellen der Bizone zusammenarbeiten, um das gefährliche geistige Vakuum auszufüllen. Mit der Mithilfe von General Clay wurden im letzten Sommer 150 Deutsche ausgesucht und zu der MRA-Tagung in die Schweiz zur Ausbildung geschickt. Alliierte Dienststellen sagten aus, daß sie bei ihrer Rückkehr beschwingt waren durch neue Perspektiven, williger, die Fehler der Vergangenheit zuzugeben und in der Zukunft anders aufzubauen. Sie setzten sich zusammen und schrieben eine Broschüre über die Demokratie mit dem Titel: ‚Es muß alles anders werden.' Stein glaubt, daß dies das bisher wirksamste Mittel war, um den Samen der wahren Demokratie unter der deutschen Bevölkerung zu säen."

Während der Kommunismus das soziale Schuldgefühl, das darin bestand, daß jeder Kommunist irgendwann und irgendwo einmal ungenügendes Klassenbewußtsein an den Tag gelegt hatte, zur Lenkung des Einzelnen ausnützte, versuchte die Moralische Aufrüstung das moralische Schuldgefühl einzusetzen. An den vier Maßstäben der absoluten Ehrlichkeit, der absoluten Reinheit, der absoluten Selbstlosigkeit und absoluten Liebe gemessen, mußte ein jeder beim Rückblick auf sein Leben Schuld empfinden und den Antrieb, durch „neues" Handeln und innere Wandlung diese Schuld zu überwinden. Und doch unterschied sich die Moralische Aufrüstung von der späteren Vergangenheitsbewältigung insofern, als sie die Schuldgefühle aller gleichermaßen wecken wollte, während sich letztere im Sinne von Roosevelts antigermanischem Moralgefälle auf die Schuldgefühle der Deutschen beschränkt.

Die Äquidistanz von Nationalismus und Kommunismus wurde in der Lehre vom „Totalitarismus"[11] zu einem wissenschaftlichen System ausgebaut. Der Ausgangspunkt dieser Lehre war wissenschaftlich nicht unbedenklich, da er nicht in allgemeinen Begriffen lag, sondern in den jeweiligen Erfordernissen der amerikanischen Außenpolitik. Totalitär war, wer gerade in Amerika als Gegner angesehen wurde. Die Sowjetunion war bis 1941 totalitär, nach 1941 nicht mehr, ab 1948 wieder. Ähnlich erging es Japan, Deutschland, Spanien, China, Italien und anderen Staaten. Die Wissenschaft mit den augenfälligsten politischen Nutzanwendungen hat in längerer Sicht selten eine starke Position, da sie für kurzfristige politische Pressionen am anfälligsten ist.

Das deutsche Exempel spielte in der Lehre vom Totalitarismus schon insofern eine zentrale Rolle, als die Hauptvertreter der Lehre (Sigmund Neumann – 1942, Hannah Arendt – 1951, Carl Joachim Friedrich – 1953) aus Deutschland stammten. Doch geriet die Lehre gerade in Deutschland in ziemliche Schwierigkeiten, da sie zur antikommunistischen Aktion aufrief, aber die wesentlichen Motive dieser Aktion ablehnte, da sie die Verwerfung der „Reaktion" fordern mußte, aber zugleich eine Stabilisierung der Verhältnisse in Westdeutschland ohne „restaurative" Tendenzen undenkbar war.

Stammte die Lehre aus der Krise des amerikanischen Liberalismus und war mehr durch das bezeichnet, wozu sie keine Stellung nahm, als durch das, wogegen sie Stellung nahm, so förderte es sie noch weniger, daß sie gepredigt wurde, als der amerikanische Liberalismus sich aufzulösen begann.

Aus dem Dilemma des Antitotalitarismus wurde die Lösung der „Zeitgeschichte" geboren. ‚Zeitgeschichte war ursprünglich nicht viel anderes als Gegenwartsgeschichte (Current History, Histoire Contemporaine), eine Disziplin, die durch den täglich anschwellenden Strom von Materialien über laufende politische Vorgänge zur dokumentarischen Notwendigkeit wurde. Aber das Interesse an der Zeitgeschichte war das einer engagierten Wissenschaft. „Neutralität in Fragen, die uns wesenhaft betreffen und in menschliche Entscheidungen hineinführen" (Hans Rothfels) waren in ihr so wenig erwünscht wie in jeder anderen parteilichen Geschichtsschreibung. „Zeitgeschichte ist die Geschichte einer Epoche, die mit neuen Herausforderungen an uns herantritt, mit einer Erschütterung gewohnter Zusammenhänge und nationaler Loyalitäten, mit der Infragestellung einzelstaatlicher Souveränität und dem Versuch föderaler Integrationen, mit dem relativen Gewichtsverlust Europas und dem Ende aller Kolonialpolitik, mit dem Anstieg der Bevölkerungszahlen und der Produktivkräfte bis zur Automation hin, mit dem Zerbrechen alter künstlerischer Formen und mit Experimenten neuen Ausdrucks, mit den selbstzerstörerischen Möglichkeiten von Naturwissenschaft und Technik, ja mit Grenzsituationen der menschlichen Existenz überhaupt wie mit Enthüllungen des Unmenschlichen in bisher nicht erhörtem Maße ... wir können aus der Zeitgeschichte nicht desertieren, wenn wir uns selbst verstehen und einen Standort gegenüber dem Kommenden gewinnen wollen" (Hans Rothfels). Es sollte also eine Deutung der Gegenwart durch Historiker vorgenommen werden, was insofern etwas Mißliches·hat, als die Berufskrankheit der Historiker die mangelnde Begriffsschärfe (die mit gesteigerter Einfühlung einhergeht) ist.

So fühlten sich denn die Historiker in die von deutscher Seite während des Krieges begangenen Grausamkeiten ein und gelangten zu emotioneilen Postulaten. Da die Einfühlung („Betroffensein" sei das Kriterium der Zeitgeschichte) im Gegensatz zum begrifflichen Denken nicht alle möglichen Argumente prüfen und einen systematischen Zusammenhang unter ihnen herstellen muß, war sie auch von den Schwierigkeiten, die die jeweiligen amerikanisch-russischen Beziehungen dem als System auftretenden Antitotalitarismus stellten, befreit. Zwar war die antitotalitäre Frontstellung bei der Entstehung der Zeitgeschichte maßgebend, denn Rothfels verkündete: „Nur wer zuerst vor der eigenen Türe kehrt, erwirbt sich das Recht, kritisch umherzuschauen", d. h. die Abrechnung mit ihrer Vergangenheit ist für die Deutschen die Legitimation, sich im antikommunistischen Sinne zu betätigen. Aber die zeitgeschichtlichen Emotionen konnten sich natürlich aus dem antitotalitären Zusammenhang lösen und Eigenleben gewinnen.

Die Gegenwelle

Der Antitotalitarismus, der sich anfangs unter das Protektorat liberaler Philosophen gestellt hatte, war auch ein Versuch, der im Jahre 1950 mächtig anschwellenden Gegenwelle gegen alles, wofür die Ära Roosevelt gestanden hatte, vorzubeugen. 1949 war das Jahr gewesen, in dem die Vereinigten Staaten die schwersten Niederlagen ihrer Geschichte hinnehmen mußten. Am 23. September 1949 gab Präsident Truman in einer Pressekonferenz bekannt, daß die Sowjetunion über die Atombombe verfüge. Im August 1949 veröffentlichte der Außenminister Dean Acheson ein Weißbuch, das kundtat, China sei in kommunistische Hände gefallen und Tschiang Kai-schek daran schuld. Alle Versuche abschwächend zu erläutern, daß die sowjetische Atombombe noch kein Beweis sei, daß die Russen Atombomben in Serienproduktion herstellen könnten und daß die chinesischen Kommunisten nicht den russischen glichen, sondern vor allem Agrarreformer seien, fruchteten nichts. Die Unzufriedenheit, die sich unter der Bevölkerung verbreitete, führte zu einer Grundwelle des Antikommunismus. Für die amerikanischen Politiker hieß es nun, auf dieser Welle zu schwimmen oder unterzugehen.

Als China in kommunistische Hände gefallen war, als Rußland die Atombombe besaß, da stellte der Mann auf der Straße die Frage, wie es so weit kommen konnte. Hatte nicht Roosevelts Politik den Kommunisten China, die Atombombe und halb Europa dazu in die Hände gespielt? Was war es, das Roosevelt mit den Russen in Jalta vereinbart hatte? Waren nicht die Kommunisten in den amerikanischen Regierungsapparat eingesickert? War eine kommunistische Verschwörung in den Regierungsämtern das Krebsgeschwür, das Amerika zu politischem Siechtum verurteilte? Die Antworten auf diese Fragen spalteten Amerika in zwei Lager. Wie durch ein Brennglas sammelten sich alle diese Fragen im Fall eines Mannes,

Alger Hiss (geb. 1904)[12]. Hiss war Harvard-Jurist, Frankfurter-Schüler und zwei Jahre in der Redaktion der „Harvard Law Review" gewesen. 1929 wurde er Sekretär von Justice Oliver Wendell Holmes, einem berühmten Mitglied des Obersten Gerichtshofes. Nach kurzer juristischer Privatpraxis trat er mit Roosevelts Machtübernahme in den Regierungsdienst ein. Er war in Wallaces Landwirtschaftsministerium, Rechtsberater des Nye-Ausschusses, der die Ursachen des amerikanischen Kriegseintrittes 1917 erforschte, im Justizministerium. 1936 trat er in das Außenministerium ein, als Referent des stellvertretenden Außenministers Francis B. Sayre, einem Schwiegersohn von Woodrow Wilson. Während des Krieges nahm er eine Schlüsselstellung in der Nachkriegsplanung ein. Er war Sekretär der amerikanischen Delegation zur Wirtschaftskonferenz von Bretton Woods, 1944, bei der Harry Dexter White die beherrschende Rolle spielte, er begleitete Roosevelt nach Jalta, er war Generalsekretär der Gründungskonferenz der Vereinten Nationen in San Francisco. Im Dezember 1946 wurde er zum Präsidenten der Carnegie-Stiftung für Internationalen Frieden gewählt. Jetzt stand er vor dem Kongreßausschuß, der „unamerikanische Handlungen" zu untersuchen hatte.

Der amerikanische Kongreß hat im Jahre 1938 diesen Ausschuß (House Unamerican Activities Committee – HUAC)[13] geschaffen, um einen anderen Ausschuß zu ersetzen, der sich vor allem mit der Untersuchung deutscher Propagandatätigkeit in den Vereinigten Staaten befaßt hatte. Der Vorsitzende des neuen Ausschusses, Martin Dies, nahm neben der faschistischen Tätigkeit vor allem auch die kommunistische Tätigkeit unter die Lupe und machte sich so zum bestgehaßten Mann der amerikanischen Linken. Anfang 1945 war der Ausschuß, dessen Tätigkeit in den letzten Kriegsjahren eingeschlafen war, reorganisiert und zu einem ständigen Ausschuß gemacht worden, da der Kongreß fürchtete, daß andernfalls die vom Ausschuß gesammelten Akten in der Kongreßbibliothek des Erzliberalen Archibald McLeish verschwinden und der Vernichtung anheimfallen würden.

Im Sommer 1948 war von diesem Ausschuß ein früherer Kommunist, Whittacker Chambers, Mitherausgeber der „Time", verhört worden. Dieser hatte einige einflußreiche Beamte (Lee Pressman, Nathan Witt, John Abt, Alger Hiss) als Mitglieder einer kommunistischen Zelle benannt. Alle Genannten waren inzwischen aus dem Regierungsdienst ausgeschieden. Alger Hiss erschien vor dem Ausschuß und leugnete jede kommunistische Tätigkeit ab. Doch Ende

1948 holte der „Zeuge" Chambers ein Bündel Papiere bei einem Neffen ab, die er 1937 nach Ende seiner kommunistischen Aktivität hinterlegt hatte. Er fand Mikrofilme und Photokopien geheimer Regierungsakten und handschriftliche Notizen von Alger Hiss und Harry Dexter White vor. Der Fall wurde neu aufgenommen. Hiss wurde wegen Meineids bei seiner Aussage vor dem Kongreßausschuß vor einem öffentlichen Gericht angeklagt. Im Herbst 1949 und im Winter 1949/1950 waren aller Augen auf den sensationellen Prozeß gegen Hiss gerichtet.

Am 20. Januar 1950 wurde Alger Hiss wegen Meineids zur Höchststrafe von 5 Jahren Gefängnis verurteilt, am 3. Februar 1950 gab die britische Regierung bekannt, daß der führende Atomwissenschaftler Klaus Fuchs gestanden habe, im Dienste der sowjetischen Atomspionage tätig gewesen zu sein. Wenige Tage später hatte der Senator Joseph McCarthy[14] in Wheeling (West Virginia) eine Rede zu halten. Er sagte: „Der Grund dafür, daß wir uns in einer Lage befinden, in der wir handlungsunfähig sind, liegt nicht darin, daß unser einziger mächtiger potentieller Feind Truppen ausgesandt hat, um an unseren Küsten zu landen, sondern er liegt in den verräterischen Handlungen derjenigen, denen unsere Nation nur Wohltaten erwiesen hat". McCarthy verschwieg nicht, wer von ihm gemeint war. Er deutete auf eine Liste, die er in der Hand hielt, und auf der eine größere Zahl von Mitgliedern der Kommunistischen Partei verzeichnet waren, die noch im State Departement tätig seien. Es setzte ein Kampf um die Vita jedes Verdächtigen ein. Die Episode des McCarthyismus schlug Amerika in seinen Bann.

Es ist erinnerlich, daß gerade die Diplomaten neben den Soldaten zu den schwarzen Böcken der Roosevelt-Ära gehörten. Allerdings waren nach Kriegsende mit der Auflösung des Kriegspropagandaamtes (OWI) eine größere Zahl von New Dealern schillerndster Couleurs in den auswärtigen Dienst übernommen und vor allem den Informationsdiensten zugeteilt worden. Doch in den Jahren des Truman-Regimes hatte ein freiwilliger Rückzug von New Dealern aus Regierungsämtern stattgefunden. Die mächtige Attacke McCarthys brandete gegen bereits geräumte Stellungen an. Der Angriff fand seine Zielscheibe in der Person des Außenministers Dean Acheson. In ihm sah man die Verkörperung der mit Roosevelt und dem New Deal sympathisierenden intellektuellen Oberschicht. Donald Hiss, der gleichfalls kommunistischer Aktivitäten beschuldigte Bruder von Alger Hiss, war in Achesons Anwaltsbüro angestellt gewesen. Daß Achesons Abwendung von der Politik der Zusammenarbeit mit der Sowjetunion 1945 innerer Überzeugung entsprang, wollte man ihm nicht glauben. Acheson war, wie Hiss, zum Symbol einer Epoche geworden. Der Senator Butler (Nebraska) rief aus: „Ich sehe diesen Mann, ich schaue auf seine englischen Anzüge und seine aalglatten Bewegungen und diesen New Dealismus, diesen ewigen New Dealismus in allem, was er sagt und tut, und ich möchte schreien: Fort! Fort! Du verkörperst alles, was seit Jahren in den Vereinigten Staaten falsch ist". Daß Truman die Charakterstärke besaß, an seinem Außenminister, in dessen Amtszeit die NATO gegründet wurde, festzuhalten, brachte den Demokraten 1952 die Wahlniederlage.

Mit elementarer Wucht brach sich aus der Bevölkerung aufsteigend eine Grundwelle Bahn, die Roosevelt, seinem System, den Kräften, auf die er sich stützte, und den Ideen, die er propagierte, die radikale Absage erteilte. In dieser Grundwelle liegen die emotionalen Wurzeln des amerikanischen Konservatismus. Einer von vielen, ein Student der Yale-Universität, William F. Buckley, protestierte damals in seinem Buch „God and Man at Yale" dagegen, daß weder das Christentum noch die freie Wirtschaft die Lehre an seiner Universität beherrschten. „Individualismus stirbt in Yale und kämpft nicht einmal". Mitten in der Hochburg des liberalen Establishments, die die Universitäten bildeten, brach sich die konservative „Revolte auf dem Campus"[15] Bahn. Buckley gründete die Zeitschrift „National Review" und setzte dem Linksintellektualismus der „Nation" und „New Republic" einen Rechtsintellektualismus entgegen. Es galt nicht mehr als hirnlos, sich zur Rechten zu bekennen. Die amerikanisch-sowjetische Allianz hatte 1945 im Weltmaßstab eine Verfolgung der Rechten eingeleitet. Die „demokratischen Kräfte", die in den amerikanisch-russischen Verlautbarungen ständig zitiert wurden, setzten sich aus Kommunisten, Sozialisten und dem linken Flügel der bürgerlichen Parteien zusammen. Was rechts davon stand, war ostraziert. Das hatte die Folge, daß andere Gruppen wegen einer (tatsächlichen oder angeblichen) Zusammenarbeit mit der Rechten auch in die Verfolgung einbezogen werden konnten. Es ist dies eine Taktik, die in Ungarn Rakosi auf den Namen „Salami-Taktik" taufte, da sie die Macht durch Abschneiden der Opposition Scheibe für Scheibe bequem in die kommunistischen Hände lieferte. Die Gegenwelle brachte über die antitotalitäre Zentrumslösung hinaus die Möglichkeit antikommunistischer Koalitionen in Sicht, die als Mitte-Rechts-Block nun wieder die Kommunisten ostrazierten und die Liberalen wegen ihrer Zusammenarbeit mit den Kommunisten im Mitte-Links-Block in Gefahr brachten.

Auch in Deutschland spiegelten sich diese Macht Verschiebungen im Weltmaßstab wieder. Die (antifaschistische) Mitte-Links-Politik wurde unter der Bezeichnung Blockpolitik zur russisch gelenkten Entwicklungsform in der sowjetischen Besatzungszone. In Westdeutschland hatte sie ihr Pendant in der hessischen Verfassungsfront (CDU + SPD + KPD) und jenen Regierungen, in denen die KPD mitvertreten war. Das Ausscheiden der kommunistischen Minister 1947 führte zum (antitotalitären) Zentrumsblock. Die Gründung der Bundesrepublik stand bereits im Zeichen der Gegenwelle und des aufkommenden Antikommunismus. Dieser hatte in Deutschland seine eigenständigen, nicht von der Militärregierung manipulierten Quellen. Im Gegenteil, die Militärregierung legte nach dem Abrücken vom antifaschistischen Mitte-Links-Block Wert auf die Einhaltung einer antitotalitären Linie. Der frühzeitig als Widerstand gegen die Accessoires des Mitte-Links-Blocks, wie Sozialismus, Reformen aller Lebensbereiche, „Humanismus", auftretende Antikommunismus fand in Konrad Adenauer seinen Sprecher. Doch die Militärregierung hielt auf Ordnung. 1947 wurde etwa ein bayerischer Landrat abgesetzt, weil er in einer Rede den Ausdruck „rote Flut" verwendet hatte. Über die Verweisung der SPD 1947 in die Opposition und den Bürgerblock CDU + FDP führte eine anhaltende Entwicklungslinie zur Bonner Koalition aus CDU + FDP + DP, wobei die Aufnahme der Deutschen Partei (mit ausgesprochen konservativem Programm) stellvertretend für die Rehabilitierung der gesamten Rechten stand.

Für das politische Klima in Deutschland ist die Stellungnahme zum Politiker Thomas Mann ein gutes Barometer, da Mann den bürgerlichen Antifaschismus wohl am reinsten verkörperte. Hatte man in der Mitte-Links-Epoche die Ausbürgerung Thomas Manns als „geistige Majestätsbeleidigung" apostrophiert, so erschien jetzt zu seinem 75. Geburtstag in der Frankfurter Allgemeinen Zeitung vom 6. Juni 1950 ein Geburtstagsartikel von Gerhard Nebel, in dem es hieß, Mann sei ein „Exponent einer bis zur Dummheit gehenden Abneigung gegen Deutschland", der getrieben werde von der „Vernichtungslust in Form von moralischen Urteilen". Sein Haß sei „weltgeschichtlich nicht mehr aktuell", er gelte einer untergegangenen Gestalt des globalen Bürgerkrieges... „Er ist Thomas Manns private Lust und nichts anderes als die Außenseite einer maßlosen Eitelkeit, wie sie sich nicht nur in jedem seiner sich in sich selbst spiegelnden, sich selber Beifall klatschenden Sätze, sondern etwa auch in der Behauptung ausspricht, er repräsentiere den deutschen Geist." Der Clan Mann sei eine Giftzisterne geworden und es tröste nur, daß die Zahl derer, die aus ihr schöpften, immer geringer werde.

Doch nicht nur der zentralen Gestalt des antifaschistischen Flügels wurde die Absage erteilt, auch der bekannteste antitotalitäre Journalist Hans Habe („Neue Zeitung") wurde unter der Überschrift „Heraus aus Deutschland mit dem Schuft", von Henri Nannen („Stern") mit folgenden Worten gefeiert: „Es war nichts als galliger Speichel, der aus diesem Maule troff, ob es nun darum ging, aus Herrn Remer eine neue deutsche Weltgefahr zu konstruieren, in Ägypten eine faschistische Verschwörung deutscher Generale zu entdecken oder das Vorleben jedes Menschen zu begeifern, der im Dritten Reich irgendwie einen Türsteherposten bekleidet hatte."[16]

Auch auf dem Gebiet der Geschichtsschreibung und Publizistik begann sich das Bild rasch zu differenzieren. Es war ein „Nachholbedarf" entstanden, der die von 1945–49 unterdrückten Aspekte in das geschichtliche Bild einzuzeichnen versuchte. Das Kulturleben wurde durch die Namen dreier Dichter und Philosophen beherrscht (Ernst Jünger, Martin Heidegger und Gottfried Benn), für die in den ersten Nachkriegsjahren ein „literarisches Nürnberg" gefordert worden war. An die Stelle der Anklage trat der Wunsch zu erfahren, wie es gewesen ist. Memoiren, kriegsgeschichtliche Studien und politische Publikationen gemäßigt-bürgerlichen Charakters beherrschten den Büchermarkt. Salomons Rückblick auf die Epoche des „Fragebogens" wurde zum Bestseller. Die minderen Teufel des antigermanischen Kosmos fanden ihre Fürsprecher: Preußen in Hans-Joachim Schoeps, die Rechtsintellektuellen der Weimarer Zeit in Armin Mohler, der Generalstab in Walter Görlitz. Eine umfangreiche Literatur begann sich mit der Geschichte und Gegenwart Osteuropas zu befassen. Übersetzungen amerikanischer Werke zeigten, daß man dort die Welt nicht nur durch die liberale Brille betrachtete.

Duell am Abgrund

Die Gegenflut, die sich gegen die Roosevelt-Ära richtete, war nicht aufzuhalten. Wer sich ihr entgegenzustellen vermaß, wurde fortgerissen. Demokraten wie Republikaner trugen ihr Rechnung. Aufstrebende junge Politiker, wie John F. Kennedy, gaben sich als Mc-

Carthyisten. Nur in intellektuellen Fliehburgen versammelten sich noch die Treuesten der Treuen, um Roosevelts und seiner Politik zu gedenken. Der Sektierer stellt sich einer von ihm bekämpften Strömung entgegen. Der Politiker stellt sich in sie. Er greift sie auf, um sie ins Leere zu steuern.

Die Entscheidung mußte im republikanischen Konvent (Juli 1952 in Chicago) fallen, auf dem der republikanische Präsidentschaftskandidat bestimmt werden sollte. Es war die Stunde des großen amerikanischen Konservativen Robert A. Taft. Er wäre der Mann gewesen, die ungestüme Gegenflut zu kanalisieren und in staatsmännisches Wirken zu übertragen. Er mußte an der Kandidatur gehindert werden, wenn nicht die liberale Sache in größte Gefahr geraten sollte. Es fanden sich Männer, die sich dieser Aufgabe unterzogen. Sie nannten sich „Eisenhower-Republikaner". An ihrer Spitze stand der Wahlmanager Eisenhowers, der Senator von Massachusetts Henry Cabot Lodge Jr., ein Vertreter der neuenglischen politischen Traditionen und industriellen Interessen.

Das System der Vorwahlen machte es möglich, daß die „Eisenhower-Republikaner" bis zum Wahlkampf Demokraten gewesen waren und es nach ihm wieder sein würden. Auch ihr Kandidat war zuvor als Kandidat der Demokraten im Gespräch gewesen. Die konservative Färbung des „ticket" wurde vom Vizepräsidentschaftskandidaten Richard Nixon beigesteuert. Nixon war ein prominenter Exponent der Gegenwelle, der standhafteste Gegner von Alger Hiss. Die radikal-liberale „New York Post" attackierte ihn, weil er über einen Fonds aus industriellen Spenden verfügte. Sie glaubte ihn damit als einen Söldner der ökonomischen Royalisten angeprangert zu haben. Nixon drehte jedoch den Spieß um, indem er sich im Fernsehen als den kleinen Mann hinstellte, der jeden Dollar selbst verdient hatte, als den „Mann im grauen Flanellanzug", der Abzahlungssorgen todernst nehmen mußte und die intellektuellen Spielereien politischer Playboys verachtete. Amerika identifizierte sich mit Nixon und wählte republikanisch.

Was das Amerika der 50er Jahre ablehnte, war in Eisenhowers Gegenkandidaten Adlai Stevenson repräsentiert. Ein ebenso hochkultivierter wie wohlhabender Mann, ein liberaler Jungtürke und prominenter New Dealer, von seinen Anhängern als „TV-Persönlichkeit, wie keine vor ihm" gepriesen, der in Kaskaden blumiger Rhetorik etwa den Amerikaner als den Mann definierte, der nicht nur „die in der Sonne flimmernden Prärien oder die sich in der Weite verlierenden Ebenen, die Berge und die Seen liebt, sondern auch eine innere Melodie, ein inneres Licht, in dem die Freiheit lebt und in der der Mensch voller Selbstachtung atmen kann." Der Selbstgenuß des Intellektuellen ging an dem harten Ernst des amerikanischen Lebenskampfes soweit vorüber, daß man auf Stevenson den verächtlichen Ausdruck „Eierkopf" (egg-head) münzte und damit alles bezeichnete, was einem zum Halse heraushing. Selbst der liberale Eisenhower definierte damals einen Intellektuellen als einen Menschen, der mehr Worte als nötig braucht, um über etwas zu reden, wovon er nichts versteht.

Das Kabinett Eisenhowers wurde das Kabinett der „acht Millionäre und des Klempners" genannt. Es war ein Kabinett der Manager, die im Lebenskampfe Außerordentliches geleistet hatten und sich nicht verpflichtet fühlten, damit hinter dem Berg zu halten. Stevenson witzelte, daß die New Dealer den „Car dealers" Platz gemacht hätten. Der Verteidigungsminister, auf den er anspielte, hatte gemeint, was für die Vereinigten Staaten gut sei, sei auch für „General Motors" gut und umgekehrt.

Das moralische Element wurde im Kabinett Eisenhower durch den Landwirtschaftsminister, der einer der neun Heiligen der Mormonen war, und den Presbyterianer John Foster Dulles vertreten.[17] Auf die Bilanzen kam es an, und die elementare Gegenflut gegen die Ära Roosevelt lief in der Atmosphäre des „business as usual" aus. Ihre staatsmännische Kanalisierung war mit dem Scheitern der Kandidatur von Robert A. Taft mißglückt. Der Agitator Joseph McCarthy blieb ihr Exponent und sein Sturz bedeutete ihr Ende. Eisenhower wartete lächelnd, bis McCarthy sich eine Blöße gab, und nach zwei Jahren Eisenhower-Regierung war McCarthy geschlagen und die Gegenflut versackt. Die erste Blöße kam, als McCarthys Gehilfen Roy Cohn und David Schine in einer Blitzreise verdächtige Literatur aus den Amerikahäusern entfernen ließen. Es soll dabei zu Bücherverbrennungen gekommen sein. Eisenhower war gegen Bücherverbrennungen. Die letzte Blöße kam, als sich McCarthy 1954 mit der Armee um die Entlassung eines Zahnarztes herumstritt. In einem burlesken Abgang stürzte McCarthy über den Vorgang, daß Schine zur Armee eingezogen wurde, während Cohn seinem Freund unter Verwendung des Namens des Senators Diensterleichterungen zu verschaffen suchte. McCarthy zog sich den Tadel des Senates zu und versank in Vergessenheit. Statt eines handelnden Konservatismus beherrschte der saturierte Konservatismus die Stunde. Die Quittung blieb nicht aus. In den Wahlen vom November 1954 zog eine demokratische Mehrheit in beide Häuser des Kongresses ein. Die Liberalen beider Parteien gewannen wieder an Einfluß.

Der Außenminister der Ära Eisenhower war John Foster Dulles. Dulles, der langjährige außenpolitische Berater der republikanischen Partei, legte in seine Worte einen stärkeren Antikommunismus als in seine Taten. Er ließ sich durch das traurige Geschick seines Vorgängers Dean Acheson warnen, der in seine Taten einen stärkeren Antikommunismus gelegt hatte als in seine Worte und infolgedessen als zu „weich" galt. Die Quintessenz der Politik John F. Kennedys, daß es auf das „Image" ankommt, war schon Dulles geläufig. So wurde von Freund und Feind jahrelang geglaubt, daß Dulles ein Außenpolitiker der Gegenflut sei, zumal er personalpolitisch einen antiliberalen Kurs einschlug.

Dulles verurteilte die „Containment"-Politik von Marshall und Acheson als „negativ, vergeblich und amoralisch". Er setzte an ihre Stelle die „Liberation"-Politik, die Politik der Proklamierung der politischen Freiheit und des „roll-back", des Zurückrollens des Kommunismus. Wenn beide Politiken in der Formulierung so verschieden aussahen wie Angriff und Verteidigung, so glichen sie in der Realität einander völlig. Die „Liberation"-Politik war nichts anderes als eine etwas anders akzentuierte „Containment"-Politik. Dulles stand auf den Schultern von Marshall. Zum Angriff überzugehen, daran dachte Dulles auch nicht im Traume. Er begnügte sich mit der Festigung und Verteidigung des amerikanischen Einflußbereiches. Er setzte die Politik von General Marshall fort, solange die amerikanische Überlegenheit auf dem Gebiet der Atomwaffen und deren Transportmittel andauerte. Als sie in seinen letzten Amtsjahren verloren ging, wandte er sich einem „agonizing reappraisal", einem schmerzhaften Umdenken zu.

Dulles war Jurist. Das hieß, daß er wie ein Anwalt die Sache seines Klienten mit allen Mitteln förderte, nicht aber sich auch noch den Kopf für seinen Prozeßgegner zerbrach. Das unterschied ihn von seinen Nachfolgern, die fasziniert vom Bilde der zwei Skorpione in der einen Flasche, von denen keiner den anderen stechen kann, ohne ihn gleichzeitig seine ungeschützte Unterseite zum tödlichen Angriff offen zu legen, auch die Aktionen und Interessen der Russen mitberücksichtigten. Dulles war auch insofern Jurist, als Verträge für ihn eine große Rolle spielten und der Abschluß eines Bündnisvertrages auch zur Loyalität gegenüber dem Bündnispartner verpflichtete, während für seine Nachfolger Verträge mancherlei Sinn und noch eine Pointe haben.

Die deutsche Außenpolitik übernahm in der Ära Eisenhower manche Züge des Dulles'schen Denkens. Im Gefolge der „Liberation"-Theorie forderte sie die Selbstbestimmung aller Deutschen und die Wiedervereinigung in Freiheit. Im Gefolge der Dulles'schen Praxis begrenzte sie die Mittel, mit denen sie das Ziel verfolgte. Der 17. Juni 1953 wurde zum Stichtag für Freiheitsreden, denen Konsequenzen keineswegs auf dem Fuße folgten. Der Legalismus der Hallstein-Doktrin, die die juristische Anerkennung der DDR mit einem juristischen Abbruch der Beziehungen beantwortete, sich aber nicht um die de-facto-Anerkennung kümmerte und nach dem juristischen Abbruch der Beziehungen die faktischen Beziehungen weiter pflegte, als wäre nichts geschehen, ist nicht nur Juristen-Werk, sondern auch Dulles'sche Politik. Wie die Gegenwelle sich in der Ära Eisenhower in Amerika totlief, so war sie zum gleichen Zeitpunkt in Deutschland mit dem Aufstand des 17. Juni 1953 gebrochen. Der Einsatz für die Freiheit, zu dem man rhetorisch aufforderte, sollte nicht die Schmälerung der Rechte der Besatzungsmächte, die man stillschweigend anerkannte, einschließen. Wenn die offizielle Propaganda der DDR die Ereignisse des 17. Juni als „faschistischen Putschversuch" bezeichnete, so wies sie deutlich auf die Nahtstelle zwischen Antitotalitarismus und Antikommunismus hin. Die zum Antikommunismus tendierende Gegenwelle gegen die Roosevelt-Ära kam auch in Deutschland nicht zur vollen Entfaltung, sondern wurde in den Kanal des Antitotalitarismus zurückgelenkt. Die Politik hatte die Balance und den gleichen Abstand zu halten zu Kommunismus und „Faschismus" (womit im allgemeinen aktiver Antikommunismus bezeichnet wurde).

Der Antitotalitarismus brachte einen domestizierten Liberalismus (z. B. in Theodor Heuss) und einen domestizierten Konservatismus (z. B. in Hans Joachim v. Merkatz) hervor. Beide stellten sich auf den Boden des Status quo, den durch gegenseitige Auseinandersetzungen zu erschüttern sie sich hüteten. Der heutige Konservative lehnt nach von Merkatz „eine ideologische Programmatik, wie sie im 19. Jahrhundert entwickelt worden ist, entschieden ab. Er versucht, die dem Geschehen innewohnende Ordnung zu erkennen und sich mit den Wandlungen und wechselnden Wirklichkeiten im Geschehen auseinanderzusetzen, d. h. sich an ihnen zu bewähren." Der Antiideologismus ist auch eine Ideologie, die allerdings den Nachteil hat, daß sie keine Bindekraft entwickelt. Die Konservativen des 19. Jahrhunderts haben nicht zum Spaße eine ideologische Programmatik entwickelt, sondern weil sie sich von den großen Tendenzen ihrer Zeit herausgefordert fühlten. Man hat den Beschwichtigungskonservatismus von Merkatz'scher Prägung den „Gärtnerkonservatismus" genannt, weil seine Vertreter das Sprossen und Sprießen des natürlichen Wachstums pflegen und bisweilen ein Unkraut ausrupfen wollten. Der Ausdruck ist unzutreffend, da die Unfähigkeit zum Säen wohl das entscheidende Charakteristikum dieser Richtung ist.

Das Wendejahr 1959

Nikita Chruschtschow hatte auf dem 20. Parteitag der KPdSU (1956) das Signal zum Beginn der Entstalinisierung gegeben. Manch einer hörte falsch und glaubte, es wäre das Signal zur Entrussifizierung. In Polen schwang sich Gomulka in den Regierungssattel, während diejenigen, die vermeinten, er brächte das Ende der russischen Hegemonie, den Steigbügel hielten. Die Ungarn wollten mehr sein als Steigbügelhalter. Sie standen am 24. Oktober 1956 gegen die Russen auf. Das Politbüro der KPdSU beschloß am 31. Oktober die Niederschlagung des ungarischen Aufstands durch sowjetische Waffen, nachdem es sich ein Bild über die amerikanischen Reaktionen (oder vielmehr deren Ausbleiben) gemacht hatte. Die Russen hatten erkannt, daß die Amerikaner ihnen in Ungarn freie Hand ließen, während sie sich gleichzeitig in Suez gegen ihre NATO-Verbündeten Frankreich und England sowie Israel stellten. Sie nützten die ihnen überraschend gebotene Chance und griffen nicht nur in Ungarn durch, sondern stellten in Ägypten ein Raketen-Ultimatum, das sie zum Schiedsrichter über Krieg und Frieden in einem Gebiet weit jenseits ihrer Grenzen erhob. In einer Note schlugen sie vor, daß amerikanische und sowjetische Truppen gemeinsam die Ordnung an den Gestaden des Mittelmeeres wiederherstellen sollten. Rußland sah die Stunde gekommen, in der die von Roosevelt vorgesehenen Polizeifunktionen der Großmächte wiederbelebt werden könnten. Es machte den Versuch, das NATO-Bündnis zu sprengen, indem es das eine Bündnismitglied als Gendarm, das andere als Räuber einteilte. Die Suez-Aktion hatte die Bruchstelle des amerikanisch-westeuropäischen Bündnisses – die kolonialen Interessen der Europäer und die antikolonialen Ressentiments der Amerikaner – übermäßig belastet. Das NATO-Bündnis bekam durch das Verhalten der beiden Hauptträger einen Riß, der nicht mehr gekittet werden konnte. Die Suez-Aktion, die den Franzosen bei der Abwehr des algerischen Aufstandes Entlastung bringen sollte, wurde zum Schwanengesang der Vierten Republik. Anderthalb Jahre später zog im Mai 1958 General de Gaulle unter dem erregten Geschnatter der Kapitolinischen Gänse an Hudson und Alster in den Elysee-Palast ein. Die atlantische Allianz, die die Stabilität der Bundesrepublik garantierte, war in ihrer bisherigen Form nicht mehr zu retten.

Die Amerikaner zogen aus den Tagen von Suez und Ungarn den Schluß, daß sie nunmehr beruhigt schlafen könnten. Die Osteuropäer sorgten ja im Vorfeld der Sowjetunion dafür, daß die Russen ihre Kräfte dazu verwenden müßten, mit den lokalen Ausbrüchen in ihrem Imperium fertig zu werden. Dazu müßten sie zu Mitteln der Gewalt greifen und so zeigen, daß nur die Amerikaner das Prinzip der Freiheit in der Welt hochhielten. Die Amerikaner hielten sich so für politisch und moralisch unschlagbar und lehnten sich im Fernsehsessel zurück. Dankbar wählten sie ihren Sandmann, den lächelnden Großvater Eisenhower, zum zweiten Mal zum Präsidenten. Was konnte schon einer Nation passieren, die über Angelruten mit Radareinrichtung, Zahnpasta mit Whiskygeschmack, Teenager mit weißgefärbten Haaren, TV, HiFi und PR verfügte. Derlei Spitzenleistungen zeigten jedermann für ein paar Dollar, daß technischer Fortschritt und Erfindungsgeist amerikanische Nationaleigenschaften seien und nur im Lichtkreis der Freiheitsstatue sich voll entfalten könnten. Der Schock des Jahres 1949 mit seinen Erinnerungen an Rotchina, die russische Atombombe und Alger Hiss war bewältigt. Amerika hatte sich gefangen und allen Schwarzsehern zum Trotz Paroli geboten.

Doch mitten in der vermeintlichen amerikanischen Gewinnsträhne zogen die Russen einen Trumpf aus dem Ärmel. Amerika begriff schnell, daß es seinen Einsatz verloren hatte. Am 4. Oktober 1957 schossen die Russen jenen Sputnik auf eine Umlaufbahn um die Erde, dessen Piepstöne jedem amerikanischen Rundfunkhörer unwiderlegbar zeigten, daß Amerika im Rennen um die technische Expansion in den Weltraum zurücklag. Eine Nation hatte sich dem Prozeß des schmerzhaften Umdenkens zu unterziehen. Etwas stimmte nicht mit den Vereinigten Staaten, vielleicht das Erziehungssystem, vielleicht die Regierung, bestimmt aber das Image. Die Wissenschaftler wurden um Rat gefragt. Die Experten begannen zu reisen. Man war für Formulierungen dankbar. Der Wunsch nach Änderung war verbreitet, und der junge Politiker John F. Kennedy erkannte, daß er Rohstoff genug war, um aus ihm eine Karriere zu zimmern.

Die Republikaner waren am Ende ihrer Weisheit. Die Novemberwahlen von 1958 verstärkten die demokratische Mehrheit (64:34 im Senat, 282:153 im Repräsentantenhaus) derart, daß bei genauerem Nachzählen sich herausstellte, daß die Liberalen die Macht zurückgewonnen hatten. Wie die Novemberwahlen von 1946 Truman in ein konservatives Fahrwasser zwangen, so zogen die Novemberwahlen von 1958 Eisenhower auf einen liberalen Kurs. Die Liberalen wollten jeden Zweifel darüber ausschließen, wer Herr im Hause sei. Der Senat verweigerte (mit einem Stimmenverhältnis von 49:46) zum ersten Mal seit 1925 einem Minister, dem Handelsminister Admiral Lewis L. Strauss, die Bestätigung. Es war ein Akt der Rache, da Strauss nach seiner Übernahme des Vorsitzes der Atomenergie-Kommission Dr. J. Robert Oppenheimer aus Sicherheitsgründen den Zugang zu Atomgeheimnissen verweigert hatte. Vorsitzender des außenpolitischen Ausschusses des Senates wurde der liberale Senator J. William Fulbright, der einer der schärfsten Kritiker der Außenpolitik der Ära Dulles gewesen war. Der Kritiker war am Zuge, der Kritisierte wurde im Februar in das Hospital eingeliefert. Am 15. April 1959 gab Eisenhower den Rücktritt von John F. Dulles bekannt, der im folgenden Monat starb.

Die Szene war gesetzt, in der sich zeigen mußte, wie viel Standfestigkeit die Bundesrepublik besaß. Die Neuordnung der amerikanisch-sowjetischen Beziehungen, die das ganze Jahr 1959 über im Vordergrund des Interesses stand, war aufs engste mit der deutschen Frage verknüpft. Am 27. November 1958 hatte Chruschtschow den Westmächten ein auf ein halbes Jahr befristetes Ultimatum gestellt. Nach Ablauf der gesetzten Frist müßten die Westmächte entweder einem Friedensvertrag mit Deutschland oder der Errichtung einer entmilitarisierten „Freien Stadt" Berlin zustimmen, widrigenfalls die Sowjetunion ihre Befugnisse in Berlin der DDR abtreten würde. Unter dem Druck des Ultimatums, das dem liberalen Wahlsieg plötzlich und überraschend auf dem Fuße folgte, begann Eisenhower den mühsamen Aufstieg zum Gipfel, um, als er schließlich im Mai 1959 auf ihm angelangt war, nach der schallendsten Ohrfeige, die je ein amerikanischer Präsident erhielt, wieder herunterzupurzeln.

Das Jahr 1959 begann mit einem Amerika-Besuch von Mikojan, der Eisenhower den Eindruck vermittelte, daß „mehr Besuche und Austausche uns helfen können, einander zu verstehen." Zur Erläuterung sandten die Russen am 10. Januar eine Note, in der sie meinten, die „Staaten, die während des Krieges erfolgreich eine enge Zusammenarbeit schufen, können jetzt trotz bestehender Meinungsverschiedenheiten eine gemeinsame Sprache finden, um eine friedliche Regelung mit Deutschland zu verwirklichen". Wie diese Verwirklichung aussehen sollte, war einem beigefügten Friedensvertragsentwurf zu entnehmen.

Der Entwurf versuchte einerseits, durch Herstellung der deutschen Souveränität und internationaler Gleichberechtigung eine Normalisierung der Lage herbeizuführen, aber anderseits die deutsche Teilung, den deutschen Gebietsstand von 1959 und die Neutralisierung Deutschlands als Ergebnisse des Zweiten Weltkrieges zu fixieren. In der Präambel des Entwurfs wird davon gesprochen, daß man „unter den bestehenden Bedingungen (gemeint ist wohl die deutsche Teilung, d. V.) die grundlegenden Bestimmungen, die in den Dokumenten der Anti-Hitler-Koalition und besonders des Potsdamer Abkommens enthalten sind, verwirklichen" wolle. Auf der einen Seite stehen so die Bestimmungen, die die volle Souveränität des deutschen Volkes über Deutschland (Art. 3) festlegen, die deutsche Friedenswirtschaft keinen Beschränkungen unterwerfen (Art. 32) und feststellen, „die Frage der Zahlung der Reparationen durch Deutschland ... gilt als vollständig geregelt." (Art. 41) Auf der anderen Seite wird Deutschland ein Status auferlegt, der es international diskriminiert. Es ist ihm die Teilnahme an allen Militärbündnissen untersagt, die nicht auch alle vier Besatzungsmächte umschließen. Es soll eigene Streitkräfte unterhalten, die für die Sicherheit der Landesverteidigung notwendig seien, die jedoch nicht über ABC-Waffen, Raketen, Bombenflugzeuge und Unterseeboote verfügen dürften. Unter den Bedingungen des modernen Krieges würde die Kampfkraft der isolierten deutschen Truppen etwa der des österreichischen Bundesheeres entsprechen.

Von eigenartiger Doppelbödigkeit sind im Entwurf die Bestimmungen, die die innere Ordnung in Deutschland festlegen. Die Grundfreiheiten und Menschenrechte seien zu garantieren, niemand dürfe diskriminiert werden, vor allem nicht, wer sich im Krieg zugunsten der Alliierten betätigte oder nach dem Kriege Handlungen beging, die auf gemeinsamen Beschlüssen der Alliierten oder Anordnungen, die auf Grund dieser Beschlüsse ergingen, fußten. Damit wäre eventuell ein politisches Handeln straffrei, das sich auf die von den Russen in Berufung auf die Beschlüsse von Potsdam angeordneten Maßnahmen stützte, während ein politisches Handeln, das auf die westliche, von Potsdam abweichende Politik sich beriefe, strafbar sein könnte. Alle Parteien seien zuzulassen, nicht jedoch die NSDAP und ihre Gliederungen, sowie „ähnliche" Organisationen, insbesondere revanchistische Organisationen, die die Gebietsregelungen des Friedensvertrags angriffen. Zu untersagen sei alle „wie auch immer geartete Propaganda" in dieser Richtung. Aufzulösen seine alle Organisationen, die eine feindliche Propaganda gegen eine der alliierten Mächte trieben. Deren Mitgliedern sei das politische Asyl zu verweigern. Die Nürnberger und entsprechenden Urteile seien anzuerkennen (was z. B. die Beschlagnahme des Vermögens von Alfried Krupp bedeuten könnte). Diese Bestimmungen können, wie reiche Erfahrungen zeigen, eine Lage herbeiführen, in der die Aufrollung der nichtkommunistischen Gruppen nach der Salamitaktik durchführbar ist. Der springende Punkt des Entwurfes, der auch seine vorläufige Undurchführbarkeit ausmachte, war jedoch, daß er unter Deutschland die DDR und die Bundesrepublik verstand, die beide unterzeichnen sollten. West-Berlin sei als entmilitarisierte „Freie Stadt" zu behandeln, wobei unerfindlich war, warum es dann als dritter deutscher Staat nicht auch zur Unterzeichnung herangezogen werden sollte.

Die Vereinigten Staaten antworteten mit dem Vorschlag einer Außenministerkonferenz, auf der das deutsche Problem „in allen seinen Aspekten und Konsequenzen" behandelt werden sollte und, bei der deutsche Berater zugezogen werden sollten. Am 11. Mai 1959 trat diese Konferenz in Genf zusammen, unter Teilnahme von Delegationen der DDR unter Außenminister Bolz und der Bundesrepublik unter Prof. Grewe an Katzentischen. Außenminister Herter schlug ein Paket vor, in dem die deutsche Frage, die europäische Sicherheit und die Abrüstung in einem komplizierten Stufenplan miteinander verpackt waren. Gromyko hatte keine Lust, an das Auspacken zu gehen. Die letzten Wochen der Genfer Konferenz waren überschattet von der Gewißheit, daß sich die Verhandlungen allmählich auf die höhere Ebene hinaufschraubten. Vizepräsident Nixon besuchte im Hochsommer Rußland, Chruschtschow im September Amerika. Der „Geist von Camp David" wurde geboren und führte zur Pariser Gipfelkonferenz, auf der Eisenhower, wie seine U2, bruchlandete.

Das deutsche Problem war nicht zuletzt eine strategische Frage. Im Dezember 1957 hatte die NATO entschieden, ihre Streitkräfte mit taktischen Atomwaffen auszurüsten, um so die numerische Unterlegenheit gegenüber russischen Divisionen wettzumachen. Ein weiterer Beschluß besagte, daß in verschiedenen Ländern Europas Raketenbasen geschaffen werden sollten. Griechenland, Türkei, Italien waren die bevorzugten Standorte. Die skandinavischen NATO-Partner hatten die Errichtung von Raketenbasen auf ihrem Territorium abgelehnt.

Im Herbst 1959 entstanden in Griechenland solche Schwierigkeiten, daß der Weiterbau an den Raketenbasen eingestellt wurde. Die bevorstehende Einsatzbereitschaft der interkontinentalen Raketen warf ihren Schatten voraus. Die europäischen Stützpunkte begannen für die Amerikaner an Wert zu verlieren. Eine neue Schule von „Verteidigungswissenschaftlern" gewann immer mehr an Boden, die die von John von Neumann, einem mathematischen Genie aus Ungarn, entwickelte „Spieltheorie" zur Grundlage ihrer Berechnungen machte. Diese Theorie, aus einer wissenschaftlichen Untersuchung des „Pokerns und Bluffens" hervorgegangen, bezog sich auf das Verhalten zweier mit den gleichen Mitteln ausgerüsteter Gegner. Die Berechnungen der Verteidigungswissenschaftler bezogen sich auf das Verhältnis USA – Sowjetunion, „weil es neben den beiden Weltmächten keine anderen großen Mächte gibt, und zweitens, weil die ganze Welt von deren Entscheidungen abhängt, ohne diese Entscheidungen wesentlich mitbestimmen zu können" (Oskar Morgenstern)[18]. Es ist einleuchtend, daß, als die rationale Auslegung des Handelns der zwei Weltmächte mathematische Formeln annahm, die nicht immer so rationale Vertretung der Interessen der Verbündeten das Kalkül sprengte und zu einem Störungsfaktor wurde.

Das Jahr 1959 unterwarf zum ersten Male die antikommunistische Bündnispolitik und die antitotalitäre politische Philosophie der Bundesrepublik einer ernsten Belastungsprobe. Es war ungewiß, wie die Deutschen auf die Herausforderung, die ihnen die Weltlage stellte, antworten würden. Sie antworteten mit einem panischen Ausbruch ins Irrationale. Eine Frage war gestellt, die Antwort überstieg die Kräfte, es blieb der Kopfsprung aus dem offenen Fenster, genannt „Bewältigung der Vergangenheit". Schon die Krise um die Nachfolge des Bundespräsidenten Heuss im Frühsommer 1959 hatte nicht nur zu leidenschaftlichen Gefühlsausbrüchen der veröffentlichten Meinung und der liberalen Öffentlichkeit gegen Bundeskanzler Adenauer geführt, sondern auch innerhalb der CDU eine Fraktion ans Tageslicht treten lassen, die unter dem Abgeordneten Bucerius (Zeit – Stern) und dem neoliberalen Professor Böhm von einem Kanzlerwechsel sprach, aber einen Wechsel der Politik meinte. Die folgenreichen Deutschlandpläne der SPD und FDP stellten sich nun als weit weniger interessant heraus als Fragen des (angeblichen) politischen Stils, die einer beiderseits des Atlantik bekannten Journalistin angeblich die Schamröte ins Gesicht trieben.

Der Durchbruch des Irrationalen auf breiter Front folgte in den Weihnachtstagen 1959. Anlaß war, daß zwei Burschen an die Außenmauer der Kölner Synagoge antisemitische Parolen angeschmiert hatten. Der Vorfall wäre einige Jahre früher mit Seife und Wasser bereinigt worden – jetzt genügte er, um einen Gefühlssturm ohnegleichen zu entfachen. Eine Stampede von Politikern und Verbänden setzte ein, die sich alle von dem Vorfall als erste distanzieren wollten. Die Suche nach Hintermännern begann. Die Bundesregierung stand dem irrationalen Phänomen der antiantisemitischen Gefühlsausbrüche von Anfang 1960 hilflos gegenüber. Sie führte die Vorfälle auf kommunistische Hintermänner zurück. Sie hatte damit eine Antwort auf die Frage „Cui bono?" zu geben versucht, aber die Träger der Bewegung und die unterschwellige Dialektik, die die irrationalen Einbrüche in die deutsche Politik verbindet, verkannt. Doch der Bundesregierung hatte man vorsichtshalber die Zunge weggeschnitten. Als beredter Sprecher für die verstummte Hüterin der deutschen Interessen fungierte ein Kind der Charakterreformer, die 1949 gegründete Deutsche Presse-Agentur (dpa), aus der satzungsgemäß jeder Regierungseinfluß verbannt war. Die institutionalisierte Umerziehung konnte bei dem An- und Abdrehen von Publizitätskampagnen nach Belieben verfahren und der öffentlichen Interessen spotten.

Die Judenverfolgungen Hitlers hatten in den letzten Kriegsjahren eines der stärksten Argumente für die Durchführung der antigermanischen Maßnahmen gebildet. Die antisemitischen Gefühlsausbrüche (aus denen in größerer Entfernung geschlossen wurde, daß in Deutschland tatsächlich wieder Judenverfolgungen in Gang gekommen wären) weckten alte Erinnerungen und lenkten die Gedanken in die letzten Rooseveltjahre zurück. Je lauter sich die deutsche Öffentlichkeit von den beiden Kölner Schmierern distanzierte, desto weniger wurde ihr abgenommen, daß sich in Deutschland und der Welt etwas geändert habe.

Die Gefühlswelle, die vom Kölner Synagogen-Zwischenfall ausgelöst wurde, ebbte nicht ab. Sie wurde zwar nicht von der Bundesregierung, aber von den Ländern und der Gewalt der Meinung aufgenommen und institutionalisiert. Die „Bewältigung der Vergangenheit", wie die Gefühlswelle nach ihrer Institutionalisierung hieß, wurde vor allem durch die Ständige Konferenz der Kultusminister gelenkt. Am 11. Februar 1960 gab die Konferenz neue

Richtlinien für die Behandlung der jüngsten Vergangenheit im Geschichtsunterricht heraus. Die politische Bildung auf allen Ebenen wurde forciert. Waren 1949 im Zuge der Ablösung der Strukturreform durch die Gesinnungsreform einige politische Lehrstühle errichtet worden, so wurden jetzt an allen Universitäten und Pädagogischen Hochschulen Lehrstühle für Politische Wissenschaften errichtet. Der Gesinnungsausweis wurde zur wissenschaftlichen Qualifikation.

Mit deutscher Pünktlichkeit hatten die Länder-Justizminister beinahe auf den Tag genau mit dem liberalen Wahlsieg in Amerika und Chruschtschows Berlin-Ultimatum in Ludwigsburg eine Zentralstelle errichtet, die dafür sorgte, daß beinahe zehn Jahre nach dem Ende der alliierten Prozeßwelle eine neue der deutschen Länder in Gang kam. Des Rätsels Lösung für die Aktivität der Länder ist nicht weit zu suchen. Die Länder standen dem Bund nicht im Sinne der Gewaltenteilung als Länder gegenüber, sondern im Sinne des Parteienstaates als Machtzentren anderer Parteicouleur. Während die SPD 1947 in der Zentrale (dem Frankfurter Wirtschaftsrat) in die Opposition gegangen war, hielt sie sich in den Filialen an der Macht. Der Kurswechsel, der auf den liberalen Wahlsieg in den Vereinigten Staaten im November 1958 zurückgeht, führte in der Zentrale zu krisenhaften Erscheinungen. Die Filialen blühten auf. Die Aufgabe der Prozeßwelle wurde von Fritz Bauer[19], dem Generalstaatsanwalt von Hessen, folgendermaßen charakterisiert: „Die Prozesse sind ein exemplarischer Teil der seit 1945 viel erörterten ‚re-education'. Die zivilisierte Menschheit ist – wenn es gut geht – einige Jahrtausende alt, vorher waren wir Affen. Wenn wir uns nicht in die Luft sprengen, liegen noch Millionen Jahre vor uns. Die Naziprozesse sollen ein Meilenstein dieser Entwicklung sein, sie zeigen uns, wie nahe wir noch dem Affenstadium sind und wie dünn die Haut der Zivilisation war und ist. Sie wollen zeigen, was Menschsein in Wahrheit bedeuten sollte, und was wir zu lernen haben, wie schwer es auch fällt, den Angeklagten und vielen anderen." Wohl nie ist einer Justiz eine seltsamere Aufgabe übertragen worden.

Die Machtergreifung des neuen Liberalismus folgte in der Kampagne gegen den Bundesvertriebenenminister Oberländer[20], der sein Amt von 1953–1960 bekleidet hatte. Die Kampagne begann mit der Beschuldigung der „Izvestija", daß Oberländer als Angehöriger des Bataillons „Nachtigall" an den kurz nach Kriegsbeginn in Lemberg verübten Morden (an denen sowohl die Russen, wie die

Bevölkerung, wie die Einsatzgruppe C des SD partizipiert hatten), die Verantwortung trage. Die Kampagne wurde von dem nur in Hessen nicht verbotenen VVN (Verband der Verfolgten des Nationalsozialismus), aus dem die meisten nichtkommunistischen Mitglieder ausgeschieden waren, aufgegriffen und mit einer Anzeige an die Ludwigsburger Zentralstelle wegen Mordes an 3.000 Juden weitergegeben. Die Kampagne, die ersatzweise für die Beschuldigung der Lemberger Morde alle Aspekte von Oberländers Leben durchforschte und von der allgemeinen Beschuldigung ehemalig nationalsozialistischer Gesinnung bis zu weiteren Morden im Kaukasus fortschritt, konzentrierte sich schließlich in einem allgemeinen Charakterverdacht. Die DDR setzte alle Mittel ein, um mit Braunbuch, Film („Mord in Lemberg") und einem Prozeß, in dem Oberländer zu lebenslänglichem Zuchthaus verurteilt wurde, das Feuer am Kochen zu halten. Obwohl die Auseinandersetzung mit der gerichtlichen Klärung der Haltlosigkeit der Anschuldigungen und der Rehabilitierung Oberländers durch den Bundestag (auch mit den SPD-Stimmen) endete, gelang es, den Sturz Oberländers herbeizuführen. Es war das erste Mal, daß ein einzelner Minister aus dem Kabinett „herausgeschossen" wurde. Der Sturz Oberländers soll, wie Ziesel unwidersprochen behauptete, dadurch herbeigeführt worden sein, daß ein namhafter SPD-Abgeordneter Adenauer androhte, daß man eine Kampagne gegen Oberländer in Gang setzen werde, die ihn, wenn nicht des Judenmordes, so doch des Antisemitismus beschuldigte. Die Möglichkeit zu dieser Kampagne bot ein Zeitungsbericht aus dem Dritten Reich, der über einen Vortrag referierte, in dem sich Oberländer lobend über die antisemitische Haltung der Landbevölkerung geäußert habe. Die Pointe ist, daß aus dem Zusammenhang hervorgeht, daß der Journalist an Stelle von antibolschewistisch antisemitisch gesetzt hatte. In der Tat war der Sturz Oberländers (das war allen Beteiligten klar) der endgültige Sturz des Antikommunismus. Der DDR-Propagandachef Albert Norden zog mit Recht das Resümee: „Die Entwicklung des Falles Oberländer unterstreicht, daß im Kampf gegen die Verderber Deutschlands das Gesetz des Handelns an die DDR übergegangen ist." Der SPD-Pressedienst formulierte etwas anders, wenn er meinte, daß es sich um einen „Sieg des Moralischen in der Politik" gehandelt habe.

Die Ära der „Moralpolitik und politischen Moral" (Die Zeit) begann in Deutschland zu dämmern. Moralpolitik hätte innerhalb gewisser Grenzen für Deutschland förderlich sein können, da Moral eine Waffe der Schwachen ist. Eine Moral, wie sie sich im Heimatrecht, im Selbstbestimmungsrecht, im Recht der kleinen Staaten gegenüber den Weltmächten niederschlug, hätte innerhalb der deutschen Politik eine positive Rolle spielen und diese in eine Weltströmung hineinstellen können, die den deutschen Interessen nicht widersprach. Die Moral, die die Moralpolitiker jedoch meinten, war die des Franklin D. Roosevelt in neuem Gewande. Sie akzeptierte das Moralgefälle zwischen den guten Weltmächten und den bösen Aggressorstaaten, vor allem Deutschland. Die Moral der Vergangenheitsbewältigung führte unter Anerkennung der Ordnung von Jalta zum Versuch, den Nachweis zu erbringen, daß sich die Bundesrepublik in permanenter Selbstreinigung und Wandlung in dieses System hineinzufügen habe. Daß andere Beteiligte dadurch auf den Gedanken gebracht werden konnten, daß die Anerkennung von Jalta gut, die Garantie für ihre Durchführung jedoch nicht den unzuverlässigen Deutschen, sondern den zuverlässigen Großmächten übertragen werden sollte, lag zu nahe, um im Frühlingssturm einer Gesinnungsära gesehen zu werden.

Die Kampagne gegen Oberländer wäre nicht möglich gewesen, wenn nicht durch den Kölner Synagogenzwischenfall und die durch ihn hervorgerufene Bundestagsdebatte eine Gefühlswelle hervorgerufen worden wäre, die dazu führte, daß, wie eine amerikanische Dissertation über „The Nazi ‚Past' in the Communist Cause" schreibt, „das Zusammenspiel der engagierten Kräfte einen in so groteskem Ausmaß unfairen und irrationalen Charakter annahm, daß die Normen der staatsbürgerlichen Verantwortung und der politischen Gerechtigkeit an einigen Punkten in der Anti-Oberländer-Kampagne nicht mehr die Grenzen der sinnvollen und annehmbaren Auseinandersetzung der Parteien absteckten." Es war die Auseinandersetzung um ein Symbol, die stets schärfere Formen annimmt als die Auseinandersetzung um eine Sache, da ein Zurückweichen und das Zugeständnis des Irrtums als Aufgabe der eigenen Gesinnung gewertet wird.

War das Jahr 1960 durch den Oberländer-Prozeß charakterisiert, so das Jahr 1961 durch den Eichmann-Prozeß. Er verlegte die Vergangenheitsbewältigung auf die internationale Ebene. 500 Korrespondenten aus 40 Ländern wohnten der Eröffnung im April 1961 bei. In Jerusalem tauchten die bekannten, zehn Jahre in Vergessenheit geratenen Namen der antigermanischen Periode wieder auf. Telford Taylor (Sword and Swastica) und Ira Hirschmann (The Embers Still Burn) waren unter den Korrespondenten in Jerusalem,

1960 war das Jahr, in dem der schärfste Vertreter des Antigermanismus William S. Shirer mit Massenauflagen seines Buches über den Aufstieg und Fall des Dritten Reiches wieder in das öffentliche Bewußtsein trat und Louis Nizer erneut zum Bestsellerautor wurde. Auch der aus Nürnberg bekannte Ankläger Kempner sah seine Stunde wiedergekommen. Daß die Gefühlswelle des Eichmannprozesses nicht über der Bundesrepublik (via Staatssekretär Globke) hereinbrach, konnte anscheinend nur durch geheime Waffenlieferungen an Israel, die Anfang 1965 den Abbruch der diplomatischen Beziehungen zwischen der Bundesrepublik und den arabischen Ländern im Gefolge hatten, abgewendet werden.

Wenn der „Fall Oberländer" sich (scheinbar) aus der zu bewältigenden Vergangenheit ergab, so fehlte auf den ersten Blick im „Fall Strauß" die Vergangenheitskomponente völlig. Franz Josef Strauß (geb. 1915) war in keiner Weise mit dem Nationalsozialismus in Verbindung zu bringen. Weder sein Studium der alten Sprachen, noch sein Kriegsdienst in der Flak lieferten einschlägige Hinweise. Nach 1945 war er auf der ersten Landesversammlung der CSU in Bamberg aufgetreten und hatte als Repräsentant der Kriegsgeneration gegen die Aufnahme von alten, aus der Weimarer Zeit stammenden Richtungsstreitigkeiten votiert. Und doch ist der „Fall Strauß" nur auf dem Hintergrund der durch Charakterwandlung herbeizuführenden Vergangenheitsbewältigung zu verstehen. Die Kampagne gegen Strauß begann Anfang 1959 mit einer Erklärung von Waldemar von Knöringen, die ihn zum Feind Nr. 1 der SPD abstempelte. Knöringen, der Schöngeist der SPD, war auf die Idee verfallen, die SPD-Politik auf modernen psychologischen Erkenntnissen aufzubauen. Diese legten die Aufstellung von personifizierten Leitbildern nahe, in denen sich die zu wünschenden und die zu verdammenden Charaktereigenschaften der Deutschen verkörperten. Das positive Leitbild (Carlo Schmid) mißriet, das negative jedoch (Franz Josef Strauß) war ein voller Erfolg.

Die Kampagne kulminierte in der Spiegel-Affäre. Die Geschäftsräume des Nachrichtenmagazins „Der Spiegel" wurden am 26. Oktober 1962 zu nächtlicher Stunde wegen Verdachts des vorsätzlichen Landesverrats und der aktiven Bestechung von der Staatsanwaltschaft beschlagnahmt. Einige Redakteure wurden verhaftet. Den Grund lieferte ein Artikel „Bedingt abwehrbereit", der die NATO-Übung Fallex 61 behandelte. Da es sich dabei um eine militärische Frage handelte und der Spiegel Strauß pausenlos persönlich attackiert hatte, vermutete man, daß der Bundesverteidigungsminister hinter der ganzen Aktion stand und einen unbequemen Gegner mundtot machen wolle. Aus dem „Fall Spiegel" wurde unverzüglich ein „Fall Strauß". Die vor dem Hamburger Untersuchungsgefängnis aufziehenden Demonstranten, die „Augstein raus und hinein mit Strauß" riefen, formulierten die Alternative zweier Leitbilder (nur daß an die Stelle Carlo Schmids Rudolf Augstein getreten war). Die Debatten über Pressefreiheit, Geheimnisverrat, parlamentarische Sitten und ministerielle Zuständigkeiten waren nur Vorwand, um die Herrschaft eines Charaktertyps über den anderen zu fordern. Der Gestalt von Franz Josef Strauß wurden jene Charakterzüge zugeschrieben, die für den „autoritären Charakter" bezeichnend waren. Aus Fromms Charakterlehre ist erinnerlich, daß für die sadistische Komponente dieses Charakters das Streben nach Macht, für die masochistische Komponente der mangelnde Freiheitsdrang und die mangelnde Achtung für die Freiheit anderer bezeichnend sein sollen. Beides wurde bei Strauß diagnostiziert. Ihm gegenüber traten als nicht-autoritärer, liberaler Charakter „Der Spiegel" und sein Herausgeber. „Der Spiegel" versucht, wie eine Einzelperson, eine Sprache zu sprechen und bestimmte individuell gefärbte Ideen zu vertreten. Diese Ideen gehen darauf hinaus, daß gegen die Macht Mißtrauen am Platz ist, daß die machtmanipulierende Oberschicht freiheitsfeindlich ist und daß in der durchgehenden Kritik der bestehenden Zustände so etwas wie eine „schüchterne Ethik" sich ausspricht.

Es kam zur Regierungskrise. Die FDP-Minister traten zurück, und das vierte Adenauer-Kabinett war gestürzt. Gegen Strauß wurde nach intensivem Suchen ein Telephongespräch über die Fahndung nach einem in Spanien befindlichen „Spiegel"-Redakteur als geeigneter Hebel gefunden. Er verlor sein Ministeramt. Die Spiegelkrise hat nicht nur die Auflage des Nachrichtenmagazins gewaltig gesteigert, sondern auch den Kampf der Leitbilder eindeutig entschieden. Der Liberalismus hat sich in ihr in den politischen Sattel geschwungen und versucht sich seither in den eigenartigsten Dressurkünsten.

Die zweite Entnazifizierung

Politische Ideen stürzen sich, solange sie lebendig sind, in das Getümmel des Tages. Erst wenn sie abzusterben beginnen, bevorzugen sie die akademische Diskussion. Der neue Liberalismus[21] verliert sich nicht in umständlichen Erwägungen über das Für und Wider theoretischer Positionen, er konzentriert sich auf die „zweite Entnazifizierung". Erfolg oder Mißerfolg der zweiten Entnazifizierung werden auch über Erfolg oder Mißerfolg des neuen Liberalismus entscheiden. Die zweite Entnazifizierung, die seit 1958/59 in Gang gekommen ist, unterscheidet sich sehr wesentlich von der ersten. Die erste Entnazifizierung umfaßte alle Deutschen und rechnete alle Pgs und Mitglieder nationalsozialistischer Gliederungen, alle Stabsoffiziere und zahlreiche weitere Kategorien zu den Betroffenen. Sie scheiterte nicht zuletzt an der ungeheuren Zahl der Fälle.

Die zweite Entnazifizierung ist klüger – sie ist eine Auswahlentnazifizierung. Die Betroffenen der zweiten Entnazifizierung sind die Mißliebigen, die Ankläger „selbsternannte Gesinnungspolizisten" (Friedrich Sieburg), das Verfahren ist formlos. Das Verfahren der ersten Entnazifizierung sah vor, daß der Betroffene eine formelle Belastung, die durch seine Mitgliedschaft in dieser oder jener Organisation gegeben war, durch Entlastungsgründe, die sich aus seinem praktischen Verhalten ergaben, entkräften konnte. Das Verfahren der zweiten Entnazifizierung besteht darin, daß durch die Publikation von Dokumenten, Zitaten, Vorgängen und (notfalls) akzentuierten Charakterdarstellungen ein „Fall" konstruiert wird. Das Urteil wird gefällt, indem die Vorgesetzten oder Arbeitgeber der Betroffenen entscheiden, ob sie es sich leisten können, diesen zu halten oder nicht. Da die Bundesregierung im „Fall Oberländer" mit denkbar schlechtem Beispiel vorangegangen ist, liegt es nahe, durch Opferung der Angegriffenen die eigene Position aus dem Schußfeld zu rücken.

Es ist schwer begreiflich, wie die völlige Formlosigkeit der zweiten Entnazifizierung mit einem Rechtsstaate, ja überhaupt mit einer Rechtsordnung in Einklang gebracht werden kann. Keiner weiß, ob und wann er betroffen ist. Die Diktatur des Verdachtes schwebt über allen, die im Dritten Reich eine Stellung bekleideten, und über denjenigen, die nicht bereit sind, sich von Mißliebigen zu distanzieren. Die Geschichte der zweiten Entnazifizierung kann hier nicht geschrieben werden. Seit ihrem Beginn ist kaum eine Woche vergangen, in der der liberale „Moniteur", „Die Zeit", nicht einen neuen Fall aufgerollt hat. Zur Illustration soll hier der „Fall Pölnitz" dienen. Als Unterlage nehmen wir den in der „Süddeutschen Zeitung" vom 16. Februar 1965 erschienenen Aufsatz „Der rote Pölnitz – leicht angebräunt. – Alte Schriften des Gründungsrektors der Regensburger Universität werden ans Tageslicht gezerrt." In ihm heißt es: „Ein guter Teil der Vergangenheit von Pölnitz war nämlich ebenso wie die Vergangenheit von Maunz (dem vom gleichen Kreis abgeschossenen bayrischen Kultusminister, d. V.) lange bekannt, und man hat ihn in beiden Fällen jahrelang hingenommen." (Die Aufnahme des Verfahrens in der zweiten Entnazifizierung liegt also im Belieben der selbsternannten Gesinnungswarte.) „Nur wenn sein Freund Ministerialrat von Elmenau in der Hochschulabteilung des Kultusministeriums die Sehnsucht zu erkennen gab, den eleganten Standesgenossen etwa gar zum Nachfolger eines Historikers vom Range eines Franz Schnabel auf dem Münchner Lehrstuhl für Geschichte zu haben, bekam er diskrete Warnungen." (Über die Besetzung historischer Lehrstühle entscheiden in der zweiten Entnazifizierung diejenigen, die über die Möglichkeit verfügen und die Absicht erkennen lassen, „Fälle" aufzuziehen.) „Daß der Fall jetzt von der Humanistischen Union aufgerollt wurde, hängt wohl damit zusammen, daß die Befürchtung aufkam, unter einem solchen ‚Gründungsrektor' werde die neue Universität an der Donau einen feudal-konservativen antidemokratischen Anstrich bekommen, etwa gar eine Art vergrößerter Abendländischer Akademie usw. usw." (Die zweite Entnazifizierung findet also statt, wenn jemand der von liberaler Seite angestrebten Personalpolitik im Wege steht. Daraus folgt aber auch, daß die Möglichkeit der Entlastung darin besteht, daß der „Belastete" zu erkennen gibt, daß er den Wünschen seiner Ankläger in Zukunft nachkommen will.)

Schon die erste Entnazifizierung richtete sich nicht gegen einen Personenkreis, der eindeutig nationalsozialistisch war (also die Parteiführer), sondern gleichrangig auch gegen „Militaristen" und nebenher gegen bestimmte andere Gruppen wie Industrielle, Beamte, Nationalisten, die bürgerliche Oberschicht in akademischen Führungspositionen usw. Diese Gruppen wurden inkriminiert, da gewisse Vorstellungen über das Entstehen des Dritten Reiches und die Machtverteilung in ihm ihnen eine maßgebliche Rolle zuschieben. Das Absehen von der eigentlichen Parteiführung tritt in der zweiten Entnazifizierung noch stärker zutage. Die Konstruktion von Beziehungen zum Dritten Reich ist oft nur noch der werbewirksame Aufhänger, der das Vorgehen gegen nicht konforme Gruppen erleichtern soll. Der Radius dieser Gruppen spannt sich von der genannten Abendländischen Akademie über die Vertriebenenverbände, die Antikommunisten, den „phantastischen Realismus" und andere mißliebige Kunstschulen, die studentischen Korporationen bis zu den Besitzern von Gartenzwergen und den Lesern von Carl Schmitt. Die Konstruktion von Zusammenhängen zwischen Nationalsozialismus und anderen Stömungen, die ein Ausgreifen der zweiten Entnazifizierung in alle möglichen Richtungen rechtfertigen soll, hat seit 1958/59 eine ganze Literatur hervorgebracht. Als Beispiele seien die Werke dreier nicht einflußloser Publizisten herausgegriffen. Paul Hühnerfeld (geb. 1926, Redakteur der „Zeit"), Hermann Glaser (geb. 1928, Kultur- und Schulreferent der Stadt Nürnberg) und Harry Pross (geb. 1923, Chefredakteur des Senders Bremen) gehören alle zur Generation, die nicht mehr durch die Richtungsstreitigkeiten der Weimarer Zeit bestimmt wird.

Paul Hühnerfeld handelte im Sinne einer zweiten Entnazifizierung in seiner Schrift „In Sachen Heidegger – Versuch über ein deutsches Genie" über den bekanntesten deutschen Philosophen. Heidegger wurde (in der ersten Entnazifizierung) von den Franzosen von seinem Freiburger Lehrstuhl entfernt, in den 50er Jahren zwar nicht wieder eingesetzt, aber in der Gegenwelle ordnungsgemäß emeritiert, und nun (in der zweiten Entnazifizierung) von Hühnerfeld und anderen erneut belastet. „Hitlerscher Faschismus und Heideggersche Philosophie", stellte Hühnerfeld fest, „haben eine große gemeinsame Wurzel: den deutschen Irrationalismus des neunzehnten Jahrhunderts." Damit wäre zunächst über Hitler der Irrationalismus belastet, über den Irrationalismus wieder Heidegger. „In den Nationalsozialisten stellte das mißgeleitete Deutschland seine skrupelloseste Massenbewegung, in Heidegger sein subtilstes Genie." Seine Provinzialität verbinde den Philosophen mit dem deutschen Faschismus. Dieser „entstammt deutschem kleinbürgerlichen Lebensbezug, auf Plüsch ersonnen und in den Gasöfen von Auschwitz und Theresienstadt (sic) praktiziert." „Was da freilich auf Plüsch ausgedacht war, kam nicht von ungefähr...". Hühnerfeld schließt: „Es ging darum, in seiner Existenz einige Eigenarten deutschen Genies, einige Gefahren deutschen Wesens aufzuzeigen. Insofern ging es nicht einmal mehr um Martin Heidegger. Wir Deutschen sollten aus der Zeit heraus sein, wo nationale Unreife es mit sich brachte, daß die Schilderung unserer Fehler ausländischen Beobachtern überlassen blieb. Fehlentwicklungen unserer Gefühle und unseres Denkens haben in den letzten fünfzig Jahren zu zwei Katastrophen geführt, die nicht nur uns, sondern andere Völker mitbetroffen haben."

Harry Pross handelte über die „Zerstörung der deutschen Politik" 1871–1933, die in den verschiedenen kulturellen und politischen Strömungen des Bürgertums im Kaiserreich stattgefunden habe. „Kulturkampf und Sozialistengesetzgebungen haben gerade die Kräfte im Bewußtsein des Durchschnittsdeutschen diskreditiert, die, wie immer man zu ihnen stehen mag, zur Bewältigung der nationalen Krise am meisten hätten beitragen können: die stark religiösen und die der organisierten Arbeiterschaft, die den sozialen Problemen der technischen Zivilisation die angemessensten Lösungen entgegenhielt." Man dürfe nicht über das „Dritte Reich" die Tendenzen vergessen, „die vor 1933 die deutsche Politik zerstörten und auch heute noch nicht völlig verschwunden sind". Um sie in Vergangenheit und Gegenwart ausfindig zu machen, bedarf es der neuen Wissenschaft der Sozialpathologie, die Harry Pross in seinem Band „Vor und nach Hitler" begründet. Als erstes Forschungsergebnis kann er in ihm auf die Entdeckung des „Faschismus der dikken Bäuche" verweisen, der die Bundesrepublik charakterisiere und der sich anscheinend statt „angemessenster Lösungen" lieber eine Kalbshaxe „entgegenhalten" läßt.

Eine sozialpathologische Schrift liegt aus der Feder von Hermann Glaser, einem kulturellen Spitzenfunktionär der SPD, vor. Bei ihm liest man: „Die These wird aufgestellt und soll bewiesen werden, daß die ‚Geschichte' des offiziellen deutschen Geistes innerhalb der letzten eineinhalb Jahrhunderte keine Entwicklung brachte, sondern einem monotonen Rotieren um gleichbleibende ideologische Verzerrungen und Lebenslügen glich: Fichte (1762–1814, d. V.) als NS-Professor, Menzel (1798–1873, d. V.) als neudeutscher Studentenführer, Jahn (1778–1852) als Reichssportführer, aber auch Hitler als Gartenlaubenautor oder Rassen-Ganghofer, Rosenberg als Wagner-Epigone, Goebbels als eine Art Wilhelm II." Glaser klagt den Kleinbürger an, und zwar den deutschen, da „kleinbürgerliches Wesen und Verhalten bei anderen Nationen nie dieses Ausmaß wie in Deutschland angenommen hat". Aber auch die Oberschicht, die vom Kleinbürgertum als Autorität angesehen wurde, hat „ungeheuerliche Schuld" auf sich geladen, denn „wer sich als Stütze der Gesellschaft erwies, als ‚untertäniger' Richter, Pfarrer, Offizier, Beamter, Professor, Lehrer, Journalist, ist anzuklagen". Wer ist dieser (deutsche) Kleinbürger? „Der Kleinbürger ist asozial: ihm ist der Mitmensch Menschenmaterial, manipulierbarer, verwertbarer Gegenstand. Der Spießer verdrängt in sich die Menschlichkeit; sein Intimbereich offenbart heillose innere Leere: die Geliebte ist als Mädel Geschlechtstier, die deutsche Frau Gebärmaschine; über der Familie thront der Mann als heldischer Patriarch." „Die Gartenlaube war überhaupt an der Entwürdigung und Verdummung der deutschen Frau maßgeblich beteiligt." „Gänsen und Juden von Fall zu Fall den Hals umdrehen, gesunde blondsträhnige Kinder mit gebärfreudigen Frauen zeugen, hoch auf dem Erntewagen des Jahres Frucht einbringen, im milden Mondenschein mit den kecken Maiden scherzen – das entsprach dem Wunschbild des pangermanischen Sadisten" („Spießer-Ideologie", S. 144).

„Deutsche ‚Sauberkeit' hatte man seit den Tagen des Turnvaters Jahn mit heiligem Eifer verfochten; ‚Obszönität' (‚undeutsche' Geschlechtlichkeit und Sinnlichkeit) mit Entrüstung von sich gewiesen. Den aus einer derartigen Verdrängung und Tabuisierung der Triebwelt aufsteigenden Komplexen und perversen Abreaktionen hätte man nur durch ‚Erhellung' seiner selbst und der umgebenden Sozialwelt erfolgreich zu Leibe rücken können." Man erhellte jedoch nicht, sondern bewunderte Bismarck. „Bismarck war das Idol des deutschen Kleinbürgertums, da er von einem brutalen und persönlichen Machtstreben geprägt war, sich über Rechts- und Verfassungsfragen hinwegsetzte, junkerliche Überheblichkeit an den Tag legte und Politik als Taktik und nicht als Ethos betrieb." Doch heute sind wir glücklich über Bismarck hinaus und betreiben Politik als Ethos. „Mit Aufatmen sehen wir die Konturen einer sittlichen Renaissance vor uns (das Buch erschien 1964 d. V.); mit Beklemmung registrierten wir, daß Wesenszüge des deutschen Spießertums ‚in alter Frische' sich erhalten haben." (Sonst wären die Liberalen ja arbeitslos d. V.) Kurz und gut: „Die politische Anthropologie bedarf der Sozialpathologie. Die deutsche Ideologienneurose ist noch nicht geheilt." Uns deucht, die Sozialpathologie ist just jene Krankheit, auf deren Heilung sie so erpicht ist.

Es sind zwei Motive, in denen sich der kompositorische Einfallsreichtum des neuen Liberalismus erschöpft. Das eine Motiv variiert das moralische Gefälle, das zwischen Deutschen und Nichtdeutschen bestehen soll. Es lehnt ab, was spezifisch deutscher Natur und deutscher Provenienz ist. Es schwelgt in der „Schilderung unserer Fehler" (Paul Hühnerfeld) und zieht eine gewisse Genugtuung aus der maximalen Anhäufung von Schuld. In ihm nimmt die verspätete Rezeption des Antigermanismus die Form des Selbsthasses an und entwickelt einen schüchternen Stolz auf die puristische Strenge der Abrechnung mit der eigenen Vergangenheit und Gegenwart.

Das andere Motiv behauptet den Zusammenhang abstoßender Greuel mit Denk-, Lebens- und Charakterformen der bürgerlichen, konservativen oder aufklärungsfeindlichen Traditionen. Durch eben diesen behaupteten Zusammenhang seien diese Traditionen für immer disqualifiziert. Die Einführung unbürgerlicher, liberaler und aufklärender Denk-, Lebens- und Charakterformen soll die Wiederholung der Greuel verhindern. Dieses Motiv rezipiert weniger den Antigermanismus, als die psychologische Schule der Charakterreform, die ja nicht nur den Deutschen, sondern der ganzen modernen Entwicklung gegenüber kritisch eingestellt war. Andererseits fließt die psychologische Kritik des modernen Menschen oft in eine marxistische oder wissenssoziologische Kritik der bürgerlichen Gesellschaft hinüber, wie sie in den letzten Jahren an den westdeutschen Universitäten immer mehr um sich greift. Der Verweis auf das Dritte Reich ist ein unerläßliches Beweisstück im Rahmen einer Logik, die mit Assoziationen, Idiosynkrasien und Betroffensein arbeitet. Die intendierte Abkehr von der Vergangenheit führt immer tiefer in die Verstrickung mit ihr hinein. Längst verkohlte Gestalten werden plötzlich mit harmlosen Passanten identifiziert. Einer Hydra gleich wachsen in dem Gesichtskreis der Vergangenheitsbewältiger dem geschlagenen Dritten Reich immer neue Köpfe. Das Innenleben sei jedermanns ureigenste Angelegenheit. Aber das Staatswesen ist seiner Natur nach der Belastung durch offene und verkappte Gesinnungskämpfe nicht gewachsen, sobald ein bestimmtes Maß überschritten ist. Eine ähnliche Lage ist aus den französischen Religionskriegen des 16. Jahrhunderts bekannt. So hielt Loisel 1582 in Agen eine Rede über die Beendigung des religiösen Bürgerkriegs[22]. Weder die private Rache, die nicht zu begrenzen sei, noch die öffentliche Rache, die die Kräfte der Justiz übersteige und den Staat schwäche, seien geeignet, den inneren Frieden herzustellen. Es bleibe die Durchführung einer Amnestie durch gegenseitiges Verzeihen (pardon) oder Vergessen (oubliance). Ein Verzeihen sei unmöglich, da jeder sich im Recht glaube und über das Vorgefallene neuer Streit aufkäme. Es bleibe das Vergessen: „n'en parler, et n'y penser jamais." Statt ständig in der Vergangenheit herumzuwühlen, sei es besser, das Te-Deum zu singen und Gott über alles zu preisen. In die Freudenfeuer sollten „Tous les papiers memoires et instructions de nos divisions et furies passées ..." wandern. Vergehen gegen die Amnestie, insbesondere das neue Aufrühren der Vergangenheit, müßten als Störung der öffentlichen Ordnung unter Strafe gestellt werden. Die zitierte Rede wurde 20 Jahre nach dem Beginn des ersten der französischen Religionskriege gehalten. Der Versuch, den religiösen Bürgerkrieg zu beenden, ist charakteristisch für eine Gruppe von Männern, die von ihren Gegnern als die „politiques" beschimpft wurden, da sie die Interessen des Gemeinwesens über die der religiösen „Sauberkeit" stellten. Dem Versuch, den religiösen Bürgerkrieg durch Vergessen zu beenden, steht der Versuch, ihn durch Nichtvergessen neu zu entfachen, gegenüber.

Dieser Versuch, der sich seit 1958/59 in Deutschland Bahn bricht, hat den Bannkreis von kleinen Gesinnungs-Konventikeln längst überschritten. Der berufenste Sprecher des ganzen Volkes, Bundespräsident Lübke, hat sich an die Spitze derer gestellt, die das Nicht-Vergessen zur Staatsräson erheben wollten. Am 25. April 1965 sagte er unter anderem: „Das Ansehen Deutschlands leidet Schaden, wenn wir unsere Bereitschaft zur Selbstreinigung nicht durch die Tat beweisen. Alle müssen wir dabei helfen, denn ein Haus bietet keine gesunde Wohnmöglichkeit, wenn nur die Zimmer auf der ersten Etage in Sauberkeit erstrahlen, während im Keller und auf dem Boden noch der Unrat modert. Es gibt keine Koexistenz mit dem Unrat.

Wer heute die geschichtliche und politische Auseinandersetzung mit dem Nationalsozialismus und seinen Untaten abbrechen will, breitet lediglich eine Decke über den Schmutz, die es aber nicht verhindern wird, daß der Fäulnisprozeß unter ihr weitergeht und nach und nach die ganze Atmosphäre vergiftet." Es ist ein Aufruf zur Säuberung, für den charakteristisch ist, daß er auch nicht eine Überlegung zum Verfahren enthält, in dem die „Auseinandersetzung" abgewickelt werden soll. Sei es, daß eine bestimmte Atmosphäre erzeugt werden soll, die sich dann in Politik, Recht und Geschichtsschreibung von selbst Geltung verschaffe, sei es, daß vermeint wird, daß sich die Auseinandersetzung mit einer 20 Jahre zurückliegenden Vergangenheit von selbst auf die Diskriminierung des Personenkreises beschränkt, der in dieser Vergangenheit eine Rolle gespielt hat, es bleibt gefährlich, von Staats wegen zu „Auseinandersetzungen" aufzurufen, und doppelt gefährlich, dies zu tun, ohne sich über die Modalitäten Gedanken zu machen, die in dieser Auseinandersetzung eingehalten werden sollen.

In dem französischen Beispiel waren es die „Prädikanten", die zu Säuberungen aufriefen, die Staatsmänner, die sie beenden wollten. „Säuberung" gehört zu einem Begriffskreis, der lat. purus – rein entspricht und sich in Dantes purgatorio, in der französischen épuration (1944) und dem japanischen purge (1945) niedergeschlagen hat. Die Säuberung kann sich ebenso in den Revolutionstribunalen eines Robespierre wie in der Reinerhaltung der kleinbürgerlichen „Guten Stube" betätigen. Werden die Formen, in der eine Säuberung vorgenommen werden soll, nicht auf das genaueste umgrenzt, kann es passieren, daß die „Gute Stube" saubergeputzt werden sollte, aber plötzlich in ihr ein Revolutionstribunal Platz genommen hat.

Das Dilemma des Liberalismus

Seit den ausgehenden fünfziger Jahren, seit dem demokratisch-liberalen Wahlsieg vom Herbst 1958 und Chruschtschows Berlin-Ultimatum haben sich die innenpolitischen Gewichte in der Bundesrepublik rasch verschoben. Innerhalb weniger Jahre ist ein kraftvoller Liberalismus aufgetreten, der nicht mehr das Wort „Freiheit" oder gar „Freie Wirtschaft" auf seine Fahne schreibt, sondern „Entspannung", „Bewegung", „Humanismus", „politische Moral und Moralpolitik". Entspannt werden sollen die Beziehungen zu den kommunistisch regierten Staaten (und zwar nicht nur auf der Ebene der Regierungspolitik, sondern auch auf der der Meinungspolitik), bewegt werden sollen die „erstarrten Fronten" des Kalten Krieges, „Humanismus" ist das Schlagwort für das Wiederaufleben der den Aufbruch zur „einen Welt" begleitenden Theorien psychologischer, anthropologischer und soziologischer Provenienz[23], „politische Moral und Moralpolitik" sollen das Mittel sein, mit dem eine bessere Welt ins Leben gesetzt wird. Auf die Politik wird eine altruistische Ethik angewandt, die zwar nichts weniger vorhat, als den Nächsten zu lieben, falls dieser anderer Gesinnung sein sollte, die aber doch jene Folgerungen zu überspringen vermag, die sich aus dem Gebot der Selbsterhaltung und der der menschlichen Natur eigentümlichen Begrenztheit ergeben.

Aus den verschwiegenen Winkeln soziologischer Seminare, avantgardistischer Literaturzeitschriften und Zirkeln von Brecht-Enthusiasten hat sich eine Gesinnungsbewegung erhoben, der die beamteten Staatsdiener und die Männer, die die Wirtschaft und damit die Bundesrepublik zusammen halten, hilflos gegenüberstehen. Sie verweisen wohl auf den Antitotalitarismus, der so etwas wie die Staatsphilosophie der Bundesrepublik darstellt. Sie vermeinen vielleicht, daß auch der neue Liberalismus die Freiheit auf seine Fahnen geschrieben habe.

Aber auch Roosevelt war für die Freiheit und ziemlich antitotalitär. Der Antitotalitarismus war eine künstliche Synthese, ein Intellektuellenglaube, der sich ebenso zum Antikommunismus des Kalten Krieges fort-, wie zum Antifaschismus des Zweiten Weltkriegs zurückentwickeln konnte. Die Kraft, die Fahrt auf einer Rutschbahn abzustoppen, besitzt er nicht.

Die apertura a sinistra kann mancherlei Formen annehmen. In Deutschland hat sie die Form einer Vergangenheitsbewältigung angenommen, weil nur die Berufung auf deutsche Schuld in der Vergangenheit ein Hinwegschreiten über die deutschen Interessen in der Gegenwart rechtfertigen kann. Es bedarf eines Kinderglaubens, um übersehen zu können, daß die Emotionen der Vergangenheitsbewältigung, sofern sie halbwegs ehrlich sind, aus fleischfarbenen Gesinnungen zunehmend rötliche machen. Wer irgend den Zusammenhang zwischen Vergangenheitsbewältigung und Linksradikalismus zu übersehen geneigt ist, sei eingeladen, den Beitrag von Rolf Hochhuth „Klassenkampf" in Hans Werner Richters „Plädoyer für eine neue Regierung" (Rowohlt 1965) zu lesen. Eine mehr oder minder vorsichtige Annäherung an einen (natürlich entstalinisierten) Kommunismus gehört zum Mitte-Links-Block wie Tucholsky zum Kabarett. Auch auf offizieller Ebene führt die Vergangenheitsbewältigung zu einer Überprüfung der Stellungnahme zum Kommunismus. Nicht uninteressant ist hier die zitierte Rede des Bundespräsidenten Lübke. Er sagte: „Wir wären des Opfers dieser und aller Kämpfer gegen Unrecht und Gewaltherrschaft nicht wert, fühlten wir uns heute nicht verpflichtet, zu Ende zu führen, was sie vollbringen wollten. So verschieden ihre politischen Anschauungen auch gewesen sein mögen, sie waren sich einig in dem Bemühen, den deutschen Staat wieder auf den Boden des Rechts zurückzuführen und den Menschen die Möglichkeit zu geben, in Würde und Freiheit zu leben. Ich schließe in diese Worte auch Frauen und Männer ein, die aus der kommunistischen Bewegung kamen; denn viele von ihnen hat die unmittelbare Begegnung mit der totalitären Herrschaft zum Nachdenken gebracht und geläutert." In dieser Rede kommt die Mehrdeutigkeit der Vergangenheitsbewältigung ans Tageslicht. Man kann die zitierten Sätze ebenso antitotalitär deuten (Kommunisten, die sich vom Kommunismus abgekehrt haben, sind uns willkommen) wie im Sinne einer Volksfront (wir sind zuvörderst den Konzentrationslagerhäftlingen und Antifaschisten verpflichtet; die Kommunisten hatten unter beiden den wesentlichsten Anteil; was die Opfer des Nationalsozialismus vollbringen wollten, war eine Volksfront unter Einschluß der Kommunisten, die herzustellen moralische Verpflichtung ist).

Die Kommunisten kennen zwei Formen des Zusammengehens mit anderen Richtungen, die Einheitsfront und die Volksfront. Die Einheitsfront ist ein Zusammengehen der Kommunisten mit ihnen ideologisch nahestehenden Gruppen und Parteien, um eine aus dem marxistischen Programm abgeleitete Politik zu vertreten. Die Sozialistische Einheitspartei (SED) etwa ist ein Zusammenschluß von ehemaligen KPD-, SPD- und SAP-Mitgliedern auf Grund eines marxistischen Programms. Die Volksfront hingegen verzichtet auf ein marxistisches Programm. Sie verbindet die Kommunisten mit allen jenen, die mit ihnen einen gemeinsamen Feind besitzen, ausschließlich zur Bekämpfung dieses Feindes. Das klassische Beispiel der Volksfrontpolitik ist die Entwicklung im Spanischen Bürgerkrieg (1936–1939), sowohl in Spanien selbst wie im Ausland. Eine Volksfront ist umso erfolgreicher, je unmarxistischer, je unproletarischer und je unsozialistischer es in ihr zugeht. Die gefährlichsten Gegner der Volksfront sind doktrinäre Revolutionäre, denen gegenüber der weiche Kurs mit härtesten Mitteln durchgesetzt werden muß. Die meisten aktiven Exkommunisten sind während der Volksfrontperiode ausgeschiedene Intransingente.

Die äußere Erscheinung einer Volksfront ist eine gänzlich andere als die einer Einheitsfront. War die proletarische Einheitsfront die eifrigste Pflegerin proletarischer Traditionen, der Symbole, Gefühlswerte und Lieder der Emanzipationsbewegung des Vierten Standes, tauchte sie die politische Landschaft in ein flammendes Rot, ballte sie bei jeder Gelegenheit die Fäuste und reckte die starken Arme, die alle Räder stille stehen ließen, so gleicht die Volksfront mehr einer Rotarier-Versammlung. Statt zur Straßenschlacht, zieht man zum Bankett in das erste Hotel der Stadt. Komitees werden gebildet, in denen möglichst eine Gräfin, ein Bischof und diverse Namen der gelehrten Welt vertreten sein müssen. Von Freiheit ist viel die Rede. Die Kommunisten dienen selbstlos und unscheinbar in Programmausschüssen und bei der Erledigung der Schreibarbeit.

In der Bundesrepublik ist die Bildung einer stillen Volksfront durch das Verbot der KPD nicht erschwert, sondern erleichtert worden. Seit dem Spruch des Bundesverfassungsgerichtes im Jahre 1957 ist es für den politisch interessierten Westdeutschen nicht mehr ohne weiteres möglich, sich über die Parteilinie der Kommunisten auf dem Laufenden zu halten. Seit diesem Zeitpunkt sind die Liberalen nicht mehr genötigt, bestimmte Argumente zu unterlassen und sich von bestimmten Aktionen zu distanzieren, weil diese Argumente und Aktionen in kommunistischer Erbpacht sind. Der Liberalismus ist seither nach links unbegrenzt manövrierfähig geworden. Wenn der „hirnlose Antikommunismus von 1955" nicht mehr existent ist, wie Carl Amery freudig festgestellt hat, so ist das auch eine Folge des KPD-Verbotes. Die Volksfront in der Bundesrepublik wird von Kommunisten und Liberalen mit der Taktik des getrennt Marschierens, vereint Schlagens und sich nicht Grüßens geführt. In allen bisherigen politischen Schlachten von „Oberländer" bis „Notstand" hat sich diese Taktik glänzend bewährt.

Die Volksfront macht nicht den Fehler, eine gemeinsame zukünftige Ordnung zu entwerfen, sondern konzentriert sich auf die Bekämpfung eines Gegners. Wer ist der Gegner? Es gibt keinen Zweifel, daß der Gegner der russisch geführten Kommunisten jede nicht kommunistisch kontrollierte effektive Machtkonzentration im russischen Vorfeld ist. Ihr Gegner ist ebenso das atlantische Verteidigungsbündnis wie jede Staatsgewalt, die Herr im eigenen Hause ist und über die Mittel verfügt, sich effektiv moralisch, militärisch und wirtschaftlich zu verteidigen. Hier ist der Punkt, wo sich unsere Liberalen in die Volksfront einfügen. Sie sind Gegner jeder nichtkommunistisch kontrollierten Machtkonzentration, nicht etwa, weil sie für kommunistisch kontrollierte Machtkonzentrationen sind, sondern weil sie überhaupt gegen jede Machtkonzentration sind. Wenn Arnold Gehlen feststellte: „Zahllose Personen sind mit allen Mitteln der Meinungsmache öffentlich bemüht, allem, was irgendwie noch steht, das Mark aus den Knochen zu blasen", so tun die Personen dies (meist) nicht in einem östlichen Auftrag, sondern als Ausfluß ihrer liberalen Weltanschauung, deren Stärke darin besteht, daß sie zu wenig zum Gegenstand systematischer Betrachtung gemacht wird. Hatte einst die Morgenthau-Schule in Deutschland ein wirtschaftliches Chaos in Kauf nehmen wollen, wenn dieses die Folge von den durch die antigermanische Ideologie gebotenen Maßnahmen wäre, so ist bei den liberalen Moralpolitikern unserer Tage das gleiche Absehen von den Konsequenzen ihrer Kampagnen zu beobachten.

Jede Bewegung hat ihre Stärken und ihre Schwächen, die den Mitteln entspringen, welche ihr ihrer Natur nach zur Verfügung stehen. Dem Liberalismus stehen seit seiner Abkehr vom Volke nur jene Mittel zur Verfügung, über die der zahlenmäßig begrenzte Kreis der reformierten Charaktere gebietet. Es sind Mittel der Meinungssteuerung, der Erziehung und der Gesinnungskontrolle in Staat und Kultur. Der Liberalismus bleibt der Rolle des Famulus Wagner im „Faust" verhaftet, der sich verpflichtet glaubt, die Welt durch Überredung zu leiten, der aber sehr wohl fühlt, wie sehr er von dieser Welt geschieden ist. Der Elfenbeinturm bleibt ein Elfenbeinturm, auch wenn seine Steine als Wurfgeschosse verwendet werden. Der Absage an das Volk, wie es ist, zugunsten des Volkes, wie es sein würde, wenn sich die menschliche Natur nach liberalem Rezepte ummodeln ließe, entspringen die merkwürdigen und teilweise grotesken Auswüchse des deutschen Liberalismus. Der Verlust der Fühlung mit dem Volke bringt den Verlust der Fähigkeit mit sich, sich an der politischen Realität zu orientieren. An ihre Stelle tritt die Orientierung am autonom gewordenen Wort. Das politische Verhalten folgt rhetorischen Gesetzen.

Die Frage ist, wer den Liberalismus beerbt, denn das Schicksal auch psychologisch ausgetüftelter und rhetorisch glänzend präsentierter Kartenhäuser ist bekannt. Noch läßt sich die Natur des Menschen nicht zu beliebiger Verwendung umbauen; dazu wären unsere sentimentalen Liberalen auch nervlich gar nicht in der Lage. Und doch wird, wenn die Wasser der liberalen Sturmflut sich verlaufen haben werden, als großes Problem zurückbleiben, daß es nunmehr nicht ausgeschlossen ist, die Menschen mittels sozialpsychologischer Techniken zu beliebigen Zwecken, auf ihnen undurchsichtige Weise und zu ihnen unbekannten Zielen hin zu steuern. Das Wissen um diese Möglichkeit wird auf dem Teil der Menschheit, der sich mit den intellektuellen Planern nicht identifiziert, wie ein Alptraum lasten.

Von New York nach Berlin, eine intellektuelle Luftbrücke

Der Berliner „Kongreß für kulturelle Freiheit" Ende Juni 1950, der als „Weltparlament der Intellektuellen" einberufen worden war, tagte unter dramatischen Umständen. Am Tag vor der Eröffnung waren die Nordkoreaner in den Süden des Landes einmarschiert. Der „Kalte Krieg", der unter der Leitung von Melvin Lasky diskutiert wurde, drohte in einen heißen umzuschlagen. Der Kongreß war in Zusammenarbeit mit dem Berliner Regierenden Bürgermeister Ernst Reuter von „New York Intellectuals", die mit dem Kampfbegriff „Antitotalitarismus" nach Berlin eingeflogen waren, organisiert worden. Aus dem Kongreß entstand unter dem gleichen Namen eine weltweite Organisation mit dem Sitz in Paris, die mit hochstehenden Zeitschriften, wie „Der Monat", „Encounter", „Preuves", Kongressen und Seminaren auf die Öffentlichkeit Einfluß nahm und im politischen Krieg (polwar) eine führende Rolle spielte.

Im Alkoven 1

In den 30er Jahren des 20. Jahrhunderts, der „Roten Dekade" (Eugene Lyons), als New York die interessanteste Stadt des sowjetischen Imperiums zu werden versprach, prallten in der Cafeteria des New York City College zwei Zirkel politisierender Studenten aufeinander. Im hufeisenförmigen Alkoven 1 führten etwa 30 Stalingegner, Trotzkisten und andere, nicht enden wollende Streitgespräche. Irving Kristol, von den 70er Jahren an der einflußreiche „Pate" der Neokonservativen, erinnert sich: „Wir studierten in den 30er Jahren Radikalismus. Es war ein großartiges Training, was Polemik und messerscharfe politische Analyse angeht. Trotzkist zu sein, war ein intellektueller Höhepunkt. Ich lernte eine Menge. Die Neokonservativen verkörpern heute die politische Intelligenz. Genau das taten damals die Trotzkisten. Nicht die Kommunisten."

Die Trotzkisten begnügten sich jedoch nicht mit der virtuosen Beherrschung politischer Streitgespräche. Als Neuauflage der siegreichen bolschewistischen Avantgarde zogen sie aus, um bei der Erschaffung einer neuen Menschheit Hand anzulegen. Leo Trotzki war ihr Prophet. Er zürnte vom mexikanischen Exil aus dem sowjetrussischen Diktator, der sich mit dem „Sozialismus in einem Lande" zufrieden gebe, statt die Revolution unverzüglich über die Landesgrenzen hinauszutragen. Wenn jedoch, prophezeite er, an irgendeinem Punkt des Globus erneut eine Revolution ausbreche, werde auch das von Stalin betrogene russische Proletariat, die Vorhut der Weltrevolution, wiedererwachen und die „permanente Revolution" zu ihrer Sache machen.

Gegenüber, im Alkoven 2, trafen sich Jungkommunisten der anderen, der Stalinschen Couleur. Da der Alkoven nicht allen 400 Mitgliedern der „Young Communist League" am New York City College Platz bot, ist davon auszugehen, daß nach dem von Robert Michels entdeckten Strukturprinzip jeder Organisation, dem „Ehernen Gesetz der Oligarchie", Alkovenplätze nur Funktionären und ihren Günstlingen zustanden. Organisieren ging im Alkoven 2 entschieden über diskutieren. Parteiarbeit stand an, denn im Zeichen der Volksfront- und Unterwanderungspolitik hatten sich die Jungkommunisten in den Besitz der Kontrolle über die bundesweite Vertretung der amerikanischen Studenten, die „American Student Union", gesetzt.

Nicht zufällig sind die Namen der eifernden Diskutanten, die in den ausgehenden 30er Jahren im Alkoven 1 die Hohe Schule des Radikalismus durchliefen, dem Interessierten noch heute geläufig: Irving Kristol, Daniel Bell, Seymour Lipset, Nathan Glazer, Melvin Lasky, Irving Howe. Die Spuren der Organisationstalente im Alkoven 2 wurden hingegen vom scharfen antikommunistischen Wind der Nachkriegsjahre verweht – mit einer Ausnahme: Julius Rosenberg. An der Hinrichtung des Ehepaares Julius und Ethel Rosenberg auf dem Elektrischen Stuhl schieden sich die Geister in und außerhalb der USA. Es gelang den Verteidigern der beiden Atomspione, auf dem Rechtswege den Hinrichtungstermin vom Mai 1951 bis auf den Juni 1953 hinauszuschieben. Das war genügend Zeit, nicht um eine Aufhebung des Todesurteils zu bewirken, sondern um eine weltweite Propagandaoffensive gegen die USA in Gang zu setzen. Die linksradikale, entschieden antifaschistische, aber nicht offen kommunistische Zeitschrift „National Guardian" stilisierte den Fall Rosenberg zu einer amerikanischen Affäre Dreyfus hoch. Nicht mehr um die nationale Sicherheit, die militärstrategisch durch den sowjetischen Atombombenbesitz (1949) und geopolitisch durch die kommunistische Eroberung Chinas (im gleichen Jahr) ins Wanken gekommen war, ging nun der Streit im Fall Rosenberg, sondern um amerikanische Kriegsabsichten gegen Rußland und um eine angebliche Judenverfolgung in den USA. Rund um den Globus verbreitete sich ein kaum zu bremsender Antiamerikanismus, an dessen Spitze der französische Philosoph Jean-Paul Sartre stand: „Je nachdem, ob ihr den Rosenbergs das Leben schenkt oder den Tod gebt, bereitet ihr den Frieden oder den Weltkrieg vor ... Indem ihr die Rosenbergs tötet, versucht ihr ganz einfach, den Fortschritt der Wissenschaft durch ein Menschenopfer aufzuhalten. Magie, Hexenjagd, Autodafé, Opfer. Wir sind beim Punkt: Euer Land ist krank vor Furcht." Der Meinungsstreit im Falle Rosenberg dauerte an, bis die Öffnung der FBI-Archive (1975) und die Auswertung der verschlüsselten Nachrichten der sowjetischen Spione in den USA (Venona-Akte) selbst die hartnäckigsten Verteidiger des Ehepaares eines Besseren belehrte.

Die Wiege des Antitotalitarismus

In Amerika gab es aber auch Zirkel, für die eine militärstrategische und politische Gefährdung der USA durch die Sowjetunion von Anfang an kein bloßes Hirngespinst war. Das nach dem Zusammenbruch der Sowjetunion an das Licht gekommene Aktenmaterial macht deutlich, wie weit die kommunistische Unterwanderung der USA fortgeschritten war. Schon ein Jahrzehnt vor dem Aufstieg der Sowjetunion zur Atommacht hatten sich diese Zirkel nicht ohne Grund gegen eine Unterwanderung der USA durch die Kommunistische Internationale (Komintern) gewandt. Dabei führten sie einen politischen Kampfbegriff ein, der nach dem Zweiten Weltkrieg im „Kalten Krieg" dominierend werden sollte: Antitotalitarismus. Das Wort „totalitär" war schon bald nach dem „Marsch auf Rom" als eine Kennzeichnung des italienischen Faschismus verwendet worden, negativ durch den Liberalen Giovanni Amendola, positiv durch Benito Mussolini („stato totalitario"). Doch als Kampfbegriff gegen die Regime in Italien (1922), Deutschland (1933) und Spanien (1939) reichte zunächst „antifaschistisch" vollauf. Die diplomatische Revolution des deutsch-russischen Konsultations- und Nichtangriffspaktes vom 23. August 1939 brachte primär antifaschistische Linksintellektuelle, ob orthodoxe Kommunisten oder linksliberale fellow-traveller, in eine völlig neue Lage. Sie konnten nicht umhin, die Front und das Vokabular zu wechseln. 1939 erschien eine Schrift Franz Borkenaus: „The Totalitarian Enemy", in der der Kommunismus als „roter Faschismus" und der Nationalsozialismus als „brauner Bolschewismus" zum Feind erklärt wurden. Franz Borkenau war Mitarbeiter der in der sowjetischen Botschaft in Berlin untergebrachten Forschungsabteilung der Komintern gewesen, sowie – unter einem Tarnnamen – Reichsführer der kommunistischen Studenten. Nach seinem Bruch mit der Komintern ging er via Frankfurter „Institut für Sozialforschung" in die westliche Emigration. „Antitotalitarismus" setzte sich als Schlagwort eines Netzwerkes Gleichgesinnter durch, das sich aus „New York Intellectuals", europäischen Exkommunisten und einigen in die USA emigrierten, von amerikanischen Gewerkschaften unterstützten sozialdemokratischen Sozialwissenschaftlern zusammensetzte. Welches jeweils die totalitären „Schurkenstaaten" waren, hing von den wechselnden außenpolitischen Interessen der USA ab. Die Sowjetunion, die 1939 in den Genuß des bösen Etiketts gekommen war, mutierte 1941 zu einer blütenweißen Demokratie, um 1947/48 in die „manichäische Falle" (Detlef Junker) zu geraten, in der im Kampf zwischen Gut und Böse der von den USA moralisch verurteilte Feind gefangen saß (und sitzt).

Die New York Intellectuals

Von den antistalinistischen Zirkeln, die um publizistischen Einfluß bemüht waren, besaßen die „New York Intellectuals" die größte Bedeutung. Unter „New York Intellectuals" waren beileibe nicht alle Intellektuellen der amerikanischen Kulturhauptstadt zu verstehen, sondern nur die kleine Minderheit, die dem milieubeherrschenden Linksliberalismus entgegentrat, der in den New Deal-, Volksfront- und Kriegsjahren auch den Kommunismus weitherzig in seinen Konsens eingeschlossen hatte.

Das Geburtsjahr der „New York Intellectuals" war 1937, ihre Wiege die Zeitschrift „Partisan Review". Das kam so: Die Kommunistische Partei hatte sich während der Großen Depression, die seit dem Börsencrash von 1929 wie eine dunkle Wolke über dem Leben in den USA hing, fürsorglich der bildenden Künstler und Schriftsteller angenommen, sozial und politisch. Für diese Kreise unterhielt die Partei einen nach dem Starreporter der Russischen Oktoberrevolution („Zehn Tage, die die Welt erschütterten") genannten „John-Reed-Club". „Partisan Review" sollte als literarisches Organ des Clubs die kommunistische Angel unter den Literaturbeflissenen auswerfen. Doch fatalerweise handelte es sich bei den beiden aus

Osteuropa eingewanderten Herausgebern, Philip Rahv und William Philipps, um überzeugte Anhänger der literarischen Moderne Europas, die Joyce, Proust, Eliot, Pound, Kafka und Dostojewski über alles schätzten. Die Partei pochte hingegen darauf, daß „experimentelle Dichter mit politisch konservativer Einstellung, wie etwa Eliot, als dekadent bekämpft, dagegen zehntklassige proletarische Romanciers, wie Jack Conroy, als leuchtende Vorbilder herausgestellt" würden (Norman Podhoretz). Warum sollte die Partei auch ihr Geld ausgeben, um in Moskau abgelehnte literarische Richtungen zu fördern?

„Partisan Review" fand einen neuen, privaten Mäzen und konnte 1937 wieder erscheinen, ohne den Geldbeutel der Partei, aber auch ohne die mit dieser Finanzierung verbundenen Fesseln. Die Mischung aus linksradikaler, aber nicht parteigebundener Politik und hochkultureller, an der „Tradition der Moderne" orientierter Literaturkritik war für einen Teil der New Yorker Intellektuellen so plausibel, daß sie sich zur unentgeltlichen Mitarbeit drängten. Unabhängigkeit, Mut und Formgefühl warben für die kleine Zeitschrift, deren minimale Auflage es ermöglichte, sich nicht nach dem Publikum umzuschauen, von Inserenten, Verlegern, Bankern, Politikern und Prominenten ganz zu schweigen. „Partisan Review" wurde zu einem Trendsetter, ja man bezeichnete sie als die einflußreichste „Little Review" aller Zeiten. „New York Intellectuals" waren in der Regel Mitarbeiter von „Partisan Review" und einiger sich um sie gruppierender Zeitschriften wie Sol Levitas' „New Leader", Dwight Macdonalds „Politics" und vor allem Elliot Cohens, später Norman Podhoretz' „Commentary", das 1945 gegründet wurde und noch heute als Leitorgan der „Neokonservativen" floriert. Die Zugehörigkeit zu einer Gruppe, die ohne Parteibuch auskommt, ist naturgemäß schwankend. Nathan Liebowitz zählt in „Daniel Bell and the Agony of Modern Liberalism" zu den „New York Intellectuals": Elliot Cohen, Sidney Hook, Philip Rahv, Lionel Trilling, Diana Trilling, William Phillips, Meyer Shapiro, Hannah Arendt, Max Eastman, Reinhold Niebuhr, Dwight Macdonald, James T. Farrell, Alfred Kazin, Richard Hofstaedter, Saul Bellow, Mary McCarthy, Arthur M. Schlesinger jr., James Baldwin, Daniel Bell, Irving Kristol, Melvin J. Lasky, Seymour M. Lipset, C. Wright Mills, Norman Podhoretz, Susan Sontag, Norman Mailer, Philip Roth, Michael Harrington, Edward Shils, James Agee. Alles Männer (und Frauen) der Feder, die sie mit Vorliebe auch gegeneinander richteten.

Der enge Zusammenhalt der „New York Intellectuals" hat verschiedentlich dazu geführt, in ihnen eine „Familie" zu sehen, bestehend aus engen Verwandten und einem weiteren Kreis von Vettern (sowie Nenn- und Küßchenvettern). Norman Podhoretz charakterisierte „die Familie" in seiner Autobiographie „Making it":
„Es waren Menschen, die aufgrund ihres Geschmackes, ihrer Ideen und allgemeinen Interessen aneinander klebten gegen den Rest der Welt, ob sie das nun schätzten oder nicht (die meisten taten es nicht). Miteinander beschäftigt bis zur Besessenheit und so intensiv in ihren Zuneigungen und Feindschaften, wie es nur in einer Familie möglich ist ... Ihr charakteristischer Stil war überkritisch, gelehrt und anspielungsreich. Er hatte seine Wurzeln nicht in der amerikanischen literarischen Tradition, sondern in kritischen Diskursen, deren Spur nach Frankreich oder Deutschland oder Rußland führte."

Die literarischen Diskurse der „New York Intellectuals" führten nicht zufällig immer wieder nach Europa. In den USA vollzogen in der gleichen Zeit die „social sciences" ihren atemberaubenden Aufstieg zur amerikanischen Leitwissenschaft. Sie schöpften mit statistischen Methoden die real existierenden Amerikaner ab und gewannen so Normen, die als „American Way of Life", „westliche Werteordnung" oder ganz einfach „democracy" im Gefolge der US-Army im Triumphzug den Globus umkreisten. Es ist wohl nicht ganz nebensächlich, daß im Zweiten Weltkrieg nach den Einrichtungen der propagandistischen, der wirtschaftlichen, der psychologischen Kriegführung erstmals die sozialwissenschaftliche Kriegführung in Gestalt des „U.S. Strategic Bombing Survey" eingerichtet wurde. In der Operation „Clarion" wurden bisher noch nicht bombardierte Städte unter 100.000 Einwohnern angegriffen, um sozialwissenschaftliche Erkenntnisse über die Wirkung von Bombenangriffen auf bisher verschonte Wohngebiete gewinnen zu können.

Die Literaturkritik wurde indessen zur entgegengerichteten Leitwissenschaft eines sehr viel kleineren Kreises. Der New Yorker Anglist Lionel Trilling mahnte seit seinem Buch „The Liberal Imagination" (1949) als öffentlich sichtbarster Fürsprecher die Bedeutung der Literatur für den geistigen Haushalt des Landes an: „The function of literature, through all his mutations, has been to make us aware to the particularity of selves, and the high authority of self in its quarrels with its society and its culture." Die großen Gestalten der zeitgenössischen modernen Literatur waren Europäer. Alle Amerikaner in dieser Reihe waren aus den USA frühzeitig nach Europa emigriert: T.S. Eliot, Ezra Pound, Wyndham Lewis (Lewis wurde in Kanada auf der Yacht seines amerikanischen Vaters geboren). Die Literaturkritik konnte im Gegensatz zu den Sozialwissenschaften nicht an Amerika Maß nehmen.

1937 hatte sich „Partisan Review" aus der kommunistischen Umklammerung gelöst und war die Verbindung von radikaler Politik und der großen Literatur der klassischen Moderne eingegangen. 1937 füllte sich auch der Alkoven 1 der Cafeteria des New York City College und brachte bereits die erste Nachwuchsgeneration der „New York Intellectuals" hervor. Die „Partisan Review" machte im Alkoven die Runde, und wehe dem, der die dort besprochenen Autoren nicht gelesen hatte.

Den Einwandererkindern aus Brooklyn und der Bronx bot sich als erste Stufe ihres Aufstiegs das New York City College. Es lag in Manhattan, dem Stadtteil der bereits Etablierten, war aber von den Einwandererquartieren mit der Untergrundbahn leicht zu erreichen. Es war staatlich, also kostenlos. Für jüdische Bewerber gab es keinen Numerus clausus, so daß sie mit 80 bis 90 % der Studenten dominierten. Der Unterricht war so lausig, daß für Privatstudien und politische Exkursionen genügend Zeit und Kraft blieb. Den East River zu überqueren, war ein nicht mehr rückgängig zu machender Entschluß, war Abschied von Sprache, Religion und Umgangsformen, sozialem und familiärem Milieu. Podhoretz beginnt seine Autobiographie „Making it" mit dem Satz: „Eine der weitesten Reisen auf der Welt führt von Brooklyn nach Manhattan – oder wenigstens von einigen Wohngegenden in Brooklyn nach bestimmten Teilen von Manhattan."

Podhoretz schildert, wie stolz er auf seinen Stadtteil Brownsville war, der sich der besten Sportler und berühmtesten Gangster Brooklyns rühmen durfte. Ratlos habe er den Kopf unter der Baseballkappe geschüttelt, als eine Lehrerin dem hochbegabten Jungen die Bedeutung guter Manieren für das Fortkommen beibringen wollte. Ein Ausweg erlaubte, „es zu machen", ohne sich allzuviel um befremdliche Dinge wie Manieren kümmern zu müssen. Der „freischwebende" Intellektuelle besaß das Privileg, sich den amerikanischen Gepflogenheiten weniger anpassen zu müssen als mancher andere. Podhoretz erkannte, daß er zum Sportler nicht taugte und beschloß, Literaturkritiker zu werden. Intellektuelle waren in der New Deal-Ära erstmals zu einer in Amerika beachteten Schicht geworden. Zahlreiche neugeschaffene Positionen im Sozialbereich, dem Bildungswesen, den Public Relations warteten auf sie, ihr Selbstbewußtsein wuchs entsprechend.

Die New York Intellectuals waren geeignet und bereit, eine Lücke zu füllen. Die militärische und wirtschaftliche Expansion der Vereinigten Staaten forderte Fachleute, die sich nicht vor Heimweh verzehrten, wenn sie längere Zeit im Ausland verbrachten, vor allem aber kulturelle Missionare, die geeignet waren, den amerikanischen Einfluß in fremden Ländern zu stabilisieren. Sie mußten sich in fremde Kulturen einfühlen können, was nicht in Schnellkursen zu lernen war. Die kulturell, etwa literarisch, an Europa orientierten Intellektuellen waren, ohne viel darüber nachzudenken, Kosmopoliten und zudem teilweise im Spektrum der kleinen Linksparteien politisch schon geschult. Ihr Ziel war es, Europa (und wenn möglich die übrige Welt) zu amerikanisieren, zugleich aber auch die USA zu internationalisieren.

Bevor sie jedoch ihre Mission begannen, trafen die „New York Intellectuals" Vorsorge, in New York ein möglichst starkes Basislager zurückzulassen. Denn über eines waren sie sich klar: die Entscheidungen über die amerikanische Außenpolitik würden immer in der Innenpolitik fallen. Angesichts ihrer begrenzten Zahl waren die „New York Intellectuals", nicht anders als später die „Neokonservativen", angewiesen, starke Verbündete zu gewinnen. Das Basislager bestand aus dem Einflußbereich der „Partisan Review", der sich 1951 als „American Congress for Cultural Freedom" (ACFF) unter dem Vorsitz von Sidney Hook und der Geschäftsführung von Irving Kristol zusammenschloß. Daneben war die „Americans for Democratic Action" (ADA) mit von der Partie, die „archons of contemporary liberal faith" (Galbraith), die in der parteipolitischen Spaltung der New Deal-Liberalen die Präsidentschaftskandidatur (1948) des ehemaligen Vizepräsidenten von Roosevelt, Henry Wallace, der die „Progressiven" und „Linken" um sich scharte, bekämpften. Hinzu kamen an der Außenpolitik interessierte Gewerkschaftsfunktionäre der American Federation of Labour (AFL), eine besonders für die Finanzierung des Unternehmens wichtige Gruppierung.

Noch wichtiger, aber im Hintergrund, arbeitete eine Organisation unter dem unauffälligen Namen „Office of Policy Coordination", eine geheimdienstliche Organisation für verdeckte (covert) Operationen. Die erste erfolgreiche Operation einer aus dem 1945 aufgelösten Auslandsgeheimdienst OSS hervorgegangenen ad-hoc-Gruppe unter dem Literaturwissenschaftler James Jesus Angleton war, die italienischen Wahlen von 1948 zugunsten der Democrazia Cristiana zu entscheiden.

Der politische Krieg

An der Schaltstelle zwischen den „New York Intellectuals" und den ehemaligen OSS-Angehörigen, die den raschen Aufbau der neuen, gigantischen Geheimdienstorganisation CIA (Central Intelligence Agency) betrieben, stand ein Philosophieprofessor der New York University, dessen Fachgebiet Ästhetik war. James Burnham gehörte dem Beirat der „Partisan Review" an. Nach zwanzig Jahren akademischer Lehre kehrte er der Universität den Rücken, um sich dem „Office of Policy Coordination" (OPC) anzuschließen, das vom Planungsstab des amerikanischen Außenministeriums ins Leben gerufen bald darauf im CIA aufging. Eine Direktive des Nationalen Sicherheitsrates wies dem OPC so interessante Politikfelder zu wie Propaganda, Wirtschaftskrieg, Präventivmaßnahmen einschließlich Sabotage, Gegensabotage, Zerstörung und Evakuierungen, subversives Vorgehen gegen feindliche Staaten, einschließlich der Unterstützung von Widerstandsbewegungen, Guerillas und Flüchtlingsbefreiungsgruppen. Die Verantwortung der amerikanischen Regierung für derlei Tätigkeiten sollte strikt geheim bleiben und ggf. abgestritten werden. Burnham war für seine neue Aufgabe hochqualifiziert, hatte er doch in den drei Büchern „The Struggle for the World" (1947), „The Coming Defeat of Communism" (1950) und „Containment or Liberation" (1953) die strategischen Grundlagen des gegen die Sowjetunion zu führenden politischen Krieges (polwar) entworfen, innerhalb dessen die einzelnen Aktionen des OPC erst ihren Sinn bekamen.

James Burnham (1905–1987) war der Sohn eines katholischen Einwanderers, der noch im heimischen Yaxley bei Peterborough in England geboren war. Claude Burnham, sein Vater, hatte eine spektakuläre Karriere absolviert, die ihn vom Zeitungsjungen schon mit 30 Jahren zu einem Spitzenmanager des Eisenbahnwesens aufsteigen ließ. James Burnham graduierte in Yale und setzte in Oxford seine Studien über englische Literatur und mittelalterliche Philosophie fort. Nach seiner Rückkehr lehrte er an der New York University. Die auf den Börsencrash an der Wallstreet folgende Great Depression wertete er als tödliche Gefahr für die gesamte westliche Zivilisation. Auf der Suche nach einer Alternative stieß er auf den Trotzkismus. Burnham, ein ebenso konsequenter wie eigenwilliger

Denker und glänzender, von jeglichem Parteijargon meilenweit entfernter Stilist, erreichte bald eine führende Stellung als Berater Trotzkis, Herausgeber der „New International", des theoretischen Organs der Vierten Internationale und mehrfacher Gründer kleiner, aber um so lebhafterer Parteien der äußersten Linken. Sein intellektuell-distanziertes Auftreten stieß allerdings diejenigen ab, die in der Politik Emotionen ausleben wollten und in einer Partei die „politische Heimat" suchten. Sein Bruch mit Trotzki erfolgte 1939, als dieser den sowjetischen Einmarsch in Ostpolen und anschließend andere Teile des ehemaligen Zarenreiches begrüßte, was Burnham überzeugte, daß der Weltrevolutionär ein verkappter russischer Nationalist sei. Auch waren die Auffassung Trotzkis, daß die Sowjetunion trotz allem ein Arbeiterstaat geblieben war, und die Burnhams, daß es sich um einen Funktionärs- und Bürokratenstaat handle, unvereinbar. Nach Burnhams Bruch mit Trotzki erzielte er 1940 mit der „Revolution der Manager" einen großen Bucherfolg. 1947 verfaßte er mit „The Struggle for the World" das erste seiner strategischen Bücher auf der Grundlage eines 1944 für das Office of Strategic Services (OSS) verfaßten Memorandums über die politischen und strategischen Ziele der Sowjetunion.

„The Struggle for the World" begann mit dem lapidaren Satz: „Der Dritte Weltkrieg begann im April 1944". Neun Monate vor der Konferenz von Jalta hatten unter britischem Befehl stehende griechische Matrosen und Soldaten im ägyptischen Hafen Alexandria gemeutert. Burnham deutete die schnell niedergeschlagene Meuterei als Signal, daß die Welt von nun an zwischen Kommunisten und Nichtkommunisten geteilt sei. Im Augenblick, wo die Sowjetunion über Atomwaffen verfügen werde, beginne ein Endkampf zwischen den beiden Weltmächten, in dem der Sieger zur „einzigen Weltmacht" aufsteigen werde. Die USA sollten in den „Dritten Weltkrieg" mit einer weltweiten Propagandaoffensive eintreten. Ziel dieses Krieges zwischen der „Freiheit" und der „totalitären Sklaverei" dürfte nicht der Frieden sein, sondern nur der Sieg. Obsolete Vorstellungen, wie die von dem „gleichen Recht der Nationen" und dem Verbot der Einmischung in die inneren Angelegenheiten anderer Staaten, müßten fallen. Die USA solle bereit sein, ihre Interessen mit Gewalt durchsetzen. Geopolitisch folgte Burnham dem englischen Geographen Harold Mackinder („Democratic Ideals and Reality", 1919). Der „Struggle for the World" ginge um das „Herzland", das Innere Eurasiens, das zusammen mit den Küstenländern Eurasiens und Afrikas die „Welt-Insel" bilde, der

Amerika vorgelagert sei. „Wer Osteuropa beherrscht, beherrscht das Herzland. Wer das Herzland regiert, beherrscht die Welt-Insel. Wer die Welt-Insel regiert, beherrscht die Welt." Durch die technische Entwicklung wie Eisenbahnen, Automobile, Flugzeuge, wäre es erstmals möglich, daß eine Macht das Herzland vereinige und seine Ressourcen und Bevölkerungen zu mobilisieren in der Lage sei. Gewinne diese Macht auch die Seeherrschaft, käme es zu einer Weltherrschaft: „Die letzte Bedrohung der Freiheit der Welt."

Aus der Bedrohung entwickelte Burnham seine Gegenstrategie. Die Amerikaner müßten zunächst die Küstenländer des eurasischen Kontinents sichern, dann den Kommunismus in den Staaten außerhalb der Sowjetunion bekämpfen. Das nichtkommunistische Europa solle zu einer föderativen Union zusammengeschlossen werden, der Basis eines westlichen Weltstaates. Während die USA als periphere, „halbbarbarische" Macht von außen ihr Gewicht in die Waagschale werfe. Nach Gelingen des westlichen Zusammenschlusses folge der Schlag gegen die Sowjetunion mit dem Ziel einer „demokratischen Weltordnung".

Dieser Schlag werde sich wirtschaftlicher und politischer, nicht militärischer Mittel bedienen. Burnham war, wie die anderen „New York Intellectuals", Kosmopolit, der gegen den kommunistischen Internationalismus focht, nicht aber Antirusse oder amerikanischer Nationalist. Die Freiheit war für ihn vorwiegend eine kulturelle Freiheit. „Jeder, der einige Stunden lang sich amerikanische Radiosendungen anhört, muß bei dem Gedanken schaudern, daß der Preis des Überlebens die Amerikanisierung der Welt ist." Burnham war nicht nur gegenüber der amerikanischen Kultur skeptisch, sondern auch gegenüber der politischen Fähigkeit der Amerikaner, im Ernstfall sich durchzusetzen: „Die Amerikaner werden durch eine scheinbar endlose Schlächterei, niemals aufhörend, nirgendwo hinführend, krank werden und von Gewissensbissen zerfressen. Ihre militärische Führung wird durch die Vergeblichkeit, mit den Mitteln ihrer auf der technischen Überlegenheit gründenden Planung eine Entscheidung zu erzwingen, verzweifeln. Die Unfähigkeit, den Kampf unter politischen Aspekten zu führen, wird den Kommunisten die Wahl der Waffen überlassen.

Aus der Sicht der Vereinigten Staaten verwandelt sich dann die ganze Welt in einen einzigen Hinterhalt und eine einzige Wüste. In einer langen Nacht werden ihnen die Nerven versagen, die Wachen ballern eine letzte Salve blind in die Finsternis – und alles ist vorüber."

„Der Mann, der den Kalten Krieg begonnen hat"

In der vom sowjetischen Besatzungsgebiet eingeschlossenen Viermächtestadt Berlin, der vordersten Front des ausbrechenden politischen Krieges, einem Trümmerhaufen, in dem es mehr alliierte Agenten gegeben haben soll als Fahrräder, hatte sich der 27jährige New Yorker Melvin Lasky postiert, klein, spitzbärtig, militant. Der gleichfalls spitzbärtige Walter Ulbricht wedelte mit dem Finger in seine Richtung: „Das ist der Mann, der den Kalten Krieg begonnen hat." Nach dem Abschluß am New York City College und einem M.A. in Geschichte trat Lasky als Literaturredakteur in Sol Levitas' „New Leader" ein. Sol Levitas war ein Menschewist, der in der Sowjetunion im Gefängnis gesessen hatte. Der Krieg führte Lasky als Armeehistoriker nach Frankreich und Deutschland, wo er als Captain aus der Armee ausschied. Er blieb in Berlin als Korrespondent der „Partisan Review" und des „New Leader".

Im Dezember 1947 flatterte den amerikanischen Militärbürokraten ein als „Melvin-Lasky-Vorschlag" betiteltes Papier auf die Schreibtische. In ihm war zu lesen, daß der politische Krieg mit der Sowjetunion in vollem Gange sei. Den Vereinigten Staaten bliebe keine Wahl, sie müßten ihrerseits den Kampf aufnehmen. Dabei dürften sie nicht übersehen, daß der politische Krieg in erster Linie an der kulturellen Front geführt werde. Man müsse davon ausgehen, daß es die deutschen Bildungsschichten seien, die früher oder später die moralische und politische Führung im besiegten Land übernehmen würden. Sie zu beeinflussen und auf den richtigen Weg zu bringen, sei zuvorderst die Aufgabe einer zu gründenden Zeitschrift, die „das deutsch-europäische Gedankengut auf konstruktive Weise in die richtige Richtung lenken" und dem Deutschen zeigen werde, „daß die offiziellen Repräsentanten der amerikanischen Demokratie aus einer großartigen und fortschrittlichen Kultur voller ruhmreicher Errungenschaften auf dem Gebiet der Künste, der Literatur und Philosophie stammten." Laskys Vorschlag stieß zunächst bei dem zuständigen „New York Field Office" des War Department auf wenig Gegenliebe. Der Grund hierfür lag weniger in der Furcht vor einer Konkurrenz zu den bestehenden deutschsprachigen amerikanischen Zeitschriften (der Illustrierten „Heute", der „Amerikanischen Rundschau", der „Neuen Auslese") als in der Person Melvin Lasky. Dieser hatte in der Lizenzzeitung „Tagesspiegel" gegen den für die Präsidentschaftswahl 1948 aufgestellten Kandidaten Henry Wallace polemisiert, der als Verkünder des „Social Gospel" und (bis

1944) Roosevelts Vizepräsident nach wie vor einen prosowjetischen Kurs verfolgte.

Lasky war seit seinem spektakulären Auftritt auf dem Ersten Gesamtdeutschen Schriftstellerkongreß bekannt und umstritten. Im Oktober 1947 war dieser Kongreß im Ostsektor Berlin von Johannes R. Bechers „Kulturbund zur demokratischen Erneuerung Deutschlands" unter dem Präsidium der hochbetagten Ricarda Huch einberufen worden. Er sollte alle deutschen Schriftsteller zusammenfassen, außer denen, die sich irgendwann positiv zum Dritten Reich geäußert hatten und hinfort einem Berufsverbot unterliegen sollten. Da das russische Programm der „demokratischen Erneuerung" sich vom amerikanischen der „Umerziehung der Deutschen" wenig unterschied, erfreute sich der Kulturbund zunächst auch der Unterstützung der westlichen Besatzungsmächte. Im Oktober 1947 hatte sich jedoch schon genügend Zündstoff zwischen Ost und West angehäuft, um durch einen Funken in Brand gesetzt zu werden. Bechers Absicht, die deutsche Literatur politisch, antifaschistisch, friedliebend auszurichten, um einen gesamtdeutsch-nationalen Beitrag zur künftigen gerechten Weltordnung zu leisten, wurde durch die Rede des bis dato unbekannten, aber geschulten, über eine geschlossene Ideologie im Sinne des New Yorker Antitotalitarismus verfügenden Amerikaners glatt über den Haufen geworfen. Auch Lasky redete nicht der unpolitischen Literatur das Wort, sondern forderte, daß die Schriftsteller zwar politisch engagiert, aber nicht Werkzeuge der Regierenden sein dürften. Er wandte sich an die stattliche Schar der sowjetischen Gäste: „Denken Sie daran, was es für die russischen Schriftsteller bedeuten muß, dauernd in Sorge zu sein, ob die neue Parteidoktrin des realen Sozialismus oder Formalismus oder Objektivismus oder was immer es sei, nicht bereits überholt ist und Sie bereits über Nacht schon als ‚dekadente konterrevolutionäre Werkzeuge der Reaktion' abgestempelt sind." Die russischen Gäste fuhren in die Luft und zogen aus dem Saal. Mit einer einzigen Rede hatte Lasky die deutschen Schriftsteller in östliche und westliche auseinandergesprengt. Am Schlußtag des Kongresses wurde der Kulturbund im amerikanischen und britischen Sektor verboten.

Laskys Rede griff der offiziellen amerikanischen Politik nicht lange vor. Nur drei Wochen später gab General Clay auf einer Pressekonferenz am 28. Oktober 1947 das bevorstehende Ende seiner deutschen Amtszeit bekannt und kündigte zugleich eine „Operation Talk Back" an, die der sowjetischen Propaganda nicht mehr nur hinter den geschlossenen Türen des Viermächte-Kontrollrates, sondern nunmehr vor der deutschen Öffentlichkeit wirksam entgegentreten sollte. Der Abschied von General Clay, den die heraufziehende Berlinkrise und die Blockade der Stadt zunächst verhinderte, sollte die Übergabe der Verantwortung für das amerikanische Besatzungsgebiet von dem Kriegsministerium auf das Außenministerium ermöglichen. Nun hatte Clay selbst für die notwendigen Personaländerungen zu sorgen. Von der Kriegsallianz der Vereinten Nationen, die sich im Viermächtekontrollrat widerspiegelte, ging die amerikanische Außenpolitik zum „Containment", der Eindämmung der Sowjetunion, über. Die Änderung der russisch-amerikanischen Beziehungen zog auch eine Änderung der Umerziehungspolitik nach sich. In der offiziellen Terminologie der Besatzungsbehörden folgte 1949 nach Errichtung der Hohen Kommission (HICOG) anstelle der Militärregierung (OMGUS) auf die re-education die re-orientation, auf die Umerziehung die Umorientierung der Deutschen. Inhaltlich war die Trennungslinie weniger deutlich. Henry Kellermann, der Leiter der für die re-orientation zuständigen Abteilung des State-Department schreibt: „Das Wagnis, eine ganze Nation ‚umzuerziehen', d.h. zu einer geistigen und moralischen Katharsis zu bewegen, hat in der Geschichte jedenfalls kaum seinesgleichen. Als ein rein moralisches Unternehmen mochte re-education weder realistisch noch realisierbar erscheinen; als eine Art langfristiger Versicherung gegen eine Wiederholung der Ereignisse, die zum Nationalsozialismus und zum Zweiten Weltkrieg geführt hatten, und zwar durch eine systematische Beeinflussung herrschender Wertvorstellungen und Methoden der pädagogischen Praxis, bot sie Aussicht auf Erfolg."

Wenn re-education und re-orientation im gesteckten Ziel nicht gar so weit auseinanderlagen, so unterschieden sie sich doch deutlich im jeweiligen Vorgehen. Der Harvard-Politologe und politische Berater von General Clay, Carl J. Friedrich, der zusammen mit Zbigniew Brzezinski, später Präsident Carters Sicherheitsberater, das fast lehrbuchartige Standardwerk über den Totalitarismus verfaßte, charakterisierte das amerikanische Besatzungsregime: „Die amerikanische Politik schuf ein Besatzungsregime, das zweifellos humaner war als der Nazismus, aber ähnlich totalitär." Statt Befehle zu geben, sollte sich die Besatzungsmacht in Zukunft damit begnügen, „to advise and to assist", zu beraten und zu unterstützen. Die Amerikaner zogen sich aus der direkten Regierung (und damit auch Verantwortung) zurück und folgten der langen Kolonialerfahrung der Briten und dem von ihnen praktizierten „indirect rule". Kellermann meinte zurückblickend: „Das autoritäre System der Militärregierung, das sich durchaus der Methode der direkten Intervention bediente, wich der indirekten Einflußnahme durch die Hohe Kommission, die eine ständig wachsende Mitverantwortung deutscher Kreise betonte."

Als der Viermächtekontrollrat auseinanderlief, die Berliner Blokkade einsetzte, getrennte Währungen eingeführt und Ende Juli 1948 eine Luftbrücke zur Versorgung der auf dem Land- und Flußweg abgeschnittenen Stadt eröffnet wurde, waren die Hindernisse, die sich Laskys Zeitschriftenplan entgegensetzten, weggewischt. Im Oktober 1948 wurde die erste Nummer des „Monat" ausgeliefert, einer laut Impressum offen im amerikanischen Auftrag von der „Information Services Division" herausgegebenen Zeitschrift. Der Untertitel „Internationale Zeitschrift" zeigte, daß der „Monat" im Unterschied zu den anderen Zeitschriften des „New York Field Office" kein Propagandaorgan war, sondern im Sinne der kosmopolitischen „New York Intellectuals" ein Organ des gleichberechtigten Austauschs, das als Modell für ähnliche Publikationen in anderen Ländern diente, die überall entstanden, außer in den USA, wo die Zeitschriften der „New York Intellectuals" den Platz besetzt hatten, die ihrerseits dem „Monat" als Modell dienten.

Der „Monat" war im deutschen Zeitschriftenwesen ohne Vorbild. Melvin Lasky brachte das Modell aus New York mit. Von der „Partisan Review" übernahm er die gleichgewichtige Mischung von Literatur und Politik. Die Literatur speiste die Politik mit Phantasie, die Politik gab der Literatur den Halt in der gegenwärtigen Realität. Von „Commentary" übernahm Lasky die Vorliebe für Symposien, die unterschiedliche Stimmen in einem Forum vereinten, aber durch geschicktes Arrangement doch zum erwünschten Fazit gelangten. Im Register der ersten 150 Nummern, also denen der Ära Lasky, finden sich folgende literarische Themengruppen: Romane und Romanauszüge, Erzählungen, Lyrik und Essays, Autobiographisches, Tagebücher, Briefe, literarische Porträts (über 100), Buchbesprechungen, Theater und Festspiele. Die Überfülle bekannter Mitarbeiter erinnert an Willi Münzenberg, der im Auftrag der Komintern eine Volksfront der Intellektuellen zu mobilisieren verstanden hatte. In den ersten 150 Nummern sind mit mehr als sechs Beiträgen vertreten: Theodor W. Adorno, Raymond Aron, Franz Borkenau, Albert Camus, Benedetto Croce, Richard H. S. Crossman, T. S. Eliot, William Faulkner, André Gide, Ernest Hemingway, Sidney Hook, Aldous Huxley, Henry James, Karl Jaspers, Franz Kafka, Arthur Koestler, Richard Löwenthal, Herbert Lüthy, Salvador de Madariaga, Thomas Mann, Peter de Mendelsohn, Norbert Mühlen, George Orwell, Boris Pasternak, Theodor Plivier, Denis de Rougement, George Santayana, George Bernard Shaw, Ignazio Silone, Alfred Weber, Thornton Wilder, ein internationaler Reigen von Namen, die die 50er Jahre überlebt haben, vielleicht mit Ausnahme der eine besondere Rolle spielenden Korrespondenten des „Monat": Herbert Lüthy (aus Paris), Peter de Mendelssohn (aus London) und Norbert Mühlen (aus New York). Aus dem Rest der Welt fanden sich stets mehrere „Briefe aus ...", deren Verfasser zu Besuch weilten, so daß die ganze Welt mit den Augen der „New York Intellectuals" bzw. der engeren Mitarbeiter des „Monat" gesehen wurde.

Der subtile Antifaschismus

Die nicht nur dem Namen nach internationale Zeitschrift „Der Monat" war schon wenige Jahre nach Kriegsende betont zukunftsgerichtet. Schritt für Schritt sollte die Einbindung Deutschlands in den Westen, damals sagte man noch Freie Welt, erfolgen. Durch Wiederaufbau, „reconstruction", würde Deutschland aus der politischen, kulturellen und wirtschaftlichen Isolation herausgeführt werden. Die umgekehrte vergangenheitsgerichtete Politik wollte durch Straf-, Kontroll- und auch Umerziehungsmaßnahmen verhindern, daß Deutschland erneut zu einem Störfaktor für seine Nachbarn und die Welt würde. Nur im streng bewachten Käfig war Garantie dafür gegeben, daß „es" sich nicht wiederhole. Als deutlich wurde, daß die Fortsetzung einer Strafpolitik ein Vakuum in der Mitte Europas verursachen würde, waren die Amerikaner gezwungen, die Strafpolitik abzubrechen und entweder aus dem, was von Deutschland übrig geblieben war, einen „normalen" lebensfähigen und seinem Eigeninteresse folgenden Staat zu ermöglichen oder durch Einbindung in den Westen die Weichen auf dauernde Abhängigkeit zu stellen.

Bei der Entscheidung für die letztere Lösung liefen die Interessen der amerikanischen Außenpolitiker und die der New Yorker Kosmopoliten zusammen. Der Außenminister Dean Acheson erklärte, daß er die offen kosmopolitische Linie des „Monat" begrüße, weil sie in der Lage sei, die traditionelle deutsche Denkweise aufzulösen.

Der zukunftsgerichtete Internationalismus bestimmte das Gesicht des „Monat", doch fanden sich in der Zeitschrift daneben durchaus auch Rückgriffe auf Vergangenheitsargumente. Michael Hochgeschwender, von dem die detaillierteste Untersuchung von „Monat" und Kongreß für kulturelle Freiheit stammt, spricht von einem „subtilen Antifaschismus". Wie beim Übergang von der re-education zur re-orientation, liegt der Unterschied vor allem in der Methode. Während die re-education mit „shock and awe"-Methoden, wie dem Film „Die Todesmühlen" oder der Beweisaufnahme bei den Nürnberger Prozessen, Schuldgefühle auslösen und zur „Läuterung" führen sollte, verschwanden „shock and awe" aus der Öffentlichkeit, um erst lange später wieder aufzutauchen, gipfelnd in Jan Philipp Reemtsmas Photoausstellung. Von den 47 Artikeln der ersten 150 Nummern des „Monat", die den Zweiten Weltkrieg behandelten, sind 13 dem Widerstand gewidmet, nur zwei der Shoah, nicht mehr als dem Thema Katyn oder dem Hitler-Stalin-Pakt. Die Vergangenheit, die den „Monat" interessierte, war der ideengeschichtliche „Sonderweg" der Deutschen seit Beginn des 19. Jahrhunderts, wobei das Schema der amerikanischen Erster-Weltkriegs-Literatur entnommen war, die sich noch vor dem Kriegseintritt der Vereinigten Staaten gegen die deutschen „Ideen von 1914" gerichtet hatte. Es handelte sich dabei um Schriften von Thorstein Veblen, George Santayana und John Dewey, der 90jährig noch als Ehrenpräsident des Berliner „Kongresses für kulturelle Freiheit" fungierte. Doch auch weniger philosophische Aktionen wurden von Lasky keineswegs verschmäht. Als der Schauspieler Werner Krauss Anfang 1951 auf Einladung des Berliner Regierenden Bürgermeisters Ernst Reuter in Berlin auftreten wollte, stürmten Studenten der TU das von der Polizei verteidigte Theater. Lasky versuchte, den Besuchern drinnen die Absage des Gastspiels schmackhaft zu machen. Er wurde niedergeschrieen und abgeführt. Es war Laskys einziger Streit mit Reuter, dem er das demokratische Vorbild der New Yorker vorhielt, die Wilhelm Furtwängler am Dirigieren gehindert hatten. Doch stellte sich heraus, daß Laskys väterlicher Freund Michael Josselson, der als Verbindungsmann des CIA den Kongreß für kulturelle Freiheit lenkte und zuvor in der Militärregierung für die Entnazifizierung der Musik zuständig gewesen war, Furtwänglers Wiederauftreten ermöglicht hatte. Aus der Anti-Krauss-Aktion entwickelte sich eine „Gute Bande", die unter Hans Schwab-Felisch („Neue Zeitung") und Gerhard Löwenthal (RIAS) konspirativ Gruppierungen observierte und störte, die vom

Kurs des „Monats" in die nationale oder neutralistische Richtung abwichen. Auch daran fand der CIA nach dem Ausbruch des Korea-Krieges kein Gefallen. Der Kongreß mußte sich von der „Guten Bande" trennen, die sich, immer noch amerikanisch finanziert, als „Demokratische Aktion" verselbständigte. Als in Freiburg die Aktionen gegen Veit Harlan, dem ehemaligen Regisseur des Films „Jud Süß" liefen, schickte „Der Monat" ganz gegen seine sonstigen Gepflogenheiten einen Sonderkorrespondenten an Ort und Stelle.

Der „subtile Antifaschismus" (Michael Hochgeschwender) der Kongreßpolitik tritt im „Fall Schlüter" deutlich hervor. Der 35jährige FDP-Politiker Leonhard Schlüter war bei einer Umbildung der niedersächsischen Regierung unter Heinrich Hellwege (DP) zum Kultusminister berufen worden und wurde durch eine gegen ihn gerichtete Kampagne innerhalb von 14 Tagen zum Rücktritt gezwungen. Der „Fall Schlüter" spielte im Juni 1955, nachdem im Vormonat durch die Aufhebung des Besatzungsstatuts und der Ablösung der Hohen Kommissare durch Botschafter formal die Souveränität der Bundesrepublik hergestellt, nicht jedoch die Souveränität Deutschlands wiederhergestellt worden war. Zumindest war ein Eingreifen in die Landespolitik den Westmächten nicht mehr möglich. Hingegen fühlte sich der internationale Kongreß für Kulturelle Freiheit zuständig, handelte es sich doch um einen Kultusminister. Durch eine Protestaktion prominenter Wissenschaftler, die von Paris (Kongreßzentrale) und London (Sitz eines auf einem Hamburger Kongreß gegründeten „Committee for Science and Freedom") organisiert waren, wurden die deutschen politischen Vertreter schnell überrollt. Die propagandistische Ausmünzung des schon erledigten Falles war fast allein Sache des Kongresses. Im „Monat" feierte der Mitherausgeber Helmut Jaesrich die „Göttinger Dreitausend", die demonstrierenden Studenten, von London aus gingen Broschüren in englischer Sprache in alle Welt, die das hohe Lied „Göttinger Sieben", sangen. Gemeint waren Rektor und Senat der Universität, die heldenhaft in die Fußstapfen der 1837 vom König Ernst August von Hannover entlassenen Professoren getreten waren. Der „Fall Schlüter" wurde von der Landesebene in die Weltöffentlichkeit katapultiert. Während bisher das Tätigwerden „Ehemaliger" aus dem Dritten Reich skandalisiert worden war, ging es im Fall Schlüter nicht um Vergangenes, sondern allein um die gegenwärtige Einstellung, falls nicht die Zugehörigkeit des jungen Schlüter zum „Verband nationaldeutscher Juden" schon als belastend betrachtet wurde. Schlüter selbst wollte als „gleichberechtigter deutsche Patriot" politisch tätig sein und glaubte fälschlich, als Verleger und Abgeordneter von „Berührungsängsten" dispensiert zu sein. Der innerparteiliche Streit in der FDP wurde zwischen Nationalliberalen und Liberaldemokraten ausgetragen, und es ist kein Wunder, daß die New Deal-Liberalen auf Seite der letzteren eingriffen.

Nicht minder erfolgreich beeinflußte der Kongreß für Kulturelle Freiheit die innerparteiliche Entwicklung der SPD, wobei er auf eine Linksliberalisierung dieser Partei abzielte. Die SPD sollte sich zu einer ideologiearmen, marktwirtschaftlichen Partei mausern, die mit der in Deutschland entstandenen sozialistischen Tradition brach und sich dem amerikanischen Parteitypus annäherte. Der ideologische Umbau vollzog sich unter der unbestimmten Vokabel „Reform". Die Reformer waren eng mit dem Kongreß für Kulturelle Freiheit verbunden: Carlo Schmid als Vorsitzender der deutschen Exekutive, Ernst Reuter und Willy Brandt als Zentralfiguren des Kongresses in Berlin, Richard Löwenthal und andere. Die Reformer kamen weniger aus den Reihen der alten SPD, die noch von Erich Ollenhauer repräsentiert wurde, als aus der der NCLs, der Non-Communist Left, dem Rekrutierungsbereich des Kongresses. Sie waren Exkommunisten und Angehörige kommunistischer Abspaltungen sowie von Gruppen, die zwischen SPD und KPD manövriert hatten, wie etwa Willy Brandts SAP.

Der Kongreß, der im Ruf unerschütterlichen antikommunistischen Hardlinertums stand, verstand es gleichwohl, sich dem „Tauwetter" in den amerikanisch-russischen Beziehungen flexibel anzupassen. Schon in den ersten Jahren wurden die bei der Gründung tonangebender Vertreter einer „Roll back"-Politik, an erster Stelle James Burnham und Arthur Koestler, zugunsten der Vertreter der „Containment"-Politik ausgeschaltet. Mit dem Tode Stalins stand der glaubhafte Gegner nicht mehr zur Verfügung. Schon mit dem Mailänder Kongreß von 1955 schob sich vor den Antitotalitarismus der Antistalinisten das neue Konzept „End of Ideology" (Daniel Bell), das an die Stelle des Kampfes der Überzeugungen eine pragmatische Steuerung moderner sich weiterentwickelnder Industriegesellschaften setzte, die der komplexen Wirklichkeit eher adäquat sei als die allzu engen Ideologien. Die Ideologien, besonders die kommunistische, würden absterben. Der Kongreß konnte so gegenüber der Sowjetunion von der Konfrontationspolitik auf die Entspannungspolitik umschalten und mit der offiziellen Linie der amerikanischen Politik schritthalten. 1962 holte Willy Brandt den internationalen Generalsekretär des Kongresses, Nicolas Nabokov, einen Exilrussen, als seinen kulturpolitischen Berater nach Berlin, der als Leiter der „Berliner Festwochen" Kontakte mit den Sowjetrussen, und zwar nicht nur Künstlern, anbahnte.

Zu Beginn der 60er Jahre war Melvin Lasky zum Londoner „Encounter" übergesiedelt, um die Lücke zu füllen, die Irving Kristol gelassen hatte, als er in die USA zurückging. Der „Encounter" erreichte das alte „Monat"-Niveau, während der „Monat" unter Laskys Nachfolgern an Qualität und Abonnenten verlor und zudem durch die Bundesrepublik zu wandern begann, zuerst nach Frankfurt zum S. Fischer Verlag, wo Klaus Harpprecht als Lektor tätig war, dann nach Hamburg, schließlich nach Wiesbaden. Eigentümer wurde Gerd Bucerius, der im März 1971 das Ende des „Monat" bekannt gab. Es gab Versuche der Wiederbelebung. Anfang der 80er Jahre gab Melvin Lasky den „Monat" selbst noch einmal als Vierteljahresschrift im Beltz Verlag heraus. Der „Monat" gewann die alte Qualität, die alte Thematik und die alte Internationalität zurück, blieb aber völlig unbeachtet. Die Zeit war über das einst größte Kulturmagazin Europas hinweggegangen.

In die Zeit des Niedergangs der Zeitschrift „Monat" fiel auch der Zusammenbruch des „Kongresses für Kulturelle Freiheit". Er scheiterte an der für ein so großes Unternehmen naturgemäß schwierigen Finanzierung. 1966 brachte die „New York Times" einen Artikel, der sich mit Stiftungen beschäftigte, über die der CIA Subventionen leitete, deren Herkunft nicht bekannt werden durften. Eine Kampagne setzte ein, die jede Kooperation mit der CIA ethisch verurteilte. Inzwischen hatte sich in Amerika ein Paradigmenwechsel durchgesetzt, der in den Worten eines protestierenden Studenten enthalten ist: „Wir haben einen Feind gesucht und haben ihn gefunden – unser Feind sind wir selber." Das liberale Establishment, zu dem der Kongreß gehört hatte, wechselte die Seite und gab dem Kongreß den abschätzigen Namen „Kalter-Krieg-Liberalismus". Die bisher sich um den Kongreß scharenden Intellektuellen liefen auseinander.

Shepard Stone

Nach dem Rücktritt Michael Josselsons, des tüchtigen Organisators der viele Länder umspannenden Organisation, wurde der „Kongreß für Kulturelle Freiheit" in „Internationale Vereinigung für Kulturelle Freiheit" umbenannt. Den Vorsitz übernahm der Vertreter der „Ford Foundation", Shepard Stone, der zuvor nur einen Teil der Kosten getragen hatte, jetzt aber die gesamte Finanzierung übernahm. Noch gab es die personell gut ausgestattete Pariser Zentrale und das weltweite Netz der Zeitschriften. Doch das interessierte Shepard Stone wenig, er hatte seine eigenen Vorstellungen. Die Zentrale sollte von Paris nach Berlin verlegt werden, und der „Dritten Welt", die seit 1955 den Schwerpunkt der Arbeit des Kongresses gebildet hatte, wandte Stone den Rücken zu. Die alte Kongreßgarde machte sich aus dem Staub. Im Leitungsgremium des Kongresses tauchten nun die Deutschen auf, die seit der Verlegung des Kongreßsitzes nach Paris keine Rolle gespielt hatten. In das Pariser Gremium rückten Prof. Waldemar Besson, Marion Gräfin Dönhoff und Richard von Weizsäcker ein. Die Übernahme der Leitung durch Shepard Stone bedeutete inhaltlich eine Zäsur. Der Kongreß sollte nicht mehr als „eine Agentur der Westernisierung" (Hochgeschwender) dienen, sondern in Deutschland diejenigen unterstützen, die bereits „im Westen angekommen" (Schildt) waren. Wie das zu bewerkstelligen war, läßt sich in einer Biographie über die Gräfin Dönhoff nachlesen: „Fritz Stern, der Träger des Friedenspreises des Deutschen Buchhandels 1999, gebürtiger Breslauer, Historiker an der Columbia University in New York, trifft sie so oft es geht, bei einem Kurzurlaub im Engadin, in Blankenese, Berlin oder in den USA. Sie reden und streiten und hecken Pläne, wer wohin bugsiert werden müßte, welche Institution einen neuen Mann bräuchte, wer in welches Kuratorium" aufgenommen werden sollte.

Stone war, was den New York Intellectuals gefehlt hatte, ein erfahrener Deutschlandexperte. In Nashua (New Hampshire) geboren, hatte er das College in Dartmouth besucht, wo sein Professor ihm den Rat gab: „Go to Germany". Dort werde in wenigen Jahren die europäische und die Weltpolitik gemacht werden. Er ging nach Berlin, studierte Geschichte bei dem damals berühmten Hermann Oncken, der in der Vorweltkriegszeit auch in Chicago gelehrt hatte. In Ernst Jaeckhs und Theodor Heuss' „Hochschule für Politik" fand er Anschluß. 1932 promovierte er mit einer zeitgeschichtlichen Dissertation: „Deutschland, Danzig und Polen, 1918–1932". 1934 wurde er Redakteur der „New York Times" und gefragter Deutschlandexperte. Bei Kriegsbeginn meldete er sich freiwillig und wurde dem militärischen Nachrichtendienst (G2) zugeteilt. In Deutschland befaßte er sich mit der Lizensierung von Zeitungen. Seinem alten Lehrer Theodor Heuss konnte er eine Lizenz für die „Rhein-Neckar-Zeitung" sichern, als Heuss wegen einiger unpolitischer Beiträge für „Das Reich" unter Druck gekommen war.

Ende 1945 schied Stone als Oberstleutnant aus der Armee aus und kehrte zur „New York Times" zurück. Seine große Zeit begann mit der Gründung der Bundesrepublik, als er unter dem Hohen Kommissar John McCloy zu dessen engstem Berater aufstieg und „McCloys Harry Hopkins" genannt wurde. Er stieg zum Leiter des „Office of Public Affairs (OPA)" auf, der Abteilung der Hohen Kommission, die mit 400 amerikanischen und 3.500 deutschen Mitarbeitern den Bereich der Propaganda, Public Relations und kulturellen Angelegenheiten umfaßte. Nach dem revidierten Besatzungsstatut war die Kultur nicht mehr Sache der Alliierten, doch hatte OPA die Aufgabe „wesentliche Entscheidungen in einem geographischen Gebiet, das für die Sicherheit der Vereinigten Staaten vital ist, zu beeinflussen ... und die Entwicklung der deutschen Demokratie zu stärken, weil ein demokratisches Deutschland das einzige Deutschland ist, das im Kampf gegen den Kommunismus oder jede andere Form des Totalitarismus verläßlich ist." Welche Präferenzen der linksliberale Demokrat und Wilsonianische Interventionist hatte, ging aus der Gründung einer „Wirtschaftlichen Genossenschaft der Presse" hervor, die amerikanische Subventionen an deutsche Zeitungen verteilte. Der größte Betrag (1,6 Millionen DM) ging an die „Frankfurter Rundschau", da sie „als einzige Zeitung sich aktiv für die Sache der militanten und progressiven Demokratie einsetze". Die „Frankfurter Allgemeine Zeitung" ging als diesbezüglich „nicht vertrauenswürdig" leer aus. Weniger zufrieden war Stone mit einem anderen von ihm geförderten Projekt, „perhaps one of my mistakes". Er meinte: „Horkheimer, Adorno, Marcuse gäbe es nicht, wenn die Hohe Kommission nicht auf mein Betreiben hin Maxie (Horkheimer) sehr beträchtliche Mittel gegeben hätte, um ihm sein Institut zu ermöglichen".

Stone war ein Genie im Anbahnen und Pflegen von Beziehungen, die die Basis der Bildung einer neuen Elite dienen sollten. Schon in der US Army benötigte er sieben Dienstboten, um seine Einladungen durchführen zu können. Im Gefolge von McCloy setzte er sich in der Ford-Stiftung fest, die mit einem Stiftungskapital (1960) von 3,3 Milliarden Dollar die reichste Stiftung der Welt war. Ursprünglich für lokale Projekte gegründet, wurde sie zu Zeiten Stones internationalisiert. Als die Washingtoner Behörden sich aus Haushaltsgründen aus der Kulturarbeit im Ausland zurückzogen, sprangen die Stiftungen ein. Die Ford-Stiftung hatte bereits den Behaviorismus an den amerikanischen Universitäten durchgesetzt und pflegte in Europa vor allem Social Sciences. Als

1973 das Aspen Institut Ableger im Ausland plante, saß Stone mit Marion Dönhoff und Richard von Weizsäcker, die eine Kongreßtagung abgehalten hatten, am Swimming Pool in der Sonne und schaute auf die Berge: „Wir wurden immer aufgeregter und immer überzeugter, daß ein Aspen Institut in Berlin ein kreativer Schritt wäre, um Berlin, Aspen und die Welt zu beglücken. Nichts konnte uns mehr halten." Stone's Aspen Institut in Berlin spielt noch immer eine große Rolle.

Vergangenheitsbewältigung

Je weiter sich der Zweite Weltkrieg entfernt, desto gegenwärtiger wird er. Nicht etwa im Gedenken von Kriegervereinen, sondern in den aus ihm gezogenen „Lehren", deren Beachtung jedermann dringlich empfohlen wird. Dafür hätte kaum ein schwammigerer Begriff als „Vergangenheitsbewältigung" gefunden werden können. Mittlerweile hat die Vergangenheitsbewältigung bereits ihre Geschichte, die selber nach Bewältigung ruft. Der folgende Auszug stammt aus dem 1968 erschienenen, mittlerweile vergriffenen Buch „Zukunftsmacher. Die neue Linke in Deutschland und ihre Herkunft".

Die amtliche Darstellung der Bundesregierung präzisiert: „Am 24. Dezember 1959 gegen 23 Uhr wurde auf dem in Köln am Hansaring errichteten Gedenkstein für die Opfer des Nationalsozialismus mit der Inschrift: ‚Hier ruhen sieben Opfer der Gestapo. Dieses Mal erinnert an Deutschlands schandvollste Zeit 1933–1945', der zweite Satz mit schwarzer Lackfarbe überschmiert. In derselben Nacht, am 25. Dezember 1959, gegen 2.30 Uhr wurde die Synagoge in Köln, Roonstraße, durch folgende Aufschriften besudelt: die Außenmauer des Grundstücks durch die Parolen ‚Juden raus' und ‚Deutsche fordern: Juden raus'; die Wand und ein Eingang zur Synagoge durch Hakenkreuze und durch Überschmieren der Inschrift ‚Synagogengemeinde Köln'; die Innenseite des Toreingangs zur Synagoge durch ein Hakenkreuz sowie durch Überstreichen der Hausglockentafel und des Türgriffs. Zu diesen Schmierereien wurde weiße und rote Lackfarbe benutzt." Die beiden mitternächtlichen Täter – sie waren wegen fortgesetzten Betrugs und Autodiebstahls bereits vorbestraft – wurden Anfang Februar 1960 wegen „Beschädigung öffentlicher Sachen" zu 14 bzw. 10 Monaten Gefängnis verurteilt. Man hat von ihnen seither nichts mehr gehört. Die Tat jedoch löste eine weltweite Kampagne aus, die eine Identifizierung der Bundesrepublik mit dem 1945 untergegangenen „Dritten Reich" zum Inhalt und teilweise auch zum Ziel hatte. Der Verfasser, der sich zu diesem Zeitpunkt in Indien aufhielt, war nach der Lektüre der dortigen Presse im Zweifel, ob die Nationalsozialisten in der Bundesrepublik kurz vor der Machtergreifung stünden oder die Macht schon ergriffen hätten. Die Auslandsberichterstattung der indischen Presse basierte damals fast ausschließlich auf britischen Quellen.

Am 18. Februar 1960 mußte Bundesinnenminister Schröder im Bundestag erklären: „Wir stellen uns ernsthaft die Frage, ob wir den nach 1945, insbesondere seit der Bildung der Bundesrepublik 1949 eingeschlagenen neuen Weg ohne Beeinträchtigung fortsetzen können ...". Die Bundesregierung sah sich plötzlich für Dinge haften, die sie weder veranlaßt hatte noch irgendwie beeinflussen konnte. Mit höchst unzulänglichen Mitteln versuchte sie sich der propagandistischen Sturzflut, die über die Bundesrepublik hereinbrach, entgegenzustemmen. Schröder sagte im Bundestag: „Wir werden heute nicht von neuem vor die persönlichen Entscheidungen der Jahre 1933 bis 1945 gestellt, sondern wir haben 15 Jahre eines konsequent anderen Weges hinter uns ... Unter uns kann es und darf es nicht den Maßstab wirklichen oder angeblichen Versagens gegenüber dem totalitären Nationalsozialismus geben, der alle unter sein kaudinisches Joch gezwungen hat, sondern nur einen einzigen Prüfstein: den entschlossenen Willen, den seit 15 Jahren verfolgten neuen Weg unbeirrt fortzusetzen." Schröder hatte natürlich seine staatspolitische Rechnung ohne den publizistischen Wirt im deutschen Hause gemacht, und seine Mahnung verhallte wie der Kommentar eines Provinzblattes. Hingegen kam die Erklärung des Bundestagsvizepräsidenten Carlo Schmid dem vom Wirt Erwünschten schon ziemlich nahe. Zwar, meinte Schmid, habe die Pressekampagne dazu geführt, daß eine Reihe von Halbstarken ähnliche Taten wie die in Köln begangen hätten, was mancherorts bedauert würde: „Vielleicht ist dies aber gut: es gibt Lagen, in denen man die schlafenden Höllenhunde wecken muß, um an ihrem Gebell innezuwerden, wie nahe die Hölle noch ist." Wenn ein Mao eine „Hundert-Blumen-Kampagne" einleiten kann, die die Parteifeinde hervorlockt, um sie dann desto besser zerschmettern zu können, so wollte Carlo Schmid nur „innewerden". Ihm ging es um die Demonstration, daß es „unter der Schwelle des Bewußtseins noch unaufgeräumte Unratecken gibt". Allerdings definiert die Aufgabe der Aufräumung von Unratecken unter der Schwelle des Bewußtseins das Wesen des Staates neu, dessen nunmehriger tiefenpädagogischer Beruf sich mit dem alten der Gewährleistung der Rechtsgemeinschaft und deren Schutz gegen Angriffe, auch von außen, nicht vereinbaren läßt. Der Konflikt zwischen den Staatsaufgaben wurde von Carlo Schmid auch gesehen und einseitig entschieden, wenn er denjenigen ein „Versagen" vorwarf, die die Vorgänge „nicht unter dem Aspekt der Moral, sondern unter dem Gesichtswinkel des möglichen Schadens betrachten, den die Bundesrepublik erlitten haben mag". Neben den beiden diametral einander gegenüberstehenden Äußerungen, die auf eine vollkommen verschiedene Auffassung über die Aufgaben des Staatswesens zurückgehen, druckte die amtliche Publikation noch ein beinahe rührendes Zeugnis des Verkennens der Situation ab. Bundespräsident Lübke sagte: „Wenn die Weltpresse die deutschen Gegenaktionen, die sich auf eine geschlossene Volksmeinung stützen, ebenso breit in der Öffentlichkeit behandelt hätte wie die einzelnen Schändungen, so wäre das Gesamtbild für Deutschland günstiger." Man konnte aus „moralischen" Gründen bewußt politische Risiken eingehen, man konnte versuchen, diese Risiken zu begrenzen, aber man konnte nun wirklich nicht an den Gerechtigkeitssinn der „Weltpresse" appellieren. Der Topos „Nazi Germany" erfüllte eine ganz bestimmte, nüchtern kalkulierte Funktion bei dem Versuch, mit den Russen ins politische Geschäft zu kommen. Hitler war der Katalysator der russisch-amerikanischen Allianz im Zweiten Weltkrieg gewesen. Warum sollte er nicht den gleichen Dienst ein zweites Mal leisten?

Interessant an der Erklärung Carlo Schmids ist, daß er sich über die Struktur der Massenmedien nicht im klaren war. Er spricht an einer Stelle von „Wochenschau" (also Kino) und „Zeitung", an anderer Stelle von der „Presse", die „viel Aufhebens von diesem Schmutze" gemacht habe, und verkennt völlig, daß zum Zeitpunkt des Kölner Ereignisses die Schwelle zum Fernsehzeitalter überschritten war. Die Erhebung des Zeigefingers begann auch mit einer Fernsehansprache des nordrhein-westfälischen Innenministers Dufhues am ersten Weihnachtsfeiertag. Die Sendezeit konnte kaum günstiger liegen, da die Zahl der Fernsehempfänger sich gerade so vermehrt hatte, daß man von einer allgemeinen Verbreitung sprechen konnte, und der Weihnachtsfeiertag der Tag des großen Ausprobierens war. Es ist kein Zufall, daß der Durchbruch der Kampagne durch Ausnutzung eines optischen (Hakenkreuz) und nicht eines akustischen (Äußerungen des Studienrats Zind) Anlasses gelang. Die Kölner Hakenkreuzschmiererei und die durch sie ausgelöste weltweite Kampagne ist das erste große telekausale politische Ereignis, dem im folgenden Jahr das noch bedeutendere der Wahl des Präsidenten John F. Kennedy folgen sollte.

Die Weihnachten 1959 anlaufende Agitation gab einer Kampagne den offiziösen Stempel, die in privaten Bereichen schon einige Jahre zuvor Fuß gefaßt hatte. Sie trug den recht kuriosen Namen

„Bewältigung der Vergangenheit". Der Name stammt aus dem Mekka der Gesprächspilger, den Evangelischen Akademien. 1955 war er erstmals von Erich Müller-Gangloff auf eine Einladung zu einer Tagung der Evangelischen Akademie Berlin gesetzt worden, im Oktober 1955 Thema einer Tagung der Grenzakademie Sankelmark, dann am 20. Juli 1956 als „Hitler oder die unbewältigte Vergangenheit" Thema einer Tagung in Berlin. Er tauchte auf dem siebenten Evangelischen Kirchentag des gleichen Jahres in Diskussionsbeiträgen auf und verbreitete sich wie ein Buschfeuer. Theodor W. Adorno gab im Herbst 1959 folgende Exegese: „Die narzißtischen Triebregungen der einzelnen, denen die verhärtete Welt immer weniger Befriedigung verspricht und die doch ungemindert fortbestehen, solange die Zivilisation ihnen sonst soviel versagt, finden Ersatzbefriedigung in der Identifikation mit dem Ganzen. Dieser kollektive Narzißmus ist durch den Zusammenbruch des Hitlerregimes aufs schwerste geschädigt worden. Seine Schädigung ereignete sich im Bereich der bloßen Tatsächlichkeit, ohne daß die einzelnen sie sich bewußt gemacht hätten und dadurch mit ihr fertig geworden wären. Das ist der sozialpsychologisch zutreffende Sinn der Rede von der unbewältigten Vergangenheit." Die Vergangenheitsbewältigung ist die Anwendung sozialpsychologischer Erkenntnisse in einer Massentherapie, die eine krankhafte Einstellung der Deutschen (Sozialpathologie) durch Bewußtmachung ihrer „Vergangenheit" zum Verschwinden bringen will. Die Deutschen hätten den Nationalsozialismus im allgemeinen, „Hitler – das gesamtdeutsche Trauma" (Gert Kalow) im speziellen verdrängt und leisten Widerstand, wenn man sie mit dieser Vergangenheit, also mit sich selber, konfrontierte. Hitler werde eingekapselt, mit bösen Etiketten versehen, abgelehnt. Dadurch sei die Vergangenheit aber keineswegs bewältigt, sondern eben unbewältigt, da die gebotene „Trauerarbeit" (Alexander Mitscherlich) verhindert werde. „Pollock meint, eine produktive Trauerarbeit sei nur dann möglich, wenn das verlorene Objekt nicht nur introjiziert, sondern vom Ich assimiliert werden kann. Das würde in unserem Fall bedeuten, daß wir auch Hitler in uns selbst assimilieren, das heißt fortschreitend überwinden können. Der Mangel an Trauerarbeit läßt ihn als eingekapseltes psychisches Introjekt weiterbestehen."

Wenn die Assimilation Hitlers und seine fortschreitende seelische Überwindung in das Zentrum einer Sozialreligion gerückt wird, ordnen sich alle Gegenstände um den Glaubenshauptgegenstand herum an. Alles und jedes ist entweder Trauerarbeit oder

Flucht vor ihr. Schließlich tritt an die Stelle des Kalten Krieges der neue Ost-West-Konflikt der verschiedenen Aufarbeitungssysteme: „Während es für den Christen selbstverständlich ist, daß die Abkehr von diesem Gestern nur im Gegenüber zur bewußten Erinnerung erfolgen kann, ist für den Marxisten mit dem Eintritt in die Welt des Sozialismus jede Verbindlichkeit von gestern her erloschen" (Erich Müller-Gangloff). Dieser Gedanke kann dahingehend entwickelt werden, daß ein innerdeutscher Ost-West-Ausgleich, der nicht notwendig eine staatliche Wiedervereinigung bedeutet, dadurch erreicht werden kann, daß sich östlicher Marxismus und westliche Bewältigung vermählen. Mancher „Dialog" steuert deutlich in diese Richtung.

Die vorgelegten Resultate der Trauerarbeit stimmen skeptisch. Die durch mühsame Aufarbeitung der Vergangenheit erreichte „Reife" schlägt sich in Postulaten nieder, die auch ein durchschnittlicher „Spiegel"-Leser seinem Leibblatt entnimmt. Es ist das Charakteristikum der Tiefensozialpsychologen wie Mitscherlich, Daim, Sonnemann, Brocher, Kilian, daß der Besitz des sozialpsychologischen Bezugsrahmens sie jeder weiteren Beschäftigung mit dem politischen Objekt enthebt, da es ja Zeitverschwendung wäre, sich in eine Realität zu vertiefen, die bereits in Form von Zeitungsmeldungen in den Bezugsrahmen „paßt" und ihn verifiziert. Ist das Ganze auch mehr eine Spielerei, so entspricht es doch einem Bedürfnis. Der Zusammenbruch von 1945 hatte die Gestalt des heimatlosen Nationalsozialisten geschaffen so wie das Ende der „zweiten Revolution" 1923 die Gestalt des heimatlosen Linken. Der Nationalsozialist hatte sich einer Erweckungsbewegung („Deutschland erwache!") angeschlossen, die ihn aus der Banalität des politischen Getriebes heraus- und in den gesteigerten Augenblick des „Tausendjährigen Reiches" hineinführte. Er mußte 1945 auf den Führer, wollte aber nicht auf Steigerung und erhöhte Bedeutung verzichten. Diesem Bedürfnis kommen die grandiosen Panoramen der Tiefenpolitik entgegen.

So ist die Bewältigung der Vergangenheit in vielem eine innerparteiliche Auseinandersetzung, in der Teile der ehemaligen NSDAP, die glauben, durch Trauerarbeit und Wandlung neue Ufer erreicht zu haben, auf andere Teile losgehen, in denen sie Verstocktheit und Festhalten am alten Adam wittern. Als Aggressionsziel wählen sie nicht selten Männer, die sich verdächtig machen, weil sie aus einem anderen Erlebniszusammenhang als dem nationalsozialistischen kommen und daher die Reaktionseigentümlichkeiten der

NS-Erlebnisgruppe nicht teilen. Diese Männer werden dann post festum zu „Nazis" geschminkt.

Für die Trauerarbeit ist Voraussetzung, daß Hitler nicht sterben darf. Für die weltpolitische Situation war er schon 1944 tot, es ging nur noch um sein Erbe. Damit öffnet sich eine Schere zwischen den vermeintlichen psychologischen und therapeutischen Erfordernissen und der sich aus der politischen Weltkonstellation ergebenden Gegenwartssituation. Freiflutende Seelenprozesse, die in manchmal fast grotesker Entfernung zur politischen Realität sich selbst genügen, würden kaum zum Gegenstand politischer Betrachtung, wenn sie nicht über das Megaphon der Kommunikationsmedien und bisweilen auch über amtliche Positionen verfügten. Die Persönlichkeitsstruktur jener Männer, die als treibende Nichtnationalsozialisten sich mit den getriebenen Nationalsozialisten zum gemeinsamen Werk der Bewältigung zusammentun, weist nicht selten Unsicherheiten auf. Die „Zeit" berichtete in ihrem Nachruf auf den hessischen Generalstaatsanwalt Fritz Bauer, daß dieser sich kurz vor seinem Tode mit dem Gedanken getragen habe, sich in psychoanalytische Behandlung zu begeben. Walter Jens, der Laudator der Rosa Luxemburg, nennt in einem Sammelband als „seinen Ort" ein Elitesanatorium am Tegernsee. „Dann lege ich mich wie Hans Castorp auf den Liegestuhl in meiner Loggia ... präpariere mich auf die Magensonde am anderen Morgen."

Der Bewältigung der Vergangenheit liegt ein – zunächst von jeder Berührung mit der Außenwelt absehendes – geschlossenes System eines geistigen Kreislaufs zugrunde. Ein moralisches Postulat wird in der Gegenwart aufgestellt. Aufgrund dieses Postulats werden das „Dritte Reich" und die deutsche Geschichte gedeutet. Aus der so gedeuteten Geschichte werden Lehren für die Gegenwart gezogen, die zu verschärften moralischen Postulaten und damit zu erneut rigoroseren Deutungen der Vergangenheit führen, und so weiter, immer im Kreis herum, bis eines Tages das auf sich selbst bezogene Gebilde am Fels der Realität auftreibt und zerschellt. Die moralische Eskalation kann auf Inhalte weitgehend verzichten. Ein Faktenhunger ist nicht festzustellen. Die Verwendung der Geschichte des „Dritten Reiches" in der Trauerarbeit hat eine Begegnung mit Geschichte nicht in ihrem Gefolge, im Gegenteil. Hans Buchheim, der über ein Jahrzehnt im „Institut für Zeitgeschichte" tätig war und somit mit dem Bewältigungsgeschehen konfrontiert war, kommt zum Schluß: „Alles in allem muß man also leider feststellen, daß mit zunehmendem zeitlichem Abstand vom Dritten

Reich die Vorstellungen über jene Zeit nicht etwa zutreffender werden, sondern vielmehr immer abwegiger." Es grassiere eine spekulative Betrachungsweise, die „Geschichte nur als Stoff benutzt, an dem sie ein Prinzip demonstrieren kann".

Die Betrachtung des Dritten Reiches durch die Älteren sei völlig unreflektiert, nur durch persönliche Eindrücke bestimmt, die der Jüngeren nur reflektiert. „Die Jüngeren halten eine differenzierende Betrachtungsweise von vorne herein für apologetisch und unmoralisch, weil für ihre Begriffe die Moralität des Urteils in dem Maße zunimmt, in dem alle Aspekte eines Problems auf einen Aspekt konzentriert werden." Der Aspekt, auf den alle Aspekte des Dritten Reiches konzentriert werden, ist nach Buchheim der Aspekt des Verbrechens, zusammengefaßt im Symbolbegriff Auschwitz. Vom Aspekt des Verbrechens wird ein Dispens des politischen Denkens abgeleitet, der jede nüchterne Erwägung in der Gegenwart und jede Einbeziehung des Selbstinteresses schon als Ansatz zum Verbrechen wertet.

Die „Jüngeren" Buchheims sind die, die seit 1960 auf staatliche Anordnung hin mit diesem Aspekt konfrontiert werden. Der Verfasser besitzt eine von Werner Hilgemann herausgegebene Schulwandkarte, die auf vier Quadratmetern mit Judensternen, SS-Fähnchen, Wachtürmen und Galgen bedeckt ist, ihr Titel: „Deutschland unter der Hitlerdiktatur 1933–1945." (Verlag J. Perthes, 1963). Als 1960 das propagandistische Gewitter über der Bundesrepublik losbrach, war ein Blitzableiter vonnöten. Die Schulen waren aufgrund der bestehenden staatlichen Schulhoheit der Ort, wo ohne Störung der Rechtsordnung, die bei einer zweiten Entnazifizierung unvermeidbar gewesen wäre, bewältigt werden konnte. Zwar sagte Schröder in seiner Bundestagsrede: „Rowdies – und um sie handelt es sich vor allem bei den Tätern – werden auch durch Unterweisung über politische und zeitgeschichtliche Geschehen nicht von Rüpeleien abgehalten", aber auch er räumte ein: „Ihre Taten aber gaben den Anlaß zu Fragen ... Was wurde versäumt bei der Unterrichtung der deutschen Jugend über Schuld und Verhängnis des Dritten Reiches?" Schon am 13. Januar 1960 setzten nach dem Bericht der Bundesregierung die „systematischen Belehrungen in den Schulen" ein. Eine Flut von Anweisungen folgte. Am 29. September 1960 kam die „Rahmenvereinbarung" der Kultusministerkonferenz in Saarbrücken zustande, die in den Oberstufen der Schulen das Fach „Gemeinschaftskunde" einführte und den Geschichtsunterricht in ihm aufgehen ließ. An die Stelle des chronologischen

Geschichtsunterrichts trat der „exemplarische", der, wie Buchheim an der spektakulativen Betrachtung diagnostizierte, „den Stoff benutzte, um an ihm ein Prinzip zu demonstrieren". Die demonstrationsstudentische Bewegung von 1967/68 ist nicht von ungefähr antihistorisch. In der Antifestschrift zum 150jährigen Jubiläum der Universität Bonn, „150 Jahre Klassenuniversität", schreibt Bernd Pauly: „Uns scheint, außer den Betroffenen würde es niemandem auffallen, wenn die Geschichtswissenschaft über Nacht abgeschafft würde. Dort, wo sie gesellschaftliche Effizienz haben soll, an den höheren Schulen, wird sie als autonomes Unterrichtsfach mehr und mehr zurückgedrängt, denn es leuchtet selbst Kultusministern ein, daß die lichtsuchende Jugend kanonisierter Plattheiten über Bismarck und andere füglich entraten kann".

In der Einführung des Faches „Gemeinschaftskunde" sahen seine Promotoren eine „große neue Aufgabe", nämlich „die Erziehung des (auch) politischen Menschen, der die Erinnerung bewahrt und aus ihr handelt" (Felix Messerschmid). Sie glaubten allen Ernstes, mit ihrem Unternehmen einen Beitrag zur geistigen Verteidigung des Westens zu leisten, zu der Karl Dietrich Erdmann auf dem Historikerkongreß von Duisburg 1962 in flammenden Worten aufrief. Eine völlig unübersehbare Literatur über Didaktik und Systematik des politischen Unterrichts ergoß sich über die Pädagogen. Es war vorauszuberechnen, daß etwa im Jahre 1968 zum ersten Mal seit 1945 eine politisch gereifte und demokratisch gebildete Abiturientengeneration in die Universitäten einrücken würde. Tatsächlich wurde diese Generation auch als „erste hoffnungsvolle Generation unseres Volkes" (Müller-Gangloff) begrüßt. Für die politischen Bildungspromotoren ist ihre Selbstbezogenheit charakteristisch. Wenn Messerschmid das Erziehungsziel des Bewahrens der Erinnerung und des Handelns aus ihr aufstellte, übersah er, daß die Jugend ja nicht die Messerschmidschen Erinnerungen bewahren konnte, sondern nur die ihres eigenen Erlebniskreises, und der wurde durch eiertanzende Studienräte gebildet, die als politische Doktrin eine reichlich stümperhafte Rationalisierung von Erlebnissen anderer zu verkünden hatten. Der Verfasser stieß wiederholt auf führende politische Pädagogen, die in nächtlicher Stunde sich ungefragt zu verteidigen begannen, sie wären „damals" ja „fast" emigriert, sie würden das nächste Mal sicher emigrieren. Man hat nach dem Kriege zwischen der „äußeren" und der „inneren" (Frank Thiess) Emigration unterschieden und die „Beinahe"-Emigration vergessen. Politische Bildung ist es, wenn Beinahe-innere-Emigranten den

Schülern die Selbstrechtfertigungssysteme Beinahe-äußerer-Emigranten vermitteln.

Welche Rolle konnte die „unbewältigte Vergangenheit" als Bildungserlebnis bei einer Generation spielen, die nach dem Krieg geboren und nun z.B. von Pfarrer Franz von Hammerstein vor die Frage gestellt wurde: „Was würden wir tun, wenn man uns zum Selektieren auf die Rampe in Auschwitz-Birkenau stellte, oder wenn wir als Soldaten die grauenhaften Geiselerschießungen beobachteten?" Die Antwort mußte, da Auschwitz in unerreichbare Ferne gerückt war, in dem Wurf von Frischeiern auf lebende Staatsmänner, Love-Ins in Rektoratsräumen und der Auffassung bestehen, daß die ganze Gesellschaft in Verbrechen verstrickt sei. Die bewältigende Generation glaubte, es sich schuldig zu sein, die Jugend in einen Prozeß der Sühne einzubeziehen:

> „Man kann stellvertretend für die Väter sühnen, ähnlich wie die Väter oft für ihre Kinder sühnen müssen. Sühne ist nicht identisch mit Strafe verbüßen, sondern bedeutet, die Strafe als gerecht akzeptieren. Worin besteht eigentlich die Strafe? Einzelne werden bestraft, wenn die Gesetze, die Justiz, dazu zwingen. Das deutsche Volk wurde unter anderem bestraft durch die Wegnahme von Ostpreußen, Schlesien und Pommern, durch die Vertreibung der dortigen Bevölkerung sowie durch die Teilung. Diese Strafen haben nach 1945 mehr oder wenige Schuldige – von Unschuldigen sollte man für die damalige Generation nicht reden – getroffen, und gerade etwa die Teilung trifft auch Unschuldige heute. Welche Strafen uns ein künftiger Friedensvertrag etwa noch auferlegt, wissen wir nicht."

Die religiöse Aufladung der profanen Geschichte, die Ersetzung des persönlichen Gottes durch den Geschichtslenker, der sich im Zeitgeschehen offenbart und sein Gericht durch die Weltmächte vollzieht, ist in der geschichtlichen Dimension des Christentums, aus der nach Löwith die säkulare Geschichtsphilosophie hervorging, angelegt, so daß der Sühneprotestantismus – auch im Katholizismus kommen Parallelen auf – manchen innerkirchlichen Ansatzpunkt hatte. Politische Differenzen bekamen dadurch kirchensprengende Wirkung.

Die Vergangenheitsbewältigung hat auch Wissenschaftsgeschichte geschrieben und die Fragestellungen, Terminologien und Antworten einer ganzen Reihe von Fächern – von der Psychiatrie bis zur Staatsrechtslehre – beeinflußt. Als Beispiel einer Anwendungsmöglichkeit der Vergangenheitsbewältigung sei das Gebiet der Außenpolitik herausgegriffen. Die auf die Außenpolitik angewandte Vergangenheitsbewältigung hatte, wie die dritte außerparlamentarische Bewegung „Kampf dem Atomtod", ihren Ausgangspunkt im Göttinger Memorandum der 18 Physiker. In vertraulichen Erörterungen am Dienstsitz von Bischof Hermann Kunst, Militärbischof, Bevollmächtigter des Rates der Evangelischen Kirche bei der Bundesregierung und Exponent des Kirchenliberalismus, wurden weitere Aktionen nach Art des Göttinger Memorandums konzipiert. Ein „Tübinger Memorandum" wurde im Herbst 1961 an die Abgeordneten des neuen Bundestages verschickt und mit ihnen erörtert. Im Februar 1962 wurde es in der Öffentlichkeit bekannt. Unter den Unterzeichnern (Becker, Bismarck, Heisenberg, Howe, Picht, Raiser, Weizsäcker) befanden sich noch zwei Physiker. Die Federführung war jedoch eindeutig an den Tübinger Juristen Prof. Ludwig Raiser übergegangen.

Während das Göttinger Memorandum sich nicht in der Lage sah, einen politischen Rat zu erteilen, und nur die Nichtbeteiligung der Physiker an der atomaren Forschung zu militärischen Zwecken kundtat, weiß die neue Denkschrift-Bewegung genau, was zu tun ist, und versucht, die politischen Instanzen unter Druck zu setzen, indem sie vorgibt, sie durch Aufhebung des Drucks zum Handeln zu befreien. Der Kernsatz des Memorandums lautet:

> „Die deutsche Position in der gegenwärtigen Krise wurde dadurch geschwächt, daß wir an Ansprüchen festgehalten haben, die auch bei unserem Verbündeten keine Zustimmung finden. Wir sagen nichts Neues, wenn wir die Ansicht aussprechen, daß zwar Freiheit der in Berlin lebenden Menschen ein von der ganzen Welt anerkanntes Recht ist, daß aber das nationale Anliegen der Wiedervereinigung in Freiheit heute nicht durchgesetzt werden kann, und daß wir den Souveränitätsanspruch auf die Gebiete jenseits der Oder-Neiße werden verloren geben müssen."

Das Tübinger Memorandum brachte Anschauungen zu Papier, die an keinem Punkt über das hinausgingen, was in den Kreisen der Kennedy-Administration umlief und was von jenen, welche die deutsche Politik den amerikanischen Vorstellungen der Kennedy-Berater anpassen wollten (z. B. „Die Zeit"), angestrebt wurde. Aus der Umschaltung der deutschlandpolitischen Vorstellungen der Dulles-Ära zu denen der Kennedy-Ära ließ sich sicher eine neue amerikanische, aber kaum eine neue deutsche Politik entwickeln. Die eigentliche Sensation des Memorandums war jedoch sein theologischer Hintergrund. Diese Sensation steigerte sich noch, als der Rat der Evangelischen Kirche Deutschlands eine „Kammer für öffentliche Verantwortung" unter dem Vorsitz von Prof. Ludwig Raiser und der Geschäftsführung von Oberkirchenrat Erwin Wilkens beauftragte, eine Ost-Denkschrift auszuarbeiten, die den Titel trug „Die Lage der Vertriebenen und das Verhältnis des deutschen Volkes zu seinen östlichen Nachbarn". Die Denkschrift wurde im Oktober 1965, wieder nach der Wahl eines neuen Bundestages, veröffentlicht und führte sofort zu einer lebhaften Debatte, die nach einem halben Jahr schon 40 selbständige Schriften zutage gefördert hatte und heute noch anhält. Die Bielefelder These der Kirchlichen Bruderschaften, daß der Verzicht auf die Ostgebiete eine Erkenntnis sei, zu der „das Evangelium die politische Vernunft" befreit habe, wurde in der Ost-Denkschrift nicht mit diesen Worten formuliert, aber stand doch derart im Hintergrund, daß die an Verschlüsselungen gewohnten Zeitgenossen zu Recht stutzig wurden.

Die Denkschrift-Bewegung stach in ein Wespennest, da sie den Vertriebenen ein (vermutetes) Veto gegen eine neue Ost- und Deutschlandpolitik, die durch den Verzicht auf Rechtsansprüche flottgemacht werden sollte, entwinden wollte. Die Vertriebenen besaßen jedoch Organisationen, die in der Lage waren, Behauptungen zu überprüfen und Gedankengänge zu analysieren. Der flüchtig verpackte Bluff, der gegenüber der Öffentlichkeit meist ausreicht, konnte nicht zum Ziel gelangen. Die Denkschriftler mußten mit ihren Motiven aus dem Halbdunkel treten und Farbe bekennen. Die Denkschriftdebatte nahm daher einen ganz anderen Verlauf als die Verjährungsdebatte (1965), in der die gleichen protestantischen Kräfte (Wilkens, Henkys) hervorgetreten waren und deren Ablauf einfach nicht registriert worden war, da die Verjährungsbefürworter über keine Organisation verfügten. In harten Grabenkämpfen um jeden Punkt der Denkschrift schälte sich nach und nach heraus, daß die einzelnen Punkte nur die Schale um einen theologisch-politischen Kern waren, der als „Ja zum Gericht Gottes", zur Konsequenz der Annahme jeder Forderung und Zumutung der Siegermächte des Zweiten Weltkriegs führte. Die Paradoxie der Denkschrift-Bewegung lag darin, daß ebenso eine neue Außenpolitik der Versöhnung und des Verzichts vorgeschlagen wurde, wie das Absehen von Außenpolitik überhaupt zugunsten einer „Weltinnenpolitik". Wenn man die Linien der einzelnen Denkschrift-Argumente zurückverfolgte, verlor sich nach einiger Zeit jede Linie in der Ungewißheit des Zieles – Verkürzung der außenpolitischen Defensivlinie oder Kapitulation.

Die Sühnetheologen mußten in den ihnen Widersprechenden den „alt-bösen Feind" wittern, der ein verstocktes Nein zum Gericht Gottes sagt. Sie waren daher auch maßgeblich an einer Kampagne beteiligt, die in einer umfangreichen Literatur einem „Nationalismus" den Garaus zu machen suchte, dem zunehmend alle satanischen Züge des Bösen angeschminkt wurden. Der Kampf gegen Nation, Nationalgefühl, Nationalismus ist seit den Illuminaten und bis hin zum Internationalismus der Sozialdemokratie eine Unterströmung der Linken gewesen. Doch handelt es sich bei dem Bewältigungs-Anti-Nationalismus nicht um einfache Anknüpfung an diese Tradition, sondern um eine sehr spezifische Abwandlung. Das geht schon daraus hervor, daß die gleichen Kreise, die in Deutschland in der Bekämpfung des Begriffes der Nation den hauptsächlichen Inhalt der Politik sehen, in Österreich mit gleichem Elan diesen Begriff einführen wollen. Sie rufen diesseits von Inn und Salzach „Fort mit der Nation" und jenseits von Inn und Salzach „Her mit der Nation".

Der sogenannte Historikerstreit

> Im Jahr 1986 entflammte auf dem Boden der Vergangenheitsbewältigung der sogenannte Historikerstreit. Diese öffentliche Großdebatte hatte bis 1988 nicht weniger als 1.200 Schriften hervorgebracht. Im gleichen Jahr hielt der Verfasser einen unveröffentlichten Vortrag, der in Auszügen folgt. Der Historikerstreit ist ein zentrales Beispiel für die „Streitkultur unter der Hegemonie der Neuen Orthodoxie" (Imanuel Geiss).

Was war, was ist der Historikerstreit? Wer von der „Großdiskussion" – so lautet eine treffende Charakterisierung Karl Dietrich Brachers – des. sog. Historikerstreits einen großen, ja überhaupt einen Beitrag zur näheren Kenntnis eines Stücks Geschichte erwartet, der muß sich auf eine herbe Enttäuschung gefaßt machen. Der „Historikerstreit" zählt weniger zu den geschichtswissenschaftlichen Kontroversen als zu den Kampfsportarten. Es ist eine Art von Schlagwort-Pingpong, bei dem es auf weite Strecken darum ging, die verbalen Bälle mittels persönlicher Unterstellungen so tückisch anzuschneiden, daß der Gegner aus der politischen Kultur hinausflog. Wer also etwas über geschichtliche Abläufe erfahren will, muß sich anderswo umtun. Aufschlußreicher ist die Großdiskussion für ein Studium der Rhetorik, am aufschlußreichsten sicherlich für die Kenntnis der geistig-politischen Gegenwartslage der Nation, der Hierarchie der Meinungen und Medien, der Verfassungswirklichkeit, die ja schon Lassalle strikt vom Verfassungstext trennte. Und hier wollen wir ansetzen. So erbittert sich die Kontrahenten im Historikerstreit befehdeten, so sehr stimmten sie in einem Punkte überein, daß es sich nur ganz am Rande, wenn überhaupt, um Geschichtsfragen drehe, sondern im Kern, wie es Wehler formulierte, „um einen durch und durch politischen Kampf um das Selbstverständnis der Bundesrepublik, um das politische Selbstbewußtsein der Bürger" oder auch, wie Jeisman es nennt, um „einen Machtkampf im Medium der politischen Deutungskultur". Hans-Ulrich Wehler, das Haupt der Bielefelder Schule der „historischen Sozialwissenschaft" und neben Jürgen Habermas, dem „unermüdlichen Aufklärer" und ewigem Juniorchef der Firma „Frankfurter Schule", und Rudolf Augstein, prominenter Sprecher

279

im „Historikerstreit" hat als Spezifikum dieser „Großdiskussion" „den verwirrenden Wechsel der Diskussionsebenen" genannt. Zum sog. Historikerstreit kam es, als am 11. Juli 1986 der Redakteur des Hamburger Wochenblattes „Die Zeit", Karl-Heinz Janßen, auf der ersten Seite mit großer Glocke einen Beitrag im Inneren des Blattes ausläutete, der laut Janßen eine „Kampfansage an die Konservativen" sei, die sich nach einem „geschlossenen Geschichtsbild" wie zu „Kaisers Zeiten" sehnten und um sich diese Sehnsucht zu erfüllen, die Zeit des Nationalsozialismus „historisieren" und damit „relativieren" würden, was, so mußte der Leser folgern, anscheinend nicht zulässig ist. Der Beitrag selbst stammte vom schon genannten Frankfurter Sozialphilosophen Jürgen Habermas und trug den Titel „Eine Art Schadensabwicklung". Es ist nun interessant, daß der Titel, der sich auch auf einem einschlägigen Suhrkamp-Bändchen von Habermas wiederfindet, mit der unterschiedlichen Bewertung des geschichtlichen Stellenwertes des Dritten Reiches im allgemeinen, von Auschwitz im besonderen, in unserer Gegenwart und für unsere Gegenwart, was man gemeinhin als „Historikerstreit" bezeichnet, überhaupt nichts zu tun hat. Es geht bei der „Schadensabwicklung" weitab vom Dritten Reich und seiner Geschichte vielmehr um die auf unsere Gegenwart bezogene „Kompensationstheorie" des verstorbenen Philosophen Joachim Ritter und seiner Schüler, vor allem Odo Marquard und Hermann Lübbe. Nach der Kompensationstheorie hat der durch die Naturwissenschaften angestoßene technisch-industriell-gesellschaftliche Fortschritt die Lebenswelt der Einzelnen nachhaltig geschädigt. Dieser Schaden müßte durch die Geisteswissenschaften, zu denen ja auch die Geschichte gehört, kompensiert, eben abgewickelt werden. Mit Habermas' Worten: „Der Einzelne muß für die unvermeidliche Entfremdung, die er als ‚Sozialmolekül' in der Umgebung einer versachlichten Industriegesellschaft erfährt, mit identitätsstiftendem Sinn kompensiert werden." Ein „Zeit"-Redakteur wußte, daß er mit einer Erörterung der Kompensationstheorie und des Sinnstiftungspostulats keine „Großdiskussion" auslösen kann. Deswegen schob das Hamburger Blatt einen Untertitel nach, der die Gemüter mit Sicherheit in Wallung bringen würde: „Die apologetischen Tendenzen in der deutschen Zeitgeschichtsschreibung". Die berechenbare Wallung kommt dadurch zustande, daß unter „apologetischen Tendenzen" im Kontext des betreffenden Artikels und Organs nur „nazi"-apologetische Tendenzen, also „Rechtfertigung" oder „Verharmlosung" sog. NS-Verbrechen verstanden werden konnte, begangen durch vier im Artikel namentlich genannte Historiker. Diese fanden sich so eines Morgens auf einer heißen Herdplatte sitzend wieder und die „Zeit" konnte abwarten, bis sie „au" schrien, was je nachdem als fälliges Schuldeingeständnis oder als Beweis für ihre Unbelehrbarkeit gedeutet, jedenfalls aber als Fortführung der gewünschten Diskussion publizistisch ausgeschlachtet werden konnte. Was aber hat „Schadensabwicklung" (Obertitel) überhaupt mit „Apologetik" (Untertitel) zu tun? Beim Habermas-Artikel handelte es sich um ein von der Zeit-Redaktion zurechtgestutztes Referat, das der unermüdliche Aufklärer eine Woche zuvor auf einem Bonner Hearing der SPD-Fraktion unter Leitung von Freimut Duve (MdB) zu den Plänen der Bundesregierung, ein „Deutsches Historisches Museum" in Berlin, ein „Haus der Geschichte der Bundesrepublik" in Bonn, sowie eine Gedenkstätte in Bonn zu errichten, vorgetragen hatte. Habermas' Einfall war nun, daß die genannten Museumspläne nichts anderes darstellten als eine regierungsamtliche Umsetzung der Ritterschen Kompensationstheorie. Die Regierung Kohl wolle den von ihr geförderten ungebremsten technisch-industriellen Fortschritt mit seiner „sozialen Kälte" durch einen sinnstiftenden Rückgriff auf den Fundus der Geschichte in Gestalt von Exponaten zweier Museen und einem Ehrenmal kompensieren. Sie sei entschlossen, so Habermas, „das Geschichtsbewußtsein als Manövriermasse zu behandeln, um den Legitimationsbedarf des politischen Systems mit geeigneten positiven Vergangenheiten zu bedienen." Sie scheue nicht einmal davor zurück, „ die revisionistische Historie in Dienst zu nehmen für die nationalgeschichtliche Aufmöbelung einer konventionellen Identität" der Deutschen. Es ging im Historikerstreit also von Anfang an um das viel diskutierte Thema der nationalen Identität der Deutschen. Habermas verfolgte dabei sein eigenes Identitätsprogramm. „Statt einhellig und vorreflexiv geteilter Identität", schreibt er, müßten nationaler Stolz und kollektives Selbstwertgefühl erst einmal „durch den Filter universalistischer Wertorientierungen getrieben" werden. Am Ende einer solchen gut geleiteten Filterung entstünde dann eine „postkonventionelle Identität", die wie Dolf Sternbergers „Verfassungspatriotismus" ein identitätsstiftendes Heimatgefühl im Geltungsbereich des Grundgesetzes zwischen Elbe und Rhein postuliert.

Habermas nannte also Namen, zog kompensierende und sinnstiftende Dunkelmänner aufklärerisch ans Licht. Sein Blick fiel auf den Erlanger Historiker Michael Stürmer, der als Leitartikler der FAZ, als Redenschreiber von Kanzler Kohl und Berater bei den Museumsgründungen jene einflußreiche Stellung einzunehmen schien, ohne die die schönste Verschwörung eine Besenkammerangelegenheit wäre. Und Stürmer hatte in der Tat am 25. April 1986 der FAZ anvertraut, daß die Zukunft gewinnen werde, wer „die Erinnerung füllt, die Begriffe prägt und die Vergangenheit deutet". Doch hatte der gefährliche „Wendehistoriker" für Habermas' Zwecke ein entscheidendes Manko. Stets hatte Stürmer um die heiße Herdplatte des „Dritten Reiches" einen weiten Bogen gemacht, sich lieber mit der Bismarck-Zeit, der Weimarer Republik oder gar der Kunstschreinerei des 18. Jahrhunderts beschäftigt. Daher mußten zur besseren Illustration einige Historiker an Stürmers Seite gestellt werden, die der Sinnstiftung und Kompensation zwar fernstanden, sich in ihrer wissenschaftlichen Arbeit aber mit dem Dritten Reich befaßt hatten. Und schon war die „Viererbande", so der Friedensnobelpreisträger Elie Wiesel, der „Rechts-ran-Historiker", so der ehemalige „Aspekte"-Moderator Reinhard Hoffmeister, geboren. Wer wollte da noch an ihrer Existenz zweifeln? Zur Aufspürung dieser Bande genügte Habermas ein in der FAZ abgedruckter, aber bei den Römerberggesprächen nicht gehaltener Vortrag des Berliner Historikers Ernst Nolte über „Die Vergangenheit, die nicht vergeht", der Klappentext eines schmalen Bändchens des Siedlerverlages mit zwei bereits vorher publizierten Vorträgen des Kölner Historikers Andreas Hillgruber sowie eine Habermas von irgendwem zugesteckte Nummer des Fachorgans „Historische Zeitschrift", in der der Bonner Historiker Klaus Hildebrand einen englischen Aufsatz Noltes zu besprechen sich erdreistet hatte. Die Mine war verbuddelt, doch richtig hochgehen wollte sie nicht. Auf den „Zeit"-Artikel folgt die parlamentarische Sommerpause 1986, die politikerlose, die schreckliche Zeit des gedämpften öffentlichen Bewußtseins, der gepackten Koffer und des ausufernden Sommertheaters. Die von der „Zeit" in ihren Spalten sehnlichst erwarteten Bundesgenossen des unermüdlichen Aufklärers blieben fort, weil sie angesichts der bevorstehenden Frankfurter Buchmesse noch letzte Hand an ihre eigenen Publikationen legen mußten. Die Angegriffenen antworteten zwar, aber leider nicht in der „Zeit", sondern in der „Frankfurter Allgemeinen Zeitung", deren Mitherausgeber, der Hitlerbiograph Joachim Fest, auf ihre Seite trat. So bestand die Habermas-Truppe nur aus einigen randständigen Organen, wie der „taz" oder dem von evangelischen Kirchensteuerzahlern hoch subventionierten „Deutschen Allgemeinen Sonntagsblatt" und Leserbriefschreibern, wie jenem Studenten Nolte, der sich für seinen

Familiennamen entschuldigen zu müssen glaubte. Nicht zu vergessen allerdings die schon frühzeitig Sekundantendienste leistenden amerikanischen liberalen Medien, wie „New York Times" und „Newsweek", ein immer wichtiger, aber nie recht durchleuchteter Faktor der deutschen „öffentlichen Meinung", der meist unter dem Pseudonym „Das Ausland" auftritt. Sollte die Habermas-Attacke nicht zum Bumerang werden, mußte – nach der Sommerpause – der „Spiegel" heran und das von ihm gewohnte ganz grobe Geschütz auffahren. Unter dem Titel „Die neue Auschwitzlüge" schob Augstein zur Begrüßung den vier Historikern gleich eine Straftat unter, nannte Hillgruber einen „konstitutionellen Nazi", der als Schullehrer längst reif für ein Berufsverbot wäre. Selbstverständlich durfte die Illustrationsmethode, die der „Spiegel" schon gegen Diwald praktiziert hatte, nicht fehlen, nämlich Photos der dem Nachrichtenmagazin mißliebigen Gelehrten neben solchen von KZ-lern und Leichenbergen zu stellen. Einen gewissen Höhe-, ja vermeintlichen Schlußpunkt erreichte die Kampagne auf der 36. Versammlung deutscher Historiker in Trier im Oktober 1986. Das mit Spannung erwartete Tribunal fiel zwar ins Wasser, da die Angeschuldigten fern blieben. Statt dessen bemühte sich der Vorsitzende, der Althistoriker Christian Meier, unter dem Motto „Pluralismus ist, wenn man trotzdem einig ist" in einem die Streitparteien überwölbenden Verfassungsbogen allen Seiten gerecht zu werden und einen versöhnlichen Schlußstrich zu ziehen. Meiers Rede und seine Schrift „Vierzig Jahre nach Auschwitz" sind die interessantesten Publikationen des Historikerstreites, weil bei ihnen der Streitgegenstand nicht durch polemisch-denunziatorische Listen und Kniffe überwuchert ist. Doch gerade diese Textsorte führt das Konzept einer wohlmeinenden Vergangenheitsbewältigung, unter dem sich ein Gegenwartskonsens ableiten läßt, augenfällig ad absurdum, einmal abgesehen davon, daß man Wadenbeißer und gebissene Waden nicht zu einer Familienfeier zusammenführen sollte. 1987 verlagerte sich der Historikerstreit auf den Buchmarkt, es erschienen Berichtbände der Beteiligten Habermas und Nolte, Beitragssammlungen des Piper-Verlages, der Mitarbeiter des Militärgeschichtlichen Forschungsamtes in Freiburg, der Herausgeber Kühnl, Hilmar Hoffmann, Dan Diner, W. Eschenhagen, polemische Untersuchungen von Wehler, Haug, Hans Mommsen, Kosiek, Eike Henning, Imanuel Geiss. Einmal wieder wurde deutlich, daß es leichter ist, einen Bürgerkrieg anzuzetteln als ihn wieder auszutreten, was ja bereits Thomas Hobbes manche schlaflose Nacht bereitet hatte. Die „waldbrandartige Ausweitung" (Helga Grebing) des Historikerstreits fand ihre Nahrung in immer neuen, scheinbar weit auseinanderliegenden, aber doch irgendwie zusammenhängenden Themenbereichen, wie der Frage nach der deutschen Identität, der Kollektivschuldthese in Neuauflage, der volkspädagogischen Auswirkungen von Geschichtsforschungen, der Verpflichtung auf eine westliche Werteordnung und dem Verzicht auf einen „deutschen Sonderweg", dem Mitteleuropagedanken, der deutschen Mittellage und der Präventivkriegsthese in Bezug auf den Rußlandfeldzug 1941, aber auch aktuellen politischen Fragen wie der Forderung nach einer operativen, nicht nur deklamatorischen Wiedervereinigungspolitik, der Veränderung der Parteienlandschaft, ja bis hin zu unserer Einstellung zur Entwicklung im Osten in der Ära Gorbatschow. Die „Causa Waldheim" sorgte dafür, daß nunmehr auch Österreich in einem neuen, diesmal geistig-politischen Anschluß einbezogen wurde, denn die Definition „Deutscher ist, wer als Deutscher behandelt" wird, trifft ja auf den Kriegsteilnehmer Oberleutnant Dr. Waldheim exemplarisch zu und von den gegen ihn erhobenen Vorwürfen blieb nur der übrig, daß Waldheim versäumte, sich heute so zu verhalten wie sein Amtskollege Hauptmann von Weizsäkker. In seiner bekannten Rede vom 8. Mai 1985 sagte Richard von Weizsäcker: „Es geht nicht darum, Vergangenheit zu bewältigen. Das kann man gar nicht. Sie läßt sich ja nicht nachträglich ändern oder ungeschehen machen. Wer aber vor der Vergangenheit die Augen schließt, wird blind für die Gegenwart." Ich möchte davon absehen, daß hier „Vergangenheit" eine allgemeine Dimension der conditio humana mit einem bestimmten, unter einem zentralen Gesichtspunkt gesehenen zwölf Jahre umspannenden Zeitabschnitt gleichgesetzt wird. Wichtiger ist, daß es eine Finte ist, wenn gesagt wird, daß es der Vergangenheitsbewältigung darum ginge, Vergangenheit zu ändern, ungeschehen zu machen. Es ging, seit der Ausdruck Anfang der 60er Jahre aufkam, nie um Ändern, sondern immer um das Bewußtmachen von Vergangenheit. Der Zeitgeist war damals stark gefärbt von der Psychoanalyse, die eine Heilmethode entwickelt hatte, die Traumatisches aus dem Unterbewußtsein heraufholte, das zur Krankheitsursache geworden war, um dessen Aufarbeitung – die Frankfurter Schule sprach in den 50er Jahren von Aufarbeitung der Vergangenheit – die Lebensfähigkeit des Patienten herzustellen. Die Vergangenheitsbewältigung übertrug diese individuelle Heilmethode auf die Gesellschaft als Ganzes. Die Vergangenheitsbewältigung in diesem Sinne klingt in der Bamberger

Rede an, auch wenn von Weizsäcker statt von „Heilung" von „Befreiung" spricht. Diese Befreiung sollte sich darin vollenden, daß man sich von der Wahrheit, nämlich so wörtlich, daß das deutsche Volk von Verbrechern geführt wurde und sich von Verbrechern führen ließ, „überwältigen" lasse. Es blieb offen, ob das deutsche Volk dadurch zu einer verbrecherischen Organisation wurde. Die Vorstellung, daß man sich überwältigen lassen müßte, ist nicht ganz erklärlich, es ist zu vermuten, daß sie aus der protestantischen Erweckungsbewegung stammt. Wir müßten allerdings die Vergangenheitsbewältigung dieser „protestantischen" Prägung strikt von der „liberalen oder linken" Vergangenheitsbewältigung unterscheiden, die darin besteht, daß man einen beliebigen Gegner durch Publizierung nationalsozialistischer Biographieanteile, wie es schön sportlich heißt, „abschießt".

Die Re-education – von der Propaganda zur Politischen Kultur

Von der ersten, durchaus lebhaften Debatte über die Re-education waren Deutsche (abgesehen von einigen West-Emigranten) ausgesperrt. Sie hatten weder Zugang zu nennenswerten Informationen, noch verfügten sie über Einrichtungen, um solche ggf. publizistisch-wissenschaftlich zu verwerten. Zudem war die Erörterung von Vorhaben und Maßnahmen der Besatzungsmächte durchaus unstatthaft, ja strafbar. Hingegen debattierten angloamerikanische Publizisten mit großer Medienresonanz über die Frage „What to do with Germany?" (Louis Nizer), berichteten Offiziere der amerikanischen Militärregierung (OMGUS) und Beamte der Hohen Kommission (HICOG) bzw. Mitarbeiter der britischen Deutschlandbehörde unter dem Kanzler des Herzogtums Lancaster (1947 in das Foreign Office eingegliedert) brühwarm und detailliert von der Besatzungsfront.

Die Umerziehungsdebatte, die Umerziehungsplanungen und die Umerziehungsmaßnahmen waren (stärker auf der amerikanischen als auf der englischen Seite) vom Zeitgeist der sozialwissenschaftlichen Interpretation politischer Vorgänge[1] geprägt. Die absichtliche Nichtbeachtung des geltenden Besatzungsvölkerrechts durch die alliierten Planungsstäbe[2] schuf die ideale Voraussetzung für sozialwissenschaftliche Experimente und die Umsetzung politisch-ideologischer Vorstellungen in konkrete Maßnahmen. Die Re-education als Ganzes war ein groß angelegtes soziologisches Experiment im Sinne einer „angewandten Aufklärung" (Lord Ralf Dahrendorf). Da die „säkulare Mission"[3] der social sciences nicht erkannt wurde und sich „Ausbreitungsstationen im Dienste der Besatzungsverwaltung"[4] unkritisch und engagiert in den Dienst dieser Mission stellten, war die Umerziehung im Rahmen der Besatzung (und vor allem darüber hinaus) auch nach der Beseitigung der eingangs genannten Diskussionssperre noch für lange Zeit kein Thema, ja es hielt sich fest und zäh die Auffassung, daß eine Auseinandersetzung mit der Besatzungspolitik an den Grundlagen des neuen deutschen Staatswesens rüttele und im Zweifelsfall ein Indiz für Verfassungsfeindschaft bilde.

Mit der amerikanischen Armee kamen haufenweise Sozialpsychologen und Soziologen, deren Aufgabe es war, „das Widerstandspotential in der Bevölkerung ausfindig zu machen, jene – vorzugsweise demokratisch orientierten – Bürger auszusuchen, die am wahrscheinlichsten die nützlichsten sein würden, um kommunale und andere Dienste wiederherzustellen, und die Administratoren der Armee über die Stimmung und die Wünsche der besiegten Deutschen informiert zu halten.[5] Die amerikanische Militärregierung war von Anfang an mit sozialwissenschaftlichen Einrichtungen gespickt. Es gab eine historische Abteilung und ein Amt für Meinungsforschung (Opinion Survey Section unter der Militärregierung, Reaction Analysis Staff unter der Hohen Kommission), das zwischen 1945 und 1955 nicht nur aberhunderte Umfragen veranstaltete, sondern auch der deutschen Meinungsforschung Hebammendienste leistete.[6] So darf es nicht verwundern, daß die reichhaltige anglo-amerikanische Literatur über Besatzung und Umerziehung, die in den ersten Nachkriegsjahren erschien, kaum ungefilterte Beobachtungen enthält, dafür aber um so mehr Interpretationen im Duktus der verschiedenen Zweige der social sciences. Es besteht kein Widerspruch zwischen der wissenschaftlichen Aufmachung der meisten Schriften und der Tatsache, daß ihre Verfasser im Dienste eines Auftrages standen, zu dem sie sich mit mehr oder minder großem missionarischem Eifer bekannten. Noch 1982 wurde eine Monographie über die Umerziehungstätigkeit der „Education and Religious Affairs Branch" der Militärregierung unter dem Titel „Mission on the Rhine"[7] veröffentlicht. Doch der sich abzeichnende Kalte Krieg mit der Sowjetunion, der heiße Koreakrieg (Juni 1950) und der auf ihn folgende Kurswechsel der Besatzungspolitik, der seinen deutlichsten Ausdruck in der Revision des Besatzungsstatuts (6. März 1951) fand, in dem die bis dahin (trotz des Grundgesetzes) die bundesdeutsche Rechtsordnung zur Gänze überlagernde Besatzungshoheit einem Nebeneinander von alliierten und deutschen Kompetenzen weichen mußte, ließ das amerikanische Interesse an Umerziehung, Demokratisierung, Entnazifizierung und – gar – Entmilitarisierung schlagartig zurückgehen. Die Öffentlichkeit in den USA wandte sich anderen Themen zu, und das fortan nur noch spärlich fließende Rinnsal von Publikationen über die Besatzungszeit wurde meist von „Ehemaligen" der Militärregierung gespeist, die sich wieder ihrer akademischen Karriere gewidmet hatten und sich nicht zuletzt an andere „Ehemalige" wandten. Erst Mitte der siebziger Jahre begann das Interesse wieder aufzuleben, als eine neue Generation in die wissenschaftliche Arena trat. Es war vor allem die allmähliche Öffnung der britischen Archive aufgrund des Official Secrets Act von 1968, die trotz gravierender Ausnahmen und vorangegangenen „Jätens" ein interessantes professionelles Arbeitsfeld für Historiker stellte. Akademische Vereinigungen begannen, Tagungen zu veranstalten, die erste Ergebnisse zusammenfaßten – so 1979 die Historische Kommission der deutschen Gesellschaft für Erziehungswissenschaft in Bielefeld[8], 1982 das Deutsche Historische Institut in London[9], 1983 das Inter University History Film Consortium in London[10]. Jetzt rückten die „Ehemaligen" in die Rolle von zu befragenden „Zeitzeugen" und Schreibern von Geleitworten, während die Jüngeren den Gang der Forschung bestimmten.

Der Generationswechsel führt fast von selbst zur „Historisierung" der Besatzungszeit, auch wenn hier und da noch in den Schulen aufgenommene „Betroffenheit" das Wort führt. War die Aufarbeitung der nationalsozialistischen Zeit durch massenhafte Publikationen und optische Präsentationen in Gestalt von Denkmälern, Ausstellungen, Preisverleihungen, Fernsehfilmen und dem geschmerzten Gesicht eines Bundespräsidenten mit dem Ziel betrieben worden, eine stets abrufbare Betroffenheit herzustellen, so bestand die Aufarbeitung der alliierten Umerziehung im Rahmen der Besatzungspolitik (und über diesen Rahmen hinaus) im angestrengten und möglichst lückenlosen Beschweigen. Noch der umfangreiche Band „Die Jahre der Besatzung 1945–1949" der „Geschichte der Bundesrepublik" aus dem Jahre 1983[11] streift die Re-education kaum einmal und verweist im Register lediglich auf das Stichwort „Demokratisierung".

Hatte die anglo-amerikanische publizistische Debatte die „große" Umerziehung (Änderung des deutschen Volkscharakters, um künftigen militärischen Aggressionen „von deutschem Boden aus" vorzubeugen und so den Dritten Weltkrieg zu verhindern) im Auge gehabt, so beschäftigten die Militärregierung hauptsächlich die einzelnen Maßnahmen der „kleinen" Umerziehung. Langfristig Erfolgreiches, wie die von der (aus der Abteilung für Psychologische Kriegführung in Eisenhowers Hauptquartier hervorgegangenen) Abteilung für Informationskontrolle durchgeführte Presselizenzierung[12], stand neben weniger Erfolgreichem wie der von der Abteilung für Zivile Angelegenheiten stimulierten demokratischen Partizipation. Mit ihr waren die Kreisoffiziere (Resident Officers) beauftragt. So organisierte zwischen 1948 und 1952 der Marburger Kreisoffizier „Arbeitskreise für kommunale Probleme, öffentliche

Foren, Jugenddiskussionen, deutsch-amerikanische Klubs, Seminare und Diskussionsgruppen, Vereinigungen junger Kaufleute, Ehrenausschüsse, Frauenklubs, Studentenparlament, Ausschüsse für Bürgerrechte, Komitees für Erwachsenenbildung, Vereine von Steuerzahlern, Vereine für Sicherheit im Verkehr, Wohlfahrtskomitees, Seifenkistenrennen usw."[13] Die häufigen Klagen über ein Scheitern der Umerziehung bezogen sich auf Einzelmaßnahmen der „kleinen" Umerziehung, während der Erfolg der „großen" Umerziehung kaum geleugnet werden kann. Pronay stellt zu Recht fest: „The central question is the relationship between re-education and the remarkable fact that so far neither Germany nor Japan show signs of reverting to former habits of thought or ambitions. There is no doubt that they are today still as close to the Anglo-Saxon idea of a policy as the planners of re-education policy could possibly have hoped."[14]

Natürlich waren die vier Jahre der Militärregierung ein zu kurzer Zeitraum, um dieses Resultat hervorzubringen, und das wurde auch kaum erwartet. John McCloy, der amerikanische Hohe Kommissar, glaubte, daß der Erfolg der Umerziehung sich einstellen werde, wenn die Deutschen, die im Zeichen der Demokratisierung und der Reformen zur Schule gegangen wären, ins Berufsleben eintreten würden, er nannte das Jahr 1961; der Umerziehungschronist der Hohen Kommission, Pilgert, glaubte eine weitere Generation abwarten zu müssen. Meist wurde mit zwanzig bis dreißig Jahren gerechnet, nach denen sich der Erfolg der Umerziehung einstellen werde. In die sechsjährige Amtszeit der Hohen Kommission fielen einige der wirkungsvollsten Umerziehungsmaßnahmen, wie die Einführung des Fachs Politische Wissenschaften an den deutschen Universitäten (Konferenzen von Waldleiningen und Königstein)[15] oder der akademische Austausch mit den USA.[16] Da nach Kurt Lewin[17] die Umerziehung die drei Phasen der Zerstörung der das alte Gleichgewicht aufrechterhaltenden Kräfte, der Einrichtung eines neuen Gleichgewichts durch die Einsetzung neuer Kräfte und die Permanenz des neuen Gleichgewichts durch Selbstregulierung (self-re-education) zu durchlaufen hat, ist beim Übergang von der zweiten zur dritten Phase die sichtbare Präsenz des uniformierten Umerziehungsoffiziers nur hinderlich. Das Ende der Militärregierung war die Voraussetzung für den Erfolg der Umerziehung, die von einer Auflage der Besatzung zur eigenen Sache der Deutschen wurde: „The occupation succeeded when it stopped trying. It advanced retreating."[18]

Umerziehung und Propaganda

Die Umerziehung endete also nicht, als der Ausdruck in der Amtssprache der Besatzung durch Re-orientation oder gar Cultural reconstruction ersetzt wurde, oder als 1952 durch die Schließung der Büros der „Resident officers" die vielen Programme der „kleinen Umerziehung zu einem abrupten Ende kamen.[19] Genauso wenig setzte die Umerziehung erst ein, als OMGUS das „Long-Range Policy Statement for German Reeducation" des State-War-Navy Coordinating Committee (SWNCC 269/5) im Sommer 1946 zugestellt bekam. Die Umerziehung der Deutschen (weniger der Japaner) hat ältere Wurzeln und geht auf den Ersten Weltkrieg zurück, in dem die Propaganda zu einer neuen Waffengattung, der Propagandawaffe, entwickelt wurde. Als der Erste Weltkrieg begann, waren die Deutschen propagandistisch im Vorteil. Sowohl im Auswärtigen Amt (Presseabteilung) als auch im Generalstab (Abteilung III b) befaßte man sich mit Auslandspropaganda, ja der rührige Parlamentarier Mathias Erzberger zählte im Oktober 1914 27 verschiedene Stellen auf, die auf diesem Felde tätig waren.[20] Doch wurden die Deutschen im Laufe des Krieges von den Engländern überrundet, die ihre Propaganda zusammenfaßten, systematisierten und zu einer eigenen Waffengattung entwickelten. Propaganda brauchte nicht erst erfunden zu werden, und Lord Vansittart hatte wohl recht, als er sagte: „Propaganda ist eine alte Sache, seit die Fabrik des Seins errichtet wurde, nicht um Wahrheit, sondern um Täuschung zu produzieren."[21] Die Propaganda stand im Krieg vor drei Aufgaben: 1. die eigene Kampfkraft zu stärken, indem die Opposition gegen den Krieg zum Schweigen gebracht wurde; 2. den Gegner zu schwächen, indem die Opposition im feindlichen Lager geschürt wurde; 3. die Neutralen auf die eigene Seite zu holen.

Auf diesem Felde hatte die britische Propaganda ihre größten Erfolge, indem sie wesentlich dazu beitrug, die USA in den Krieg zu ziehen. Dabei richteten die Briten ihre Propaganda nicht auf gut Glück an die amerikanische Allgemeinheit, sondern sie bearbeiteten eine große Zahl ausgesuchter Multiplikatoren. Es waren zuletzt 260.000 Amerikaner, die das britische Propagandamaterial erhielten, dessen Absender verschleiert wurde.[22] Die Propaganda an der Heimatfront wurde zunächst noch von einer privaten Organisation „Central Committee of National Patriotic Organisations" geleitet, im März 1918 errichteten die Briten jedoch das erste Propagandaministerium. Sie legten die Propaganda in die bewährten Hände der Pressezaren der Massen- und Boulevardblätter. An die Spitze des Propagandaministeriums trat Lord Beaverbrook (Max Aitken) – „Daily Express" –, während die geheime Abteilung für Feindpropaganda an Lord Northcliffe (Alfred Harmsworth) – „Daily Mail" – übertragen wurde. In dessen nachrichtendienstlichen Abteilungen („Wellington House") fanden sich auch die Männer zusammen, die im März 1918 das „Political Intelligence Department" des Foreign Office unter William Tyrrell aufzogen („Crewe House"), das die politische Kriegführung in die Hand nehmen sollte. Im Crewe House trafen sich an maßgebender Stelle Männer wie der berühmte Schriftsteller H. G. Wells oder die Historiker Arnold Toynbee und Lewis Namier. Schon vor dem Ersten Weltkrieg hatten sich im Foreign Office zwei Schulen gebildet, deren eine unter dem Unterstaatssekretär Sir Eyre Crowe davon überzeugt war, daß ihre innere Dynamik die Deutschen immer wieder zum „Griff nach der Weltmacht" treiben werde, deren andere jedoch im Geiste der klassischen Diplomatie an die Möglichkeit eines Modus vivendi mit den Deutschen glaubte. Es waren die Schulen der „Propagandisten" und der „Traditionalisten", die sich auch nach dem Ende des Krieges noch gegenüberstehen sollten. Crewe House war eine Hochburg der Propagandisten. Schon in der ersten Denkschrift der neuen Abteilung wurde niedergelegt, daß ein „Changing of Germany" das oberste Kriegsziel werden müsse. Doch solle eine Revolution (wie in Rußland) vermieden werden. Für die „Wiederherstellung der Zivilisation" werde man sich daher nicht an Arbeiter und Bauern wenden, sondern die Kooperation der „normalen, einigermaßen gebildeten Durchschnittsdeutschen" suchen. Doch „Veränderung muß in Deutschland sein: Im Geist, in welchem regiert wird, in den Personen, die die Kontrolle ausüben, im relativen Einfluß der verschiedenen Klassen im Lande.[23] Die junge Abteilung wurde nach Kriegsende aus Kostengründen wieder aufgelöst, doch sie war nur „eingemottet". Die Mitarbeiter verteilten sich teils auf das von Lord Vansittart, dem neuen Anführer der „Propagandisten", geleitete News Department des Foreign Office, teils auf das 1924 gegründet halbamtliche Royal Institute of International Affairs („Chatham House"). Kaum war jedoch der Zweite Weltkrieg ausgebrochen, wurden die Institutionen der Politischen Kriegführung (Political Intelligence Department and Political Warfare Executive) wieder ins Leben gerufen. Sie nahmen ihren Sitz in Wobourn Abbey. Ein Teil der ehemaligen Crewe-House-Mitarbeiter konnten dort wieder weiterarbeiten, wo sie 1918 stehengeblieben waren – bei der

Planung und Vorbereitung der Umerziehung der Deutschen. Diese Kontinuität der Personen und der Konzepte dient Nicholas Pronay auch zur Erklärung für „die Geschwindigkeit, mit der ein so radikaler Gedanke, der eine solche Vielfalt von Aktivitäten und eine solche Menge von Vorbereitungen nach sich zieht, während der wenigen Monate bis zum Ende des Krieges in eine praktische Politik umgesetzt werden konnte, nachdem das Ziel einmal angenommen worden war."[24] Ein unter dem von Außenminister Eden ernannten Deutschland-Koordinator, John Troutbeck, eingesetztes interministerielles Komitee für Umerziehung legte im Dezember 1943 seinen Abschlußbericht vor und kam zum Schluß: „Wir werden die gesamte Tradition auslöschen, auf der die deutsche Nation errichtet wurde."[25] Ein Kabinettsbeschluß vom September 1944, der die Political Warfare Executive mit der Umerziehung der deutschen Kriegsgefangenen beauftragte, gab den Startschuß zur praktischen Durchführung der Re-education.[26] Churchill hatte im Herbst 1941 den Sowjetrussen verdeutlicht, wie England den Krieg gegen die Deutschen gewinnen wolle: „Wir werden sie durch Propaganda unterminieren, wir werden sie durch eine Blockade niederzwingen und werden vor allem ihre Heimat unablässig, rücksichtslos und in einem ständig wachsenden Umfang bombardieren."[27] So bedeutsam diese Fronten der politischen (unkonventionellen) Kriegführung auch sein mögen, letztlich konnten sie nur zum Erfolg beitragen, wenn sie die konventionelle Kriegführung, die Churchill in seinem Statement ausgelassen hatte, flankieren.

Der konventionelle Schlag gegen den Feind war Aufgabe einer kombinierten englisch/amerikanischen Streitmacht unter dem Oberbefehl von General Eisenhower. Eisenhowers SHAEF (Supreme Headquarters, Allied Expeditionary Forces) verfügte über eine eigene Propagandaorganisation, die Abteilung für Psychologische Kriegführung (Psychological Warfare Division). Abgesehen vom kommandierenden General McClure und einigen Offizieren des Nachrichtendienstes (Psychological Warfare Intelligence) und der Verbindungsstäbe handelte es sich bei den „Sykewarriors"[28] durchwegs um Zivilisten, was den Einfluß und den Druck ziviler Agenturen verstärkte. Nach der Auflösung von SHAEF wurde das amerikanische Element der Abteilung für Psychologische Kriegführung unter dem neuen Namen Abteilung für Informationskontrolle, aber weiter unter dem Kommando von General McClure, dem OMGUS eingegliedert, um die Umerziehung der Deutschen in den Bereichen Information und Kultur durchzuführen.

Umerziehung und Politische Kultur

Politische Kultur (Political Culture) ist der Name eines Ende der fünfziger Jahre an der Universität Princeton entwickelten Forschungskonzeptes amerikanischer Sozialwissenschaftler, das als Spätzünder in der Schlußphase der bundesdeutschen Teilrepublik die öffentliche Diskussion prägte. Die späte, bei „seiner ursprünglichen Rezipierung aus dem Amerikanischen kaum zu ahnende Blüte"[29] wurde dem Fernsehpublikum verdeutlicht, als in der viel beachteten Bundestagsdebatte über den konstruktiven Mißtrauensantrag gegen Helmut Schmidt Redner der SPD (Helmut Schmidt, Willy Brandt) wie der FDP (Gerhard-R. Baum, Hildegard Hamm-Brücher) davor warnten, daß der Regierungswechsel die „Politische Kultur" gefährde. Politische Kultur war in Bonn auf Spielregeln, politischen Stil, ungeschriebene Gesetze im Gegen- und Miteinander der Berufspolitiker verkürzt worden, während in Amerika sich die Political-Culture-Forschung mit der Gesamtbevölkerung befaßte und die politische Klasse höchstens als „Subkultur" einbezog. Das von Gabriel A. Almond, dem „Founding Father", seinen namhaften Jüngern Sidney Verba und Lucian W. Pye und einigen anderen entwickelte Forschungskonzept im Rahmen der Comparative Politics versuchte politisch relevante subjektive Faktoren wie Wertüberzeugungen, Einstellungen, Verhaltensweisen mit den Mitteln der empirischen Sozialforschung zu erfassen, d.h. zu messen und zu vergleichen. In Deutschland wurde daraus unter Verzicht auf die komparative Zielsetzung ein feuilletongerechter Modeartikel, der klangstark Sinnführungskompetenz belegen sollte. Wer zwischen einem normativen Gebrauch bei „Politikern, Leitartiklern und Fernsehkommentatoren, die häufig den ‚Mangel' oder den ‚Verfall' der Politischen Kultur" beklagen und einen „nicht von vornherein wertenden, also deskriptiven und analytischen" Gebrauch in der Sozialwissenschaft unterscheidet[30], kennt anscheinend seine Pappenheimer nicht. Wir finden unter den Autoren der Politischen Kultur so manche Politikwissenschaftler, die durch normative Überzeugtheiten und entsprechenden volksmissionarischen Drall bekannt sind. Martin Greiffenhagen[31], Kurt Sontheimer[32], Wilhelm Weidenfeld[33], Wilfried Röhrich[34], Iring Fetscher[35], Fritz Stern[36], Christian Graf Krockow[37], Lord Ralf Dahrendorf[38] e tutti quanti. Die politische Kultur der Bundesrepublik wird hier in Ergänzung der stärker historischen Sonderwegsdiskussion[39] an der Norm eines nicht näher untersuchten westlichen (de facto) anglo-amerikanischen Vorbilds gemessen. Das Auftauchen des Paradigmas Politische Kultur[40] in der zweiten Hälfte der siebziger Jahre hilft eine Lücke zu schließen, die sich durch das Verblassen der antikapitalistischen, antiautoritären, antiimperialistischen Faszinationen der 68er Bewegung nach der Tendenzwende von 1973/74 ergeben hatte.

Das Fachorgan der Politologen „Politische Vierteljahresschrift", das die Gründungsschrift der Political Culture-Forschung nicht einmal einer Rezension gewürdigt hatte, brachte 1981 ein ganzes PVS-Forum Politische Kultur, in dem ein heftiger Streit zwischen westlich orientierten Veränderern und nicht minder westlich orientierten Bewahrern entbrannte, der im folgenden Jahr auf einem Symposion „Politische Kultur" an der Akademie für Politische Bildung in Tutzing fortgesetzt wurde. Hier wurde die Politische Kultur sogar als ein Orwellsches Konzept[41] angeprangert. Es handelt sich eher um ein Konzept der Re-education. Sowohl strukturell als auch personell läßt sich eine starke Verbindungslinie erkennen. Gabriel A. Almond (Jahrgang 1911), ein 1938 in Chicago an der Hochburg der behavioristischen Schule der politischen Wissenschaften („New Science of Politics") promovierter Sozialwissenschaftler, arbeitete von Gründung (1942) an im amerikanischen Kriegspropagandaamt OWI (Office of War Information), beteiligte sich dann im Kriegsministerium am „U.S. Strategic Bombing Survey"[42], der mit neuesten sozialwissenschaftlichen Methoden die moralischen Wirkungen der Flächenbombardierungen maximieren sollte. 1949 trat Almond erstmals literarisch hervor – mit einem Buch über die Demokratisierung der Deutschen („The Struggle for Democracy in Germany"). Mit dem Koreakrieg wandte sich Almond der anderen Bedrohung der von ihm anvisierten „neuen politischen Weltkultur" zu. In „The Appeals of Communism" wertete er die von Psychoanalytikern auf der Couch mit Kommunisten gewonnenen Erfahrungen aus. Im gleichen Jahr 1954 wurde er Vorsitzender des Committee on Comparative Politics. Für die Comparative Politics entwickelte Almond das Forschungskonzept „Political Culture"[43]. Dessen politische Relevanz wurde schnell erkannt und verhalf ihm zu finanziellem Rückenwind, stellte es doch die drei Aufgabenfelder der klassischen Propaganda auf eine empirische Basis. Die Stabilisierung des eigenen Lagers konnte sich der Erkenntnisse der Erforschung der Politischen Kultur westlicher Länder bedienen, die Destabilisierung des gegnerischen Lagers der Erforschung der Politischen Kultur östlicher Staaten, die Gewinnung der neutralen Länder wurde angesichts der neuen Staaten der Dritten Welt unter dem Schlagwort „Political Development" zum zentralen Bereich der Political Culture-Forschung. 1963 erschien die von Almond und Verba herausgegebene „Fünf-Länder-Studie" „Civic Culture", 1965 die von Pye und Verba herausgegebene „Zehn-Länder-Studie" „Political Culture and Political Development". Katalysator der Political-Culture-Forschung sind nach Almond die neuen Techniken der Meinungsbefragung. Mit ihnen schließt er vier Traditionslinien (klassisches politisches Denken, moderne politische Wissenschaft, Sozialpsychologie, Psychoanthropologie) zu einem Forschungskonzept zusammen.[44] Gleichwohl enthält „Civic Culture" Argumentationsketten, die empirisch weder verifiziert noch falsifiziert werden können. Das gilt auch für das Leitbild einer stabilen Demokratie, der „Civic Culture", einer gemischten Verfassung, in der sich nach Almond auch Aristoteles mit kleinen Abstrichen zuhause fühlen könnte. Das „rationality-activist-model" der Demokratie, in dem alle Bürger aktiv und auf eine rational-aufgeklärte Weise an der Politik teilnehmen, könne eine stabile demokratische Regierung noch nicht garantieren. Auch Elemente der Passivität, des Vertrauens, der Unterordnung unter die Autoritäten gehörten zur „Civic Culture". Politische Eliten müßten jedoch an den „demokratischen Mythos" glauben, daß Bürger auf die Politik Einfluß nehmen könnten. Glaubt die politische Elite, daß der Bürger an ihre Tür klopfen könnte, dann wird sie präventiv auf die Wünsche des Bürgers eingehen, damit er nicht klopft.

Deutschland war in den 60er und 70er Jahren kein Mittelpunktthema und kein Anlaß für besondere Besorgnisse. Dennoch spielt es in der Political-Culture-Forschung eine wichtige Rolle. Die psychopolitische Sicht war ursprünglich auf Deutschland gerichtet gewesen. Verba schreibt: „Viele der klassischen Werke über die nichtpolitischen Wurzeln politischer Haltungen wurden von Männern geschrieben, die die Fragen beantworten wollten, die der deutsche Nationalsozialismus aufgeworfen hat. Man denkt dabei sofort an Adorno, Horkheimer, Lewin und Fromm und die Nachkriegsstudien über den deutschen politischen Charakter"[45]. Das konzeptionelle Umfeld der Re-education der Deutschen war Ausgangspunkt der Political-Culture-Forschung. In ihr zeichnet sich nicht nur ein Wandel des Deutschland-Bildes ab, sondern auch ein Wandel der deutschen Wirklichkeit, soweit sie mit einem sozialwissenschaftlichen Raster einzufangen ist. Re-education und Politische Kultur sind jedoch nicht nur durch eine psychopolitische Traditionslinie verbunden, sondern auch durch eine der empirischen

Sozialforschung. Schon Im Oktober 1945 wurde im Rahmen der nachrichtendienstlichen Unterabteilung der OMGUS-Abteilung für Informationskontrolle in Bad Homburg eine Sektion für Meinungsforschung eröffnet. Die Mitarbeiter der Sektion stammten aus dem „U.S. Strategic Bombing Survey" des Kriegsministeriums, in dem erstklassig geschulte Sozialwissenschaftler, darunter Almond, die moralischen Wirkungen der Flächenbombardements analysiert hatten. Die Umfragen der ersten Jahre spiegeln den Fehlschlag der „kleinen" Umerziehung wider. Die Deutschen hatten zwar den diskreditierten Nationalsozialismus hinter sich gelassen, „aber sie nehmen die meisten Muster demokratischen Verhaltens, die die Militärregierung fördert, nicht an". Unter der Hohen Kommission verschieben sich die Wertungen: „Die Bundesrepublik war nicht die Musterdemokratie, die sich die amerikanischen Besatzer ursprünglich erhofft hatten, aber es war eine populäre, stabile und effektive Demokratie in einem formalen Sinne. Ihre Stärke gab der Bundesrepublik den Atemraum, der notwendig ist, um einige weniger formale Aspekte der Demokratie zu entwickeln, wie soziale Gerechtigkeit und Gleichheit."[46]

Mit dem Ende der Hohen Kommission schloß auch der Reaction Analysis Staff seine Tore. 1959 war das Jahr, in dem Almond/Verba die Befragung für ihre „Fünf-Länder-Studie" durchführen ließen. In der Studie wird Deutschland eher schlecht benotet: „In Deutschland hält eine passive Untertanen-Einstellung an und ist bislang noch nicht durch eine partizipatorische Einstellung in ein Gleichgewicht gebracht worden."[47] Zwei Jahre später verschiebt sich in der „Zehn-Länder-Studie" von Pye/Verba der Akzent. „Passivität, Pragmatismus, Distanziertheit, legalistischer Formalismus führen dazu, daß die Deutschen sich dem Radikalismus verschließen, ohne zu einer demokratischen Partizipation überzugehen."[48] Das aber bringt immerhin den Faktor Zeit, der der Weimarer Demokratie fehlte, „um das politische System durch das Schaffen von Haltungen zu durchdringen, die für die demokratische Partizipation von Nutzen sind." 1980 kamen Almond/Verba auf ihre „Fünf-Länder-Studie" zurück. Sie veröffentlichten „The Civic Culture revisited", einen Sammelband, in dem neben Stellungnahmen verschiedener Autoren die fünf Länder jeweils durch einen neuen Bearbeiter unter die Lupe genommen werden. Für Deutschland handelt es sich um David P. Conradt. Laut Conradt hat jetzt anscheinend der Faktor Zeit gegriffen. Inzwischen habe sich jeder einzelne Aspekt, der 1963 in der Almond/Verba-Studie aufgeführt worden sei, verändert. „Die Entwicklungen seit 1959 unterstreichen das Ausmaß des kulturellen Wechsels in Deutschland."[49] Ja, die Deutschen überrunden in manchen Aspekten die anglo-amerikanischen Vorbilder. Zwischen 1959 und 1978 ist der Prozentsatz der Deutschen, der auf die politischen Institutionen des Landes stolz ist, von 7 % auf 31 % gewachsen, von 1951 bis 1976 der Prozentsatz, der meint, daß es nicht zu einer Wiedervereinigung kommen werde, von 28 % auf 65 % gewachsen – Verfassungspatrioten, wohin man auch blickt.

Doch während Deutschland zum Inbegriff einer stabilen Demokratie geworden ist, haben sich neue Fragen ergeben. Jetzt stellt sich die Frage, ob die „liberale Demokratie für die partizipatorischen Bedürfnisse und politischen Anforderungen einer Bevölkerung, die nicht länger in den demokratischen Kinderschuhen steckt, adäquat sei."[50] In einer künftigen Demokratiekrise habe die Bundesrepublik jedoch die gleichen Chancen wie die anderen westlichen Demokratien. Almonds Frage, warum in der Krise der 30er und 40er Jahre die angelsächsischen Demokratien sich durchwursteln, die deutsche jedoch zusammenbrach, ist beantwortet – nicht auf dem Papier, sondern in der politisch-kulturellen Wirklichkeit. Die „traumatische" Vergangenheit spielt keine Rolle mehr, der Traum vom „deutschen Sonderweg" ist für die Politische Kultur-Forschung ein für allemal ausgeträumt, die Umerziehung der Deutschen ist – 1980 – erfolgreich abgeschlossen.

Anmerkungen

Einleitung (S. 15–22)

1 *Besatzungsgeschichte.* Die amerikanischen Besatzungsbehörden haben von Anfang an Bausteine für eine spätere Besatzungsgeschichtsschreibung durch Anfertigen von Historical Reports bereitgestellt. Aus ihnen ist die Serie der Historical Monographs of the Office of US. High Commissioner for Germany hervorgegangen, die von G. A. Lee im Guide to Studies of the Historical Division of the Office of the U.S. High Commissioner, 1953, beschrieben wurde. Auf dieser Serie baut die (inoffizielle) Arbeit des ehemaligen Chefhistorikers des Hohen Kommissars Harold Zink: The United States in Germany 1944–1955, New York 1957, auf. Eine offizielle Arbeit der Armee ist Oliver J. Frederiksen: The American Military Occupation of Germany 1945–1953, 1953. Die in der Militärregierung verwendeten Professoren der Politischen Wissenschaften haben sich frühzeitig bemüht, durch Aufsätze und Sammelbände die Deutung des Geschehens zu beeinflussen, so E. H. Litchfield: Governing Post-War Germany, Ithaca 1953, und Carl J. Friedrich: American Experiences in Military Government in World War II, New York 1948, auch Bd. 267 der von der American Academy of Political and Social Science herausgegebenen „Annals", 1950.
Seither hat eine Anzahl ehemaliger Besatzungsoffiziere ihre deutschen Erfahrungen in Dissertationen interpretiert. Eine interessante Ergänzung bilden die Schriften von Besatzungsangehörigen, die in den Osten übergegangen sind: George S. Wheeler: Die amerikanische Politik in Deutschland (1945–1950), Berlin 1958; Arthur D. Kahn: Betrayal. Our Occupation of Germany, Warschau (1950); Cedric Belfrage: Seeds of Destruction. The Truth about the U.S. Occupation of Germany, New York 1954. Auch von Seiten der DDR-Historiker werden Untersuchungen über die Besatzungsgeschichte in Westdeutschland angefertigt, die ebenso unerläßlich sind wie die in der Bundesrepublik erschienene Literatur über Mitteldeutschland.
In beiden Fällen ist der polemische Gesichtswinkel objektiver als der apologetische. Memoiren schrieben Lucius D. Clay (Decision in Germany, Garden City 1950), sein politischer Berater Robert Murphy (Diplomat Among Warriors, Garden City 1964), der Kommandant von Berlin Frank Leo Howley (Berlin Command, New York 1950) und der Direktor der Militärregierung von Bayern George N. Shuster (Mein Lebensweg, Frankfurt 1965). Dokumentensammlungen sind Germany 1947–1949: The Story in Documents, Washington 1950, und Occupation of Germany: Policy and Progress 1945–1946, Washington 1947, Beate Ruhm von Oppen: Documents on Germany under Occupation 1945–1954, London 1955, und James K. Pollock und James H. Meisel: Germany under Occupation: Illustrative Materials and Documents, Ann Arbor 1947. Von deutscher Seite ist die Besatzungsgeschichte behandelt worden von Ernst Deuerlein: Deutschland nach dem Zweiten Weltkrieg 1945–1955 in: Handbuch der Deutschen Geschichte von Brandt-Meyer-Just, Elmar Krautkrämer: Deutsche Geschichte nach dem zweiten Weltkrieg, Hildesheim 1962,

Theo Stammen: Einigkeit und Recht und Freiheit – Westdeutsche Innenpolitik 1945–1955. Eine vorzügliche Darstellung des amerikanischen Deutschlandbildes ist Christine M. Totten: Deutschland – Soll und Haben, München 1964.

2 *Gimbel.* John Gimbel: Die Bedeutung der Besatzungsmacht 1945–1949, in: Aus Politik und Zeitgeschichte B 18/65. Der von Gimbel angenommene Stichtag des 1. Juli 1948 für den Übergang von der Politik der Bestrafung zu der des Wiederaufbaus ließe sich auf drei verschiedene Weisen werten: 1. als deutscher Thermidor, an dem die Revolution der Restauration Platz gemacht habe; 2. als entwicklungsnotwendige Stufe auf dem Wege zur Demokratisierung Deutschlands, die zuvor negative, hernach positive Maßnahmen erfordert habe; 3. als Beendigung eines Interregnums, das durch eine von Linkskreisen diktierte destruktive amerikanische Politik verursacht wurde. Es ist naheliegend, daß die erste These vor allem auf der revolutionären Linken, die zweite These in der liberalen Mitte, die dritte These auf der konservativen Rechten vertreten wird. Es bedarf keiner Prophetengaben um vorauszusagen, daß die Majorität der deutschen „Politologen" versuchen wird, die zweite Wertung zu verbreiten, während die (jüngere) Minorität der ersten Wertung zuneigen und die dritte Wertung aus den mit öffentlichen Geldern unterhaltenen Forschungs- und Lehrstätten verbannt sein wird.

3 *Meinungskontrolle.* Aufschlußreich ist der feierliche Protest von 22 „jungen" europäischen Historikern, darunter 14 „deutscher Sprache" gegen einige Passagen in einer Buchbesprechung in der „Historischen Zeitschrift". Die jungen Historiker protestierten gegen den Abdruck von Sätzen, in denen „von der zerstörungsfreudigen Selbstkritik großer Teile der deutschen Presse", davon daß „in unhistorischer Weise Ideen und Vorgänge des Hitlerterrors in die Vergangenheit zurückprojiziert würden" und daß „die Bundesrepublik fast völlig durch die mechanistisch-rationalistischen Staatsideen der westlichen Demokratien überfremdet erscheint, ohne daß ihr wie dort der Mythos einer Verfassung oder eines Staates als Korrektur zur Verfügung steht" (HZ 195 S. 402/3). Ein Schritt weiter ist es, wenn die Äußerungen eines Wiener Historikers der Srbik-Schule im Frühjahr 1965 zu Straßenschlachten mit zahlreichen Verletzten und einem Toten führten. Die andere, wichtigere Seite der Meinungskontrolle besteht in der „Förderung" bestimmter Meinungen durch Ausgabe von Stipendien, Druckkostenzuschüssen und beruflichen Aufstiegsmöglichkeiten.

4 *Deutschland–Japan.* Eine vergleichende Darstellung über die Entnazifizierung bzw. Säuberung (Purge) in Deutschland und Japan ist John D. Montgomery: Forced to be Free. The artificial Revolution in Germany and Japan, Chicago 1957.

5 *Reaktion.* Das Reaktions-Klischee findet sich bereits in dem ersten offiziellen Bericht des amerikanischen Außenministeriums: Occupation of Germany. Policy and Progress 1945–1946 (Department of State Publication 2783), der mit folgenden Worten beginnt: „Die Deutschlandpolitik der USA hat seit Kriegsende die Besetzung und Kontrolle dieses Landes eingeschlossen. Diese Politik hat sich als Reaktion auf den Aufstieg des Nazi-Regimes, der im Zweiten Weltkrieg kulminierte, entwickelt."

6 *Schwarzenberg.* Werner Groß: Der Kampf der Schwarzenberger Antifaschisten während der besatzungslosen Zeit (Mai–Juni 1945) in „Zeitschrift für

Geschichtswissenschaft" 8 (1960) S. 657–676 und vom gleichen Autor: Die ersten Schritte. Der Kampf der Antifaschisten in Schwarzenberg während der unbesetzten Zeit, Berlin 1961.
7 *1848er in der Bundesrepublik.* Walt W. Rostow, Vorsitzender des Planungsstabes im amerikanischen Außenministerium am 19. September 1963: „In einem gewissen Sinn verkörpert das heutige Deutschland den Sieg – und wie ich überzeugt bin, den endgültigen Sieg – jener Männer, die im Jahre 1848 das liberale Frankfurter Parlament hervorbrachten, obwohl die Revolution damals von Preußen und den deutschen Nationalisten (!) zunichtegemacht wurde."
8 *Transatlantische Interventionen.* Wichtig ist hierbei der globale geistige Interventionismus der amerikanischen Foundations. Diese sind (obwohl sie die Namen von Multimillionären, wie Ford, Rockefeller, Carnegie und anderen tragen) der wesentliche und steuerfreie Pfeiler des das amerikanische Geistesleben beherrschenden liberalen Establishments. Ihre politische Einflußnahme wurde von einem Kongreßausschuß untersucht. Die Ergebnisse des Reece-Ausschusses sind zusammengefaßt in Rene A. Wormser: Foundations. Their Power and Influence.
9 *Metternichsche System.* Die Rezeption des Metternichschen Systems durch die Liberalen fällt zusammen mit dem Höhepunkt der Expansion des Herrschaftsbereiches Hitlers. Golo Mann: Friedrich von Gentz. Geschichte eines europäischen Staatsmannes, Zürich 1947, entstand 1936–1941. Auch Paul R. Sweet: Friedrich von Gentz. Defender of the Old Order, 1941 (Sweet bildete später mit Padover das Aachen-Team der Psychologischen Kriegführung) und Peter Viereck: Conservatism Revisited, 1951, (Viereck verkörpert die amerikanische Version der „Vergangenheitsbewältigung". Sein Vater, der bekannte Schriftsteller George Sylvester Viereck, war Angeklagter im größten Prozeß gegen „Nazi-Agenten". Vgl. Vierecks Schriften: Metapolitics: From the Romantics to Hitler, New York 1941, und die Neuauflage 1961, sowie seinen Beitrag im linksliberalen Sammelband: The Radical Right. Über den Prozeß gegen seinen Vater Maximilian St. George und Lawrence Dennis: A Trial on Trial, 1946.)
10 *Radical Right.* Dieser Terminus hat sich erst kürzlich durchgesetzt. Der von Daniel Bell herausgegebene Sammelband führender liberaler Professoren (meist Soziologen) zur Bekämpfung des Konservatismus in Amerika hieß bei seiner ersten Auflage (1955) noch The New American Right und wurde erst bei der zweiten Auflage (1963) in The Radical Right umgetauft. Der Ausdruck wurde in der ersten Auflage in einem Aufsatz des Soziologen Seymour Martin Lipset verwendet.
11 *Konservatismus.* Zur Umbildung der konservativen Position vergleiche die Diskussion im „Monat" (1962), in der Armin Mohler, Robert Hepp und der Verf. den Konservatismus als Bewegungspartei vertraten, während H. J. von Merkatz, Dieter Schwarzkopf und Klaus Harpprecht ihn als Beharrungspartei erhalten wissen wollten. Seither tobt die Schlacht zwischen den Demokratisch-Konservativen und den Liberalkonservativen. Für die Ersteren vgl. die „Demokratisch-Konservative Korrespondenz" (München), für die Letzteren „Civis".

Von der democracy zur Demokratie (S. 23–86)

1 *Rand.* Die Philosophie von Ayn Rand wurde im Roman: Atlas shrugged, New York 1957, entwickelt. Vgl. For the New Intellectual: The Philosophy of Ayn

Rand, New York 1961; Nathaniel Branden: Who is Ayn Rand? New York 1962; seit 1962 auch „The Objectivist Newsletter". Die Philosophie von Ayn Rand wird im Nathaniel-Branden-Institut gelehrt.

2 *Künder des neuen Menschen.* Leo Trotzki: Literatur und Revolution, Wien 1924. Auch: „Der Mensch wird es sich zur Aufgabe machen, seiner eigenen Gefühle Herr zu werden, seine Instinkte auf den Gipfel des Bewußtseins zu heben, sich durchsichtig klar zu machen, Leitungsfäden vom Willen unter die Schwelle des Bewußtseins zu führen und sich selber damit auf eine höhere Stufe zu bringen, also einen höherstehenden gesellschaftlich-biologischen Typus, oder, wenn man will, einen Übermenschen zu schaffen." D'Annunzios Verfassung in Riccardo Frassetto: Fiume o Morte! Rom 1940; Eisners „Gesang der Völker" in Kurt Eisner: Die neue Zeit, München 1919.

3 *Amerikanische politische Sekten.* Ein zeitgenössischer Versuch, aus den Sekten einen amerikanischen Faschismus abzuleiten, ist Raymond Gram Swing: Forerunners of American Fascism, New York 1935.

4 *Technokratie.* Erich Kraemer: Was ist Technokratie? Berlin 1933 (mit einem Aufsatz von Howard Scott).

5 *Roosevelt:* An der Hürde des Übergangs vom amerikanischen Politiker Roosevelt zum Weltpolitiker Roosevelt sind bisher die Biographen Roosevelts zu Fall gekommen. Die großen liberalen Roosevelt-Biographien von Arthur M. Schlesinger Jr.: The Age of Roosevelt (3 Bände von 1957–1960) und Frank Freidel: Franklin D. Roosevelt (3 Bände von 1952–1956) reichen nur bis 1937 bzw. 1932. Auch James M. Burns' lesbare einbändige Darstellung: Franklin D. Roosevelt. The Lion and the Fox, reicht nur bis 1940. Für die ganze Präsidentschaft Edgar E. Robinson: The Roosevelt Leadership 1933–1945, Philadelphia 1955, und Dexter Perkins: The New Age of Franklin D. Roosevelt 1932–1945, Chicago 1957. Aus konservativer Sicht John T. Flynn: The Roosevelt Myth, Garden City 1948. Die „Public Papers and Adresses" sind in 13 Bänden von Samuel I. Rosenman herausgegeben worden. Von diesem auch das Buch: Working with Roosevelt, New York 1952. Der Briefwechsel Roosevelts: F. D. R.: His Personal Letters, 4 Bände, New York 1947–1950.

6 *New Deal.* Basil Rauch: The History of the New Deal, New York 1944, führte die Unterscheidung zwischen erstem und zweitem New Deal ein. Der Ausdruck New Deal findet sich in dem Buch von Stuart Chase: A New Deal, New York 1932, das viele Programmpunkte des New Deal Nr. 2 vorwegnimmt. Außerdem: William E. Leuchtenberg: Franklin D. Roosevelt and the New Deal 1932–1940, New York 1963, und Daniel Fusfeld: The Economic Thought of Franklin D. Roosevelt and The Origins of the New Deal, New York 1956.

7 *Roosevelts Außenpolitik.* William L. Langer und S. Everett Gleason: The Challenge to Isolation, 1937–1940, und The Undeclared War, 1940–1941, New York 1952 und 1953. Beginn des Revisionismus bei Charles A. Beard: American Foreign Policy in the Making 1932–1940, New Haven 1946, und President Roosevelt and the Coming of the War, New Haven 1948. Die Gegenposition bei Basil Rauch: Roosevelt from Munich to Pearl Harbour, New York 1950.

8 *Politische Umschichtungen.* Sam Lubell: The Future of American Politics, London 1952.

9 *Antiintellektualismus.* Richard Hofstadter: Anti-Intellectualism in American Life, London 1964.

10 *Liberalismus.* Geschichtliche Darstellungen sind Arthur A. Ekirch: The Decline of American Liberalism, New York 1955, Eric Goldman: Rendezvous with Destiny, New York 1952, und in Form von Biographien Charles A. Madison: Critics and Crusaders, 1952, und Leaders and Liberals in 20th Century America, New York 1961. Eine systematische Darstellung gibt J. Salwyn Schapiro: Liberalism – Its Meaning and History, Princeton 1958. Verschiedene Aspekte der liberalen Politik behandeln: The Liberal Papers, hgg. von James Roosevelt, Garden City 1962. Für den Übergang vom alten zum neuen Liberalismus charakteristisch ist John Dewey: Liberalism and Social Action, 1935, und die Anthologie Whose Revolution? hgg. von Irving DeWitt Talmadge, New York 1941. Einblicke in die liberalen Zirkel der 40er Jahre gibt Dwight Macdonald: Memoirs of a Revolutionist, Cleveland 1958. Eine systematische Auseinandersetzung mit dem Liberalismus ist James Burnham: Begeht der Westen Selbstmord? Ein Versuch über Bedeutung und Zukunft des Liberalismus, Düsseldorf 1965.

11 *Felix Frankfurter.* Reminiscences, Garden City 1962. Of Law and Men. Papers and Addresses 1939–1956.

12 *Brandeis.* Alphaeus T. Mason: Brandeis. A Free Man's Life, New York 1946. Samuel J. Konefsky: The Legacy of Holmes and Brandeis, New York 1957. Brandeis' eigene Schriften tragen die bezeichnenden Titel „The Curse of Bigness", New York 1934, und „Other People's Money and How the Bankers Use It", New York 1914. Ein Brandeis Reader wurde 1956 von Erwin Pollock, ein Brandeis Guide to the Modern World 1941 von Alfred Lief herausgegeben.

13 *Nye.* John Edward Wiltz: The Nye Committee Revisited, in: Historian 23 (1961), S. 211–233.

14 *Pazifismus.* Das heikelste Problem beim Übergang vom alten zum neuen Liberalismus war das Überwechseln vom Kampf gegen jeden Krieg zum Kampf für einen letzten Krieg zur Herstellung der endgültigen Weltordnung. Einen Einblick in die mit diesem Übergang verbundenen Argumentationen gibt der Vater der Lizenzpresse Cedric Belfrage in seiner Biographie des zum Kommunismus tendierenden Arbeiterpfarrers Claude Williams, der in einem Brief schrieb: „Trotz meiner Hochachtung vor vielen einzelnen Pazifisten, verabscheue ich den Pazifismus – nicht nur als ein untaugliches Instrument und eine Illusion, hinter der sich die fünfte Kolonne verbirgt; nicht nur als eine Bewegung, die mit dem Nazismus große Ähnlichkeit aufweist, sondern als ein Programm, das Hitler tatsächlich als seinen Verbündeten gesegnet und das er verwendet hat, um das paradoxe Geschrei von der Errettung der Zivilisation anzustimmen. Die Bibel selbst hat mich zu dem Schluß geführt, daß der Pazifismus unchristlich ist." Cedric Belfrage: Wenn aber das Salz dumpf wird, Berlin 1951.

15 *Interventionismus – Isolationismus.* Eine Geschichte des Isolationismus ist Selig Adler: The Isolationist Impulse. Its Twentieth Century Reaction, New York 1957 (Bibliographie). Eine entsprechende Darstellung des Interventionismus fehlt. Walter Johnson: The Battle against Isolation, Chicago 1944, ist eine aufschlußreiche Materialsammlung. Vom gleichen Autor: William Allenson Whites America, New York 1947.

16 *Antifaschismus.* Der „Antifaschismus" ist im Zeichen des Kalten Krieges als Zusammenarbeit von Intellektuellen mit den kommunistischen Parteien be-

handelt worden. (Daniel Aaron: Writers on the Left, New York 1961. Eugene Lyons: The Red Decade, 1941). Die eigenständigen Wurzeln des militanten Antifaschismus sind darüber zu kurz gekommen. Eine Geistesgeschichte des Antifaschismus wäre eine der lohnendereren Aufgaben der Zeitgeschichtsschreibung. Aus dem Kreis der 15 vgl. Louis Mumford: Faith of Living, London 1941. Giuseppe Borgese: Common Cause, London 1944, und Foundations of the World Republic, Chicago 1953.

17 *Wallace.* Dwight Macdonald: Henry Wallace. The Man and the Myth, New York 1947. Russell Lord: The Wallaces of Iowa, Boston 1947.

18 *PM.* Diese orthodox-liberale Zeitung, die auf Annoncen verzichten konnte, verdankte ihre Existenz Zuschüssen in Höhe von 5 Millionen Dollar durch den Chicagoer Warenhauskönig Marshall Field III. Field war nach seiner dritten Scheidung des anstrengenden Lebens eines Playboys überdrüssig geworden und begab sich in psychoanalytische Behandlung. Der New Yorker Psychoanalytiker Zilboorg legte ihm nahe, seinem Leben einen sozial nützlichen Sinn zu geben und brachte ihn hierzu mit dem Journalisten Ralph Ingersoll (von „Time") zusammen, dem er sein Projekt finanzierte, ohne Einfluß zu nehmen. „PM" erschien von 1940 bis 1948 und brach alle Rekorde an Deutschenhaß.

19 *Roosevelts Weltbild.* William Range: Franklin D. Roosevelts World Order, Univ. of Georgia, 1959. Eine Ableitung der Nachkriegsordnung aus Roosevelts Ideen führt Max Hagemann: Der Provisorische Frieden. Die Bauprinzipien der internationalen Ordnung seit 1945, Erlenbach 1964, durch.

20 *Verschwörungstheorie.* Richard Hofstaedter: The Age of Reform from Bryan to F.D.R., New York 1955. Es ist ungemein bezeichnend, daß Hofstadter zwar eine Verbindungslinie zwischen den populistischen Verschwörungstheorien und den „autoritären Agitatoren" der Gegenwart zieht, aber nicht zwischen ihnen und den antigermanischen und Antitrust-Verschwörungstheorien der Liberalen. Die Einäugigkeit ist überhaupt das Kennzeichen des Liberalismus.

21 *Junkerverschwörung.* Frederick Martin: The Junker Menace, New York 1945. Der „wissenschaftliche" Unterbau der Junker-Entmachtung bei Alexander Gerschenkron: Bread and Democracy in Germany, University of California Press 943, und Lysbeth Walker Muncy: The Junkers in the Prussian Administration, Brown University Press 1944. Auch Hans Rosenberg: The Rise of the Junkers in: American Historical Review 1943/44.

22 *Generalstabsverschwörung.* Sumner Welles: The Time for Decision, New York 1944. Das Fortleben dieser Verschwörungslehre bezeugt Charles R. Allen: Heusinger of the Fourth Reich, New York 1963.

23 *Geopolitiker.* Whittlesey: German Strategy of World Conquest, New York 1942. Hans W. Weigert: Generals and Geographers. The Twilight of Geopolitics, New York. Das geopolitische Zentrum in Madrid bei T. H. Tetens: Germany plots with the Kremlin, New York 1953.

24 *Industriellen-Verschwörung.* Joseph Borkin und Charles A. Welsh: Germany's Master Plan: A Story of Industrial Offensive, New York 1943. Wendell Berge: Cartels; Challenge to a Free World, Washington 1943. Corvin D. Edwards: A Cartel Policy for the United Nations, New York 1945. Darel McConkey: Out of your Pocket. The Story of Cartels. Die Theorie von der Industriellenverschwörung wurde in einem Unterausschuß des Senates unter dem Vorsitz von Senator Harry Kilgore (West Virginia) institutionalisiert und spielte in den Jahren 1945/46 in der Deutschlandpolitik eine unerfreuliche Rolle.

25 *Feudalismus.* Von den beiden bedeutenden Anregern des amerikanischen Liberalismus, in deren System Deutschland eine negative Rolle zugewiesen erhielt, Dewey und Thorstein Veblen (1857–1929), hat der letztere mit seiner Schrift Imperial Germany and the Industrial Revolution, New York 1915, die soziologische Kritik an Deutschland eröffnet. Im zweiten Weltkrieg wurde sie dann fortgesetzt, etwa von Talcott Parsons: Democracy and Social Structure in Pre-Nazi Germany, in: Journal of Legal and Political Sociology 1942, S. 96–114.

26 *Philosophenverschwörung.* Rohan D. O. Butler: The Roots of National Socialism, New York 1942. William M. McGovern: From Luther to Hitler, Boston 1941. Eines der bemerkenswertesten Werke dieser Richtung ist die 1938 erschienene Schrift des ungarischen Psychoanalytikers Aurel Kolnai, der wohl als erster die Psychoanalyse systematisch auf die Politik anzuwenden versucht hat (1924: Psychoanalyse und Politik). Aurel Kolnai versuchte schon 1938 in seinem Buch „The War Against the West" eine anglo-amerikanisch-sowjetische Allianz gegen Deutschland geistesgeschichtlich zu fundieren. „Die östlichen Alliierten (1938! d. V.) zeigen, daß der Westen nur eine vorläufige Skizze der vereinigten Menschheit, ein Kristallisationszentrum des Weltbürgertums ist." Die Demokratie dürfe nun nicht mehr auf die Mehrheit blicken, sondern auf die „Gruppe", deren Bestimmung sei, die Demokratie zu verwalten. Diese Gruppe müsse sich auf eine mit Intoleranz zu vertretende Ideologie stützen. Der Kampf der „in moralischer Bewußtheit organisierten Welt der Zivilisation gegen die Rebellen gegen die Menschheit" sei der Eingang zum Weltstaat. „Wir lehnen nachdrücklich die ‚Freund-Feind-Theorie' von Professor Carl Schmitt ab; wir bestehen unbedingt auf dem, was ihm am verhaßtesten ist: die Ersetzung der Feindschaft durch juristische Kategorien und die moralische Verdammung der Barbaren, die der Menschheit trotzen; wir sind dabei, eine rationale und demokratische Gesellschaft zu bauen, in der sich keine Stämme herumschlagen, – sondern nur die Exekutive der Menschheit auf der einen Seite, die Verletzer des Menschheitsgesetzes auf der anderen Seite."

27 *Plato.* K. R. Popper: Der Zauber Platons, Bern 1957. Die philosophische Inkriminierung von Plato auch schon bei einem der führenden Köpfe der Psychologischen Kriegführung, dem bekannten Labour-Abgeordneten Richard Crossman, der als Dozent in Oxford Plato vom Bildungspodest herunterholte und als Präfaschisten entlarvte (Plato today).

28 *Nizer.* Diese Angaben, wie die meisten anderen biographischen Angaben über amerikanische Persönlichkeiten, sind den seit 1940 erscheinen den Jahresbänden der „Current Biography" entnommen. Zur Ergänzung wurde auch Kunitz: Twentieth Century Authors. A Biographical Dictionary of Modern Literature, New York 1942 (mit Ergänzungsband von 1955) herangezogen.

29 *Antigermanismus.* Das europäische Gegenstück zum amerikanischen Antigermanismus findet sich in den Schriften des Lord Vansittart.

30 *Theodore N. Kaufman:* Germany must Perish, Newark 1941. In der Congress Library befindet sich ein Deutschlandprogramm Kaufmans, das er nach dem amerikanischen Kriegseintritt ausarbeitete und das an Stelle der Sterilisierung die Umerziehung vorsah. Eine ähnliche Schrift ist von Dorothy Snow Smith und Wilson M. Southam: No Germany, therefore no more German Wars, Ottawa 1945.

31 *Deutschland-Pläne.* Besprechungen verschiedener Deutschland-Pläne sind Donald F. Lash: What they Would Do About Germany, in: Journal of Modern

History 17 (1945) S. 227–243 und Koppel S. Pinson: On the Future of Germany, in: Menorah Journal 32 (1944) S. 125–160. Ernst Deuerlein: Die Einheit Deutschlands, Frankf. 1957 (Bibliogr.).

32 *Zwei Deutschland.* Karl O. Paetel: Zum Problem einer deutschen Exilregierung. Vierteljahreshefte für Zeitgeschichte 4 (1956). Hauptvertreter der Richtung: Paul Hagen: Germany after Hitler, New York 1944. Auch der Alt-Liberale Oswald Garrison Villard: Shall we Rule Germany?, New York 1943, und in England der Penguin Special 217: The Next Germany, 1943.

33 *Prevent World War III.* Organ der Gesellschaft: „Prevent World War III". Gesellschaft und Zeitschrift existieren noch heute. Forschungsdirektor ist Herbert Kriedman. An der Wiege der Gesellschaft scheinen Friedrich Wilhelm Foerster und sein Sekretär T. H. Tetens gestanden zu haben. Die Kriegsliteratur aus dem Umkreis der Gesellschaft ist bereits durch die Titel charakterisiert: Sigrid Schultz: Germany will try it again, 1944. Heinz Pol: The Hidden Enemy: The German threat to post-war peace, New York 1943. Curt Riess: The Nazis go Underground, Garden City 1944. Maßgebend auch die Artikel von William Shirer: They are all guilty, punish them, in: Look vom 26. Januar 1943 und Rex Stout: We shall hate or we shall die, in: New York Times Magazine vom 17. Januar 1943. Als Deutschlandplan der Gesellschaft kann „The Position of the Writers' War Board on the German Problem" im Jahresbericht für 1944 des Board, der mit der Society in Personalunion stand, gelten.

34 *Deutschlandplanung.* Günter Moltmann: Amerikas Deutschlandpolitik im Zweiten Weltkrieg. Kriegs- und Friedensziele 1941–1945, Heidelberg 1958. John L. Snell: Wartime Origins of the East-West Dilemma over Germany, New Orleans 1959.

35 *Vereinte Nationen.* Louis Holborn: Peace and War Aims of the United Nations.

36 *Militärische Deutschlandplanung.* Hajo Holborn: American Military Government, Its Organisation and Politics, Washington 1947. Harold Zink: American Military Government in Germany, New York 1947. William Friedman: The Allied Military Government of Germany, London 1947.

37 *Diplomatische Deutschlandplanung.* (Harley Notter Hrsg.): Postwar Foreign Policy Preparation 1939–1945, Washington 1949.

38 *Darlan.* William L. Langer: Le jeu americain à Vichy, Paris 1948.

39 *Bedingungslose Kapitulation.* Anne Armstrong: Unconditional Surrender. The Impact of Casablanca Policy upon World War II, New Brunswick 1961. Günther Moltmann: Die Genesis der Unconditional-Surrender-Forderung, in: Wehrwissenschaftliche Rundschau 6. Alfred Vagts: Unconditional Surrender – vor und nach 1943. Vierteljahreshefte für Zeitgeschichte 7 (1959). Paul Kecskemeti: Strategie Surrender, Stanford 1958.

40 *Hull.* The Memoirs of Cordell Hull, New York 1948.

41 *European Advisory Council.* William Strang: Home and Abroad, London 1956. Philip E. Mosely: The Occupation of Germany. New Lights on How the Zones where Drawn, in: Foreign Affairs 28, S. 580–604.

42 *Morgenthau.* Henry Morgenthau jr.: Germany is Our Problem, New York 1945. Fred Smith: The Rise and Fall of the Morgenthau Plan, in: United Nations World 1 (1947). Günter Moltmann: Der Morgenthau-Plan als historisches Problem, Wehrwissenschaftliche Rundschau 5.

43 *White.* Nathan I. White: Harry Dexter White – Loyal American, Waban 1956 (Apologie des Bruders). G. F. Hudson: The Harry Dexter White Case, in: The Twentieth Century 155 (1954).
44 *Teheran.* The Conferences of Cairo an Teheran, 1943, Department of State Publication 7187, Washington 1961.
45 *Jalta.* The Conferences of Malta and Yalta 1945, Department of State Publication 6199, Washington 1955. John L. Snell (Hrsg.): The Meaning of Yalta, Baton Rouge 1956. Edward R. Stettinius: Roosevelt and the Russians, Garden City 1949. Zur polnischen Frage: Edward J. Rozek: Allied Wartime Diplomacy; A Pattern in Poland, New York 1958.
46 *Potsdam.* The Conference of Berlin (The Potsdam Conference) 1945, 2 Bände, Department of State Publication 7015 und 7163, Washington 1960. Herbert Feis: Zwischen Krieg und Frieden. Das Potsdamer Abkommen, Frankfurt 1962. Fritz Faust: Das Potsdamer Abkommen und seine völkerrechtliche Bedeutung, Frankfurt 1959.
47 *KPD-Prozeß.* KPD-Prozeß. Dokumentarwerk zu dem Verfahren über den Antrag der Bundesregierung auf Feststellung der Verfassungswidrigkeit der KPD, Karlsruhe 1955.
48 *Demokratie.* Darüber, was man in Amerika bei Kriegsbeginn alles als „democracy" bezeichnete, unterrichtet John R. Berry: Current Conceptions of Democracy, 1943.

Die Charakterwäsche (S. 87–126)

1 *Psychoanalyse in Amerika.* C. P. Oberndorf: A History of Psychoanalysis in America, New York 1953. Der Einfluß der Psychoanalyse auf die amerikanische Kultur wurde von Hendrik M. Ruitenbeek (Hrsg.): Psychoanalysis and Contemporary American Culture, New York 1964, behandelt. Gegen die weltanschaulichen und politischen Aspirationen der psychoanalytischen Psychiatrie tritt der von Helmut Schoeck und James W. Wiggins herausgegebene Sammelband: Psychiatry and Responsibility, Princeton 1962, auf. Die kommunistische Kritik an der amerikanischen Psychoanalyse findet sich in Harry K. Wells: The Failure of Psychoanalysis from Freud to Fromm, New York 1963. Der artikulierteste Exponent psychoanalytischen politischen Denkens im liberalen Lager ist Max Lerner.
2 *Freud am Broadway.* W. David Sievers: Freud on Broadway, New York 1955.
3 *Neo-Freudianer.* Eine neofreudianische Einleitung in die Psychoanalyse ist Clara Thompson: Die Psychoanalyse. Ihre Entstehung und Entwicklung, Zürich 1952. Audi J. A. C. Brown: Freud and the Post-Freudians, Harmondsworth 1961. Über die Gesellschaftslehre der Neo-Freudianer orientiert Martin Birnbach: Neo-Freudian Social Philosophy, Stanford 1961 (Bibliographie der Schriften der Neo-Freudianer!).
4 *Erich Fromm.* Beginnend mit Aufsätzen in der „Zeitschrift für Sozialforschung" 1 (1932): Über Methode und Aufgabe einer analytischen Sozialpsychologie, S. 28–54, und Die psychoanalytische Charakterologie und ihre Bedeutung für die Sozialpsychologie, S. 253–277, über Studien über Autorität und Familie, Paris 1935, zu Escape from Freedom, 1941, und dem teils eine neue Religion (unter Einbeziehung des Zen-Buddhismus), teils eine neue Gesellschaft (The Sane Society) intendierenden Spätwerk ist Fromm der inter-

national bekannteste Autor der neofreudianischen Schule. Einen Anti-Fromm schrieb John H. Schaar unter dem Titel Escape from Authority, 1961. Eine Kritik aus Fromms unmittelbarer Umgebung ist in Herbert Marcuse: Eros and Civilisation, Boston 1956, zu finden. Der neofreudianische Aspekt entwickelt sich seit 1959 zu einer Modeschule des neuen deutschen Liberalismus. Die entsprechende Literatur erscheint in deutscher Übersetzung in den Verlagen Suhrkamp, Europäische Verlagsanstalt und Szczesny.

5 *Kulturanthropologen.* Margaret Mead: An Anthropologist at Work. Writings of Ruth Benedict, London 1959. David G. Mandelbaum: Selected Writings of Edward Sapir in Language, Culture and Personality. Von den Kulturanthropologen werden die Damen Benedict und Mead in Deutschland bevorzugt. Der Spiritus rector der Gruppe Edward Sapir ist jedoch unbekannt. Die grundlegenden Schriften erschienen 1934 (Ruth Benedict: Patterns of Culture, deutsch in rowohlts deutscher enzyklopädie, Bd. 7) und 1935 (Margaret Mead: Sex and Temperament in Three Primitive Societies, deutsch in rowohlts deutscher enzyklopädie Bd. I, 96). Geoffrey Gorer: Die Amerikaner. Eine völkerpsychologische Studie, bildete in deutscher Übersetzung Bd. 9 dieser Enzyklopädie. Melville J. Herskovits: Franz Boas: The Science of Man in Making.

6 *Institut für Sozialforschung.* Heinz Maus: Die Zeitschrift für Sozialforschung in: Kölner Zeitschrift für Soziologie und Sozialpsychologie 11 (1959) S. 92 ff. Seit Wiedereröffnung des Frankfurter Institutes werden die alten Positionen pausenlos wiedergekaut. „Wissenschaftlich" aufgemacht in der Reihe der Frankfurter Beiträge zur Soziologie, die von Theodor W. Adorno und Walter Dirks herausgegeben wird, für das breitere Publikum in der wohlfeilen Reihe Suhrkamps Kleine Bibliothek. Zur Wirkung kommen diese Lehren vor allem durch die Ausbildung eines gesinnungsfesten Nachwuchses. Anläßlich der Bundestagswahl traten die Assistenten und Doktoranden der Professoren Adorno, Horkheimer, Abendroth, Mitscherlich und Jens mit einem Manifest (bei Rowohlt) an die Öffentlichkeit, das mit dem Aufruf schließt: „Die Bundesrepublik ist auf dem Weg einer autoritären Gesellschaft. Unter den führenden Repräsentanten der Regierungsparteien ist kein einziger zu finden, dessen Denken dieser Entwicklung widerspricht. Wird die permanente Regierung verlängert, ist das Schicksal der zweiten Demokratie besiegelt." Nichtdemokratie oder Demokratie ist für diese Gruppe natürlich die Alternative zwischen der Herrschaft der „autoritären oder demokratisch liberalen Menschen" (Fritz Bauer).

7 *Wien.* Robert Danneberg: Die sozialdemokratische Gemeindeverwaltung in Wien, Wien 1928. Paul Lazarsfeld: Die Arbeitslosen von Marienthal, Neuauflage 1964.

8 *Reich.* Wilhelm Reich: The Mass Psychology of Fascism, New York 1946. Vom gleichen Autor: Der sexuelle Kampf der Jugend, Berlin 1932. Charakter-Analyse, Kopenhagen 1933 (auch englisch: Character-Analysis, New York 1945), Dialektischer Materialismus und Psychoanalyse, Kopenhagen 1934. Literatur über das Verhältnis von Psychoanalyse und Marxismus ist angegeben in Ernest Jones: Das Leben und Werk von Siegmund Freud, Band 3, Seite 401.

9 *American Jewish Congress.* Der American Jewish Congress ist eine Minoritätsvertretung der amerikanischen Juden, die vor allem durch ihre kulturelle und intellektuelle Tätigkeit hervortritt (Zeitschrift „Commentary"). Der größere

Teil der amerikanischen Juden ist zionistisch organisiert. William Schlamm: Wer ist Jude?, Stuttgart 1964.

10 *Studies in Prejudice.* Bruno Bettelheim und Morris Janowitz: Dynamics of Prejudice, New York 1949. N. W. Ackerman und Marie Jahoda: Anti-Semitism and Emotional Disorder. A Psychoanalytical Interpretation, New York 1949. Theodor W. Adorno, E. Frenkel-Brunswik, D. L. Levinson und R. N. Sanford: The Authoritarian Personality, New York 1950. Dazu R. Christie und Maria Jahoda: Studies in the Scope and Method of „The Authoritarian Personality", Glencoe 1954. Die Verwendung des „Vorurteils" als Zentralbegriff einer „parteilichen Wissenschaft" setzt sich zur Zeit auch in Deutschland schnell durch. Im Band 3 der Schriftenreihe Politische Psychologie der Europäischen Verlagsanstalt: Vorurteile – Ihre Erforschung und ihre Bekämpfung, Frankfurt 1964, sind zwei Bibliographien enthalten, eine über die internationale Literatur S. 67–71, eine über die deutsche Literatur S. 113–118. Von 13 einschlägigen Sammelwerken in der deutschen Literatur sind 12 nach 1959 erschienen. Auch sämtliche Einzeltitel, in denen das Wort Vorurteil vorkommt, sind nach 1958/59 erschienen. Im Begriff des Vorurteils tritt die liberale Einäugigkeit überdeutlich ans Licht. Von den Möglichkeiten liberaler Vorurteile ist nämlich nirgends die Rede.

11 *Lewin.* Von den Schriften Lewins sind: Die Lösung sozialer Konflikte, Bad Nauheim 1948, und Feldtheorie in den Sozialwissenschaften, Bern 1963, in deutscher Sprache erschienen. Lewin ist Gründer der von der „Society for the Psychological Studies of Social Issues" herausgegebenen Zeitschrift „The Journal of Social Issues". Als Beiheft 13 der Zeitschrift erschien Fritz Heider: On Lewins Methods and Theory. Jährlich finden „Kurt Lewin Memorial Addresses" statt. Die Zeitschrift druckt regelmäßig folgende „Statement of Purpose" ab: „Die Gesellschaft für das psychologische Studium sozialer Fragen ist eine Gruppe von über 1.000 Psychologen und mit ihnen verbundenen Sozialwissenschaftlern, die sich durch das gemeinsame Interesse an der Erforschung der psychologischen Aspekte wichtiger sozialer Fragen verbunden fühlen. SPSSI wird beherrscht durch das Diktum Kurt Lewins ‚Es gibt nichts Praktischeres als eine gute Theorie'." (Der Lewin zugeschriebene Ausspruch stammt von Justus v. Liebig.) Aufschlußreich sind auch die Jahrbücher der Gesellschaft, vor allem Gardner Murphy (Hrsg.): Human Nature and Enduring Peace, Boston 1945 (Bibliographie!). Lewins einflußreichste Periode war als Leiter eines Instituts für Kinderpsychologie an der Universität von Iowa (1935–1944) und als Leiter des Forschungszentrums für Gruppendynamik am Massachusetts Institute of Technology (1944–1948).

12 *Psychologische Kriegführung.* Daniel Lerner (Hrsg.): Propaganda in War and Crisis, New York 1951. Über die Psychologische Kriegführung unter Eisenhower Daniel Lerner: Sykewar, Psychological Warfare against Germany, New York 1949 (Bibliographie!).

13 *Lizenzen.* Reinhart Grüner: Lizenzpresse – Auftrag und Ende, Berlin 1962. Harold Hurwitz: Die Pressepolitik der Alliierten, in Harry Pross (Hrsg.): Deutsche Presse seit 1945.

14 *Screening Center.* David Levy: New Fields of Psychiatry, New York 1947. Bertram Schaffner: Fatherland, A Study of Authoritarianism in the German Family, New York 1948.

15 *Moeller-Test.* Über die „außerordentlich fortschrittlichen Methoden", die der amerikanische Geheimdienst bei der Siebung zu verwendender Deutscher anwandte, berichtet Hans Habe in der Artikelreihe „Die deutsche Presse im Jahre Null" (Die Weltwoche Nov./Dez. 1965). Als Beispiel führt er ein von seinem Mitarbeiter Paul Moeller entworfenes „Kartenspiel" an: „Dem Kandidaten wurde eine Reihe von Zeichnungen vorgelegt, auf der je eine Abart der von den Nationalsozialisten begangenen Scheußlichkeiten dargestellt war, beispielsweise: Tortur von Juden, Erschießung von Kriegsgefangenen, Verschleppung von Fremdarbeitern, Hinrichtung von Geiseln. Der Kandidat wurde dann aufgefordert, die Karten so zu legen, daß die Abbildung der ihm am verdammungswürdigsten erscheinenden Tat obenauf lag, und so weiter, bis zur verhältnismäßig mildesten Unmenschlichkeit. Auf Grund von jahrelangen Versuchen konnte man aus dieser Auswahl mit großer Wahrscheinlichkeit die wirkliche Gesinnung des Prüflings feststellen." Vor allem wären die „Nazis" dadurch zu erkennen gewesen, daß sie die jüdische Karte obenauf gelegt hätten. Da sie in den Juden den eigentlichen Kriegsgegner gesehen hätten, hätten sie diese auch als Sieger betrachtet und geglaubt, daß vor allem eine völlige Distanzierung vom Antisemitismus von ihnen erwartet würde.

16 *Re-education.* Werner Richter: Reeducating Germany, Chicago 1945. Marshall Knappen: And Call it Peace, Chicago 1947. H. Liddell: Education in Occupied Germany, New York 1949. W. E. Hocking: Experiment in Education: What We Can Learn from Teaching Germany, Chicago 1954. Der gegenwärtige Stand der Erziehung in Deutschland, München 1946 (Zook-Bericht). Alonzo G. Grace: Basic Principles of Educational Reconstruction in Germany, OMGUS 1948 (Berchtesgaden).

17 *Politische Wissenschaft.* Die politischen Wissenschaften an den deutschen Universitäten und Hochschulen, hgg. v. Hessischen Ministerium für Erziehung und Volksbildung (Waldleiningen). Felix Messerschmid: In memoriam Arnold Bergstrasser, Mitteilungen der Akademie für Politische Bildung Tutzing, Februar 1964. Die Literatur der Politischen Wissenschaften ist unschwer aufzufinden, da sie meist in Schriften reihen der Hausverlage der einzelnen Lehrstühle erscheint. Die Hochschule für Politische Wissenschaften, München, bringt ein jährliches Literaturverzeichnis heraus. Wes Geistes Kind ein guter Teil des politologischen Nachwuchses ist, geht aus der von der Fachschaft Politologie am Otto-Suhr-Institut an der Freien Universität Berlin herausgegebenen Zeitschrift „Der Politologe" hervor. Zur Erholung nach politologischer Lektüre sei die Zeitschrift „Der Staat – Zeitschrift für Staatslehre, öffentliches Recht und Verfassungsgeschichte" empfohlen.

Entscheidung nicht in Deutschland (S. 127–172)

1 *Clays Journalisten.* Einen Querschnitt durch die Berichte der Clay-Journalisten gibt Arthur Settel: This is Germany, New York 1950 (mit Vorwort von Clay).

2 *Antigermanische Journalisten.* Victor Bernstein: Final Judgement, New York 1947, Drew Middleton: Struggle for Germany, Indiana polis 1949, Delbert Clark: Again the Goose Step: The Lost Fruits of Victory, Indianapolis 1949. Eine Sammlung von Beiträgen aller Richtungen in der Deutschlandpolitik ist Julia E. Johnsen: The Dilemma of Postwar Germany, New York 1948.

3 *Aachen.* Saul K. Padover: Experiment in Germany, New York 1946 (englische Ausgabe unter dem Titel Psychologist in Germany). Saul K. Padover, L. F. Gittler, P. R. Sweet: The Political Situation in Aachen, in Daniel Lerner: Propaganda in War and Crisis, S. 434–456.
4 *Kontrollrat.* Die Geschichte des Kontrollrats ist noch nicht untersucht worden. Michael Balfour: Vier-Mächte-Kontrolle in Deutschland 1945–1946, Düsseldorf 1959, ist keine Geschichte des Kontrollrats, sondern eine Geschichte Deutschlands unter dem Kontrollrat. Balfour ist ein ehemaliger Psychokrieger, und sein Buch ein interessanter Beleg der Übernahme von Thesen der Psychologischen Kriegführung in die Geschichtsschreibung.
5 *Wirtschaftlicher Status.* B. U. Ratchford und M. D. Ross: Berlin Reparations Assignment. Round One for the German Peace Settlement, Chapel Hill 1947. Arthur Settel (Hrsg.): Die deutsche Wirtschaft seit Potsdam. Ein Arbeitsbericht der Wirtschaftsabteilung der amerikanischen Militärregierung. Oberursel 1947. Nicholas Balabkins: Germany under Direct Controls. Economic Aspects of Industrial Disarmament 1945–1948, New Brunswick 1964.
6 *Byrnes.* James F. Byrnes: Speaking Frankly, New York 1947.
7 *Vereinigtes Wirtschaftsgebiet.* Walter Strauss: Entwicklung und Aufbau des Vereinigten Wirtschaftsgebietes. Walter Vogel: Westdeutschland 1945–1950. Der Aufbau von Verfassungs- und Verwaltungseinrichtungen über den Ländern der drei westlichen Besatzungszonen, Koblenz 1956.
8 *Zitate.* Hesse: A New German State. Arranged for OMGH by Dexter Freeman, o.J.. George S. Patton: War as I Knew It, Boston 1947. Philipp Löwenfeld: The Bavarian Scandal, in: New Republic vom 18. Juni 1945.
9 *Zitate.* Franz Neumann: The Democratic and The Authoritarian State, New York 1957. Howard Watson Ambruster: Treasons Peace: German Dyes and American Dupes, New York 1947.
10 *Nürnberg.* Über die Nürnberger Prozesse gibt es eine umfangreiche Literatur, die von völkerrechtlichen Untersuchungen über das Tagebuch des Gefängnis-Psychiaters Gilbert bis zu hochwertigen literarischen Darstellungen (Rebecca West: Train of Powder) reicht. Wichtig ist vor allem die History of the United Nation War Crimes Commission, London 1948. Trial of The Major War Criminals before the International Military Tribunal, 33 Bände, Nürnberg 1948. Trials of War Criminals before the Nuremberg Military Tribunals under Control Council Law No. 10, 15 Bände, Washington 1950. Für das Arrangement interessant sind auch die 8 Bände Nazi Conspiracy and Aggression, Washington 1946. Zitiert: Verbrechen und Strafe – Der Charkower Prozeß über die von den deutsch-faschistischen Eindringlingen in der Stadt Charkow und Umgebung während der zeitweisen Okkupation verübten Greueltaten. O. O., o. J. Trainin: The Criminal Responsibility of the Hitlerites, Moskau 1944. Josiah E. Du Bois: Generals in Grey Suits. The Directors of the International IG Farben Cartel; their Conspiracy and Trial in Nuremberg, London 1953.
11 *Marshall.* Erich Achterberg: General Marshall macht Epoche, Berlin 1964. Harry B.Price: The Marshall Plan and Its Meaning, Ithaca 1955.
12 *ADA.* Clifton Brock: Americans for Democratic Action – Its Role In National Politics, Washington 1962. Kritisch: Stanton Evans: The Fringe on Top – Political Wildlife Along the New Frontier, New York 1962.
13 *Progressive.* Karl M. Schmidt: Henry A. Wallace, quixotic Crusade 1948. Syracuse 1960. Über den Anteil der „Morgenthau-Boys" der Besatzungszeit Russel

Nixon: Report on Organisation. Chicago, National Labor Committee for Wallace and Taylor 1948 (vervielfältigt).

Die Wiederkehr Roosevelts (S. 173–241)

1 *Nachkriegsgeschichte.* Eine Bibliographie der Nachkriegsgeschichte ist The Wiener Library. Catalogue Series 4: After Hitler – Germany 1945–1963. Darstellungen sind selten, zumal die meisten Bücher, die dem Titel nach vorgeben, solche zu sein, Sammlungen von Aufsätzen und Rundfunkvorträgen sind. Vom liberalen Standpunkt geht Klaus Bölling: Die Zweite Republik. 15 Jahre Politik in Deutschland, Köln 1963, aus. Vom föderalistisch-antinationalen Standpunkt geht Josef Othmar Zoller: Rückblick auf die Gegenwart, Stuttgart 1964, aus. Vom DDR-christlichen Standpunkt Wilhelm Carl Gerst: Bundesrepublik Deutschland unter Adenauer, Berlin 1957, und Bundesrepublik Deutschland – Weg und Wirklichkeit, Berlin 1957. Die Rechte ist durch die Bücher von Kurt Ziesel: Das verlorene Gewissen, München 1958, Die verratene Demokratie, München 1960, Der rote Rufmord, Tübingen 1961, Die Literaturfabrik, Wien 1962, Der deutsche Selbstmord, Kettwig 1963, vertreten.
2 *UN-Satzung.* Josef Soder: Die Stellung der „ehemaligen Feindstaaten" in der UN-Satzung, in: Vereinte Nationen 13 (1965). P. Fuhrmann: Das Ausnahmerecht der UN-Satzung für die Besiegten, Politische Studien Heft 157 (1964). Josef Soder: Die Vereinten Nationen und die Nichtmitglieder, Bonn 1956.
3 *Lüth.* Erich Lüth: Abkehr vom Militarismus, Hamburg 1946.
4 *Walter von Cube.* Walter von Cube: Ich bitte um Widerspruch. Fünf Jahre Zeitgeschehen kommentiert, Frankfurt 1952.
5 *Jaspers.* Karl Jaspers: Lebensfragen der deutschen Politik, München 1963.
6 *Ruf.* Hans Schwab-Felisch: Der Ruf. Eine deutsche Nachkriegszeitschrift, München 1962. Alfred Andersch: Getty oder Umerziehung in der Retorte, in Frankfurter Hefte" 2 (1947). Rüdiger Proske ebendort.
7 *Gruppe 47.* Rolf Schroers: Die „Gruppe 47" und die deutsche Nachkriegsliteratur, in: Merkur 19 (1965).
8 *Kongreß für Kulturelle Freiheit.* Die amerikanischen Anfänge in Eugene Lyons: The Red Decade, 1941 (Kap. 28). Der Kongreßbericht im „Monat", 2. Jg. S. 339–495.
9 *Prosowjetische Stimmungen.* Paul Willen: Who Collaborated with Russia? in: Antioch Review 1954. Einen Einblick in die Haltung des amerikanischen Liberalismus gibt Max Lerners Public Journal.
10 *Moralische Aufrüstung.* Peter Howard: Welt im Aufbau, Bonn 1951. Frank N. D. Buchman: Für eine Neue Welt, München 1949.
11 *Antitotalitarismus.* Carl Joachim Friedrich: Totalitäre Diktatur, Stuttgart 1957. Sigmund Neumann, Permanent Revolution, 1942. Hannah Arendt: The Origins of Totalitarianism, 1951. Hans Buchheim: Totalitäre Herrschaft, München 1962. Hans Rothfels: Zeitgeschichtliche Betrachtungen, Göttingen 1959. Die Formbarkeit des Antitotalitarismus durch politische Situationen läßt sich gut am Vergleich der antitotalitären Literatur vor und nach 1958/59 studieren. Man halte etwa Alexander Rüstows große weltgeschichtliche Ableitung des Antitotalitarismus „Ortsbestimmung der Gegenwart" und Prof. Karl Dietrich Erdmanns Rede im Bundestag zum 17. Juni 1965 einander gegenüber. In Rüstows 3. Band „Herrschaft oder Freiheit?", 1957, heißt es:

„Der Bolschewismus aber, diese Spottgeburt aus Dreck und Feuer, leugnet ausdrücklich jede übergeordnete Norm oberhalb des von ihm verfolgten Zweckes, eines Zweckes, der im furchtbarsten Sinne des Wortes jedwedes Mittel ohne Ausnahme heiligt. Daraus ergibt sich für uns alle die schwere Pflicht, aus dem immanenten Gegenseitigkeitscharakter der Menschlichkeit auch die negative Folgerung zu ziehen und überzeugtem Aktivismus grundsätzlicher Unmenschlichkeit mit unbeugsamer Festigkeit entgegenzutreten und mit Bewußtsein der Menschenpflicht, solche Gesinnung unerbittlich zu bekämpfen, solange sie vorhanden ist" (S. 511). Bei Erdmann ist die Ablehnung des Kommunismus nur mehr eine Funktion der Ablehnung des Dritten Reiches.

12 *Hiss.* Fred J. Cook: The Unfinished Story of Alger Hiss, New York 1958. Alger Hiss: In the Court of Public Opinion, New York 1957. Whittaker Chambers, New York 1952.

13 *HUAC.* Pro: William F. Buckley: The Committee and Its Critics, Chicago 1962; Contra: Frank J. Donner: The Un-Americans, New York 1961.

14 *McCarthy.* William F. Buckley: Im Schatten der Freiheitsstatue, o. O., o. J.

15 *Campus.* M. Stanton Evans: Revolt on the Campus, Chicago 1961. Das Buch von Evans, das das Überwechseln der Studenten ins konservative Lager beschreibt, nimmt seinen Titel vom gleichnamigen Buch des liberalen Starintellektuellen James A. Wechsler, der 1936 die kommunistisch-liberale Bewegung auf den Universitäten beschrieb. Eine Anthologie des konservativen Schrifttums ist A. G. Heinsohn: Anthology of Conservative Writing in the United Staates 1932–1960, Chicago 1962. Eine wissenschaftliche Darstellung der geistigen Traditionen des amerikanischen Konservativismus ist Clinton Rossiter: Conservatism in America, London 1955. Zu den bekannteren konservativen Autoren zählen der bereits genannte Buckley (Rumbles Left and Right, New York 1963), Russell Kirk (The Conservative Mind, Chicago 1963 und A Program for Conservatives, Chicago 1954) und Thomas Molnar (The two Faces of American Foreign Policy, Indianapolis 1962, und The Decline of the Intellectual, Cleveland 1961).

16 *Nannen.* Das Nannen-Zitat ist, wie eine Reihe anderer Zitate zur Nachkriegsgeschichte, dem wöchentlichen „Zeit-Archiv" (Abt. B – Kultur) entnommen worden, das von Paul Weinreich herausgegeben wurde und besonders für die ersten Nachkriegsjahre wertvolles Material enthält. Nannen-Zitat in Nr. 7/44/45 v. 5. Juni 1952.

17 *Eisenhower-Ära.* Eric F. Goldman: The Crucial Decade – And After. America 1945–1960, New York 1960. Drummond und Coblentz: Duell am Abgrund. John Foster Dulles und die amerikanische Außenpolitik, Köln 1961. Richard Goold-Adams: John Foster Dulles. A Reappraisal, New York 1962. John Foster Dulles: Krieg oder Frieden, Wien 1950. Hans-Joachim von Merkatz: In der Mitte des Jahrhunderts, München 1963.

18 *Morgenstern.* Oskar Morgenstern: Strategie heute, Frankfurt 1962.

19 *Fritz Bauer.* Antinazistische Prozesse und politisches Bewußtsein – Dienen NS-Prozesse der politischen Aufklärung? in: Antisemitismus. Zur Pathologie der Bürgerlichen Gesellschaft, Frankfurt 1965. Fritz Bauer (geb. 1903, Generalstaatsanwalt seit 1956) ist überhaupt für das Thema unseres Buches recht aufschlußreich, da er wohl die reinste deutsche Verkörperung des amerikanischen Antitrust-Liberalismus mit allen seinen Implikationen darstellt. Leider sind

seine einschlägigen Schriften (wie Monopolernes Diktatur, København, Forlaget Fremad) nur in dänischer Sprache zugänglich.
20 *Oberländer.* Kurt Ziesel: Der Rote Rufmord, Tübingen 1961. Hermann Raschhofer: Der Fall Oberländer, Tübingen 1962. Donald Douglas Dalgeish: The Nazi „Past" in the Communist Cause. Diss. der University of Colorado 1963.
21 *Liberalismus.* Zu den geschicktesten Unternehmungen des neuen Liberalismus gehört seine Selbstdarstellung in Form eines Taschenbuch-Lexikons, Das Fischer Lexikon, darin besonders die Bände „Geschichte" (Waldemar Besson), „Soziologie" (René König), „Staat und Politik" (Ernst Fraenkel und Karl Dietrich Bracher), „Außenpolitik" (Golo Mann und Harry Pross). Die genannten Namen zeigen auch, wo der akademische Liberalismus heute zu suchen ist. Links davon schließt sich eine nicht abreißende Kette von Sammelbänden an, die meist bei Desch und Rowohlt erscheinen. Darunter: Die Alternative oder Brauchen wir eine neue Regierung? (Martin Walser 1961), Plädoyer für eine neue Regierung oder keine Alternative (Hans Werner Richter 1965), Bestandsaufnahme (Hans Werner Richter 1962), Zwanzig Jahre danach (Helmut Hammerschmidt 1965), Ich lebe in der Bundesrepublik (Wolf gang Weyrauch, o. J.), Ich lebe nicht in der Bundesrepublik (Hermann Kesten 1963), Wir leben in der DDR (Raimund Schnabel) usw. usw.
22 *Loisel.* Nach Roman Schnur: Die französischen Juristen im konfessionellen Bürgerkrieg des 16. Jahrhunderts, Berlin 1962.
23 *Humanismus.* Vergleiche die Produktion des Szczesny-Verlages, etwa dessen Jahrbücher „Club Voltaire". Der liberale Gebrauch des Wortes „Humanismus" darf natürlich nicht mit dem früheren Wortsinn verwechselt werden. Bei Charlotte Bühler: Psychologie im Leben unserer Zeit, München 1962, S. 116, lesen wir zu seiner Entstehungsgeschichte: „Erich Fromm war wohl der erste, der das aus der Renaissance stammende Wort ‚humanistisch', das damals der. Bewunderer und Erforscher der Antike bezeichnete, in die moderne Psychologie hineintrug und von unserem ‚humanistischen' im Gegensatz zum ‚autoritären' Gewissen sprach . . . Das ‚autoritäre' Gewissen repräsentiert die von uns akzeptierte und von uns einverleibte Vorschrift der Autorität, die ihre schärfste begriffliche Fassung in Freuds ‚Über-Ich' gefunden hat. Das ‚humanistische' Gewissen Fromms repräsentiert demgegenüber unser eigenstes innerste Wissen davon, ob wir ‚richtig' handeln im Sinne der uns innewohnenden menschlichen Fähigkeiten." Eritis sicut Deus.

Von New York nach Berlin, eine intellektuelle Luftbrücke (S. 243–265)

Bell, Daniel: The End of Ideology. On the Exhaustion of Political Ideas in the Fifties, Glencoe 1960.
Berghahn, Volker R.: America and the Intellectual Cold Wars in Europe. Shepard Stone between Philantropy, Academy and Diplomacy, Princeton 2001.
Beyme, Klaus von: Vorbild Amerika? Der Einfluß der amerikanischen Demokratie in der Welt, München/Zürich 1986.
Bloom, Alexander: Prodigal Sons. New York Intellectuals and their World, New York 1986.
Borkenau, Franz: The Totalitarian Enemy, London 1940.
Burnham, James: Die Strategie des Kalten Krieges, Stuttgart 1950.

Caute, David: The Fellow-Travellers, New York 1973.
Colemann, Peter: The Liberal Conspiracy. The Congress for Cultural Freedom and the Struggle for the Mind of Postwar Europe, London 1989.
Cooney, Terry A.: The Rise and Fall of the New York Intellectual. Partisan Review and its Circle, 1934-1945, Madison 1986.
Ehrmann, John: The Rise of the Neoconservatives. Intellectuals and Foreign Affairs, 1945-1994, New Haven 1995.
Friedrich, Carl J./Brzezinski, Zbigniew: Totalitarianism, Dictatorship and Autocracy, New York 1961.
Grémion, Pierre: Intelligence de l'Anticommunisme. Le Congrès pour la liberté de la culture à Paris 1950-1975, Paris 1995.
Hamby, Alonzo L.: Beyond the New Deal. Harry S. Truman and American Liberalism, New York 1973.
Hochgeschwender, Michael: Freiheit in der Offensive? Der Kongreß für Kulturelle Freiheit und die Deutschen, München 1998.
Hook, Sidney: Out of Step. An Unquiet Life in the 20th Century, New York 1987.
Kurtz, Paul (Hg.): Sidney Hook. Philosopher of Democracy and Humanism, Buffalo 1983.
Liebowitz, Nathan: Daniel Bell and the Agony of Modern Liberalism, Westport 1985.
Martin, Marko: Orwell, Koestler und all die anderen. Melvin J. Lasky und „Der Monat", Asendorf 1999.
Nabokov, Nicolas: Zwei rechte Schuhe im Gepäck. Erinnerungen eines russischen Emigranten, München/Zürich 1975.
Nolte, Ernst: Deutschland und der Kalte Krieg. Der CIA und die Kultur im Kalten Krieg, Stuttgart 1974.
Saunders, Francis Stonor: Wer die Zeche zahlt. Der CIA und die Kultur im Kalten Krieg, Berlin 2001.
Schivelbusch, Wolfgang: Vor dem Vorhang. Das geistige Berlin 1945–1948, München/Wien 1995.
Smith Tony: America's Mission. The United States and the Worldwide Struggle for Democracy in the Twentieth Century, Princeton 1994.
Tichy, Frank: Das Ende des Londoner Encounter, in: Medien und Zeit 6 (1991), H. 3, S. 41-49.
Wald, Alan M: The New York Intellectuals. The Rise and Fall of the Anti-Stalinist Left From the 1930s to the 1980s, Chapel Hill/London 1987.
Whitfield, Stephen J.: The Culture of the Cold War, Baltimore/London 1991.

Die Re-education – von der Propaganda zur Politischen Kultur (S. 287–298)

1   Friedrich H. Tenbruck: Die unbewältigten Sozialwissenschaften oder Die Abschaffung des Menschen, Graz 1984.
2   Burkhard Schöberner: Die amerikanische Besatzungspolitik und das Völkerrecht. Frankfurt 1991.
3   Bernhard Plé: Wissenschaft und säkulare Mission. „Amerikanische Sozialwissenschaft" im politischen Sendungsbewußtsein der USA und im geistigen Aufbau der Bundesrepublik Deutschland, Stuttgart 1990.

4   Ebd., S. 336ff.
5   M.J. Merritt / R.L. Merritt: Public Opinion in Occupied Germany. The OMGUS surveys, 1945–1949, Urbana 1970, S. 3.
6   Leo P. Crespi: The Influence of Military Government Sponsorship in German Opinion Polling, in: International Journal of Opinion and Attitude Research 4 (Sommer 1950), S. 1167f.
7   James F. Tent: Mission on the Rhine. Reeducation and Denazification in American-Occupied Germany, Chicago 1982.
8   Manfred Heinemann (Hg.): Umerziehung und Wiederaufbau. Die Bildungspolitik der Besatzungsmächte in Deutschland und Österreich, Stuttgart 1981.
9   Josef Foschepoth / Rolf Steininger (Hg.): Die britische Deutschland- und Besatzungspolitik 1945–1949, Paderborn 1985.
10 Nicholas Pronay / Keith Wilson (Hg.): The political Re-education of Germany & Her Allies. After World War II, Beckenham 1985.
11 Theodor Eschenburg: Jahre der Besatzung 1945–1949, Stuttgart/Wiesbaden 1983. Band 1 der Geschichte der Bundesrepublik Deutschland(!).
12 Helmuth Mosberg: Reeducation. Umerziehung und Lizenzpresse im Nachkriegsdeutschland, München, 1991.
13 John Gimbel: Eine deutsche Stadt unter amerikanischer Besatzung. Marburg 1945–1952, Köln 1964, S. 230.
14 Pronay (vgl. Anm. 10), S. 4.
15 Hans-Joachim Arndt: Die Besiegten von 1945, Berlin 1978, S. 117 ff.
16 Johannes Weyer: Westdeutsche Soziologie 1945–1960. Deutsche Kontinuitäten und nordamerikanischer Einfluß, Berlin 1984, S. 370 ff.
17 Kurt Lewin: Die Lösung sozialer Konflikte, Bad Nauheim 1948.
18 Edward N. Peterson: The American Occupation of Germany: Retreat to Victory, Detroit 1977, S. 352.
19 Gimbel (vgl. Anm. 13), S. 241.
20 Mathias Erzberger: Erlebnisse im Weltkrieg, Stuttgart 1920, S. 5.
21 Lord Vansittart: The Mist Procession, London 1958, S. 159.
22 M. L. Sanders und Philip M. Taylor: Britische Propaganda im Ersten Weltkrieg 1914–1918, Berlin 1990.
23 Pronay (vgl. Anm. 10), S. 38.
24 Ebd., S. 18.
25 Kurt Jürgensen: British Occupation Policy and the Problem of the Reeducation of Germany, in: History 68 (1983), S. 229.
26 Henry Faulk: Die deutschen Kriegsgefangenen in Großbritannien (Reeducation. Bd. 11/2: Zur Geschichte der deutschen Kriegsgefangenen des Zweiten Weltkriegs), München 1970.
27 L. Woodward: British Foreign Policy in the Second World War, London 1971, Bd. 2, S. 28.
28 Daniel Lerner: Sykewar. Psychological Warfare against Germany, D-Day to VE-Day. New York 1949.
29 Dirk Berg-Schlosser: Entwicklung der politischen Kultur in der Bundesrepublik Deutschland, in: Aus Politik und Zeitgeschichte B7/90, S. 40.
30 Ebd.
31 Martin Greiffenhagen: Ein schwieriges Vaterland. Zur politischen Kultur Deutschlands, München 1979; Handwörterbuch zur politischen Kultur der Bundesrepublik, Opladen 1981.

32 Kurt Sontheimer: Deutschlands politische Kultur, München 1990.
33 Wilhelm Weidenfeld: Politische Kultur und deutsche Frage, Köln 1989.
34 Wilfried Röhrich: Die verspätete Demokratie. Zur politischen Kultur der Bundesrepublik Deutschland, Köln 1983.
35 Iring Fetscher: Utopien, Illusionen, Hoffnungen. Plädoyer für eine politische Kultur in Deutschland, Stuttgart 1990.
36 Fritz Stern: Das Scheitern illiberaler Politik. Studien zur politischen Kultur Deutschlands im 19. und 20. Jahrhundert, Frankfurt 1974.
37 Christian Graf Krockow: Bedingungen einer politischen Kultur der Bürgeremanzipation, in: Offene Welt, Frankfurt 1975.
38 Ralf Dahrendorf in „Merkur", München.
39 Helga Grebing: Der „deutsche Sonderweg" in Europa 1806–1945. Eine Kritik, Stuttgart 1986.
40 Wolf Michael Iwand: Paradigma Politische Kultur. Konzepte, Methoden, Ergebnisse der Political Culture-Forschung in der Bundesrepublik, Opladen 1985.
41 Ebd., S. 216.
42 U.S. Strategic Bombing Survey: Effects of Strategic Bombing on German Morale, Washington 1947.
43 Gabriel A. Almond: Comparative Political Systems, in: The Journal of Politics 18 (1956).
44 Gabriel A. Almond / Sidney Verba: The Civic Culture Revisited, Boston 1980.
45 Sidney Verba: Germany: The Remaking of Political Culture, in: Luci W. Pye and Sidney Verba: Political Culture and Political Development, Princeton 1965.
46 Anna J. Merritt und Richard L. Merritt: Public Opinion in Semisover Germany. The HICOG Surveys, 1949–1955, Urbana 1980, S. 43.
47 Gabriel A. Almond und Sidey Verba. The Civic Culture. Political Attitudes and Democracy in Five Nations, Princeton 1963.
48 Vgl. Anm. 48.
49 David P. Conradt: Changing German Political Culture, in: Almond/Verba (vgl. Anm. 44), S. 264.
50 Ebd., S. 263.

Enthalten in der vergriffenen Festschrift für Hans-Joachim Arndt: „Politische Lageanalyse". San Casciano Verlag, 1993.

Personenregister

A
Aarons, L. C. 71 f., 75
Abendroth, Wolfgang 308
Abraham, Karl 101
Abt, John 36, 209, 313
Acheson, Dean 202, 208, 210 f., 216, 258
Adenauer, Konrad 7, 18 f., 176 f., 179, 185 f., 189, 212, 223, 226, 229, 312
Adler, Selig 29, 43, 303
Adorno, Theodor W. 97, 103, 257, 264, 270, 296, 308 f.
Agee, James 247
Agricola, Rudolf 115
Albrecht, Clemens 10
Aldington, Richard 39
Almond, Gabriel A. 294 ff., 317
Ambruster, Howard Watson 152, 311
Amendola, Giovanni 245
Amery, Carl 239
Andersch, Alfred 175, 194, 196, 312
Andres, Stefan 204
Angleton, James Jesus 250
d'Annunzio, Gabriele 25
Arendt, Hannah 206, 247, 312
Aristoteles 25, 296, 307
Armstrong, Hamilton Fish 65, 306
Aron, Raymond 257
Aronson, James 116
Attlee, Clement 81, 84
Augstein, Rudolf 185, 229, 279, 283

B
Bach, Julian 23
Baldwin, James 247
Bauer, Fritz 272
Baum, Gerhard-R. 294
Beaverbrook, Lord 292
Becher, Johannes R. 255
Becker, Werner 276
Beers, Clifford 93
Belfrage, Cedric 116
Bell, Daniel 244, 247, 261, 301, 315
Bellow, Saul 247
Benn, Gottfried 213
Bennigsen, Rudolf von 19
Berge, Wendell 53, 214, 265, 304
Bergsträsser, Arnold 125, 310
Berle, Adolf 61
Bernstein, Bernard 71 f., 75, 77, 132, 150, 161, 165, 311
Besson, Waldemar 263, 314
Bevin, Ernest 83 f., 169
Bidault, Georges 169
Biddle, Francis 157 f., 168
Bismarck, Klaus von 276,
Bismarck, Otto Fürst von 17, 55, 198, 199, 234, 274, 276, 282
Bleuler, Eugen 92
Boas, Franz 94 f., 308
Boettiger, Anna 63
Böhm, Franz 223
Bölling, Klaus 312
Bolz, Lothar 222
Borgese, Giuseppe 44, 304
Borkenau, Franz 245 f., 257, 315
Borkin, Joseph 53, 304
Boveri, Margret 7 f., 21
Bowie, Robert 136
Bracher, Karl Dietrich 314
Brandeis, Louis 30, 37, 303
Brandt, Willy 172, 190, 261, 294, 299
Brickner, Richard M. 106
Brill, Abraham A. 91 f.
Brocher, Tobias 271
Brooks, Van Wyck 44
Brzezinski, Zbigniew 256, 315
Bucerius, Gerd 223, 262
Buchheim, Hans 272 f., 312
Buchman, Frank 205, 312
Buckley, William F. 211, 313
Bühler, Charlotte 99, 314
Burckhardt, Jakob 199
Burke, Edmund 193
Burnham, James 251 ff., 261, 303, 315

Butler, Benjamin 130, 211, 305
Byrnes, James 81, 83 f. 141 ff., 167 f., 311

C

Camus, Albert 257
Carstens, Karl 178
Carter, Jimmy 256
Chambers, Whittacker 210, 313
Charmatz, Jan 162
Cherwell, Lord 76
Chruschtschow, Nikita 218, 220, 222
Churchill, Winston 47, 58, 61, 66, 73 ff., 79 ff., 133, 153, 157, 169, 180, 293
Clay, Lucius D. 5, 12, 111, 122, 127, 131 f., 137, 139, 142 ff., 156, 161, 165 f., 189, 205, 255 f., 299, 311
Clayton, William 77
Cohen, Ben 36
Cohen, Elliot 247
Cohn, Roy 215
Connally, Tom 141
Conradt, David P. 297, 317
Conroy, Jack 247
Corcoran, Tom 36
Coughlin, Charles E. 20, 27
Croce, Benedetto 203, 257
Crossman, Richard H. S. 257, 305
Crowe, Sir Eyre 292
Crowley, Leo T. 53, 61
Cube, Walter von 193, 195, 312

D

Dahrendorf, Ralf 187, 287, 294, 317
Daim, Wilfried 271
Daniell, Raymond 132
Daniels, Josephus 46
Darlan, François 65 f., 306
Davidson, David 115
Davies, Joseph E. 81
Davis, Elmer 61, 108
Dawson, Charles 153
Desch, Kurt 189, 191, 314
Dewey, John 54, 151, 202 f., 259, 303, 305
Dicks, Henry V. 110
Dies, Martin 38, 118, 199, 209

Diner, Dan 137, 283
Dirks, Walter 308
Diwald, Hellmut 283
Dodd, William E. 134
Dönhoff, Marion Gräfin 19, 263, 265
Donovan, William 108
Dorn, Walter L. 148, 154
Dostojewski, Fjodor Michailowitsch 247
Dos Passos, John 39
Draper, William H. 77
Drexel, Joseph E. 115
Dulles, Allen 109
Dulles, John Foster 215 ff., 220, 276, 313 f.
Duve, Freimut 281
Du Bois, Josiah E. 150, 161 f., 312

E

Eastman, Max 247
Eden, Anthony 68, 71, 80, 293
Egglestone, A. 116
Ehard, Hans 163, 200 f.
Ehrenburg, Ilja 203
Eichelberger, Clark 41
Einstein, Albert 203
Eisenhower, Dwight D. 56, 69, 71, 74, 109, 131, 133, 136 f., 145 f., 148, 152, 173, 214 ff., 219 f., 222, 293, 309, 313
Eisner, Kurt 26, 302
Eliot, Thomas Stearns 247, 249, 257
Elmenau, Johannes von 231
Emery, Sarah E. V. 49
Engelbrecht, Helmuth 37
Erdmann, Karl Dietrich 274, 312 f.
Erhard, Ludwig 148, 187, 190
Erzberger, Mathias 291, 316
Eschenburg, Theodor 187, 316
Eschenhagen, W. 283

F

Farrell, James T. 247
Faulkner, William 257
Feger, Otto 197
Feis, Herbert 66, 307
Fest, Joachim 282
Fetscher, Iring 317
Fichte, Johann Gottlieb 55 f., 233

Field, Marshall III. 254, 257, 304
Fischer, Fritz 199, 262, 314
Fleißner, Herbert 11
Flynn, Edward 149, 302
Foerster, Friedrich Wilhelm 52, 306
Forrestal, James 38, 72
Fortas, Abe 36
Frank, Lawrence 36, 95, 205, 274, 299, 302, 312 f., 315
Frankfurter, Felix 7 f., 10, 30, 36, 97, 103 f., 109, 176, 209, 212, 225, 246, 264, 279, 280, 282, 284, 301, 303, 308, 312
Frenkel-Brunswik, Else 103, 309
Freud, Sigmund 92, 94, 96 ff., 108, 307, 309
Friedrich, Carl J. 256
Friedrich Barbarossa 55
Friedrich II. von Hohenstaufen 55
Fromm, Erich 94, 97, 101 f., 296, 307 f., 314
Frost, Harry M. 167
Fuchs, Klaus 210
Fulbright, J. William 220
Furtwängler, Wilhelm 259

G

Gallup, George 40
Gaulle, Charles de 48, 138, 180, 219
Gehlen, Arnold 11, 240
Geiss, Imanuel 279, 283
Gerard, James W. 60
Gerecke, A. F. 116
Gerst, Wilhelm Carl 312
Gide, André 257
Gimbel, John 15, 300, 316
Glaser, Hermann 232 f.
Glass, Carter 42
Glazer, Nathan 244
Globke, Hans 228
Goldwater, Barry 171 f.
Gollwitzer, Helmut 191
Gomulka, Wladyslaw 218
Gorbatschow, Michail 284
Gorer, Geoffrey 95, 308
Görlitz, Walter 213
Görres, Johann Josef 56, 198
Grace, Alonso G. 123, 310
Grant, Ulysses S. 127

Grass, Günter 19, 190
Grattan, Clinton Hartley 38
Grebing, Helga 284, 317
Greiffenhagen, Martin 317
Grew, Joseph C. 77
Grewe, Wilhelm 222
Gromyko, Andrej 222
Grünberg, Carl 96
Gurfein, Murry I. 109
Gusew, Fedor T. 68, 70, 80
Guthrie, Edwin R. 109

H

Habe, Hans 81, 143, 213, 310
Habermas, Jürgen 7, 279 ff.
Hamm-Brücher, Hildegard 294
Hammerstein, Franz von 275
Hannover, König, Ernst August von 260
Harich, Wolfgang 204
Harlan, Veit 260
Harpprecht, Klaus 262, 301
Harriman, Averell 145, 169
Harrington, Michael 247
Haug, Fritz 283
Haushofer, Karl 52
Heidegger, Martin 213, 232
Heisenberg, Karl 276
Hellwege, Heinrich 260
Hemingway, Ernest 39, 257
Henkys, Erwin 277
Henning, Eike 283
Hepp, Robert 301
Herter, Christian 222
Heuss, Theodor 18, 115, 201, 217, 223, 263
Hildebrand, Klaus 282
Hilgemann, Werner 273
Hilldring, John 61, 63, 77
Hillgruber, Andreas 282 f.
Hirschmann, Ira 227
Hiss, Alger 36, 79, 209 ff., 214, 219, 313
Hitler, Adolf 44 f., 51, 53, 55, 59, 65, 78, 115, 118, 132, 157, 163, 192, 221, 232 f., 259, 269, 270, 272, 301, 303, 305, 306, 312
Hoare, Sir Samuel 33
Hobbes, Thomas 283

321

Hobson, H. W. 42
Hochgeschwender, Michael 259 f., 263, 315
Hochhuth, Rolf 238
Hoegner, Wilhelm 148, 162 f.
Hoffmann, Hilmar 283
Hoffmeister, Reinhard 282
Hofstadter, Richard 302, 304
Hofstaedter, Richard 247, 302, 304
Holmes, Oliver Wendell 209, 303
Hook, Sidney 202 f., 247, 250, 258, 315
Hoover, Herbert 28 f., 31, 42, 139, 171
Hopkins, Harry 34, 67, 73, 75, 79 f., 202, 264
Horkheimer, Max 96 ff., 103, 264, 296, 308
Horney, Brigitte 94
Howard, Graeme 27, 77, 302, 311, 312
Howe, Günter 244, 276
Howe, Irving 244, 276
Hühnerfeld, Paul 232, 234
Hull, Cordell 58, 65, 67 f., 71, 76, 143, 156 f., 306
Humphrey, Hubert 170
Hundhammer, Alois 201
Huxley, Aldous 258

I

Ickes, Harold L. 34, 63, 134, 135, 168
Ingersoll, Ralph 304

J

Jackson, Robert 50, 158 ff.
Jaesrich, Helmut 260
Jahn, Friedrich Ludwig 55, 233 f.
Jahoda, Marie 92, 309
James, Henry 258
Janßen, Karl-Heinz 280
Jaspers, Karl 193, 203, 258, 312
Jefferson, Thomas 20, 23, 134
Jens, Walter 272, 308
Johnson, Hugh 29, 170, 173, 303
Josselson, Michael 259, 262
Joyce, James 247
Jung, Carl Gustav (C. G.) 92

Jünger, Ernst 213

K

Kafka, Franz 247, 258
Kahn, Albert 43, 147, 299
Kalow, Gert 270
Kant, Immanuel 54
Kantorowicz, Alfred 189
Kapfinger, Hans 115
Karl der Große 55
Kaufman, Theodore N. 305
Kaufmann, Erich 85, 155
Kazin, Alfred 247
Kazmair, Jörg 162
Keegan 149
Kellermann, Henry 256 f.
Kempner, Robert 228
Kennan, George 169
Kennedy, John F. 24, 45, 170, 173, 184, 213, 219, 269, 276
Keyes, Geoffrey 146
Kilgore, Harry 304
Kilian, Hans 271
Kirk, Russel 313
Kirkpatrick, Sir Ivone 137
Kluke, Paul 201
Knigge, Adolf Frhr. von 54
Knöringen, Waldemar von 228
Knorr, Hermann 115
Koenig, Pierre 137
Koestler, Arthur 195, 203, 258, 261, 315
Kohl, Helmut 281
Kohn, Hans 198
Kolnai, Aurel 305
Kosiek, Rolf 283
Krausnick, Helmut 201
Krauss, Werner 259
Kristol, Irving 243 f., 247, 250, 262
Krockow, Christian Graf 317
Kröger, Herbert 89
Kroll, Gerhard 201
Krupp, Alfried 53, 160, 222
Kuby, Erich 194 f.
Kühnl, Reinhard 283

L

Lasky, Melvin J. 204, 243 f., 247, 254 f., 257, 259, 262, 315

Lassalle, Ferdinand 279
Lasswell, Harold D. 108, 134
Lazarsfeld, Paul F. 99, 308
La Folette, Charles M. 153
La Guardia, Fiorello H. 63, 149
Leibniz, Gottfried Wilhelm 54
Lenin, Wladimir Iljitsch (Uljanow) 17
Leonhardt, H. H. 197
Lerner, Daniel 109, 133 f., 307, 309, 310 f., 317
Lerner, Max 133
Levinson, Daniel J. 103, 309
Levitas, Sol 247, 254
Levy, David Mardochai 116 ff., 310
Lewis, Kurt 104, 105, 296, 309, 316
Lewis, Wyndham 44, 60, 220, 249, 292
Liebowitz, Nathan 247, 315
Lincoln, Abraham 66, 128, 135
Lipset, Seymour Martin 244, 247, 301
Litchfield, Edward 154, 299
Litwinow, Maksim 61
Lodge, Henry Cabot 214
Loeb, James jr. 170
Loisel 235, 314
Long, Huey 20, 27, 291
Löwenfeld, Philipp 147, 311
Löwenthal, Gerhard 259
Löwenthal, Leo 97
Löwenthal, Richard 258, 261
Lübbe, Hermann 280
Lübke, Heinrich 236, 238, 269
Lüth, Erich 192, 312
Luther, Martin 54 f., 305
Lüthy, Herbert 258
Luxemburg, Rosa 272
Luxford, Ansel 72

M

Macdonald, Dwight 45, 247, 303, 304
Mackinder, Harold 252
Madariaga, Salvador de 258
Mailer, Norman 247
Mann, Erika 165
Mann, Golo 16, 125, 301, 314
Mann, Klaus 203
Mann, Thomas 7, 44, 203, 212 f., 258
Mansfeld, Michael 189 f.

Mao Zedong 268
Marcus, David 63, 75, 149, 161
Marcuse, Herbert 23, 97, 264, 308
Maritain, Jacques 203
Marquard, Odo 280
Marshall, George C. 62 f., 168 ff., 205, 216, 304, 310, 311
Marx, Karl 25, 94, 96 ff., 108
Matthews, H. Freeman 77
Mau, Hermann 201
Maunz, Theodor 231
Mayer, Belle 162
Mazzini, Giuseppe 184
McCarthy, Joseph 167, 210, 215, 313, Mary 247
McCloy, John 38, 61, 75, 77, 162, 165, 264, 290
McClure, Robert A. 109, 111, 293
McCormick, Anne O'Hare 65
McLeish, Archibald 39, 107 f., 209
McNarney, Joseph T. 89 f., 145
Mead, Margaret 94 f., 106, 308
Meier, Christian 283
Mellon, Andrew 27, 159
Mencken, Henry Louis 135
Mendelsohn, Peter de 258
Menzel, Wolfgang 233
Merkatz, Hans Joachim von 217 f., 301, 314
Messerschmid, Felix 274, 310
Metternich, Klemens Wenzel Fürst 20
Meyer, Adolf 27, 93, 247, 299
Middleton, Drew 132, 311
Mikojan, Anastas 220
Mill, John Stuart 129
Miller, Francis 42
Millis, Walter 38
Mills, C. Wright 27, 247
Mitscherlich, Alexander 270 f., 308
Moeller, Paul 310
Mohler, Armin 213, 301
Moley, Raymond 28, 36
Molnar, Thomas 8, 313
Molotow, Wjatscheslaw 38, 67 f., 141 ff., 156
Mommsen, Hans 283
Montgomery, Bernard 74, 132, 137, 300
Morgenstern, Oskar 223, 313

Morgenthau, Henry jr. 31, 35, 59 f., 64, 70 ff., 82, 84, 87, 105, 112, 138, 143, 150, 168, 171, 188, 240, 306, 312
Morse, David A. 151
Mosely, Philip Edward 71, 306
Mowrer, Edgar A. 60
Mühlen, Norbert 258
Müller, Adam 56
Müller-Gangloff, Erich 270 f., 274
Mumford, Lewis 44, 60, 304
Münkler, Herfried 12
Münzenberg, Willi 257
Murphy, Robert D. 69, 148, 299, 309
Mussolini, Benito 157, 245

N

Namier, Lewis 292
Nannen, Henri 213, 313
Naumann, Werner 115, 165
Nebel, Gerhard 155, 172, 195, 212
Neumann, Franz 151 f., 206, 223, 311, 313
Newman, James 153
Niebuhr, Reinhold 44, 59, 247
Nixon, Richard 150, 214, 222, 312
Nizer, Louis 228, 287, 305
Nolte, Ernst 282 f., 315
Norden, Albert 37, 129, 202, 226
Northcliffe, Lord 292
Novalis (Hardenberg, Friedrich Frhr. v.) 56
Nye, Gerald P. 38, 42, 209, 303

O

Oberländer, Theodor 190, 225 ff., 230, 240, 314
Ollenhauer, Erich 261
Oncken, Hermann 263
Oppenheimer, Fritz 163, 220
Oppenhoff, Franz 132, 133
Orwell, George 258, 315

P

Padover, Saul K. 132, 134, 152, 301, 311
Pasternak, Boris 258
Patch, Alexander M. 146
Patton, George S. 146 f., 148, 311

Pauley, Edward 161
Paulus, Friedrich 51
Pauly, Bernd 274
Pearson, Drew 76
Pehle, John W. 72
Penrose, Ernest Francis 71
Percival, Generalleutnant 180
Perkins, Frances 34, 168, 302
Perkins, Milo 45
Phillips, William 247
Phipps, Henry 93
Picasso, Pablo 203
Picht, Georg 276
Pilgert, Henry P. 290
Plischke, Elmer 164
Plivier, Theodor 258
Podhoretz, Norman 247 ff.
Pollock, Friedrich 97, 153, 270, 299, 303
Pölnitz, Götz Frhr. von 230
Popper, Karl 54, 305
Pound, Ezra 247, 249
Pressman, Lee 36, 209
Pronay, Nicholas 290, 293, 316
Proske, Rüdiger 194, 312
Pross, Harry 232 f., 310, 314
Proudhon, Pierre Joseph 20
Proust, Marcel 247
Pye, Lucian W. 294, 296 f., 317

R

Rahv, Philip 247
Raiser, Ludwig 276
Rakosi, Matyas 211
Rand, Ayn 138, 301, 302
Ranke, Leopold von 16, 198 f.
Rantzau, Johann Albrecht von 199
Ratchford, Benjamin Ulysses 138, 311
Reed, E. J. 27, John 246
Regnery, Henry 172
Reich, Wilhelm 7, 16, 53, 75, 96, 99 f., 115, 117, 152, 192, 197 ff., 213, 226, 230 f., 233, 235, 255, 260, 263, 267, 272, 280, 282, 304, 308
Remer, Ernst 213
Reuter, Ernst 176, 243, 259, 261
Revel, Jean François 7

Ribbentrop, Joachim von 38
Richter, Hans Werner 31, 158, 160, 162 f., 191, 194 f., 233, 310, 314
Ritter, Gerhard 199 ff.
Ritter, Joachim 280
Robespierre, Maximilien de 236
Röchling, Hermann 160
Roegele, Otto B. 200
Roerich, Nicholas 45
Röhrich, Wilfried 317
Roosevelt, Franklin D. 1, 21, 28 ff., 40 ff., 45 ff., 56, 58, 61 ff., 66 ff., 71 ff., 91, 107 ff., 127, 133, 135 f., 142 f., 157, 159, 167 f., 170 f., 173 ff., 177, 208 ff., 213, 215, 217 f., 227, 237, 250, 302 f., 307
Roper, Elmo 40
Rosenberg, Alfred 233, 304
Rosenberg, Ethel 244
Rosenberg, Hans 304
Rosenberg, Julius 233, 244 f.
Rosenman, Samuel 34, 302
Ross, William D. 138, 311
Rosshaupter, Albert 147
Rostow, Walt W. 301
Roth, Philip 247
Rothfels, Hans 17, 201, 207 f., 312
Rott, Ernest 117
Rougement, Denis de 258
Russell, Bertrand 203

S

Salvemini, Gaetano 44
Sanford, R. Nevitt 103, 309
Santayana, George 258, 259
Sapir, Edward 94 f., 308
Sayers, Michael 43
Sayre, Francis B. 209
Schäffer, Fritz 147, 148
Schaffner, Bertram 117 ff., 310
Schechter, Gebrüder 30
Schelsky, Helmut 10 f.
Scheuner, Ulrich 182
Schine, David 215
Schlamm, William 99, 186, 309
Schlesinger jr., Arthur M. 247
Schlüter, Leonhard 260

Schmid, Carlo 18, 182 f., 228, 261, 268
Schmidt, Helmut 294, 312
Schmitt, Carl 125, 231, 305
Schmolz, F. M. 126
Schnabel, Franz 201, 231, 314
Schnur, Roman 9, 314
Schoeck, Helmut 11, 307
Schoeps, Hans Joachim 213
Schröder, Gerhard 268, 273
Schroers, Rolf 195, 312
Schukow, Grigori 137
Schumacher, Kurt 177, 189
Schwab-Felisch, Hans 259
Schwarzkopf, Dieter 301
Scott, Howard 28, 302
Seebohm, Hans-Christoph 196
Seewald, Heinrich 11
Seyd, Ernest 49
Shapiro, Meyer 247
Shaw, George Bernard 258
Sherwood, Robert 34, 109
Shils, Edward A. 110, 247
Shirer, William S. 60, 143, 228, 306
Sieburg, Friedrich 230
Silone, Ignazio 258
Smith, Alfred E. 67, 146, 305 f., 315
Sonnemann, Ulrich 189, 271
Sontag, Susan 247
Sontheimer, Kurt 317
Sorge, Richard 96, 125, 186, 255
Springer, Axel 196
Stalin, Josef Wissarionowitsch (Dschugaschwili) 47, 58, 68, 71, 78 ff. 82 ff., 136, 141 f., 157, 189, 202, 244, 259
Stein, Erwin 205 f.
Stern, Fritz 11, 263, 294
Stettinius, Edward 38, 76, 80, 307
Stevenson, Adlai 36, 214 f.
Stimson, Henry L. 72
Stone, Shepard 6, 262 ff., 315
Stout, Rex 59, 60, 306
Strang, William 68 f., 306
Strauß, Franz Josef 186, 201, 228, 229
Strauss, Lewis L. 220, 311
Stresemann, Gustav 19
Stürmer, Michael 281 f.

Sullivan, Harry Stack 94 ff.
Sung, Tze-wen 61
Sweet, Paul R. 132, 301 f.
Sybel, Heinrich von 16

T

Taber, John 167
Taft, Robert 38, 42, 168, 214 f.
Taylor, Telford 159, 162, 227, 312, 316
Tenbruck, Friedrich H. 11, 316
Tetens, Tete Harens 304, 306
Thiess, Frank 274
Thompson, Dorothy 59, 307
Tojo, Hideki 157
Townsend, Francis 27
Toynbee, Arnold 292
Trainin, Aron Naumovich 158, 311
Treitschke, Heinrich von 16, 56
Trilling, Diana 247, Lionel 247 f.
Trotzki, Leo 25, 244, 252, 302
Troutbeck, John 293
Truman, Harry S. 55, 63, 81, 135, 141, 144 f., 168 f., 171, 173, 202, 208, 210 f., 220, 315
Tucholsky, Krut 238
Tyrrell, William 292

U

Ulbricht, Walter 84, 254

V

Vandenberg, Arthur 141, 170
Vansittart, Lord 91, 291 f., 305, 316
Van Wagoner, Murray D. 153
Veblen, Thorstein 259, 305
Verba, Sidney 294, 296 f., 317
Viereck, George Sylvester 301
Viereck, Peter 301
Voegelin, Eric 125, 307

W

Waldheim, Kurt 284
Wallace, Henry 34, 36, 44 f., 53, 67, 144 f., 168, 171, 173, 250, 254, 304, 312
Warburg, James 105
Washington, George 15 ff., 36, 39, 63 f., 68, 70 ff., 74, 77, 95 f., 108, 299, 304, 306 f., 311 f., 317
Weber, Alfred 258
Weber, Carl August 194
Weber, Werner 184
Wechsler, James A. 313
Wehler, Hans-Ulrich 279, 283
Weidenfeld, Wilhelm 317
Weinreich, Paul 313
Weishaupt, Adam 54
Weizsäcker, Carl-Friedrich von 276
Weizsäcker, Richard von 9, 263, 265, 284 f.
Welles, Summer 51, 67, 106, 304
Wells, H. B. 123, 292, 307
Wells, H. G. 123, 292, 307
Welsh, Charles A. 53, 304
Wheeler, Burton 42, 151, 299
White, Harry Dexter 33, 41, 42, 71 ff., 77, 143, 150, 171, 209, 210, 307
White, William Allanson 96
Whitehead, Alfred North 108
Wiesel, Elie 282
Wilder, Thornton 258
Wilhelm II. 233
Wilkens, Erwin 276, 277
Williams, Claude 303
Willkie, Wendell 43
Wilson, Woodrow 37, 39, 209, 305, 316
Winant, John 68, 69 ff., 80
Winkler, Paul 55
Witt, Nathan 36, 209

Y

Yamashita, Tomoyuki 180

Z

Zenda 45
Ziesel, Kurt 186, 226, 312, 314
Zook, George F. 122, 310

Multikulturalismus und die Politik der Schuld

Paul Edward Gottfried

Unterwegs zum manipulativen Staat?

ARESVERLAG

LEXIKON DES KONSERVATISMUS

Herausgegeben von
Caspar v. Schrenck-Notzing

LEOPOLD STOCKER VERLAG